인간은
왜 잔인해지는가

THE
OBJECTIFICATION
SPECTRUM

타인을
대상화하는
인간

존 M. 렉터
John M. Rector

양미래 옮김

교유서가

에단, 크리스천, 개릿 그리고
그 누구보다도 커스틴에게 이 책을 바칩니다.

교육, 기아, 불의, 소외, 가난, 전쟁 사이에 그 어떤 의미 있는 연관성도 존재하지 않는다면, 우리는 서로를 속이고 신의를 어기며 시간을 낭비하고 있을 뿐이리라.

— 데이비드 E. 퍼펠(David E. Purpel)[1]

플라톤의 동굴에서 빠져나오기

- 인간의 유일한 희망

사춘기가 끝나가던 무렵을 회상해보면 일요일 오후마다 1970년대 영국 다큐멘터리 시리즈 〈전쟁 속의 세계(The World at War)〉를 열정적으로 시청했던 기억이 떠오른다. 각각의 에피소드에 흘렀던 엄숙한 분위기는 그 다큐멘터리 시리즈를 위해 작곡된 장엄한 음악과 로런스 올리비에 경(Sir Laurence Olivier)*의 내레이션을 통해 배가되었고, 체크무늬 거실 소파에서 보내는 나의 태평한 휴식시간은 그로 인해 비현실적으로 느껴지기도 했었다. 그중 한 에피소드는 홀로코스트가 남긴 유산과 제2차세계대전 종전 이후 나치 강제수용소의 해방을 중점적으로 조명했다. 부패가 진행중인 벌거벗은 유대인의 시체를 불도저가 무더기째 공동묘지 쪽으로 밀어버리던 그 초현실적이고도 희끄무레한 흑백 화면은 지금도 꽤 생생하게 기억이 난다. 다른 많은 이들도 그랬겠지만 나 역시 내가 목격한 장면에 충격을 받고 혼란

---

* 영국 출신의 배우이자 프로듀서로, 특히 셰익스피어의 「햄릿」, 「헨리 5세」, 「리처드 3세」, 「오셀로」 등을 제작 및 감독하고 주연을 맡아 인정을 받았다. 그의 이름을 딴 로런스 올리비에 상은 그해에 상영된 뛰어난 연극과 오페라 및 배우에게 수여하는 상으로, 1976년부터 이어지고 있다(역자 주).

에 빠져 스스로에게 순진한 질문을 던졌었다. "어떻게 저런 일이 벌어질 수 있는 거지? 대체 어떤 사람이 다른 사람에게 저런 짓을 저지를 수 있는 거지?" 그러고는 뼈마디 곳곳이 뒤틀리고 썩어가던 시체들의 살아생전의 삶을 떠올려보았다. 그들은 어떤 사람들이었을까? 나와 같은 남자아이들이었을까? 내가 학교에서 보는 여자아이들과 비슷했으려나? 우리 부모님 같은 어른들이었을까? 아니면 우리 할아버지 같은, 지금 이 순간에도 우리와 함께 살아가고 있는 노인들이었을까?

그런데 과거에 그토록 많은 사람이 맞닥뜨려야만 했던 섬뜩한 운명을―아주 멀리서―지켜보고 있던 나는 살아 있었으며, 젊고 건강했고 번영하는 미국이라는 국가에 안전한 둥지를 틀고 있었으며, 내가 목격한 진실에 단지 분개하는 것에 그치지 않고 충격에 휩싸여 얼어붙기까지 했었다. 지금에 와서 돌이켜보면 그때 나는 젊은이 특유의 분노와 열띤 감정 속에서 스스로도 이해할 수 없는 미숙한 자기(self)의 구성요소들과 대면하고 있었던 것 같다. 그중 하나는 분석심리학자 카를 융(Carl Jung)[2]이 '그림자'라고 일컬은 것으로, 창의성을 발휘할 수 있는 잠재력을 내재하고 있으나 대부분의 사람들이 받아들이지 않으려고 하는 인간 본성의 한 측면이었다. 또다른 하나는 철학자 윌리엄 제임스(William James)가 이야기한 '**강렬한** 삶, 죽음과 맞닿은 삶', 존재의 가장자리에 매달린 삶에 매혹되는 인간의 특성이었다.[3] 대부분의 사람들은 평화, 사회적 안정, 건강, 물질적 번영 속에서 살아가고자 한다. 그러나 생사가 달린 혹독한 위기에 직면하고 그런 상황 속에서 자신의 생명을 위해 필사적으로 맞서 싸우는 사람들의 이야기 혹은 그런 장면을 접하게 되면 매혹당하고 만다. 그런 이야기나 장면은 인간 내면에 자리하고 있는 어떤 원시적인 측면을―목숨을 잃을 위기에 처해 있는 사람들을 목격함으로써 자기라는 존재의 취약성을 재확인하고 싶은 욕망을―가까우면서도 안전한 거리에서 지켜볼 수 있게 해주기 때문이다. 마지막 요소는 이 책의 목적과 관련해 가장 중요한 부분이기도 한데, 타인의 고통으로부터 감정적인 거리를 두는 인간의 선천적인 능력이었다. 내가 인간이라는 종(種)으로서 공통의 인간애를 품고 있었음에도 화면 속 사람들과 거리를 둘 수 있었던 이유는 그 안에서 고통받고 있던 이들이 나의 가족 구성원도, 친구도, 지인도 아니었기 때문이다. 사실상 그들은 다른 시대와 다른 장소에 존재하는 완전한 이방인이었다.

인생의 중반에 접어든 지금의 나는 여전히 악(惡)이 존재한다는 사실을 받아들이는 데 애를 먹고 있다. 이 책은 1990년대 심리학을 공부하던 대학원생 시절부터 줄곧 고심하고 학습한 악에 관한 내용을 기록해두고 싶다는 단순한 충동에서 시작되었다. 나는 대학원에서 교수님들을 통해 접하게 된 모든 전문 서적을 비롯해 인간의 잠재 능력 중에서도 극단적인 측면들을—인간의 능력을 최선으로 발휘한 경우와 최악으로 발휘한 경우 모두를—다룬 저자들의 저서에 계속해서 빠져들었고, 그 극단적인 측면들 간의 확연한 차이를 어떻게 이해해야 할지 알고 싶었다. 어떻게 같은 종에 속하는 구성원들이 마하트마 간디와 제프리 다머*만큼이나, 넬슨 만델라와 아돌프 히틀러만큼이나, 테레사 수녀와 이오시프 스탈린만큼이나 다를 수 있단 말인가? 이런 의문을 품고 고심하는 동안 몇 가지 사실이 선명하게 드러나기 시작했다. 하나는 각 개인이 자기 자신 및 자신을 둘러싼 세계의 현실을 인지하고 이해하는 방식이 근본적으로 다를 수밖에 없다는 것이었다. 다른 하나는 이 다름의 본질을 이해함에 있어서 **대상화**—타인을 정신과 신체를 가지고 있으며, 존경과 공경을 빛아아 마땅한 통합된 주체가 아니라 사물로 인식하는 현상—라는 개념이 중대한 역할을 수행한다는 것이었다. 각 개인의 정신

---

* 제프리 다머(Jeffery Dahmer, 1960~1994)는 미국의 연쇄 살인마로, 1978년부터 1991년에 걸쳐 주로 밀워키주와 위스콘신주에서 범죄를 저질렀다. 총 17명을 살해했고, 살해한 후에는 사체를 절단해 인육을 먹기도 했다. 밀워키의 식인귀(Milwaukee Cannibal)라는 별명으로 불릴 만큼 잔혹한 희대의 살인마였다(역자 주).

에서 벌어지는 대상화의 수준도 매우 다를 수밖에 없다. 일례로 아시시의 성 프란체스코(St. Francis of Assisi) — 동물, 자연의 아름다움, 나병 환자, 기타 사회적 낙오자들에게서 신의 얼굴을 보고 수시로 그들에게 포옹과 입맞춤을 했던 남자 — 같은 인물을 떠올려보면 대상화라는 현상은 아예 존재하지 않는 듯하다. 그러나 아우구스토 피노체트(Augusto Pinochet) — 동족인 칠레 사람 수천 명을 고문하고, '사라지게 만들고' 살해한 남자 — 같은 사람들을 보면 대상화가 그들이 지닌 지배적인 특성인 것처럼 보인다.

대상화 개념을 더욱 분명하게 이해하는 데 도움이 되었던 것은 철학계에 가장 널리 알려져 있다고 해도 과언이 아닌 '플라톤의 동굴의 비유'였다. 플라톤은 위대한 스승 소크라테스의 관점에서 저술한 『국가론』(기원전 380)에서 인간은 아주 어린 시절부터 깊은 동굴에 갇혀 사는 죄수와 같으며, 그 깊은 동굴에서도 목과 다리에 족쇄가 채워진 채 똑같은 자리에만 머물기 때문에 바로 앞에 있는 동굴 벽만 바라볼 수 있을 뿐이라고 이야기한다. 인간이 머무는 자리에서 얼마간 떨어진 뒤쪽에는 커다란 불덩이가 있고, 그 불덩이의 잔광이 동굴 안을 비춘다. 그 불덩이보다 인간과 거리는 가깝지만 지대가 조금 더 높은 곳에는 벽이 있고, 벽 뒤로는 길 하나가 이어져 있다. 그리고 그 길 위로 사람들이 (몇몇은 말을 하고, 몇몇은 침묵한 채로) 온갖 인공유물들을 — 인간과 동물을 본뜬 조각상, 돌이나 나무, 진흙으로 만들어진 여타 물건들을 — 머리에 인 채 걸어간다. 이렇게 해서 이 길에 세워진 벽은 마치 인형 조종사가 자신의 모습을 가린 채 관객들에게 인형극을 보여줄 때 쓰는 막처럼 일종의 스크린 역할을 하게 된다. 이때 죄수인 우리 인간은 오로지 정면만, 정면에 있는 동굴 벽만 바라볼 수 있으며, 온갖 물건을 짊어지고 가는 사람들뿐만 아니라 심지어 그들의 그림자조차 실물로는 보지 못한다. 우리가 볼 수 있는 것은 사람들이 운반중인 물건들의 움직이는 그림자뿐이며, 우리가 들을 수 있는 것은 이따금씩 사람들의 목소리가 동굴 벽에 부딪히며 반사되는 음향뿐이다. 그리고 결국 우리는 그림자에 특정 형태를 부여하고, 각 그림자가 그 특정 형태의 전체를 대표한다고 가정하게 된다. 플라톤은 이와 같은 현상을 다음과 같이 설명하고 있다. "죄수들은 진리란 그런 인공 유물들의 그림자에 지나지 않는다고 믿어 의심치 않는다."[4]

한번 상상해보자. 우리가 실제로 이처럼 곤란한 상황에 처하게 되면—자기 자신과 다른 사람 그리고 세상에 대해—어느 정도로 무지해질 수 있는지에 대해. 플라톤은 거의 모든 인간이 일생의 어떤 시점에든 동굴 속 죄수와 같은 처지에 놓이게 된다고 주장한다. 그리고 죄수인 우리가 처해 있는 현실을 스스로 깨우치려면 최상의 조건 속에서도 점진적으로만 진행될 수 있는 지난한 깨달음의 과정을 겪어야 한다고 이야기한다. 우리가 그런 과정에 저항할 가능성이 크기 때문이다. 그렇지만 우리를 깨달음의 길로 이끄는 것이 바로 철학자의 역할이다. 그러므로 머릿속에 한번 떠올려보자. 갑자기 족쇄에서 풀려나 주위를 둘러보니 불과 길과 벽이 보이고, 벽 뒤로는 사람들이 머리에 물건을 인 채 걸어다니고 있다면 어떤 생각이 들지에 대해서 말이다. 우리는 (실제로 동굴 안에서 밖으로 나왔다는 사실은 물론이고) 지금 눈앞에 펼쳐진 것이 단순히 벽에 비친 그림자가 아니라 사실적이고도 충실한 모습으로 구현된 진리라는 점에 혼란스러워하며 믿지 않으려고 할 가능성이 크다. 그러나 일단 새로운 현실에 적응하고 나면 자기 자신과 외부 세상에 대해 새롭게 얻게 된 정보의 영향으로부터 결코 벗어나지 못하게 될 것이다.

동굴의 비유는 대상화와 연관된 문제점을 잘 보여준다. 우리는 많은 것을 관찰하고 경험하지만 그것들의 표면만 보는 경향이 있으며, 어떤 존재에 대한 피상적인 이해가 그 존재의 진실을 대변한다고 섣불리 가정하기도 한다. 사도 바울의 말을 빌려 표현하자면 우리는 무엇이든 볼 수 있지만 마치 어둡고 희뿌연 유리를 통해 세상을 보는 것처럼 그 무엇도 제대로 보지 못한다. 이 같은 방식으로 삶을 바라보면 자기 자신은 물론 다른 사람이 지닌 심오한 진실까지 왜곡하게 되며, 인간뿐만 아니라 지구라는 행성 전체에 갖가지 방식으로 악행을 저지르게 될 수도 있다. 반면 우리가 나를 대하듯 타인을 대하면 상대방에게 고의로 아픔이나 고통을 가하려는 마음은 줄어들기 마련이다. 그런 고통을 자기 자신에게, 자신이 사랑하는 사람에게 주려고 하지는 않을 터이니 말이다.

대상화 문제를 다루는 책을 본격적으로 집필하면서 나는 내가 생각했던 것보다 훨씬 더 심오한 현상을 분석하고 있다는 사실을 깨닫게 되었다. 더불어 인간이 타인을 대상화할 수 있는 능력은 '예' 혹은 '아니오'로 대답할 수 있는 이분법적 차원의 문제가 아니라 인간의 심리 및 심리학적 행동으로 이루어진 방대한 연속체로 표현할 수 있다는 점도 분명히 인식할 수 있었다. 우리는 다양한 층위에서 타인을 대상화하며, 대상화를 할 때에는 타인을 동굴 벽에 비친 그림자를 보듯 바라본다. 타인이 자기만의 미묘한 차이도, 개성도, 그리고 무엇보다 중요한 깊이도 가지고 있지 않은 일차원적인 존재가 되는 것이다. 20세기 유대인 신학자이자 철학자인 마르틴 부버(Martin Buber)는 고대 영어 단어인 '당신(thou)'을 통해 인간은 어떤 존재이고, 서로 어떻게 연관되어 있는지에 관한 본질을 포착했다.[5] 그에 따르면 인간은 자기 인식이 가능하고 육체성과 정신성을 모두 지닌 통합적 존재이다. 즉 인간은 형언하기 어려울 정도로 심한 패악과 악행을 저지를 수도 있지만, 셰익스피어의 햄릿이 이야기했듯이 "…… [어쩌나] 고귀한 이성을…… [어쩌나] 무한한 능력을 지녔는지 지혜는 신과 다를 바 없도다!"*라고 묘사될 수 있는 존재이기도 하다. 따라서 인간은 힌두교도의 전통적 인사법인 '**나마스테**'에도 내포되어 있듯이 권리와 존중과 공경을 받을 만한 존재이다. 인간이 서로를

---

* 셰익스피어의 「햄릿」 2장 2막에서 햄릿의 대사이다(역자 주).

온전한 존재로 대하고 '주체 대 주체'로서의 관계를 맺는 행위는 '나-당신 (I-Thou)'으로서의 관계 속에서 실현된다. 그러나 타인을 대상화하는 경향으로 인해 상대방을 각기 다른 '그것(it)'으로 대하는 경우도 흔히 발생한다. 이때 상대방은 주변부에 위치한 사물이나 그림자 정도의 존재에 지나지 않게 되며, 상대방의 정신과 영혼은 신경쓸 필요가 없거나 아예 존재하지 않는 것으로 간주된다. 즉 '나-그것'이라는 이 문제적인 관계 속에서는 '주체 대 대상'의 관계가 형성된다.

대상화에 관한 연구를 지속하면서 나는 타인을 사물로 인식하는 행위가 대체로 경계(boundary)와 연관된 문제였다는 사실 또한 보다 더 확실히 이해할 수 있게 되었다. 경계는 자기 존재를 구성하는 여러 측면을 구별하고자 하는 여러모로 유용한 인간 본연의 기질을 통해 드러나며, 인간은 경계 덕분에 자기(self)를 외부와 분리된 별개의 개체로 인식한다. 또한 인간은 경계를 설정하는 능력을 통해 자신의 경험과 타인의 경험도 구별할 수 있게 되는데, 이는 건강한 정서적 기능을 뒷받침하는 대단히 중요한 요소이기도 하다. 실제로 일관성 있게 자신의 경험과 타인의 경험을 구별하는 작업에 어려움을 겪는 이들은 사적인 영역에서뿐만 아니라 사회 전반과 관계를 맺고 발전시켜나감에 있어서도 난항을 겪는다. 그런데 역설적이게도 인간이 지닌 능력 중에서 이토록 중대한 경계 설정 능력은 예로부터 여러 사상가가 가장 극복하기 어렵다고 간주했던 장애물, 즉 '자아(ego)'의 형성을 초래하는 직접적인 원인이기도 하다.

자아에 대해 명확하게 사고한다는 것은 그 시도만으로도 벅차다. 이는 심해에 사는 물고기 한 마리가 자신의 생명을 유지해주는 물의 본질에 대해 비판적인 사고를 시도하는 것과 같다. 그러나 나는 시도라도 해본 덕분에 자아의 해독제라고 할 만한 깨달음에 대해서도 숙고해볼 수 있었다. 자아라는 주제와 관련해 참고한 서적들 중 일부는 깨달음에 대해 이런저런 견해를 담고 있었지만, 이 책에서는 그와 관련해 별다른 주장을 제시하지는 않을 것이다. 올더스 헉슬리(Aldous Huxley)에 따르면 깨달음의 대가로 지불해야 할 비용은 언뜻 참으로 간단해 보인다. "사랑을 하고 마음은 순수하며 영혼은 가난해지는 것"6이다. 그런데 생각해보면 나 자신이 그런 경지에 매우 가까워졌던 순간, 어떤 예상치 못한 눈엣가시 같은 것이 등장하는 바람에 마음속 평정이 순식간에 눈앞에서 증발해버렸었다. 사실 지금 이 순간을 기점으로 과거의 삶을 돌이켜보면 그토록 신성한 상태에 최대한 가까이 가닿았던 순간에는 현재라는 시간과 연결되는 아주 찰나의 경험, 겉모습이란 대부분의 경우 상당히 기만적일 수 있다는 깨달음, 수많은 곳에서 진리를 발견할 수 있다는 사실에 대한 감사, 나의 내면과 타인의 내면이 복잡하다는 사실을 인정하는 건전한 존중, '무엇이든' 더욱 너그러이 받아들이고 싶다는 욕망, 보다 타인의 이익을 위해 살아가고 싶다는 의지 같은 것들이 있었던 것 같다. 내가 겪은 이러한 개인적인 자각과 경험이 깨달음의 조건을 충족시킨 것은 아니었지만 그런 순간이 찾아올 때마다 깨달음이 무엇을 의미하는지에 대해 더 잘 이해할 수 있었다. 그래서 이 책의 후반부에서는 내가 그 순간들 속에서 얻은 몇 가지 통찰을 소개하고자 한다.

지금까지 언급한 개념들에 대한 생각을 가다듬는 동안 대상화가 악의 영속화에 주된 역할을 하고 있다는 확신은 배가되었지만, 대상화가 악의 유일한 원인은 아니라는 사실 또한 깨달을 수 있었다. 예를 들어 두려움이 원인이 되어 악을 초래할 수는 있지만, 악행을 저지르는 순간에 해당 개인의 의식 속에서 대상화가 차지하는 비중이 반드시 증가해야만 하는 것은 아니다. 평소에는 섬세하고 호의적인 사람이 권위에 대한 두려움으로 인해 타인에게 해를 끼칠 수도 있는데, 이는 타인을 매우 깊이 대상화해서가 아니라 권위에 대한 두려움이 타인에게 해를 끼치게 되는 상황에 대한 두려움을 능가하기 때문이다. 그런데 두려움은 이처럼 자기영속이라는 목적을 위해 타인을 대상화하는 경향을 강화할 수도 있다. 앞에서 언급한 섬세하고 호의적인 사람의 경우에는 낯선 이방인을 비롯한 타인의 현실을 들여다보는 역량이 애초 충분하지 않았을 것이며, 그가 **선험적으로** 가지고 있었을지도 모르는 어떤 잠재적인 경향, 즉 타인을 대상화하는 경향을 유해한 상황이 자극했을 수도 있다.

나는 경계와 자아를 둘러싼 문제를 비롯해 타인을 대상화하는 잠재력 강화에 기여하는 인간의 다른 경향들도 점차 선명하게 인식할 수 있었다. 예를 들어 인간 본성의 일부로서 내재해 있는 나르시시즘이라는 문제, 죽음과 관련된 문제 및 온갖 방법을 통해 죽음이라는 현실을 부정하고자 하는 인간의 마음, 영웅주의와 결부된 문제 및 의미 있는 삶을 이끌어나가고자 하는 인간의 끊임없는 욕구, 유해한 환경을 둘러싼 문제 등을 확인할 수 있었다. 안타깝게도 이 책에서는 기업과 정부 및 각종 기관에서 휘두르는 위계적이고 가부장적인 권력을 비롯해 특권 제도—인종, 민족, 젠더—와 연관된 다른 기여 요인들은 지면상의 제약으로 인해 충분히 검토하지 못했다. 따라서 분석 대상은 크게 인간이 타인을 대상화하는 경향에 영향을 미치는 기질적 요인과 직접적인 상황적 요인으로 제한될 것이다. 더욱 광범위하고 체계적인 분석은 추후 다른 저자들이 맡아줄 것으로 기대한다.

마지막으로 나는 이 책에서 다루는 주제의 상당수가 비관적인 전망을 내비치고 있다는 점을 고려해 플라톤의 동굴에서 빠져나가는 다양한 출구 중 일부를 개괄적으로라도 소개하는 편이 유익할 것이라고 판단했다. 책에서 제시한 출구들은 지난 수천 년 동안 인류가 깨달음의 상태로 나아가기 위해 찾아낸 경로들이다. 이러한 경로가 존재한다는 사실과 우리 인간종 가운데 소수가 실제로 그 경로를 따라 플라톤의 동굴에서 성공적으로 빠져나왔다는 사실은 대상화 문제가 세상 어디에나 존재하고 끈질기게 지속되고 있음에도 해결 불가능한 난제는 아니라는 점을 시사한다. 거짓된 영적 성장은 우리가 소중하게 여기는 타인의 범위와 타인에 대한 편협한 시각을 더욱 경직시키거나 불변의 상태로 머물게 만든다. 또한 우리가 족쇄에서 자유로워졌으며 **진리**를 손에 쥐고 있다는 허상을, 동굴의 출구를 찾았다는 허상을 안겨준다. 그러나 사실상 우리는 동굴에서 조금도 벗어나지 못했다. 우리는 여전히 그림자를 온전한 진리로 간주하면서 그저 동굴 안의 한 공간에서 다른 공간으로 이동했을 뿐이다. 그동안 우리의 세계관은 더욱 굳어졌고, 우리가 속한 집단은 더욱 공고화되거나 협소해지기까지 했으며, 우리는 타인에 대해 더한 두려움과 의심을 품게 되었다. 플라톤이 알고 있던 바와 같이 현실에 대한 이처럼 제한적인 시각은 결국 갈등, 폭력, 죽음을 초래한다. 이에 반해 진정한 영적 성장이 이루어지면 언제나 다음과 같은 경험을 하게 된다. 즉 상징적으로 이야기하자면 우리의 수족을 묶고 있던 족쇄가 풀어지고 우리의 눈에서 비늘 같은 것이 벗겨지며,* 우리가 지각하고 선택하고 행동할 수 있는 자유는 증대되고 시야는 넓어지는데다가 '이웃이라고 간주하는 사람들의 집단'[7]은 확장된다. 또한 우리는 이전까지 경험했던 것들이 한낱 그림자에 불과했다는 사실을, 훨씬 심오한 현실을 일차원적으로 옮겨놓은 것에 불과했다는 사실을 깨닫게 된다.

역대 사상가들은 다양한 수단을 활용해 자아를 상당한 수준까지 초월할 수 있으며, 인간 의식의 경계를 확장해 전 세계가 관심의 범위 안에 들어오도록 포괄하는 것도 가능하다는 사실을 보여주었다. 저명한 종교학자 휴스턴 스미스(Huston Smith)[8]가 이야기하듯이 우리가 감정을 이입하는 핵심 대상이 나 자신에서 가족으로 옮겨가면 자기중심성(self-centeredness)을 초월하게 되고, 나의 가족에서 공동체로 옮겨가면 족벌주의를 초월하게 되며, 나의 공동체에서 국가로 옮겨가면 지역주의를 초월하게 되고, 나의 국가에

---

* 사도행전 9장 18절에서 유래한 표현으로, 잘못을 깨닫는다는 의미이다(역자 주).

서 지구 전체로 옮겨가면 국수주의를 초월하게 된다. 그런데 가지각색의 대상화 문제를 야기하는 인간의 조건을 초월하는 것과 관련해서는 그 어떤 보장된 방법도, 그 어떤 쉬운 길도 없는 듯하다. 악으로부터의 구원이라는 것이 실제로 일어날 수 있다면 이는 개개인이 순서대로 이행해야 하는 일종의 점진적인 과정을 따르게 될 것이다. 인간이라는 종이 지닌 최상의 측면을 깨닫고자 할 때 탁월한 형태의 여러 공동체를 참고하면 도움을 얻을 수는 있겠지만, 인간의 역사는 그러한 공동체가 성장을 촉구했던 만큼이나 성장을 억제하고 저해하려고도 했던 모습을 보여주는 사례들로 가득하다. 인간본성의 최악의 측면은 인간이 집단을 구성할 때, 특히 그러한 집단이 인류가 무엇을 할 수 있고 무엇을 해야 하는지에 대해 새로운 비전을 주창하고 그것을 실행에 옮기려는 욕망에 따라 결집할 때 본모습을 드러내곤 한다.

인간종에게 주어진 유일한 희망이 깨달음—플라톤의 동굴에서 빠져나오기—에 있다는 주장은 전혀 새롭지 않다. 기술적 진보가 지속될 것이라는 점에는 의심의 여지가 없으며, 기술 덕분에 전 세계적인 기아문제, 지구온난화, 화석연료에 대한 과도한 의존, 암 등 현재 인류를 고통스럽게 하는 많은 문제를 해결할 수 있게 될지도 모른다. 그러나 지난 수천 년의 세월 동안 인간의 본성만큼은 아무런 변화 없이 유지되어왔다. 그러므로 성인(成人)이 아니라고 할지라도 사고를 할 수 있는 사람이라면 누구든 다음과 같은 깨달음을 얻을 수 있을 것이다. 인류의 성장 궤도가—기하급수적인 인구성장, 끊임없이 증대하는 자원에 대한 욕망과 소비, 인간의 활동을 뒷받침할 수 있는 세계적 자원의 능력은 유한한 가운데 무한히 생산되는 쓰레기 등이—그리 머지않은 미래에 전 세계의 온 인류가 더욱 평화적이고 지속 가능하며 재생 가능한 방식으로 관계를 맺을 수 있는 방향으로 나아가거나 아니면 대격변에 가까운 붕괴의 길로 치달을 수 있다고 말이다.

제1부

동굴 벽에 비친 그림자들
—대상화의 다양한 얼굴들

1장

들어가며

한차례의 매복 공격이 끝난 후 병사들이 북베트남 군인의 시신 한 구를 가지고 돌아왔다. 나중에 보니 그 북베트남군의 시신은 C형 식량 상자더미에 비스듬히 눕혀져 있었다. 시신의 눈에는 선글라스가 끼워져 있었고, 무릎 위에는 플레이보이 잡지가 펼쳐져 있었다. 입에는 담배 한 개비가 의기양양한 분위기를 자아내는 각도로 물려 있었고, 머리에는 묵직한 인분 덩어리가 놓여 있었다. 나는 시신의 몰골을 보고 분노한 척했다. 시신 모독은 미국인답지 않은 행위인데다가 역효과만 내는 일이었기에 얼굴을 찌푸려야 마땅했다. 그러나 내가 느꼈던 감정은 분노가 아니었다. 겉으로는 장교에 걸맞은 표정을 유지했지만 속으로는…… 웃고 있었다. 그 웃음은—지금에 와서 생각해보면—어느 정도는 섹스와 인분과 죽음을 그토록 가당찮게 엮어놓은 소행에 감탄한 내 잠재의식의 발로였으며, 어느 정도는 그 군인은—어떤 사람이었든지 간에—죽었고—특별하고 유일무이한 존재인—나는 살아 있다는 사실에 대한 황홀한 자각에서 비롯된 것이었다.

—각본가 윌리엄 브로일스(William Broyles)[1]

대상화 스펙트럼의 핵심 이정표

인간이 다른 인간을 자신의 그림자에 불과한 존재로, 말하자면 물리적인 차원에 존재하는 신체와 영적인 차원을 초월하는 정신을 소유하고 있으며 내면적 깊이를 지닌 주체가 아닌 사물로 바라볼 때 악이 실현될 가능성은 상당 수준 증대된다. 이렇듯 타인을 주체가 아닌 사물로 바라보고 사물처럼 대하는 심리적인 과정이 바로 **대상화**이다. 대상화 개념은 어떤 독립적인 변수가 아니라 일종의 **오해의 스펙트럼**(spectrum of misapprehension)으로 인식할 때 제대로 이해할 수 있다. 다시 말해서 타인을 대상화한다는 것은 타인을 총체적인 존재로 바라보지 못하고 그보다 못한 존재로 오해하고 있음을 의미한다. 그리고 이 오해의 스펙트럼은 경미한 수준에서 심각한 수순에 이르기까지 폭넓은 범위를 아우를 수 있다.

경미한 수준의 대상화가 일어나는 경우에는 타인, 특히 가족과 친척 등 가까운 지인을 제외한 사람들과 최소한의 정서적 관계만 맺는 **일상적 무관심**(casual indifference)이 두드러지게 나타난다. 나와 거리가 '먼' 타인의 고통을 알게 되었을 때 정서적으로 크게 불편하지 않다면 우리는 일상적 무관심을 가지고 있는 것이다. 대부분의 사람들은 대부분의 상황에 이 경미한 수준의 대상화를 경험한다.

대상화 스펙트럼에서 넓은 중간지대를 차지하는 **유도체화**(derivatization)*는 인식과 감정 및 그에 따른 부수적 행동으로 구성된 하나의 개별적인 하

---

* '유도체화'란 본래 화합물의 구조를 조금씩 바꿔서 합성하는 작업을 의미하는 유기화학 분야의 용어이지만, 대상화 스펙트럼상의 '유도체화'는 '성적 대상화'를 보완하기 위해 페미니즘 철학자 카힐(Cahill)이 새롭게 제시한 개념을 가리킨다. 카힐이 제시한 유도체화는 어떤 행위자가 상대방을 자신의 욕망을 담을 수 있는 유도체(derivative)로 취급하면서 자신의 욕망과 감정을 상대방에게 투영하고, 그것을 상대방이 표현하도록 강요하는 행위로 구현된다. 성적 대상화는 여자를 사물로 취급하는 행위에 가까운 반면, 유도체화는 여자를 단순히 정적인 사물이 아니라 행위자가 욕망하는 바를 실현해주는 인형으로 취급하는 행위이다(역자 주).

부 스펙트럼으로 간주할 때 가장 제대로 이해할 수 있다. 유도체화의 핵심은 타인을 자기 자신의 유도체로, 즉 자신의 정체성과 욕망 및 공포를 반영하는 대상으로 인식하는 것에 있다. 이때 타인의 존재가 가지고 있는 여러 가지 면모나 내면세계는 '경시되거나 무시당하거나 평가절하'[2]된다. 유도체화가 겉으로 발현되는 방식은 상대적으로 온건한 수준에서 사디스트적으로 폭력적인 수준에 이르기까지 다양하다. 유도체화가 극단적으로 발현될 때 전형적으로 나타나는 현상은 **감정적 둔화**(emotional hardening)*이다. 20세기에 벌어진 잔혹한 행위들을 기록한 역사학자 조너선 글러버(Jonathan Glover)는 폭력에 반복적으로 노출되면 인간성에 대한 존중과 고통스러운 경험에 대한 공감 등 '인간적 반응'이 점차 둔감해진다고 설명한다.[3] 대부분의 인간은 유도체화라는 하부 스펙트럼에서도 경미한 수준에서부터 온건한 수준에 이르는 범위만 피해자 혹은 가해자로서 경험한다. 극단적인 수준의 유도체화는 전시(戰時) 상황 혹은 폭력적인 문화 속에서 발현되거나 정상적인 공감이 불가능한 (정신병이라고도 알려진) 무능의 부차적인 결과로 나타나는 경향이 있다.

끝으로 대상화 스펙트럼의 최극단에 자리한 **비인간화**(dehumanization)는 타인을 인간으로서의 본질이 완전히 결여된 존재로 바라보는 심리적 현상이다. 이는 타인을 인간 이하의 존재로 취급하는 정도에 그치지 않고 인간이 아닌 존재로까지 간주한다.[4] 극단적인 수준의 유도체화와 마찬가지로 비인간화 역시 흔히 전시 상황에서 나타나며, 비인간화가 제노사이드의 전조 중 하나라고 생각하는 전문가도 많다.[5] 일상적 무관심, 유도체화, 비인간

---

* '감정적 둔화'는 심리학자 로버트 제이 리프턴(Robert Jay Lifton)이 제시한 '정신적 마비(psychic numbing)'라는 개념과는 다소 다르다. '정신적 마비'는 트라우마에 반응하는 무의식적인 방어기제로서, 감정을 느끼고자 하는 마음이나 능력이 감퇴한 상태를 가리킨다(Lifton, 2011, 102~103쪽). 정신적 마비와 감정적 둔화는 유사한 증상을 보이지만, 정신적 마비는 트라우마에 대해 피해자와 가해자 모두가 보이는 반응으로 간주된다. 반면 감정적 둔화는 가해자에게만 나타나는 반응으로, 폭력적인 행동이 지속되기 쉽게 만드는 요인이라고 여겨진다.

화라는 개념과 각 개념이 대상화 스펙트럼에서 차지하는 영역에 관한 논의는 앞으로 이어지는 장들에서 더욱 심도 있게 다룰 것이다.

두 가지 관점: 대상화를 초래하는 기질적 요인과 상황적 요인

대상화의 본질과 대상화로 인해 초래되는 악은 크게 두 가지 관점에서 탐구할 수 있다. 대상화 문제에 기여하는 요소 중에서 인간종의 고유한 특성들을 살펴보는 **'인간은 무엇으로 만들어지는가'**라는 관점과 마찬가지로 대상화 문제를 야기하는 요소 중 인간이 처해 있는 상황과 그 상황적 맥락을 살펴보는 **'인간은 어떻게 만들어지는가'**라는 관점이다. 역사상 인간의 악행을 이해하기 위한 시도들은 전자인 **기질적** 관점(dispositional view)을 통해서만 이루어졌다. 수 세기 동안—실제로는 천 년이 지나도록—인간이 저지르는 악의 문제를 이해하기 위해 이를 연구 대상으로 삼았던 공식적인 학문 분야도 철학과 신학이 유일했다. 고대의 위대한 사상가들은 악의 문제는 개개인의 내면에서 찾아야 한다는 결론을 내리곤 했다. 현재는 질병에 대한 의학적 접근법으로부터 상당한 영향을 받은 정신의학 이론이 우위를 차지하고 있는데, 정신의학 이론도 보수적인 **기질적** 관점을 취해 반사회적 행동의 원인은 기본적으로 개개인의 내면에서 비롯한다고 간주하는 경향이 있다.* 그러나 20세기 초반을 기점으로 기존의 패러다임과 더불어 또 다른 사조가 흐르고 있다. 바로 사회학과 사회심리학에 힘입은 **상황적** 관점(situational perspective)이다. 상황적 관점은 대상화 문제에 보다 진보적인

---

* 정통 과학으로서의 영향력을 갖춘 학문으로 자리잡기 위해 분투해온 심리학과 정신의학은 선과 악 등의 가치판단적인 용어를 지양하고 '안녕(well-being)', '병리학'처럼 가치중립적인 과학 용어를 선호해왔다.

시각을 견지하면서 개인이 어떤 행동을 취하도록 영향을 미치는 요인 가운데 당면한 상황이 갖는 힘에 역점을 둔다.

활발한 토론이 끊임없이 이어지는 사안들이 대개 그렇듯이 기질적 관점과 상황적 관점 모두 거침없이 지속적인 영향력을 발휘하는 데에는 다 그럴 만한 이유가 있다. 두 관점 모두 설득력 있는 주장과 그러한 주장을 뒷받침할 수 있는 논거를 확보하고 있기 때문이다. 기질적 관점은 지난 수천 년간 인간을 관찰 및 성찰하고 경험한 결과에 바탕을 두고 있다. 과거에 기질적 관점을 바탕으로 제시된 주장들 중 일부(예를 들어 인간의 성격과 행동에 영향을 미치는 비가시적이고 외부적인 악령의 힘이 존재한다는 가정)는 계몽주의시대 이후로 설 자리를 잃기는 했지만, 인간종이라는 존재에 내재되어 있는 근본적인 문제를 이해하고 제대로 인식하는 것과 관련해서는 전반적으로 여전히 상당한 지혜를 품고 있다. 반면 상황적 관점은 풍부한 과학적 증거를 근거로 하여 특정 상황에서는 상황의 힘이 개인의 힘을 곧잘 능가할 수 있음을 보여준다. 대상화 개념과 대상화가 초래할 수 있는 악을 정확하게 이해하고자 한다면 기질적 관점과 상황적 관점이라는 이 두 관점을 서로 대치시키기보다는 서로가 서로를 보완하고 교정할 수 있는 방향으로 활용하는 편이 훨씬 더 합리적이다. 내가 심리학과 학부생이던 시절에 배웠던 한 격언은 "복잡한 행동에 대해서는 언제나 과잉 결정이 이루어진다"라는 것이었다. 이는 복잡한 문제들에 대해 지나치게 단순한 해답을 제시하려고 하는 인간의 경향을 지적한 구절이었다. 인간은 서로 연관된 것처럼 보이는 현상, 특히 인간의 행동과 관련된 현상에 대해 일대일의 인과관계를 상정하는 경우가 많다. 그러나 인간의 복잡다단한 행동—우울증이라든가 성 정체성, 정치적 신념 등—에 대한 추정은 대체로 지나친 단순화를 초래한다. 게다가 인간이 하는 행동 중에서 악행만큼이나 복잡다단하고 다양한 형태로 발현되는 행동은 없을지도 모른다. 바로 이러한 이유에서 나는 대상화를 악의 **주된**

원인으로 못박고 싶은 유혹을 경계하고자 했으며, 대상화는 하나의 **영향력 있는 요인**이라고 주장하는 입장이다. 또한 같은 맥락에서 기질적 관점과 상황적 관점 중 한 가지 관점만 제시하는 단일한 시각보다는 두 가지 관점을 결합한 양방향적인 시각이 더 정확할 것이라는 가정이 보다 타당하다고 생각한다.

악에 관한 견해들

[알렉산더 미체를리히*]는 자신과 동시대—나치시대—에 살았던 독일인들 대부분은 자신이 가담했던 악을 정신적인 차원에서 직면할 수 없을 것이라고, 인간의 정신은 그토록 대규모로 자행된 악과 연루되는 경험을 내적 차원에서 받아들일 수 없다고 이야기했다. [……] 내가 나치 의사들과 나누었던 경험을 알렉산더는 정확히 예상했다. 그리고 나중에야 알게 된 사실이지만 내가 만났던 의사들 중에서 본인이 어떤 악한 일에 가담했었으며, 그 사실을 깊이 후회한다고 말한 사람은 아무도 없었다.

—로버트 제이 리프턴(Robert Jay Lifton)[6]

당연한 일이지만 악을 정의하거나 이해하는 방식은 다양하다. 꽤 장황하고 복잡한 방식도 있고, 매우 간단한 방식도 있다.** 어떤 학자들은 악이라는 문제의 복잡성과 악을 저지해야 한다는 당위성을 고려하면 악에 관한 총체적인 정의는 미흡해야 마땅하다고 주장한다.[7] 그렇지만 이 책에서는 '악'

---

* 알렉산더 미체를리히(Alexander Mitscherlich)는 독일의 심리학자로, 『아버지 없는 사회』 등의 저서를 집필했다(역자 주).
** 악에 관한 다소 해묵은 정의 중 하나는 '가톨릭 백과사전(Catholic Encyclopedia)' 웹사이트(http://www.newadvent.org/cathen/05649a.htm)에서 찾아볼 수 있다. 한편 사회학자 어빙 사노프(Irving Sarnoff)가 내린 악에 관한 간략한 정의는 다음과 같은 경구로 요약된다. "악은 더 잘 알면서 더 나쁜 행동을 하는 것이다"(Zimbardo, 2008, p.5).

을 거듭해서 언급할 수밖에 없기 때문에 의미를 분명히 해두는 편이 적절하다고 생각한다. 따라서 악에 관한 정의가 불완전하다는 사실을 인정하면서도 이 책의 목적에 맞게 악을 '자기보호라는 목적에 비추어볼 때 불필요하고 다른 존재의 생명과 삶을 앗아가기 위해 의도적으로 저지르는 행위이며, 합리적이고 도덕적인 사회규범에 따라 결정되는 공공 이익의 목표(예를 들어 목적)에 부합하지 않는 방식으로 수행한 행위(예를 들어 수단)*'로 정의하고자 한다. 이 정의에 따르면 늑대가 양을 쫓고 죽이는 행위는 (실제로 일부 늑대들이 그렇듯이 곧바로 먹어버리지 않을 양까지 대량으로 사냥하는 경우라 할지라도) 악의 기준을 충족하지 못한다. 늑대의 행동은 자기보호를 위한 본능에 따른 것일 수 있으며, 굶주림을 해소하기 위함이 아닐지라도 먹잇감이 풍부할 때에는 사냥을 해야 한다는 '과잉 살해(surplus killing)' 본능에 의한 것일 수 있기 때문이다.

반면 앞에서 이야기한 정의에 따르면 나치 정권의 행위는 악에 부합한다. 나치는 순수 게르만 민족의 혈통을 (더불어 더욱 광범위한 영토도) 보호한다는 최종 목적이 유대인을 비롯한 소수민족들에 대한 말살 행위를 정당화시켜준다고 믿었지만, 동맹국들은 그러한 목적이 수단을 정당화한다는 나치의 주장에 동의하지 않았다. 실제로 동맹국들은—비록 스스로 반유대주의적인 성향을 내보인 경우도 있었지만—나치의 목적 자체가 명백한 악이라고 주장하기도 했다. 한편 일본에 두 차례 원자폭탄을 투하해 수년 동안 막대한 인명 손실과 자연환경 오염이라는 결과를 초래한 행위는 잠재적인 악으로서, 나치와 연관된 경우보다 훨씬 더 복잡한 사례에 해당한다. 일부 학

---

* 악에 관한 이 같은 정의는 행위를 바탕으로 한다는 점에 유의해야 한다. 일반적으로 사고와 감정이 행위의 전조가 되는 것은 사실이지만, 이 책에서는 사고와 감정의 영역과 관련해 그 어떤 확고한 주장도 제시하지 않는다. 물론 '악한' 사고나 감정을 품었다는 이유만으로 악행을 저지르게 되는 것도 아니다. 실제로 각자가 자신의 삶을 돌이켜보면 악한 사고나 감정을 품게 되는 경우가 수없이 많았어도 그에 따라 행동하지 않기 위해 스스로를 통제해오지 않았는가? 이러한 이유로 나는 악한 사고나 감정을 갖게 되는 경험이 반드시 그 자체로 악을 구성한다고는 보지 않는다.

자들은(일본인은 한 명도 없다) 일본에 대한 원자폭탄 공격이 제2차세계대전 종식을 앞당기기 위한 필요악이었다고 주장한다. 그들은 원자폭탄 공격 덕분에 동맹국들이 일본 본토를 침략할 필요가 없어졌으며, 한 명도 남김없이 살상하겠다는 일본 황제의 선언을 고려했을 때 만일 동맹국의 침략이 이루어졌다면 수백만 명의 일본 민간인들이 추가로 희생되는 것은 물론 최소 백만 명의 동맹국 군인들도 목숨을 잃었을 것이라고 이야기한다. 그러나 당시 허버트 후버 미국 대통령을 비롯한 다른 전문가들은 이미 격렬한 기세로 가해지고 있던 화염폭탄 공격과 해상 봉쇄, 독일의 붕괴, 백만 명 이상의 동맹국 군인이 태평양 지역으로 재배치될 가능성, 1945년 8월 동아시아 일본군에 대한 구소련의 대규모 공격만으로도 일본의 항복을 이끌어낼 수 있었을 것이므로 원자폭탄 투하는 군사적으로 불필요했다는 의견을 견지하고 있다.[8] 그렇기에 원자폭탄 투하와 공포 조장이라는 수단이 태평양에서의 전쟁을 신속히 종결시킨다는 목적을 정당화했는가의 문제는 앞으로도 완전히 해소되지 않을 가능성이 크다. 또한 확실히 악은 규정하기 힘든 개념, 흑과 백 사이의 음영들을 인정해야 하는 개념, 편향될 수밖에 없는 개념일 수 있다. 이 점에서 악을 규정하고자 할 때에는 '도덕적이고 합리적인 사회'에 대한 가치판단까지 포괄하는 것이 현명하며, 동일한 결론에 이르게 된다고 할지라도 악을 바라보는 다양하고 신중한 관점들을 고려하면 편협한 결론을 내릴 가능성을 최소화할 수 있을 것이다. 그러나 앞의 사례에서 볼 수 있듯이 합의된 의견을 이끌어내는 일은 여전히 어려울 수 있다.

2장

대상화
"손에 잡힐 듯 잡히지 않는 복합적 개념"

우리가 현실을 두 가지 영역으로 분리해서 인식하는 경우는 흔하게 관찰할 수 있다. 여기에는 내가 있고, 저기에는 당신과 이 세계를 포함한 모든 것이 있다고 말이다. …… 인간이 어떻게 [타인에 대한 앎을 얻게 되는가]는 분명 앞으로 제기될 수 있는 문제들 중에서 가장 흥미롭고도 가장 중대한 문제이다.

— 에른스트 프리드리히 슈마허(E. F. Schumacher)[1]

대상화 문제를 주제로 장문의 글을 쓰기로 마음먹었을 때 나는 대상화라는 용어가 (특히 근대사회의 수많은 병폐와 관련해) 대중문화에서 일상적으로 사용되고 있으므로 이미 다른 많은 선구자들이 대상화 현상을 명확히 정의하고 대상화의 발현 및 영향을 충실히 설명하는 이론을 마련하는 등 길을 개척해두었을 것이라고 생각했다. 그러나 현실은 내 생각과 전혀 달랐다. 대상화라는 용어는 실제로 학계에서나 일반 대중 사이에서 어느 정도 규칙성 있게 활용되고는 있었지만, 놀랍게도 대상화의 실제 의미와 관련해서는 전체적으로 정확성이나 정교함이 부족했다.

대상화 개념을 가장 자주 언급하는 분야는 놀랍지 않게도 페미니즘 학계이다. 페미니즘 학계에서 대상화와 관련해 주장하는 바의 전반적인 요지는 가부장제가 여자를 사물로 만들어버리고 여자에게서 인간됨(personhood)이라는 특성을 박탈해버린다는 데 있다. 여자에 대한 대상화의 전형적인 사례들은―강간, 신체적 학대, 수익을 목적으로 여성의 신체를 착취하는 행위, 동일 노동에 대한 불평등한 임금 등은―여자가 남자보다 열등한 존재로 간주되는 온갖 방식을 특징적으로 보여주며, 대상화가 무엇인지 설명해주는 설득력 있는 실제 사례와 더불어 한층 강력한 젠더 평등의 필요성도 제기하고 있다.

대상화를 바라보는 전통적인 페미니즘 관점의 상당수는 프로이센의 계몽주의 철학자이자 도덕에 관한 광범위한 이론을 정립하는 과정에서 대상화 문제를 심도 있게 다룬 이마누엘 칸트의 사상에 빚지고 있다. 칸트에 따르면 인간이 지닌 가장 본질적인 특성은 이성적 행위성(rational agency)*, 즉 이성적 사고를 할 수 있는 역량 및 원하는 목적을 달성하기 위해 합리적인 선택을 하는 능력을 갖추었다는 점에 있다. 칸트는 이성적 행위성을 지닌 존재는 가치(예를 들어 무엇이 좋은가)에 대해 판단하고 그러한 가치를 실현 및 도모하기 위한 방법을 찾아낼 수 있는 능력을 지니고 있다고 생각했다. 이성적 행위성의 핵심은 인간을 다른 동물 및 무생물로부터 구별해준다는 데 있다. 그리고 인간이라는 존재는 이러한 행위성을 가지고 있다는 점에서 유일무이하므로, 동물이나 사물과는 달리 **존엄성**(dignity)을 가지고 있으며 상대적 가치보다는 내적 가치 혹은 본질적 가치를 지닌다.[2] 칸트와 마찬가지로 많은 현대 페미니스트들도 대상화는 인간 고유의 존엄성을 인정하지 않음으로써 인간을 사물 수준으로 폄하 또는 격하시키는 과정이라고

---

* 행위성(agency)은 행위주체성이라고도 불리며, 행위자의 의도나 욕구 혹은 정신 상태에 따라 행위가 발현되는 상태를 가리킨다(역자 주).

설명하고 있다. 한편 칸트는 인간이 지닌 도덕성의 본질은 타인의 인간성을 존중하고 인정하는 한결같은 태도에 있다고 믿었다. 그는 이러한 믿음을 바탕으로 인간이 도덕적인 존재가 되려면 "…… 자기 자신의 인간성뿐만 아니라 타인의 인간성도 결코 어떤 목적을 위한 **한낱** 수단으로 취급하지 않고 언제나 목적으로 대해야 한다"*3고 주장했다. 이때 칸트가 사용한 **한낱**이라는 표현은 인간이 그 자체로는 문제될 것이 없는 수많은 방식을 통해 서로를 수단으로 취급할 때도 있음을 반영한다는 점에서 주목할 만하다. 마르틴 부버를 연구한 학자이자 번역가 발터 카우프만(Walter Kaufmann)은 이를 다음과 같은 방식으로 설명하고 있다.

> 나는 당신에게 도움을 구하고 정보를 요청한다. 나는 당신을 통해 무언가를 구매할 수도 있고 당신이 만든 무언가를 구매할 수도 있으며, 때로는 당신이 나의 외로움을 몰아내줄 수도 있다. 나는 당신이 나를 수단으로 취급하는지 그렇지 않은지를 따져보지도 않는다. 당신은 나에게 도움을 구하고 나에게 질문을 던진다. 당신은 돈을 주고 내가 쓴 글을 읽을 수도 있으며, 가끔은 내가 당신의 외로움을 덜어줄 수도 있다. 당신이 어떤 정보를 얻기 위해 나를 오로지 수단으로만 취급할 때에도 나는 내가 해답을 가지고 있고 도움을 줄 수 있다는 사실에 기뻐할 수도 있다. …… 그러나 인간의 태도는 다양한 층위로 이루어져 있다…….4

카우프만이 제시한 사례들은 인간이라면 흔히 경험하는 일들이다. 이는 인간이란 자신이 원하는 목적을 위해 일상적으로 타인을 수단으로 취급할 수밖에 없음을 암시하기도 하지만, 이렇게 타인을 수단으로 취급하려는 욕

---

* 강조는 저자(존 M. 렉터).

구가 반드시 문제적이라고 볼 수는 없다. 윤리적인 문제들은 인간이 자신의 목적을 위해 타인을 희생시킬 때 혹은 타인의 의사에 반해 **한낱** 수단으로 취급할 때 발생한다.

당연하게도 페미니스트 철학자들은 대상화에 관한 칸트의 초기 이론에 매료되었고, 이를 바탕으로 대상화의 의미를 더욱 심도 있게 파악하려고 애썼다. 안드레아 드워킨(Andrea Dworkin)은 포르노그래피 산업으로 대변되는 남성의 여성 지배 문제를 부각시키고자 최초로 페미니즘을 바탕으로 대상화에 관한 정의를 제시했다.

> 대상화는 인간이 사회적 수단을 통해 인간 이하의 존재가 되고, 물건이나 상품으로 치환되어 사고파는 대상이 될 때 발생한다. 대상화가 발생하면 해당 개인은 비인격화되며, 이에 따라 사회적으로 그 어떤 개별성(individuality) 혹은 고결성(integrity)도 갖지 못하게 되거나 극도로 제한적인 특성에 국한된 존재가 된다. 대상화는 차별의 한복판에서 입게 되는 상처이다. 타인에 의해 마치 완전한 인간이 아닌 것처럼 이용당할 수 있는 사람들은 사회적 관점에서 볼 때 더이상 완전한 인간이 아니게 되며, 자신의 존재가 폄하되는 경험을 통해 인간성에 상처를 입는다.[5]

1985년 드워킨이 제시한 이와 같은 분석은 대상화를 (1) 대인관계 영역에서 펼쳐지는 역동적인 사교 과정, (2) 인간은 모두 동일한 존재이므로 대체 가능하다는 판단 아래 개개인을 대체 상품으로 취급하는 행위, (3) 개개인의 개별성과 고유한 가치를 박탈함으로써 대상화를 하는 주체가 상대방을 사실상 완전한 인간 그 이하의 존재로 만들어버리는 상품화라는 세 가지 관점으로 바라보는 듯하다.

총체적인 시각에서 볼 때 드워킨이 제시한 대상화 개념은 인간이 타인에게 의도적으로 해를 가할 때 벌어지는 일들을 상당수 포착하고 있다는 점에서 어느 정도 표면적 타당성을 확보하고 있는 듯하지만, 각각의 항목을 따로 분석해보면 몇 가지 한계가 드러난다. 먼저 대상화가 대인관계라는 맥락에서 발생한다는 주장은 언뜻 전적으로 타당해 보인다. 그런데 대상화가 항상 대인관계 속에서만 벌어지는 현상일 수 있는가? 고립된 상태로 자기 자신을 대상화하는 경우도 가능하지 않은가? 나를 비롯한 다른 사람들은 자기대상화도 가능하다고 생각한다(이와 관련해서는 추후에 더 논의하겠다). 드워킨은 타인을 근본적으로—특정한 역할이나 업무 등을 수행할 수 있는 다양한 역량이 아니라 개개인의 삶에 내재된 고유한 가치와 관련해—대체 가능한 존재로 바라보는 관점의 문제점을 강조하는데, 이 같은 관점은 인간의 유일무이함과 모든 인간이 동등하게 가지고 있는 고유한 가치를 부정한다는 점에서 분명 문제적이기는 하다. 그러나 타인을 대체 가능한 존재로 바라보는 관점은 인간이 서로를 사물로 취급하는 수많은 방식 중 (더군다나 가장 심각하다고 볼 수 없을지도 모를) 하나에 불과하다. 두번째로 드워킨은 대상화가 '비인격화(depersonalization)', 즉 개별성과 고결성의 상실과 동일하다고 강조한다. 이는 직관적으로 이해할 수 있는 주장이다. 고결성의 특성은 개인이 하나의 완전한 인간이 되려면 총체성—신체와 정신—을 갖추는 것이 중요함을 보여준다. 어떤 개인이 지닌 '내면성(internality)'의 존재 자체나 그 타당성을 인정하지 않으면 해당 개인이 총체적인 인간으로서 갖는 고결성은 대상화를 하는 주체의 시각에서 사실상 저하된다. 특히 서구 세계에서는 개별성—타고난 고유성과 자신만의 구체적인 선호에 따라 행동하는 행위성—도 인간됨을 구성하는 중요한 요소로 간주된다. 그런데 개별성을 완전히 혹은 일부라도 잃게 되면 온전한 사람이 될 수 없는 것인가? 그렇다면 자기(self)를 약화하면 역설적으로 자유와 주체성과 진정성이 증대된다고 주장하는 동양의 사상적 전통은, 수천 년의 역사를 지녔으며 수억 명의 지지

자를 거느린 이 같은 사상적 전통은 어떻게 이해할 수 있는가? 대부분의 서양인에게는 낯설게 느껴질 수도 있지만 마하트마 간디, 테레사 수녀, 넬슨 만델라, 달라이라마가 살았던 삶이 '자기부정(self-negation)'에 따른 결과였음을 부인하기는 어렵다. 또한 드워킨은 대상화를 차별과 연관짓는다. 만일 차별이 피부색 같은 불변의 신체적 특성이 하나 이상 존재하는지 혹은 존재하지 않는지를 바탕으로 개인의 권리와 자유를 부인하는 행위라면 드워킨의 주장은 타당하다고 볼 수 있다. 그러나 차별은 대상화가 구체화되는 여러 가지 방식 중 한 가지에 불과하며, 드워킨도 이에 분명 동의할 것이다. 마지막으로 드워킨은 대상화를 비인간화*와 동일시하는데, 드워킨이 논문을 발표했던 해에 출간된 린다 르먼첵(Linda LeMoncheck)의 『여자에 대한 비인간화: 성적 대상으로 취급하기(Dehumanizing Women: Treating Persons as Sex Objects)』[6]도 이와 상당수 맥락을 같이한다. 추후에 다시 논하겠지만 나는 비인간화는—가장 극심한 수준의—대상화의 한 유형이며, 대상화로 인해 발생하는 모든 사건을 비인간화의 결과로 간주할 수는 없다고 생각하는 입장이다.

드워킨과 동시대에 활동했던 학자이자 칸트 철학의 명맥을 따랐던 페미니스트 사상가 샌드라 바트키(Sandra Bartky)는 가부장제 사회 속에서 여자는 말하자면 **파편화된** 상태로 존재한다고 역설한다. 바트키에 따르면 여자는 "…… [자신의 신체와] 긴밀하게 동일시되고…… [실제로 여자라는] 존재의 총체성은 신체와 동일시"되는 반면, 여자의 정신과 인격은 평가절하 혹은 과소평가된다.[7] 이러한 파편화가 진행되면 여자의 신체가 여자의 총체성을 대변하는 것으로 여겨지면서 대상화가 실현될 수 있는 장이 마련된다.

---

* 비인간화는 후반부에서 충분히 구체적으로 다룰 것이다. 비인간화를 간략히 정리하자면 타인을 살해하는 과정에서 자책감을 느끼지 않기 위해 자신이 인지하는 피해자의 모습에서 모든 인간적인 특성을 제거하는 가해자의 '심리적 단련(psychological gymnastic)'을 의미한다.

바트키는 대상화 과정에 반드시 두 사람(대상화를 하는 사람과 대상화를 당하는 사람)이 필요한 것은 아니라고 하면서 추후에 부상할 페미니즘 사상을 예견하기도 한다. 즉 가부장제 사회에서는 관능적인 외양의 여자들을 보며 수시로 쾌락을 얻고자 하는 남자들에 의해 끊임없이 감시받고 관찰당한 여자들이 결국 본인을 대상화하고 본인에 의해 대상화를 당하는 역할 **모두**를 맡게 된다는 것이다. 바트키는 이를 다음과 같이 설명한다. "여자는 다른 누군가의 시선, 익명의 가부장적 타자(Other)의 시선을 받는 신체로서 살아간다. …… [여자는] 남자들이 취하는 태도로 자기 자신을 대한다. 그런 다음 본인의 신체적 자아를 통해 성적인 만족감을 취하고, 노골적인 시선과 꾸밈을 받는 하나의 아름다운 대상으로서의 자신의 신체를 유희"하지만, 정체성의 또다른 원천이 되는 정신은 방치해버리다시피 한다.[8] 이렇게 위축된 자아상은 여자들로 하여금 특정 몸짓이나 자세 혹은 동작을 취하는 것뿐만 아니라 다이어트, 과도한 운동, 성형수술을 받는 등 다양한 '규율적 실천(disciplinary practices)'을 행하도록 부추기며, 이러한 행위들이 합쳐져 바트키가 '여리여리함의 독재'라 일컬은 현상을 만들어낸다.[9] 이 같은 상황에 책임을 져야 할 당사자는 누구인가? 바트키에 따르면 "여자의 몸에 여성성을 [새기는] 규율 권력은 어디에나 있고 또 어디에도 없으며, 규율을 부과하는 주체는 모든 사람이지만 그렇다고 특정한 누군가도 아니다."[10] 다시 말해서 여자가 더욱 여성스러워 보여야 한다는 메시지는 어디에나 존재하며, 이와 관련해 비난받아야 할 대상은 비단 남자만이 아니다. 동료, 연인, 성별과 무관한 모든 보호자, 교사, 미디어 등은 모두 여자가 외모에 끊임없이 집착하는 행동이 자연스럽고 자발적인 현상이라는 인식을 조장한다. 바트키는 이 점에서 여자들이 자기대상화(self-objectification)로부터 자유로워지는 것이 매우 어려운 과제라고 말한다.

1990년대 이후 대상화에 대한 사유는 유의미한 방향으로 발전해왔으며, 남자가 여자를 대상화하는 경향이 초래하는 실질적이고 부정적인 영향이 특히 중점적으로 다루어졌다. 예를 들어 바버라 프레드릭슨(Barbara Fredrickson)과 토미-안 로버츠(Tomi-Ann Roberts)는 바트키의 논지를 수용해[11] '대상화 이론'을 발전시켰다. 이 이론은 여자의 신체를 성적으로 대상화하는 문화권에 속한 여자들은 미성년이든 성인이든 관찰자의 시각을 내재화해 자신의 신체적 자아를 관찰자의 시선에서 바라보게 된다고 주장한다. '자기대상화'라고 불리는 이 관찰자의 시각은 신체에 대한 과도한 인식과 강압적인 감시로 이어지는 경우가 많아 결국 수치심, 무능감, 불안감을 증폭시킨다. 또한 이와 같은 신경증적인 집착은 '몰입(flow)'*[12]의 경험을 비롯해 긍정적인 감정에 대한 전반적인 인식 및 감수성도 저하시킨다. 이렇게 부정적인 경험을 반복적으로 하게 되는 상황은 불안, 우울, 성기능장애, 섭식장애 등 특히 남자들보다 여자들에게 지대한 영향을 미치는 다종다양한 정신건강상의 위험과 어느 정도 연관되어 있을지도 모른다.[13] 또한 대상화 이론은 시간의 흐름에 따른 신체상의 변화가 어째서 여자들의 정신질환 유병 가능성을 증대시키는 것처럼 보이는지도 설명해준다. 이 밖에도 대상화 이론의 근본적인 주장들을 입증한 다른 많은 연구들이 있다.[14]

　이외에도 많은 학자들이 서로 유사한 우려의 목소리를 표명했다. 마사 누스바움(Martha Nussbaum)은 『성과 사회 정의(Sex and Social Justice)』에서 대상화를 국제적 차원의 안건으로 검토하면서 자기대상화가 기아와 문맹 혹은 불평등한 법률제도 속에서 살아가는 여자들에게 여타 시급한 문제들을 불러일으킨다고 주장한다.[15] 귀도 칼로게로(Guido Calogero), 스테이시 탠틀러프-던(Stacey Tantleff-Dunn), J. 케빈 톰프슨(J. Kevin Thompson) 등

---

* 몰입(flow)은 어떤 행동을 수행하는 개인이 그러한 행동을 수행하는 과정에 완전히 몰두해 열의, 완전한 몰두, 희열을 느끼는 정신적 상태를 가리킨다. 몰입 상태에서는 본질적으로 자신이 하고 있는 일에 완전히 몰두하는 것이 특징적이다. 더 자세한 내용은 다음 웹사이트에서 확인할 수 있다. http://en.wikipedia.org/wiki/Flow_%28psychology%29

도 여자들의 자기대상화가 평생에 걸쳐 여러 정신적 문제를 야기한다고 주장하면서 누스바움과 같은 입장을 견지한다.[16] 에일린 L. 주브리겐(Eileen L. Zurbriggen)과 토미-안 로버츠는 『소녀들의 성애화와 소녀됨(The Sexualization of Girls and Girlhood)』에서 여자들의 자기대상화 문제가 심화되는 바람에 점점 더 많은 젊은 여자들이—인터넷 기반의 미디어와 마케팅 캠페인의 영향 속에서—외모를 가꿀 때 주변에서 목격한 성애화된 여자들을 역할 모델로 삼는 수준에까지 이르렀다고 설파한다.[17] 실라 제프리스(Sheila Jeffreys)는 『아름다움과 여성 혐오(Beauty and Misogyny)』를 통해 현대사회에서는 성(性) 간의 평등과 존중이 진전을 이루기는 했지만—소음순 성형술처럼 그 전까지는 낯설었던 성형수술까지 감행하고자 하는 행동을 비롯해—여자들이 이상화된 미(美)에 대한 문화적 기준을 충족하기 위해 감수하는 정도가 극적인 수준으로 심화되었다고 논증하기도 했다.[18]

현재 우리가 대상화를 이해함에 있어서 가장 실질적인 기여를 한 문헌은 마사 누스바움의 논문 「대상화」[19]이다. 이 논문은 모든 성별과 결부된 풀리지 않은 의문들에 대해 해답을 찾을 수 있도록 도와준다. 예를 들어 이 논문은 대상화가 타인을 일종의 사물로 취급하는 문제라고 한다면 인간은 사물을 정확히 어떤 방식으로 취급하며, 그러한 방식으로 인간을 대할 때 어떤 문제가 발생하게 되는지를 다룬다. 또한 누스바움은 과학계와 철학계에서 그동안 대상화 문제를 충분히 이해하지 못했다는 점을 지적하면서 대상화가 사실상 "손에 잡힐 듯 잡히지 않는…… 복합적 개념"이라고 이야기하고 있다.[20] 그러면서 자신의 주장을 분명히 피력하기 위해 다음과 같이 대상화가 구현되는 일곱 가지 방식을 설명한다.

1. 도구성(instrumentality): 대상화의 주체가 타인을 본인의 목적을 위한 [한낱] 도구로 대한다.

2. 자율성의 부정(denial of autonomy): 대상화의 주체가 타인을 자율성과 자기결정권이 결여된 존재로 대한다.

3. 비활동성(inertness): 대상화의 주체가 타인을 행위성이 없거나 행동을 취할 역량이 없는 존재로 대한다.

4. 대체 가능성(fungibility): 대상화의 주체가 타인을 본질적으로 다른 사람과 교환하거나 대체할 수 있는 존재로 대한다.

5. 침해 가능성(violability): 대상화의 주체가 타인을 경계 완전성(boundary-integrity)이 결여되어 침해하거나 망가뜨려도 되는 존재로 대한다.

6. 소유(ownership): 대상화의 주체가 타인을 다른 사람이 소유하거나 사고팔 수 있는 존재로 대한다.

7. 주체성의 부정(denial of subjectivity): 대상화의 주체가 타인을 마치 고려할 가치가 없는 경험과 감정(존재한다면)을 지닌 존재로 대한다.[21]

누스바움의 논문이 발표된 지 14년 후 레이 랭턴(Rae Langton)*은 누스바움이 제시한 일곱 가지 항목에 세 가지 항목을 추가함으로써 그의 이론을 확대했다.

8. 신체로의 축소(Reduction to the body): 대상화의 주체가 타인을 신체 혹은 신체 부위와 동일한 존재로 축소한다.

9. 외모로의 축소(Reduction to appearance): 대상화의 주체가 타인을 대할 때 상대방이 어떻게 보이는지 혹은 어떻게 감각되는지를 주된 기준으로 삼는다.

---

* 레이 헬렌 랭턴(Rae Helen Langton)은 언어학자이자 정치철학자로 이마누엘 칸트의 철학, 도덕철학, 정치철학, 페미니즘철학, 형이상학 등을 다룬 저서를 집필했다. 또한 포르노그래피와 대상화에 관한 연구로도 널리 알려져 있다(역자 주).

10. 침묵시키기(Silencing): 대상화의 주체가 타인이 마치 말할 수 있는 능력이 결여되어 있어서 침묵하고 있는 것처럼 대한다.[22]

각 항목은 인간이 사물을 대하는 방식의 특징을 보여주지만 우리가 모든 사물을 앞에서 언급한 방식으로만 대하는 것은 아니다. 예를 들어 구스타프 클림트의 그림은 누군가가 소유한 사물로서 존재하지만 대부분의 사람들은 그 그림을 침해할 수 없는 것으로 여기며, 다른 무엇보다도 그림이 지닌 금전적 가치 때문에 그것을 파괴하거나 훼손하려는 생각 자체를 하지 않는다. 우리는 대부분의 사물에 활동성이나 자율성이 없다고 생각하지만 간혹 컴퓨터가 말을 듣지 않거나 자동차의 가속페달이 고착되면 그런 사물이 나름의 생명을 지니고 있는 것처럼 대하곤 한다. 이에 누스바움은 대상화는 본래 사물이 아닌 것을 사물로 만들고 사물로 간주하는 것이므로 어떤 대상을 '사물'로 취급하는 행위 자체가 곧 대상화인 것은 아니라고 분명히 밝히고 있다. 대상화는 사물이 아닌 인간을 앞에서 언급한 방식에 따라 대하는 행위라는 말이다.[23]

누스바움은 더 나아가 인간관계 안에서 발생하는 대상화의 사례가 전부 바람직하지 않은 것은 아니라고 주장한다. 실제로 대상화의 측면들을 내포하고 있음에도 여전히 건전한 관계들이 있다. 이를테면 부모와 아이의 관계에서는 거의 항상 일정 수준의 '자율성의 부정'과 '소유'가 수반된다. 반면에 부모가 아이를 신체적 완전성(body integrity)을 갖추지 못한 대상이나 자기 자신의 목적을 위한 도구, 고려할 가치가 없는 감정을 지닌 존재, 대체 가능한 (교체 가능한) 존재로 대하는 행위는 일반적으로 불건전한 것으로 간주된다.[24] 누스바움은 연인과의 관계에서도 어느 정도의 일시적 대상화는 흔하게 발생하며, 대상화가 조화롭고 상호적이며 상호 존중과 평등이 보장되는 맥락에서 이루어지기만 한다면 바람직할 때도 있다고 이야기한다. 예를 들어 누군가가 평상시에 자신의 연인을 베개 그 이상의 존재로 대하며 상대방의 동의를 구하기만 한다면 한 침대에 편히 누워 있을 때 연인의 배를 베개 삼아 벨 수도 있다는 것이다.[25]

누스바움은 타인을 자신의 목적을 위한 한낱 도구로 대하는 도구성(1번)은 특히 자율성의 부정(2번), 침해 가능성(5번), 주체성의 부정(7번) 등을 비롯해 대상화의 다른 측면들과 밀접하게 연관되어 있기 때문에 대부분의 경우 도덕적으로 미심쩍은 상황을 야기할 수 있다고 주장하며 결론에 도달한다. 그 이외의 다른 항목들은 상황에 따라 도덕적으로 문제가 될 수도 그렇지 않을 수도 있다. 누스바움은 각 항목 자체를 대상화로 간주할 수 있는지 아니면 몇몇 항목에 내재한 특징들이 한꺼번에 존재해야 대상화로 간주할 수 있는지를 명시하려고 하지 않는다. 누스바움은 본인이 생각하기에 '대상화'는 '느슨한 집단적 용어'이며 일곱 가지 대상화 방식 중에서 어떤 것이든 대상화의 정의를 충분히 충족할 수도 있지만, '대상화'라는 용어가 적용되는 대부분의 경우에는 다양한 특징들이 동시다발적으로 나타난다고 하면서 입장을 정리한다.[26]

대상화에 관한 누스바움의 분석에는 실로 대단한 지혜가 담겨 있다. 다면적이면서도 미묘할 때가 많은 악의 본질을 제대로 포착하고자 한다면, 인간이 타인을 비(非)주체로 간주하는 수많은 방식과 그러한 인식으로 인해 초래될 수 있는 해(害)를 포착해낼 수 있을 만큼 유연성을 갖춘 용어를, 충분히 폭넓고 느슨한 용어를 갖추어야 하는 법이다.

3장

대상화에 대한 재조명
오해의 스펙트럼

타인에게 해를 가하는 행동은…… 타인에 대한 무지에서 기인한다. 반대로 아무에게, 심지어 손에 닿을 정도로 가까운 사람에게 해를 가하는 행동은 불가지(不可知) 그 자체를 보여준다. 우리가 누군가를 알아볼 수 있다면 해를 가하는 행동은 불가능할 것이기 때문이다.

—일레인 스캐리(Elaine Scarry)[1]

[9·11 테러의] 항공기 납치범들이 항공기에 타고 있던 승객들의 생각과 감정을 자신의 것처럼 상상해볼 수 있었다면 계획했던 일을 추진할 수 없었을 것이다. 피해자가 될 사람의 마음속에 자진해서 들어가보면 잔인한 행동을 저지르기가 쉽지 않다. 나 자신이 아닌 다른 사람이 된다면 어떨지를 상상해보는 행위는 인간성의 핵심을 이룬다. 이는 연민의 본질이자 도덕의 시작이다.

—이언 매큐언(Ian McEwan)[2]

1장에서 언급한 대상화 스펙트럼상의 구분점—일상적 무관심, 유도체화, 비인간화—들은 각각이 지닌 강도나 파괴적인 폭력 행위를 부추길 가능성의 측면에서 분명히 서로 다르지만 사실상 본질적으로 동일한 과정, 즉 **총체적인 존재로서의 인간을 오해**하는 과정을 거친다는 점에서 상호연관된 현상이다. 대상화는 타인의 진실이 잘 드러나지 않거나 존중받지 못하는 것에서 비롯된 일종의 인식상의 오류를 보여준다. 우리는 타인을—존경과 존엄과 공경을 받을 만한 가치가 있으며—통합된 정신과 신체를 가진 주체로 바라보기보다는 내적이고 영적인 차원에서 각기 다른 정도로 단절된 물리적 객체로 간주하는 경우가 더 많다. 이러한 인식이 초래하는 결과는 사소한 변화에서부터 인생을 뒤바꾸는 사건에 이르기까지 광범위하다.

이 책에서 주장하는 바는 악을 폭넓고 깊게 포착하는 것은 물론 악이 구현되는 핵심 메커니즘을 설명함에 있어서 우리가 마음껏 활용할 수 있는 최선의 용어가 **대상화**라는 것이다. "느슨하고 손에 잡힐 듯 잡히지 않는 복합적" 개념이라는 본질[3] 덕분에 대상화는 대상화와 연관된 수많은 심리적·행동적 현상을 아우르는 하나의 적절한 상위 개념어로서 기능한다. 이를 고려하면 대상화는 타인을 실제보다 부족한 존재로 여기는 오해의 스펙트럼으로 표현할 수 있다. 이때 개개인이 (실제로는 사회 전체가) 스펙트럼상에서 차지하는 위치는 각자가 세상을 바라보는 관점에 내재하는 오해의 수준에 따라 좌우로 이동할 수 있기 때문에 오해의 스펙트럼은 양방향으로 구성된다. 말하자면 인식의 오류가 많을수록 타인에게 폭력을 행사할 가능성도 커지는 것이다. 이는 1950년대 미국인(특히 미국 남부에 거주한 사람)들이 아프리카 출신의 미국인들에 대해 혹은 독일인들이 1930년에서 1940년대 유대인들에 내해 집단적 차원에서 견지했던 시각이 지금보다 훨씬 더 상대방을 대상화하고 있었다는 사실을 떠올려보면 쉽게 이해할 수 있을 것이다. [그림 3.1]에는 이 책에서 제시하는 오해의 스펙트럼의 기본 요소들이 담겨 있다.

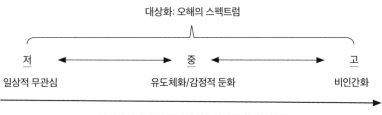

[그림 3.1] 대상화: 오해의 스펙트럼

타인의 주체성을 오해하는 경향은 깊은 통찰을 지닌 이들이 오래전부터 인지해온 더욱 근본적인 문제, 즉 구체적으로 이야기하면 자신이 다른 존재들과 분리된 별개의 존재라고 인식하는 문제의 증상에 해당한다. 동양의 사상가들은 지난 수천 년 동안 이 문제를 중대한 인지적 오류로 여겨왔다. 달라이라마 성하가 남긴 다음과 같은 말에는 그러한 동양적 관점이 요약되어 있다.

무엇이 고통을 낳는가? …… 오염된 행동들이다. 무엇이 오염된 행동을 낳는가? 욕정과 증오라는 파괴적인 감정들이다. 그 감정들의 뿌리는 어디에 있는가? 무지에 있다. **그렇다면 가장 심각한 무지는 무엇인가? '내' 가 원래부터 존재했다는 착각이다. [당신] 스스로 하나의 완전히 독립적인 개체로 존재한다는 그릇된 생각은 결과적으로 자신과 타인을 인위적으로 분리하게 만든다.** 이 같은 분리는 자기편인 것에는 애착을 느끼고, 타인의 편인 것에는 저항하도록 부추겨 자만으로 향하는 문을 열어젖히고 부, 교육, 신체적 외양, 인종적 혈통, 명성과 같은 실제의 혹은 상상의 자질을 부풀려버린다.[4]

서양에서는 다소 다른 관점을 취해 앞에서 언급한 것과 같은 문제를 '자아의 문제'(자아에 관해서는 9장과 10장에서 자세히 논할 것이다)라고 통칭해왔다. 분리된 자기(self)에 대한 자아의 착각은 세상을 향한 적대감을 심어주기 마련이다. 또한 자기와 그 밖의 모든 것 사이에 실질적인 경계가 존재한다고 인식하게 만든다. 이러한 점에서 대상화는 인간이 동류의 인간뿐만 아니라 나머지 존재들에 대해 견지하는 '나는 그렇지 않다'라는 정신적인 차원의 정도로 이해할 수도 있다. 다른 존재와의 관계에서 느끼는 일체감이 약해질수록 혹은 타인이 지닌 자기에 관심을 덜 기울일수록 대상화 스펙트럼의 최고점으로 이동할 가능성은 증가하며, 타인을 폭력적으로 대하는 행동에 동의하거나 폭력에 직접 가담하게 될 가능성도 증가한다. 이러한 현상을 보다 더 일상적인 용어로 표현하면 인간이 공감하고 연민하는—타인이 마치 자기 자신과 긴밀하게 연결되어 있는 것처럼, 타인이 마치 자신의 자궁에 착상한 아이인 것처럼 타인과 '동감'하는*—능력을 지니고 있기는 하지만, 그에 반하는 방식으로 작동하는 요인도 상당하다고 설명할 수 있다. 이들 요인에 대해서는 책의 후반부에서 좀더 심도 있게 다룰 것이다.

대상화의 핵심에 자리한 타인에 대한 오해가 다양한 수준의 인지적 미성숙(perceptual immaturity) 혹은 도덕적 실패(moral failure)를 보여준다는 점도 중요하다. 이와 관련해 살펴볼 수 있는 요소는 유년기 시절에 정점을

---

* 어머니가 자기 자궁 속에 있는 아이에 대해 어떤 감정을 느끼는가를 바탕으로 타인을 향한 연민에 대해 사고해보는 관습은 오랜 역사를 지니고 있다. 성서학자 마커스 J. 보그(Marcus J. Borg)는 연민을 가리키는 히브리어의 단수형이 '자궁(womb)'이라는 단어와 동일하며, 구약성서에서 신을 묘사할 때 자주 쓰인다고 지적한다. 예를 들어 신을 묘사하는 "은혜로우시고 자비로우신(gracious and merciful)"이라는 구절에서는 '자비로우신(merciful)'으로, 킹제임스 성경에서는 "수님의 부드리운 자비(the tender mercies of God)"로 번역되어 있다. 다음과 같이 번역된 예레미야서의 한 구절에도 유사한 표현이 등장한다. "그러므로 여호와께서 말씀하시되, 에브라임은 나의 귀한 아들이다. 내가 가장 사랑하는 자식이다. 그를 책망할 때마다 더욱 생각나서 내 자궁(womb)이 요동친다. 측은한 마음이 들어 불쌍히 여기지 않을 수 없었다." 자세한 내용은 M. J. Borg, *Meeting Jesus Again for the First Time: The Historical Jesus and the Heart of Contemporary Faith*(San Francisco: Harper Collins, 1994), p.48 참고.

이루는 자기중심성이다. 대부분의 아동은 타인의 내면세계를 협소하게만 인식하다보니 공감 능력도 제한적이며, 이렇듯 미숙한 감수성을 성장시키려면 수년 동안의 지속적인 조언과 모범 및 격려가 필요하다. 그리고 바로 이 점에서 우리는 아동이나 청소년이 실제로 대상화의 주체나 나르시시스트처럼 행동하고 있어도 그들이 대상화를 하고 있다거나 나르시시스트라고 생각하지는 않는다. 이렇게 보면 타인을 대상화—타인의 내면세계를 제대로 인식하지 못함—하는 행위는 인간의 발달 과정에서 온당히 나타나는 감정적 미성숙을 반영하고 있기도 하다. 그러나 높은 수준의 자기중심성과 공감 능력의 결여가 성인기까지 이어질 경우 가장 흔하게는 자기애성 성격장애(8장에서 다룬다)로 발현되는 도덕적으로 문제가 있는 성격이 나타나게 된다. 사실 우리가 인간으로서 수행해야 할 주요 과업 중 하나는 사리사욕을 추구하는 마음을 (대부분의 경우 일시적인 상태에 불과하겠지만) 초월하는 역량을 함양하여 자신이 속한 집단의 이익을 향상시키기 위해 열중하고, 타인의 내적 경험이 갖는 타당성을 더욱 충실히 인식하는 것에 있다. 또한 역설적이게도 이러한 과업을 수행하는 과정에서 우리는 더욱 온전히 살아 있는 더욱 온전한 인간이 된다. 본질적으로 우리는 "자기 자신을 잃음으로써 자기 자신을 발견"(마태복음 16장 25절)하며, 이는 궁극적으로 우리에게 최선의 이익을 가져다준다. 성인이 된 누군가가 다른 부분에서는 문제가 없지만 이와 같은 역량을 합리적인 수준까지 끌어올리지 못했다면 그것은 도덕적 실패를 보여주는 사례라고 할 수 있다.

인간은 타인을 **당신**(Thou)이 아닌 **그것**(it)으로 경험함으로써 상대방을 대상화한다. 그리고 이러한 인지적 오류는 악이 행해질 수 있는 길을 열어준다. 한편 나는 이에 반해 (이 장의 도입부에서 인용한) 일레인 스캐리[5]의 생각에 대체로 동의하는데, 스캐리는 주체(Subject)로서의 타인이 지닌 타당성을 인식하는 것은, 즉 대상화와 반대되는 방식으로 인식하는 것은 타인에게 악을 저지르게 될 가능성을 무효로 만든다고 말한다. 악의 실현 가능성을 완전히 근절하지는 못할 수도 있지만, 특히 일반적인 상황*에서라면 그 가능성을 경감해준다고 말이다. 지금부터는 심각성을 기준으로 삼을 때 각각의 대상화 유형이 서로 어떻게 다른지를 보다 명확하게 파악할 수 있도록 대상화 스펙트럼을 이루는 구성요소들을 하나씩 자세히 살펴보고자 한다.

최저점: 일상적 무관심

> 안네 프랑크와 같은 고통을 받았으나 얼굴은 그림자 속에 묻혀버린 수많은 사람들보다도 안네 프랑크 한 사람이 우리 마음을 움직이고 있다. 이것이 더 나은 일일 수도 있다. 우리가 그 수많은 이들의 고통을 전부 떠안을 수 있었다면 살아갈 수 없었을 것이다.
>
> —프리모 레비(Primo Levi)[6]

경미한 수준의 대상화는 자신과 타인(직계가족, 친구, 직장 동료 등을 제외한 사람들) 간의 정서적 유대감을 거의 인식하지 못하는 일상적 무관심으로 대변된다. 이는 대부분의 사람이 대부분 경험하는 대상화 수준이다. 멀리 떨어져 있는 타인의 고통에 대해 알게 되었을 때 겉으로 드러나는 정서적 불편함이 미미하거나 아예 없는 경우도 일상적 무관심에 해당한다. 예를 들어 지인이 최근에 암 진단을 받았는데 수술이 불가능하다는 소식을 들으면 우리는 순간 흠칫 놀라며 걱정하거나 그 지인과 지인의 가족에게 연민의 감정

---

* 주체로서의 타인이 지닌 타당성을 깨달으면 그 사람에게 악을 저지를 수 없게 된다는 일레인 스캐리의 말은 내가 생각하는 수준보다 앞서 나가는 견해이다. 이미 언급했다시피 어떤 사람이 타인을 해할 때에는 대상화가 아닌 다른 이유로 그런 행동을 하게 되는 경우도 있다. 가령 어떤 권위나 여타 상황적 압박에 의해 타인을 해하게 되는 사례들도 있다.

을 느끼게 된다. 그러나 분주한 일상으로 돌아오면 순식간에 그 사실을 잊고 마치 그 지인의 괴로움과 아픔, 고통이 존재하지 않는 것처럼 그 사실에 대해 신경을 쓰지도, 영향을 받지도 않게 된다.* 일상적 무관심은 이 지구상에서 언제든지 일어날 수 있으며, 어마어마하게 고통스러운 현실을 차단하거나 부정 또는 억제하고자 하는 인간의 경향을 보여주기도 한다. 물론 이러한 경향이 상황에 따라 다른 방식으로 구현될 수 있다는 주장이나 인간이 이 세상에 언제라도 일어날 수 있는 압도적인 고통으로부터 영향을 받거나 사로잡히지 않으면서 삶을 잘 이끌어나갈 수 있게 해준다는 주장도 가능하다. 이 같은 주장을 사실로 간주한다면 세상의 막대한 고통을 외따로 떼어놓은 채 단조로운 일상을 지속해나갈 수 있는 인간의 능력은 자기의 경계를 인식함으로써 타인의 역경으로부터 정서적 거리를 유지하려는 집념과 힘에 해당한다.

일상적이라는 말은 어떤 개인이 대상화 스펙트럼의 최저점에 놓여 있을 때에는 타인에게 잔인하게 굴거나 실제적인 해를 끼치려는 의도가 없음을 암시한다. 사실 일상적 무관심은 주로 **무행동**(non-action), 즉 '태만죄'의 형태로 발현된다. 예를 들면 (나를 포함한) 이 책의 독자들은 저명한 윤리학자 피터 싱어(Peter Singer)가 '절대부유층(absolutely affluent)'[7]이라고 명명한 계층 출신일 가능성이 큰데, 이 계층에 속하려면 자신이 알고 있는 모든 지인보다 더 부유하거나 특정 지역에 살고 있어야 하는 것이 아니라 인간적인 필요에 비추어보았을 때 합리적인 정도로만 부유하면 된다. 본인과 가족 구성원들이 살아가는 데 필요한 모든 생활필수품을 구비하고도 남을 만한 소

---

* 아이러니하게도 이 문단을 쓰고 있을 때 나를 비롯한 여러 사람이 한 동료로부터 이메일을 받았다. 예전에 함께 일했던 동료—60대 후반 여자로, 그가 퇴직한 후에 내가 그 직책을 이어받았다—가 보내온 이메일로, 최근 백혈병 진단을 받고 호스피스의 간병을 받으며 홀로 집에 머물고 있는데(비혼자였고 자녀가 없었다) '이번주를 넘기기' 힘들 것 같다는 내용이었다. 순간 나는 슬픔을 느꼈지만 눈앞에 닥친 프로젝트에 금세 신경을 빼앗겼고, 그로부터 하루이틀 동안 아주 잠깐씩만 그 동료의 처지에 대해 생각했다. 그리고 일주일 후 그는 사망했다.

득이 있으면 되는 것이다. 절대부유층에 속하는 사람들은 의식주와 기본적인 의료 서비스 및 교육에 필요한 비용을 지불한 뒤 필수품이 아닌 물건들에 돈을 쓸 수 있는 여유를 가지고 있다. 이들은 허기를 채우기 위해서가 아니라 맛을 추구하기 위해서 먹을 음식을 선택하며, 몸을 따뜻하게 하기 위해서가 아니라 호감을 불러일으키고 한층 멋스러워 보이기 위해서 새 옷을 구입한다. 또한 현재 살고 있는 곳의 날씨 때문이 아니라 더 좋은 동네에 살거나 더 넓은 생활공간을 갖기 위해서 이사를 한다. 이 모든 것을 다하고도 이들에게는 마음껏 쓸 수 있는 돈이 남아 있다. 이들은 '절대빈곤층(abso-lutely poor)'과 대조되는데, 절대빈곤층에 대한 설명은 1968년부터 1981년까지 세계은행 총재를 지낸 로버트 맥너마라(Robert McNamara)가 제시한 바 있다.* 그에 따르면 절대빈곤층에 속하는 사람들은 어떤 기준에 비추어 보아도 가난하다. 절대빈곤은 '존재의 가장 주변부에 위치한 삶'으로 대변되며, 절대적으로 빈곤한 사람들은 "우리가 정교한 상상과 특권적인 상황을 통해 이해할 수 있는 수준마저 초월하는 불결하고도 퇴보적인 환경 속에서 생존을 위해 분투하는 매우 궁핍한 처지의 인간"이다. 피터 싱어는 절대빈곤에 대해 "어떤 측면에서 보나 인간의 품위를 떨어뜨리는 영양실조와 문맹, 질병, 불결한 주변 환경, 높은 유아 사망률, 낮은 기대수명이 특성적인 삶의 조건"[8]이라고 이야기하기도 했다. 소위 브릭(BRIC)으로 통칭되는 신흥국들(브라질, 러시아, 인도, 중국)의 경우 최근 생활수준이 어느 정도 향상되기는 했지만, 이들을 비롯한 다른 많은 국가의 시민들이 처해 있는 전반적인 상황은 어진히 혹독하다. 세계은행에서 산출한 수치에 따르면 15억 명(지구상에 존재하는 인류의 약 15퍼센트)이 절대적으로 빈곤한 환경 속에서 살아가고

---

* 역설적으로 들릴 수도 있는데 로버트 맥너마라는 세계은행 총재를 지내기 전에 존 F. 케네디와 린든 B. 존슨 정부에서 수년간 국방부장관을 지냈으며, 베트남전쟁 확대에 다양한 방식으로 관여했다. 후에 맥너마라는 베트남전쟁이 지속될 수 있게 했던 자신의 역할에 대해 유감을 표하고 베트남전쟁이 지녔던 극히 문제적인 본질을 솔직하게 인정했다(Morris, 2003).

있으며, 이들이 하루에 벌 수 있는 소득은 1.25달러[9]도 채 되지 않는다. 전 세계 빈곤의 규모와 그 본질이 대부분의 서양인이 상상할 수 있는 영역마저 뛰어넘은 가운데 대부분의 사람들은 경기 침체나 치명적인 자연재해 또는 정치적 불안으로 인해 식량, 물, 거주지, 의료 서비스 등 기본적인 재화와 용역이 절실히 필요한 상황에 처한 채 심각한 고통을 받고 있는 사람들이 어느 때에든 최소 수백만 명은 된다는 사실을 알고 있다. 이렇게 어려운 처지에 놓인 사람들은 비교적 적은 금액의 금전적 지원이라도 받게 되면 구원을 받는 정도까지는 아니더라도 생활수준을 대폭 개선할 수 있지만, 우리가 이들에게 그런 지원을 제공하는 경우는 많지 않다.* 대부분의 경우 절대빈곤에 처한 이들과 이들의 삶을 통해 대변되는 지속적인 시련은 우리에게 '실제'가 아니거나 구체적인 도움을 이끌어낼 정도로 사적이지 않다. 절대빈곤으로 인해 초래될 결과가 혹독하기는 하지만 이렇게 타인의 삶과 관련된 현실 및 타당성을 오해하는 방식으로 경미한 수준의 대상화—**일상적 무관심**—가 발현되기도 한다.

전 세계 인류의 대부분은 인간이라는 종의 모든 구성원을 똑같이 가치 있게 대할 만한 정서적·인지적 역량을 가지고 있지 못한 듯하다. 실제로 우리 대부분은 타인과 깊이 있게 지속해서 공감할 수 있는 능력을 가지고 있다 하더라도 물리적인 근접성이나 상대적인 친밀감, 생물학적인 연관성 측

---

* 우리가 기부한 돈이 실제로 필요한 이들에게 전달되지 않는다는 냉소나 금전적 지원 이외의 어떤 도움을 줄 수 있을지 모르는 상황 등 다양한 이유가 있을 수 있다. 실제로 기부된 금액 자체는 상당해 보이지만(미국의 연간 기부액은 286억 7000만 달러), 해결해야 할 문제의 규모는 막대한 수준이며 1인당 받게 되는 기부 금액(미국에서는 매년 1인당 93달러)은 사실 매우 적다. 흥미롭게도 GDP 대비 자선 기부금 비율이 가장 높은 상위 5개국은 국토 면적은 작고 지구상에서 무신론자 비율이 가장 높은 게르만 및 스칸디나비아 국가들이다. 국가별 기부 순위와 GDP 대비 자선 기부금 비율을 나열하면, (1) 스웨덴 1.12%, (2) 노르웨이 1.06%, (3) 룩셈부르크 1.01%, (4) 덴마크 0.88%, (5) 네덜란드 0.82%이다. 아마 아이러니하다고도 볼 수 있을 텐데 하위 5개국은 상위 5개국에 비해 종교 인구가 많은 국가들이며, 그 순위와 기부금 비율은 다음과 같다. (19) 미국 0.20%, (20) 그리스 0.19%, (21) 일본 0.18%, (22) 이탈리아 0.16%, (23) 대한민국 0.10%.
출처: http://en.wikipedia.org/wiki/List_of_most_charitable_countries.

면에서 가장 가까이에 있는 소수에게만 그러한 능력을 발휘한다. 이 현상을 설명할 수 있는 타당한(즉 적합한) 이유는 다양한데, 인간이 타인에 대해 깊이 있게 사고할 수 있는 신체적·정신적·정서적 역량은 한정되어 있으므로 가장 가까이에 있는 이들을 위해 귀중한 정서적 자원을 아껴두는 편이— 생존 측면에서—최선이라는 점도 하나의 이유가 될 수 있다. 그러나 우리가 '알고' 있든 그렇지 않든 특히 부유한 선진국에 살고 있는 사람들을 비롯한 대부분의 인간은 타인을 위해 지금보다 더 선한 행동을 할 수 있는 역량을 가지고 있으며, 이 사실에는 의심의 여지가 없다.

광범위한 중간지대: 유도체화

대상화 스펙트럼의 상당 부분은 페미니즘 철학자 앤 J. 카힐(Ann J. Cahill)[10]이 만든 조어인 **유도체화**가 차지하고 있다. 카힐은 대상화 개념이 칸트학파에 의해 인간됨의 의미와 관련해서만 편향적으로 다루어져왔다는 문제(즉 '머리'—인식과 지능—로 대변되는 영역에만 지나치게 의존하고 몸이라는 감각적 영역에는 충분한 주의를 기울이지 않았다는 문제)를 해결하기 위해 정신과 신체 모두를 인간성의 중심에 둔 '체화된 상호주체성(embodied intersubjectivity)' 이론에 입각해 논지를 펼쳤다.[11] 이는 카힐의 사상에서 실로 중요한 핵심을 이룬다. 카힐이 생각하기에[12] 인간성을 바라보는 올바른 관점은 인간의 모든 경험이 체화(embodiment)라는 맥락 속에서 발생한다는 사실을 인정하는 것이기 때문이다. 이 같은 사실을 부인하고자 하는 욕망은 역사상 '많은 불평등 제도' 속에서 실질적인 역할을 수행하기도 했다. 인간의 주체성이 신체라는 영역 안에서 발현된다는 인식은 "행위성이란 신체를 극복하는 데 있는 것이 아니라 오히려 신체와 신체적 경험을 통해 구성된다"

는 사실을 인정하는 것과 같다.[13]

이에 카힐은 대상화에 관한 칸트식 이해에서 벗어나기 위한 방법으로 새로운 개념―**유도체화**―을 제시했다. 카힐은 유도체화 개념에 대해 "'대상화하다'가 '대상으로 바꿔놓는다'는 의미를 갖는다면, '유도체화하다'는 '유도체로 바꿔놓는다'는 의미를 갖는다"고 설명하면서 다음과 같이 이야기한다.

유도체화는 어떤 존재를 다른 존재의 정체성이나 욕망 또는 두려움이 반사, 투사, 표현된 존재로만 혹은 주로 그런 존재로 묘사하거나 구현, 이해, 접근하는 행위이다. 유도체화되는 대상은 갖가지 방식을 통해 유도체화하는 주체를 위한 존재로 전락할 수 있는 상태가 되며, 유도체화되는 존재를 구성하는 다른 요소들이나 주체성은 경시되거나 무시당하거나 평가절하된다. 유도체화되는 대상이 유도체화하는 주체를 넘어서는 방식으로 자신의 주체성을 감히 드러내고자 할 경우…… 오만하고 반역적이며 위험할 정도로 반항적이라고 여겨질 것이다.[14]

카힐은 유도체화가 다양한 맥락과 상황 속에서 작동할 수 있다고 주장하고 있다. 그리고 이를 뒷받침하기 위해 다음과 같은 사례를 제시하고 있다.

많은 형태의 일들, 무엇보다도 서비스산업에 속하는 형태의 일들은 유도체화를 다양한 방식으로 구현한다. 고급 음식점을 운영하는 여성 주인은 손님들을 테이블로 안내하는 동안 얼굴에 미소를 띠면서 살갑게 한담을 나누어야 한다. …… 이는 순전히 도움을 주기 위한 행위가 아니다. …… 그보다는 손님들의 욕망을 충족시켜주려는 행위이다. …… 자신이 영웅으로 여기는 선수들에게 뛰어난 경기력뿐만 아니라 사생활의 영역에서 특정한 도덕적 기준을 준수하기까지를 요구하는 스포츠팬들은 그 선수들이 자신이 바라는 이상(스포츠팬 본인들이 그러한 이상에 부합하는지와는 무관하게)을 체화하고 대변해주기를 요구하는 것과 다름없다. …… 성적으로 유도체화된 대상이 비인간(non-person)의 수준으로 격하되는 것은 아니다. 성적으로 유도체화된 주체는 욕망과 감정 그리고 선호를 표현할 수도 있다. 동의를 표하거나 동의하지 않는다는 의견을 표할 수도 있다. 심지어 자신을 유도체화한 존재와의 관계에서 주도적인 역할을 수행할 수도 있다. …… 이와 같은 행동에 결부된 윤리적 문제는 여성의 주체성(feminine subjectivity)과 섹슈얼리티가 남성의 주체성과 섹슈얼리티의 완전한 유도체로서 구성된다[는 점에 있다]. 유도체화된 여성의 욕망, 행동, 선택은 [……] 남성의 욕망을 [……] 거울처럼 비춘다.[15]

대상화에 관한 전통적인 이해를 비판한 카힐의 견해, 즉 신체는 중요하며 인간됨의 의미를 충실히 이해하고자 할 때 고려해야 하는 요소여야 한다는 견해는 그 정당성을 인정받았다. 카힐이 유도체화라는 새로운 용어를 고안한 덕분에 악의 문제에 관한 우리의 이해에도 의미 있는 복잡성과 미묘한 차이가 반영될 수 있었다. 이 책에서 유도체화에 대해 취하는 관점은 앞에서 정의한 바와 같다. 유도체화는 대상화의 부분집합으로 볼 때 가장 잘 이해할 수 있고, 유도체화는 그 자체로 어떤 지각과 행동으로 구성된 하부 스펙트럼을 형성하고 있으며, 이는 카힐이 제시한 것보다 훨씬 더 폭넓게 적용될 수 있다는 것이다.*

유도체화를 카힐이 설명한 방식에 따라 기술하면 상당히 넓은 영역을 아우르게 된다. 우리가 논하고 있는 유도체화는 비폭력적이거나 폭력적인 방식으로, 경미하거나 온건하거나 심각한 수준으로 발현될 수 있는 광범위한

---

* 카힐은 유도체화라는 개념을 주로 남자가 여자를 학대하는 다양한 경우에 제한적으로 적용한다(실제로 카힐은 여자가 남자보다 유도체화될 수 있는 가능성이 훨씬 크다고 주장한다).

행동이다. 경미한 수준에서 발현되는 유도체화 중 카힐[16]이 제시한 인상적인 사례로는 밀러 라이트(Miller Lite) 맥주회사가 2003년부터 추진한 텔레비전 광고 캠페인을 들 수 있다. 이 광고에서는 두 명의 아름다운 여성이 밀러 라이트 브랜드의 대표 문구인 '최고의 맛/포만감이 덜한' 것 중에 무엇이 중요한지를 두고 말다툼을 벌이기 시작한다. 이윽고 두 여자의 의견 충돌은 순식간에 몸싸움으로 번지고, 자극적이고 가벼운 여름옷 차림의 두 사람은 엉겨붙어 '싸우다가' 옆에 있는 분수대로 뛰어들어서는 서로의 옷을 속옷만 남기고 모두 벗겨버린다. 그런 뒤 우연찮게도 근처에 있던 진흙구덩이로 나동그라져서는 비명을 지르고 신음소리를 내며 손찌검과 발차기를 주고받는다. 곧이어 전환되는 화면 속에는 두 남자가 바에 앉아 무언가를 탐내는 눈빛을 보내고 있다. 그중 한 남자가 다른 남자에게 "이제야 **좀** 괜찮은 광고 같네!"라고 말하자, 상대방은 "누가 이걸 안 보고 싶어하겠어?"라고 대답한다. 알고 보니 앞서 나왔던 장면들은 두 남자가 머릿속에 떠올린 기상천외한 상상(두 남자 옆에 앉아 있는 여자들은 어쩐지 은밀해 보이는 그들을 보며 못마땅한 표정을 짓고 있다)이었던 것이다. 이 광고의 무삭제판에서는 두 남자 중 한 명이 또다른 결말을 제시한다. "…… 둘이 진흙구덩이에서 싸우다가 갑자기 멈추더니 한 여자가 신이 나서 이렇게 말하는 거야. '우리 하러 가자.'"[17] 이 사례의 핵심은 광고에 등장하는 여자들이 너무나 비현실적이고도 비윤리적인 방식—해로운 고정관념을 영속화하고, 여자들이 폭력 앞에 '흥분'하는 존재인 것처럼 그리는 방식—으로, 남자(그리고 맥주회사)의 욕망과 목적을 실현하는 유도체에 불과한 존재로만 묘사된다는 점에 있다. 두 여성은 '남자의 머릿속에서 나온 여자'가 가질 수 있는 모습으로만 묘사 및 이해되고 있으며, 그렇기 때문에 **유도체화**된 것이다.[18]

유도체화 개념에는 강자가 약자에게 휘두르는 훨씬 노골적인 착취 행위 및 폭력적인 학대 또한 포함할 수 있다. 예를 들어 유도체화 스펙트럼의 중간지대에는 최근에 대중화된 '곤조' 포르노그래피가 포함될 수 있다. 곤조 포르노그래피에서는 남자 여러 명이 때로는 최대 50명에서 60명이 (한 번에 두세 명씩) 한 여자를 두고 성행위를 한다.[19] 이와 같은 포르노그래피에서 성행위에 연루된 여자는 명백히 "⋯⋯ 갖가지 방식을 통해 유도체화하는 주체를 위한 존재로 전락하며, 그 여자의 존재를 구성하는 다른 요소들이나 주체성은 경시되거나 무시당하거나 평가절하"된다.[20] 이러한 점을 고려할 때 샌드라 바트키가 '성적 대상화'와 관련해 20세기 후반에 남긴 다음과 같은 견해는 카힐에 앞서 유도체화를 설명한 내용으로 이해할 수 있으며, 하나의 스펙트럼을 이루고 있는 유도체화 현상의 본질에 방점을 찍는다.

> 어떤 여자의 성적 신체 부위나 기능이 그의 인격을 이루고 있는 다른 부분과 분리된 채 한낱 노리개로 격하되거나 그러한 성적 신체 부위나 기능이 그를 대표할 수 있는 것처럼 간주될 때 그는 성적으로 대상화[즉 유도체화]된다. 이 정의에 따르면 성매매업에 종사하는 여자는 성적 대상화[즉 유도체화]의 피해자일 수 있으며, 〈플레이보이〉 로고의 토끼와 임신한 여자, [심지어는] 수영복 차림의 미녀도 마찬가지이다.[21]

어떤 대상을 한낱 껍데기만 남을 때까지 깎아'내림'으로써 유도체화하는 주체의 욕망과 소망 그리고 두려움을 체화한 대상에 불과한 존재로 만들어 버리는 것은 여자를 비현실적이고 비윤리적인 방식으로 묘사 혹은 이용하는 것보다 더 심각한 결과를 낳을 수 있다. 유도체화가 가장 극단적인 방식으로 발현될 경우 가해자는 피해자가 지닌 인간성을 어떻든 조금은 인지하고 있으면서도 고문이나 제노사이드에 가까운 폭력을 저지를 수도 있다. 이와 같은 상황을 보여주는 사례로 이라크의 바그다드 수용소(아부그라이브 교도소)에 주둔했던 미국 헌병들이 학대와 고문을 자행한 사건을 들 수 있다. 2002년부터 2004년까지 미국 헌병―남자와 여자 **모두** 포함―들은 이라크 수감자들을 신체적·정신적·성적으로 학대했다. 이들은 고문과 강간에 이어 궁극적으로는 살인까지 자행했다. 학대에 가담한 사람들이 찍은 수천 장의 '인증 사진' 속에는 학대 장면이 상당수 담겨 있었는데, 이 사진들이 유출되면서 대중에 알려지게 되었다. 이 사건을 다룬 수많은 보도 중에서도 2005년 1월 12일에 발표된 한 보도는 아부그라이브 교도소에서 자행된 행위에 관한 증언을 상세하게 다루었다. 증언에 따르면 헌병들은 수감자들에게 발가벗기, 자위하기, 성행위 등을 비롯해 수감자들끼리 모멸적인 행동('나체로 인간 피라미드' 쌓기 등)을 하도록 강요했으며, 개들을 풀어 공격하게 만들겠다고 끊임없이 협박하기도 했다. 그들은 수감자를 향해 소변을 보기도 했으며, 수감자의 팔다리에 올라타거나 부상당한 수감자의 팔다리를 경찰봉으로 가격하는 등 이미 다친 부위에 의도적으로 더한 고통을 주었다. 또한 수감자들에게 인산을 붓고 수감자들의 항문에 경찰봉을 쑤셔넣기도 했으며, 수감자들의 목이나 다리 또는 성기에 밧줄을 감은 채 바닥에 질질 끌고 다니기도 했다.[22] 한 수감자는 자신이 경험한 수많은 사건 중 한 일화에 대해 다음과 같이 진술하기도 했다.

> [교도관들이 저에게 물었습니다] "너 알라한테 기도하냐?" 저는 그렇다고 대답했습니다. 그러자 그들은 이렇게 말했습니다. "꺼져 새끼야. 그 새끼도 꺼지라 해." 그중 한 교도관은 이렇게 말했습니다. "너 여기서 멀쩡하게 못 나가. 병신이 되어서 나가게 될 거야."[23]

교도관들은 뒤이어 그 수감자에게 결혼 여부를 물었다. 수감자가 결혼을 했다고 하자 교도관들은 그 점을 이용해 수감자에게 모욕을 주었고, 수감자의 배우자를 들먹이며 음란한 말도 서슴지 않았다. 그런 뒤에는 수감자에게

'예수를 향해 기도'를 올리라고 부추겼고, 수감자가 알라신을 믿기 때문에 그럴 수 없다고 거절하자 교도관들은 "…… 우리는 고문을 믿기 때문에 너를 고문할 것"이라고 말했다.[24]

아부그라이브 교도소에서의 상황을 다룬 상세한 분석들을 살펴보면 수감자에 대한 비하와 모욕 및 고문 행위에 다양한 요소들이 작용했다는 점을 명백히 알 수 있다. 먼저 우리는 아부그라이브 교도소가 집단 처형을 하기 위한 수용소가 아니라 교도소였기 때문에 교도관들의 임무에는 수감자들의 기본적인 욕구를 충족시켜주는 일도 포함되어 있었음을 인정해야 한다. 그러나 아부그라이브 교도소에서의 업무는 근본적으로 심한 스트레스를 수반했다. 장시간의 교대 근무, 무작위로 반복해서 가해지는 박격포 공격, 낙후한 시설물(불결한 공중위생시설, 산발적으로 발생하는 정전과 단수, 적절한 난방이나 냉방 설비의 부재 등)은—교도소 내 상명하달식 행정관리 및 구조로 인해 학대를 사전에 예방하지 못하는 상황과 결합되어—교도관들의 학대 행위가 더 쉽게 일어날 수 있는 환경을 조성했다. 심문을 앞두고 수감자 '구워삶기'를 명하는 절차상의 조치도 존재했으며, 이는 수감자들의 개별성을 박탈하고 교도관들로 하여금 가학적이고 잔인한 창조적인 행위를 하도록 부추겼다.[25] 미국 헌병들이 아부그라이브로 주둔지를 옮겨오기 이전에 이라크인들에 대해 품었던 인간적이고 정서적인 교감이 어느 정도였는지는 확인하기 어렵다. 군대라는 조직에 속하거나 특히 육군이나 해군, 미국 해군 특수부대의 일원으로 작전에 참가하면 적에 맹렬히 맞서 싸우고 적을 사살하는 '소임을 다하도록' 격려 및 용기를 받으며, 제도적으로 승인된 방식을 통해 적을 계속해서 극도로 비인간화하는 조지에 노출된다. 그러므로 병사들이 교도소에서 임무를 수행하면서 이라크인들에 대해 (집단학살로 이어질 정도는 아니더라도) 무감각해졌을 것이라는 가정에는 타당한 면이 있다. 또한 스트레스가 만연하고 열악한 교도소 환경은 교도관들의 이 같은 경향을 강화시키는 방식으로만 기능했을 것이다. 병사들은 다양한 상황에서 '적'을 향해 무자비한 행동을 가하도록 훈련받고 평가받으며, 심지어는 그러한 행동을 할 수 있는 역량에 따라 진급이 결정되기도 한다. 병사들이 군 조직과 무관한 상황에서 기존의 적을 마주하게 될 때 품위와 자제를 지키지 못한다고 한들 놀랄 일도 아니다. 실제 상황이 어떠했든 아부그라이브 교도소에 기록된 학대의 흔적들은 수감자들이 교도관들의 두려움, 지루함, 무력함, 분노, 적의 등을 받아내는 유도체에 불과한 존재가 되었으며, 그에 따른 취급을 받았다는 사실을 시사한다.

누군가는 인간이라는 존재가 타인을 전적으로 비인간화하지 않고도 고문을 가하거나 잔인하게 살해할 수 있는가에 대해 질문할 수도 있다. 그리고 이 질문에 대한 대답으로 그렇다는 말이 적절할 때도 있다. 그 예로 아우슈비츠 강제수용소의 소장이었던 루돌프 회스(Rudolph Höss)가 과거를 회고하며 남긴 사적인 이야기를 살펴볼 수 있다. 회스는 수용소 소장으로서의 역할 중에는 임무를 수행할 때 '모든 인간적인 감정을 배제'하거나 무시하는 것도 포함되어 있었음을 인정했다. 회스 본인은 대체로 이 임무를 완벽하게 완수했다. 그는 유대인을 인간이 아닌 존재는 아니나 인간 이하의 존재로 만들기 위한 프로파간다에 수년간 노출되었던 사람이다. 그는 극심한 폭력에 수없이 노출되는 과정을 겪으면서 자비에 대한 호소, 고통스러운 비명, 잔인하고 고통스러운 장면들에 상당 부분 둔감해지거나 감정적으로 무감각해졌다. 비록 수년이 지난 뒤에도 그의 머릿속에 선명하게 남은 수감자들이 있기는 했지만 말이다. 회스는 그중 한 젊은 수감자에 대해 다음과 같이 회상했다.

…… 유대인 같은 외모가 아니었다. …… 그 여자는 [가스실] 출입구에서 멈춰 서더니 이렇게 말했다. "우리가 아우슈비츠 가스실에서 죽게 될

운명이라는 건 처음부터 알고 있었어요. 저는 아이들 손을 잡고 있었던 덕에 노역자로 부역할 수 있었죠. 이 순간이 찾아올 때까지의 과정을 온전하고 정확하게 살아내고 싶었고요. 부디 빨리 끝나면 좋겠네요. 그럼 전 가볼게요!"[26]

회스는 이 젊은 여자가 보여준 용기에 진심으로 마음이 움직이고 감명을 받은 듯하다. 그는 여자를 인간 이하의 존재로 생각하지는 않았지만 당시 그는 '바위처럼' 굳은 결심을 품었어야 했고, 어쨌든 여자는 가스실에서 목숨을 잃었다.

아우슈비츠에서의 일화보다는 덜 끔찍하지만 보다 최근에 일어난 유사한 사건 중에는 미국 정보공동체(US Intelligence Community)가 누설 금지 명령에 따라 입을 다물고 있는 구금자에게 기밀 정보 발설을 강요하면서 '선진 심문기술'이라는 명목으로 물고문을 동원한 일을 들 수 있다. 이와 같은 상황에서 물고문 절차를 이행하는 정부 관계자가 마음속으로 해당 구금자를 철저히 비인간화했을 가능성은 크지 않지만* 구금자의 주체성이 한낱 '목적을 위한 수단'—기밀 정보—으로 완전히 격하되었으며, 구금자의 인권과 존엄에 대한 갈망은 묵살 또는 무시되거나 얼토당토않은 것처럼 간주되었음은 명백하다.

유도체화와 관련해 누군가는 이토록 광범위하게 적용되는 개념은 그 개념의 범위에 속하는 경험들의 미묘한 차이를 설명하거나 포착해낼 힘을 가지고 있지 않다고 주장할지도 모른다. 유도체화의 범위가 (더 폭넓은 대상화 스펙트럼의 하부 스펙트럼으로서) 넓은 것은 사실이지만, 나는 인간이 자신의

---

* 나는 물고문을 자행한 이들—CIA 요원 및 정부와 계약한 민간업체들—이 육군 병사들과 달리 외국 국적자를 비인간화하게끔 만드는 체계적인 훈련을 받지 않았을 것이라고 추측한다. 물론 이 추측은 틀릴 수도 있다.

두려움과 욕망, 소망을 연장하기 위한 수단으로 타인에게 접근하고, 그런 목적에 따라 타인을 이해하고 이용하며 결과적으로 타인의 주체성을 폄하하게 되는 다양한 방식을 인식하려면 이렇게 폭넓은 범위가 필요하다고 본다. 유도체화가 작동하는 기본적인 메커니즘은 각각의 유도체화가 얼마나 심각한지와는 무관하게 동일하다.

극단적인 수준의 대상화: 비인간화

> 스페인인들이 따른 일반적인 규칙은 잔인해져야 한다는 것이었다. 그것도 그저 그런 수준으로 잔인해지는 것이 아니라 이례적인 수준으로 잔인해져서 원주민들이 감히 스스로를 인간으로 생각하지 못할 정도로 가혹하고 혹독하게 대해야 한다는 것이었다. …… 그리하여 스페인인들은 한 원주민의 양손을 잘라내고 달랑달랑 매달려 있는 살점은 그대로 내버려둔 채로 보내주면서 이렇게 말하곤 했다. "자, 이제 가서 추장한테 소식 전해." 스페인인들은 포로로 붙잡은 원주민들을 상대로 검의 성능과 남자로서의 힘을 시험해보았는데, 검을 한 번만 휘둘러서 머리를 반으로 쪼개거나 몸을 반토막 낼 수 있는지를 두고 내기를 했다…….
>
> ―라스 카사스(Las Casas) 신부[27]

앞에서 제시한 극단적인 폭력은 스페인이 아메리카대륙을 정복했던 초창기에 벌어졌다. 인간 역사를 살펴보면 어느 시대에서든 이와 유사한 사례를 끝없이 찾아볼 수 있으며, 지금 우리가 살고 있는 시대도 예외는 아니다. 이렇게 폭력적인 행동―잔인하고 가학적이며 계산적이고, 때로는 즉흥적이며 변덕스러운―은 온갖 그럴듯한 이유를 빌미로 자행된다. 이런 상황에서는 피해자가 가해자 앞에서 비인간 상태로 전락하기도 한다. **비인간화**라고 불리는 이 현상은 "인간이 인간에게 저지르는 비인간적인 행위를 이해함에 있어서 핵심적인 요소"28로 알려져 있다. 또한 평범하고 정상적이었던 사람이 냉담하게 혹은 악의적으로까지 악한 행위를 저지르게 되는 핵심적인 과정으로 설명되기도 한다.29

비인간화가 진행되는 과정에는 상호연관된 두 가지 핵심 요소가 작용한다. (1) 어떤 개인이나 집단이 '인간적 본질'을 지니고 있다는 사실에 대한 부인, 즉 해당 개인이나 집단이 온전한 인간이 아니라는 가정과 (2) 어떤 개인이나 집단이 인간 **이하**의 존재라는 확신이다. 다시 말해서 비인간화가 발생하려면 비인간화를 수행하는 주체가 반드시 두 가지 정신적 행위에 관여해야 한다. 어떤 사람의 인간성을 부인하고 **이와 더불어** 그 사람이 사실은 인간 이하의 어떤 것이라고 확신해야 하는 것이다. 예를 들어 하인리히 힘러(Heinrich Himmler)와 같은 나치의 관점에서 볼 때 유대인들은 단순한 비인간이 아니라 인간의 형태를 한―쥐나 잇과 곤충 같은―해충이었다. 이와 마찬가지로 르완다에서 집단학살을 벌인 후투족의 시각에서 투치족은 단순한 비인간이 아니었다. 그들은 바퀴벌레였다.30

그렇다면 인간의 어떤 정신적 능력이 비인간화를 발생하게 하는가? 철학자 데이비드 리빙스턴 스미스(David Livingstone Smith)는 최근에 출간한 『인간보다 못한 존재: 우리는 왜 타인을 비하하고, 노예화하고, 말살하는가?(Less Than Human: Why We Demean, Enslave, and Exterminate Others)』에서 비인간화가 일어나는 과정을 철저하게 탐구했다. 스미스에 따르면 인간의 정신을 이루는 다음의 다섯 가지 측면이 비인간화를 가능하게 한다.31

1. '민속-생물학적(folk-biological)' 측면에서 사고함으로써 본능적으로 이 세계를 '종(種)'이라 불리는 자연종(natural kinds)에 따라 나누는 능력
2. '민속-사회학적(folk-sociological)' 측면에서 사고함으로써 인간세계를 '인종'이라는 자연종에 따라 나누는 능력

3. 추상적이고 메타인지적이며 상징적인 사고를 함으로써 종과 인종이라는 개념에 대해 숙고할 수 있는 능력

4. 식물, 동물, 무기물이 가지고 있는 고유한 '본질'이 각각의 존재를 구성해준다는 관념. 본질은 겉으로 보이는 모습과는 별개의 것(금은 은으로 도금되어도 여전히 금이다)이며, 유기물의 경우 그 본질은 부모로부터 자식에게로 전달된다.

5. 자연종에 위계가 존재한다는 관념. 의식, 내적 복잡성 등을 기준으로 존재하는 것들에 위계를 매기는 소위 '존재의 대사슬(great chain of being)'의 일종

비인간화가 작동하는 방식은 어떠한가? 스미스는 비인간화가 생물학적 적응방식이 아니라고 이야기한다. 비인간화는 자연선택에 의해 발생한 것도 아니고, 종(種)에 내재된 것도 아니라는 의미이다. 스미스는 비인간화를 심리적 갈등을 다루는 일종의 무의식적인 전략이라고 본다. 좀더 구체적으로 설명하자면 비인간화는 서로 상충하는 동기들에 대한 반응으로, 어떤 집단이 다른 집단에게 해를 입히고 싶지만 살인을 금하는 인간 본능에 의해 통제를 받는 상황에서 발생한다.[32] 특정 대상을 인간 이하의 존재이자 인간이 아닌 존재로 묘사하는 것이 허용되는 환경은 잠재적 가해자의 정서를 자극한다. 그러한 묘사에 담긴 이미지와 인상은 분노, 두려움, 혐오감을 부추기며 자기(self)를 둘러싼 정서적 경계를 점차 축소한 다음 굳어지게 만든다. 즉 '나'라고 간주하는 것과 그렇지 않은 것에 대한 인식이 편협해지는 바람에 같은 종족 구성원이라는 범위에서 특정 사람들이 제외되는 것이다. 비인간화는 특정 대상을 인간종의 영역에서 밀어냄과 동시에 인간 이하의 어떤 것으로 구성된 영역으로 밀어넣는다. 이때 짚고 넘어가야 할 사실은 마음속에서 어떤 인간을 비인간이자 인간 이하의 존재로 격하시키는 행위가 타인

을 폭력적으로 대하는 행위의 결과는 아니라는 점이다.* 오히려 타인을 인간 이하의 존재로 인식하고 나면 이에 따라 타인을 잔인하고 모멸적인 방식으로 대하기가 쉬워진다. 대상화와 마찬가지로 비인간화도 하나의 심리적 과정에 해당한다. 비인간화도 인간의 마음속에서 벌어지는 현상이라는 의미이다. 비인간화는 타인을 인식하는 하나의 방식이자 하나의 태도이다. 폭력적인 행동은 비인간화에 뒤따라 나타나는 결과이지 폭력적인 행동이 비인간화를 초래하는 것은 아니다.[33]

'우리'와 '그들' 사이를 명확히 구분지음으로써 두려움의 불길에 부채질을 하는 행위는 매우 오래전에 자리잡은 프로파간다의 역할이었다. 제노사이드에서는 선동(혹은 폭력에 대한 명령)이 전형적인 특징인 듯하며, 실제로 선동이 없다면 제노사이드는 진행될 수 없을지도 모른다. 여기에서 주목해야 할 중요한 사실은 현대에 발생한 제노사이드의 각 사례가 소수의 강력한 정치적 인사 혹은 사회적 인사가 주도한 프로파간다 캠페인에 의해 촉발되었다는 데 있다. 그러나 선동이 일어난다고 해서 사람들이 본인의 신념과 가치관에 반하는 행동을 하게 되는 것은 아니다. 혐오 발언을 들은 사람들이 다른 집단을 대상으로 폭력적인 행동을 하게 되었다고 해도 이는 그 사람들이 그런 혐오 발언에 대해 수용적이었기 때문에 발생한 결과이다.[34]

정보통신기술이 20세기에 확산되었다는 점을 고려하면 그때만큼 프로파간다가 많이 활용된 시기도 없었다. 신문, 각종 인쇄매체, 라디오, 텔레비전은 너나 할 것 없이 대중을 수많은 프로파간다에 노출시켰고, 목표물로 삼은 적(敵)을 지속해서 인간 이하의 존재로 묘사함으로써 그 적에 대한 대중의 심리적 동일시나 연민을 방해하고 적을 향해 치명적인 공격이 가해지도

---

* 다시 말해서 비인간화가 '인지부조화(cognitive dissonance)'와 유사한 심리적 과정을 따르는 것 같지는 않다. 인지부조화는 사람들이 자신의 자아상(self-image)과 상충하는 행동을 정당화하기 위해 둘 사이의 괴리를 설명해줄 수 있는 새로운 사고방식을 가지려고 할 때 발생한다.

록 부추겼다. 상대방을 노골적으로 비인간화해서 묘사하는 방식도 거의 모든 문화권에서 이따금씩 활용되었다. 1936년 독일에서 제3제국*이 부상하고 유럽계 유대인들에 대한 선동적인 이미지가 퍼져나갔을 때 명망 있는 소설가 올더스 헉슬리(Aldous Huxley)는 프로파간다 사용 행태에 대해 다음과 같이 경고했다.

> 대부분의 사람들은 자기와 동족인 인간을 고문하거나 살해하기를 주저할 것이다. 그러나 타인이 우리 같은 인간이 아니며 어떤 사악한 원칙을 대변하는 자라는 말을 듣고 나면 그런 거리낌을 느끼지 않게 될 것이다. …… 모든 정치적·민족주의적 프로파간다의 목표는 하나이다. 어떤 집단으로 하여금 다른 집단에 속한 구성원들이 진짜 인간이 아니라고 믿게 만들고, 따라서 그들을 약탈하거나 속이거나 괴롭히거나 심지어는 살해해도 그것은 정당한 행위라고 설득하는 것이다.[35]

20세기에 제작된 보다 인상적인 정치 포스터들을 재빨리 훑어보기만 해도 미국, 영국, 독일, 구소련, 프랑스, 일본, 한국, 중국 등 여러 국가의 프로파간다가 지속적으로 '적'을 인간 이하의 위협적인 존재로 묘사했다는 증거를 충분히 찾아볼 수 있다.[36] 이러한 프로파간다가 담고 있는 메시지들은 시간의 흐름에 따라 다양한 대중매체와 결합하면서 비인간화된 적의 존재가 실제 현실이라는 인식을 형성한다. 애석하게도 이같이 '타자'를 지나치게 단순화해서 묘사하는 행태는 계몽이 덜 진행된 한물간 시대만의 유산이 아니다. 2004년 매일 1천만 명이 훌쩍 넘는 청취자가 듣는 라디오 토크쇼 진행자이자 완강한 보수주의자인 러시 림보(Rush Limbaugh)는 아부그라이브

---

* 1933~1945년 사이의 나치스 지배체제를 가리킨다(역자 주).

교도소 수감자들이 미국 헌병들에 의해 모멸적인 성적 학대와 고문을 당했다는 충격적인 사실이 대중에 공개되자 다음과 같은 말을 남겼다.

비정상적인 변태는 **그들**입니다! 위험한 건 **그들**이란 말입니다! **그들**은 인간보다 못한 존재예요! **그들**은 인간쓰레기일 뿐이지 미국도 **아니고** 우리 미군도 **아니고** 우리 교도관도 **아닙니다**![37]

또다른 유명한 라디오 토크쇼 진행자로 1천만 명에 가까운 청취자를 확보하고 있는 보수주의자 마이클 새비지(Michael Savage) 역시 아부그라이브 교도소 사건에 대해 비슷한 반응을 보였다. 새비지는 개혁을 요구하기는커녕 수감자들을 '인간 이하의' 존재인 '해충'이라고 칭하면서 그들이 더 하찮은 대우를 받아야 했다고 비난했다. 심지어는 "수감자들을 인간으로 만들 수 있는 유일한 방법은 기독교로 강제 개종시키는 것일지도 모른다"[38]고 이야기하기도 했다. 그러나 비인간화를 보여주는 사례들은 정치적 좌파와 우파 모두에서 나타난다. 스미스 박사는 그 한 가지 예로 퓰리처상 수상자이사 〈뉴욕타임스〉 칼럼니스트인 모린 다우드(Maureen Dowd)가 2003년 한 사설에서 무슬림 테러리스트들에 대해 "마치 바퀴벌레처럼 자기 복제를 하면서 우리에게 접근한다"라고 기술했던 대목을 인용하면서 비인간화는 참으로 서로 이질적인 것들을 이상한 방식으로 조합해낸다고 정확하게 지적한다.[39]

이렇게 타인에 대한 비인간적인 묘사에 정서적으로 공감하게 되면 시간의 흐름에 따라 도덕적 잣대—영국 역사학자 조너선 글러버가 '도덕적 자원'[40]이라고 일컬은 옳고 그름에 대한 감각, 품위, 존중, 연민 등—는 왜곡되고 방향성을 잃게 된다. 또한 자기(self)의 심리적 경계 자체가 무너지고 그 상태로 굳어지면서 협소해진 범위 안에 속하지 못하게 된 이들은 고려할 가치도, 신경쓸 가치도 없다는 인식이 촉진된다. 비인간화가 지니는 이처럼 음산한 측면은 비인간화가 일어나지 않았다면 도덕적으로 비난받았을 만한 행동을 정당화하는 '도덕적 이탈(moral disengagement)'[41]이라 불리고 있다.

타인에 의해 비인간화되는 사람들을 묘사할 때 가장 흔히 동원되는 세 가지 생명체는 포식자, 불결한 동물, 먹잇감 등이다.[42] 포식자는 오래전부터 인간의 정신세계를 사로잡았으며 그 이유도 꽤 그럴듯하다. 무엇보다도 죽음을 가장 두려워하고 자기성찰을 할 수 있으며 앞으로 벌어질 일들로부터 스스로를 보호할 수 있는 능력을 지닌 존재들은 본인이 먹잇감이 되는 상황을 손쉽게 상상할 수 있다. 이들은 곰이나 사자, 악어, 상어에 의해 몸에 자상을 입거나 난도질당한 다음 한입에 한 덩어리씩 살점이 먹히는 장면을 혹은 그보다 더 끔찍한 상황도 상상할 수 있다. 이러한 상상은 실제로 악몽을 구성하는 요소가 되기도 한다. 데이비드 콰먼(David Quammen)*은 "…… [인간이] 초기에 가졌던 자기인식 유형 중에는 고기가 되는 것에 대한 인식도 있었다"[43]라고 기술하기도 했다. 이와 관련해 스미스는 "포식자에 대한 반응은 일종의 공포이다. 적은 흉포하고 무자비하고 가공할 만한 존재이며, 자기방어 차원에서 죽여야만 한다"[44]라고 지적하고 있다. 철학자 샘 킨(Sam Keen)이 1986년에 출간한 『적의 얼굴들: 적대적 상상에 대한 반추(Faces of the Enemy: Reflections of the Hostile Imagination)』에는 적을 대왕문어, 오징어, 거미, 호랑이, 곰, 늑대와 같이 수많은 육식동물로 묘사한 비교적 현대적인 프로파간다 포스터 이미지가 다양하게 소개되어 있기도 하다. 또한 스미스는 이와 동일한 전술을 활용한 비교적 최근의 미국 신문 표제들을 시대별로 정리했는데, 여기에는 "살모사가 기다린다: 전(前) 아랍 정권은 독사다", "쇠사슬에 묶인 짐승—쇠고랑 신세로 법정에 끌려간 사담 후

---

* 미국의 대표적인 과학 저술가로 『도도의 노래』, 『신의 괴물』, 『신중한 다윈씨』 등을 저술했다(역자 주).

세인" 같은 구절이 포함되어 있다.**45** 스미스는 **'악마 같은', '야만적인', '피에 굶주린'** 등의 단어들이 정치 담론에 등장하면 이는 타자에 대한 비인간화가 코앞에 닥쳐 있는 신호라고 덧붙이기도 한다.**46**

역사가 시작되기 이전부터 인간이 동물을 자급자족을 위한 수단으로 사냥해왔다는 점을 감안하면 타인을 먹잇감으로 대상화하는 행위는 자연스러운 비인간화 과정 중 하나인 것처럼 보인다. 기원전 8000년에서 기원전 7000년 사이에 인류의 식량생산 방법이 농업으로 바뀌면서 인간의 삶에 극적인 변화가 일어나기는 했지만, 사냥과 육식이라는 인간의 핵심적인 자급자족 수단을 대체하지는 못했다. 전쟁과 사냥 사이에 뚜렷한 은유적 연관성이 존재한다는 인식은 고대부터 이어져 현재에도 여전히 그 효력을 발휘하고 있다. 전쟁에서 적의 신체 부위를 '전리품'으로 취하는 행위는 인간 역사를 통틀어 매우 흔하게 벌어진 관행이었으며, 이 관행은 오늘날까지 지속되고 있다. 적의 머릿가죽을 전리품으로 취하는 관행은 유럽인들에 의해 아메리카대륙으로 전해졌다는 설도 있지만, 고고학적 증거들은 유럽의 이베리아족들이 아메리카대륙으로 넘어오기 훨씬 전부터 아메리카 원주민들이 머릿가죽과 다른 신체 부위를 전리품으로 취하고 있었음을 보여준다.

아메리카 원주민들이 적의 신체에서 머리통, 머릿가죽, 눈알, 귀, 치아, 광대뼈, 턱, 어깨, 손가락, 다리, 발가락 그리고 때로는 성기를 잘라내 전리품으로 취한 행위는 아메리카대륙에 오래전부터 존재한 일반적인 관행이었다. 컬럼비아와 안데스산맥 등지의 몇몇 무리들은 적의 시체에서 살가죽을 전부 벗겨내 전리품으로 간직했다.**47**

타인을 비인간화하는 마지막 방법은 상대방을 쥐와 생쥐 같은 해충이나 바퀴벌레, 이, 날벌레, 구더기처럼 질병을 옮기는 유기체 등의 불결한 동물로 간주하는 것이다. 이러한 전략은 대부분의 사람에게 강렬한 혐오감과 위협감을 동시에 불러일으키는데, 이때의 위협은 뱀이나 개로 인해 부상을 입게 될 것이라는 위협이 아니라 유해한 무언가에 의해 오염되는 상황에 대한 두려움이다.[48] 이 같은 상황에 처하면 나를 감염시킬지도 모를 대상을 가능한 한 빨리 박멸하고자 하는 강한 충동을 느끼게 된다. 놀랄 일도 아니지만 타인을 불결한 동물로 간주하는 방식은 제노사이드에 대한 생각을 고취하고자 할 때 특히 유용하게 동원된다. 일례로 (히틀러의 경호를 담당하는 친위대 부사령관이었던) 하인리히 힘러가 폴란드 포즈난(Poznan)에서 슈츠스타펠(Schutzstaffel, the SS), 즉 나치스 친위대에게 한 연설을 들 수 있다. 힘러는 대원들이 유럽 내 유대인들을 말살하는 계획을 완수하도록 독려하기 위해 다음과 같이 의식의 흐름에 따른 발언을 했다.

> …… 이 계획을 완수하고 나서 그렇게 되고 싶지 않기 때문에, 똑같이 병들어 죽고 싶지 않기 때문에 우리는 그 세균들을 박멸해버린 것이다. 그런 일은 부패한 세균이 한 덩어리라도 우리의 몸에 닿거나 뿌리를 내리는 일은 절대 일어나지 않게 할 것이다. 그러나 만에 하나 세균들이 뿌리를 내리려고 한다면 우리는 그것들을 모조리 불태워버릴 것이다. 어쨌든 우리는 이렇게 말할 수 있으리라. 우리 아리아인들에 대한 사랑으로 이토록 지난한 과업을 수행해냈다고. 게다가 우리의 내면에는, 우리의 영혼에는, 우리의 인격에는 그 어떤 결함도 없다고.[49]

비인간화에 관한 이론은 평범한 사람이라면 살인을 실제보다 훨씬 사소한 일로 만들기 위해 머릿속에서 타인을 인간 이하의 존재로 격하시켜버리지 않고서는 **집단**학살을 저지르지 못할 것이라고 가정한다. 제노사이드에 관한 일반적인 통념도 어떤 인간 집단 전체를 말살시키려는 시도가 그렇게 파괴되는 대상들이 인간이 아니라고 믿는 신념과 밀접하게 관련되어 있다고 본다. 실제로 대부분의 사람들이 생각하기에 목표물로 삼은 대상을 비인간화하기도 전에 제노사이드를 감행하는 것은 상상조차 하기 어려운 일이다. 많은 전문가들이 이러한 견해를 뒷받침하는 의견을 제시하기도 했다. 예를 들어 허버트 C. 켈먼(Herbert C. Kelman) 교수는 승인에 따라 행해진 모든 대학살은 "어느 정도의 비인간화를 전제로 한다"[50]라는 의견을 내놓았다. 대니얼 골드하겐(Daniel Goldhagen) 교수는 "**비인간화**라는 용어가 대량학살과 관련된 논의에서 거듭 언급되는 것은 당연하다. 비인간화는 살인마, 예비 살인마, 대규모 집단이 잠재적 피해자에게 취하는 태도를 설명해주는 상위 개념이다"[51]라고 이야기했으며, 저명한 사회심리학자 앨버트 밴듀라(Albert Bandura)는 "인간적인 존재에게 학대를 가하면서 자기 비난에 직면하지 않기란 어려운 일이다"[52]라고 했다. 인권단체 제노사이드 워치(Genocide Watch)의 설립자이자 사무총장인 그레고리 H. 스탠턴(Gregory H. Stanton)도 비인간화가 제노사이드의 일반적인 특징 중 하나라는 데 동의한다.

어떤 집단은 다른 집단의 인간성을 부정한다. 인간성이 부정된 집단에 속한 이들은 동물, 해충, 곤충, 질병 따위와 동일시된다. 비인간화는 인간이 살인에 대해 느끼는 정상적인 혐오감을 압도한다. 비인간화가 이루어지는 수준에서는 피해집단을 비방하기 위한…… 혐오의 프로파간다가 동원된다.[53]

사회학자 대니얼 치롯(Daniel Chirot)과 심리학자 클라크 맥콜리(Clark McCauley)도 본질적으로 동일한 의견을 제시하고 있다.

대부분의 제노사이드 사건에서 가해자들은 피해자의 인간성을 깎아내리는데, 이 과정은 대체로 피해자를 병에 걸렸거나 비정상적으로 더러운 동물로…… 특히 돼지, 쥐, 구더기, 바퀴벌레, 각종 해충으로 지칭하는 방식으로 진행된다.[54]

사회심리학자 닐 J. 크레셀(Neil J. Kressel)은 자신의 저서에서 "현대에 자행된 집단적인 잔혹 행위 중에서 비인간화의 형태를 띠지 않은 것은 없었다"[55]라고 기술했다. 실제로 어떤 집단이 다른 집단을 학살하도록 행하는 작업에 성공한 사례들마다 선동적이면서 비인간화를 부추기는 이미지와 메시지를 활용했음을 보여주는 역사적 증거는 다수 존재한다. 비교적 최근의 사례로는 나치 독일과 보스니아, 르완다 등에서 자행된 잔혹 행위를 떠올려볼 수도 있다. 하지만 비인간화가 모든 것을 설명해주는 것은 아닐 수도 있다.

유도체화에 대한 재조명: 극단적인 폭력에 기여하는 요인들

권력의 역할 및 권력이 가해자에게 갖는 심리적 의미

살인이라는 극단적인 폭력을 행사한 가해자들이 피해자를 비인간 혹은 인간보다 못한 존재로 완전히 비인간화하지는 않은 것처럼 보일 때도 있다. 이 같은 경우에는 폭력이 자행되는 과정중에 극단적인 유도체화가 벌어졌다고 설명하는 편이 보다 더 적절하다. 제노사이드 연구자 요하네스 랭(Johannes Lang)은 중요한 기고문에서 모든 제노사이드 사건에 비인간화가 존재했다고 가정할 경우 더 깊이 있는 분석의 가능성을 차단하게 된다고 주장하면서 가해자들이 피해자를 고문하거나 살해하기 이전에 항상 철두철미한 비인간화 과정을 거치는 것은 아니며, 가해자와 피해자의 관계는 비인간화 이론에서 제시하는 것보다 더 복잡할 수 있다고 피력한다. 또한 가해자가 받아들이는 **권력**의 의미가 극단적인 형태의 폭력을 설명하는 하나의 중요한 변수라고 말한다.[56] 그러면서 강제수용소처럼 절대권력이 존재하는 상황에서는 머지않아 폭력이 새로운 언어로 군림하게 된다고 주장한다. 어떤 지역이 고립되어 있을수록 폭력의 하위문화는 더 거리낌없이 발전할 수 있다. 강제수용소—특히 폴란드에 위치한 강제수용소들—에서 복무한 나치스 친위대원들은 전쟁 이전의 삶을 보냈던 익숙한 풍경과 집으로부터 멀리 떨어져 있었다. 그들은 민간의 생활 풍경이 존재하지 않는 강제수용소라는 곳에서 본래 일종의 규제로 작용했던 사회적 관습으로부터 벗어나 있는 상태였다. 또한 그들은 이렇게 고립된 환경에서 전능감을 느꼈다. 수감자들은 잠시나마 목숨을 부지할 수도 있었지만 경비원들은 마음만 먹으면 내키는 대로 수감자들을 살해할 수 있었다. 랭은 볼프강 조프스키(Wolfgang Sofsky)가 강제수용소를 사회학적으로 분석한 저명한 자료를 인용하면서 가해자와 피해자와의 관계에서 권력이 수행하는 역할을 강조한다.

절대권력은 맹목적인 복종이나 기강을 확보하는 데 열중하지 않는다. 절대권력은 완전한 불확실성으로 구성된 우주를, 복종한다고 해도 더욱 끔찍한 결과가 초래되는 상황을 막을 수 없는 우주를 창조해내고자 한다. 절대권력은 피해자들을 강제로 뭉뚱그려 하나의 덩어리로 만들어버린다. 불화를 자극하고 극단적인 대조가 특징인 사회구조를 구축한다. …… 절대권력이 바라는 것은 자유를 제한하는 것이 아니라 파괴하는 것이다. 절대권력은 어떤 행위를 이끌어나가는 것이 아니라 말살시키고자 한다. 절대권력은 인간이 고갈되게 만들고 노동을 통해 인간을 무용하고 무감각한 존재로 소진시킨다. …… 살인 행위마저도, 모든 권력의 최종 목표인 그 행위마저도 충분하지 않다. 절대권력은 인간이 세상과 맺는 관계의 보편적인 구조를 바꿔놓는다. 시공간, 사회적 관계, 노동과의 관계, 자신과의 관계까지. 절대권력은 전통적인 권력 형태들을 구성하는 다양한 요소와 방법들을 장악해 그것들을 결합하고 강화하는 동시에 각각이 지닌 도구성은 탈피한다.[57]*

랭은 잔혹 행위에 대한 분석의 초점을 심리적 차원에서 사회적 차원으로 전환하는 것이 중요하며, 잔혹 행위는 사회적 맥락 안에서 발생한다는 점에서 사회적 의미를 가지고 있다고 주장한다. 폭력이 하나의 사회적 규범이 되어버리면 잠재적 가해자들은 그 규범에 맞게 행동해야 한다는 압박감을 느끼게 된다. 그리고 폭력을 과도한 방식으로 표출하는 행위는 조직에 대한 헌신을 확인하고 강화하는 동시에 자신을 다른 이들보다 돋보이게 만들어준다. 랭은 "폭력이 규범이 된 상황에서는 과도한 잔혹 행위—흔히 피해자가 지닌 인간적인 측면들을 지우는 방식으로 진행되는 행위—또한 **스스로를 인격화**하는 방법이 될 수 있다"고 하면서, 이 같은 인격화는 창조적이면서도 전적으로 파괴적인 폭력을 통해 동료들 앞에서 자기 자신이 차별화되도록 만듦으로써, 무언가를 선택하고 행동할 수 있는 능력을 지닌 가해자와 너무나 무력하고 궁극적으로는 죽음에 처할 상황에 놓여 있는 피해자를 대립시킴으로써 일어난다고 설명한다.[58] 언뜻 비인간화에 의해 발생한 것처럼 보이는 폭력도 사실 비인간화가 아닌 유도체화가 극단적으로 발현된 결과일 수 있다. 극단적인 폭력은 **사회적 관계를 끊어버리지 않으면서** 다른 사람에게 권력을 행사하기 위한 수단으로 활용되기도 하기 때문이다. 이는 누군가를 살해하기 이전에 (혹은 살해하는 대신) 상대방을 지배하는 행위를 지속하기 위한 방식이기도 하다. 가해자들은 심심찮게 찾아오는 지루함으로부터 탈피

---

* 조프스키의 강제수용소 관련 주장에 대한 비평은 O. 바르토프(Bartov)의 견해를 참고하라. The Penultimate Horror, *The New Republic*, October 13, 1997, pp. 48-53.

하기 위해 극도로 잔혹한 행위를 일종의 수단으로 활용할 수도 있다. '하암' 하고 하품을 내쉬며 따분함을 느끼는 순간에서 벗어나기 위해 일상적인 폭력을 저지르는 것이다. 다음 사례는 부헨발트(Buchenwald)*에서 발생한 일화이다.

> 건설 노역 감독관이 점차 기력이 쇠해가는 듯해 보이는 유대인 수감자 두 명에게 구덩이에 누우라고 명령했다. 그런 다음 한 폴란드인 수감자를 불러 그 구덩이를 흙으로 덮어 두 사람을 산 채로 묻어버리라고 했다. 폴란드인이 명령을 거부하자 감독관은 삽의 손잡이 부분으로 그를 구타하면서 구덩이에 들어가 있는 두 명의 유대인 옆에 나란히 누우라고 했다. 그런 뒤 유대인들에게 자기 명령에 불복종한 폴란드인을 흙으로 덮으라고 명령했다. 폴란드인의 몸통이 전부 파묻히고 머리만 밖으로 빠져나와 있는 상황이 되자 감독관은 두 유대인에게 멈추라고 명령했고 폴란드인이 스스로 땅을 파서 빠져나오게 만들었다. 그다음에는 두 유대인에게 다시 구덩이에 누우라고 했고, 폴란드인에게 그들을 파묻으라고 재차 명령했다. 이번에 폴란드인은 감독관의 지시에 따랐다. …… 두 유대인이 누워 있던 구덩이가 흙으로 다 채워지자 감독관은 **웃으면서** 그 위에서 발을 굴러 땅을 단단히 다졌다. 그로부터 5분이 지나자 감독관은 다른 수감자 두 명을 불러서 땅에 묻혀 있는 유대인들을 꺼내게 했다. 한 명은 이미 죽은 상태였고, 다른 한 명은 미약하게나마 목숨을 부지하고 있었디. 그리고 두 사람 모두 화상터로 옮겨졌다.[59]

랭은 감독관의 웃음이 타인의 고통을 보며 느끼는 쾌락뿐만 아니라 틀에

---

* 나치가 강제수용소를 설치한 장소 중 한 곳이다(역자 주).

박힌 일상에 균열을 내고 자신의 절대권력을 색다른 방식으로 드러낼 때 느끼는 사적인 유희가 부지불식간에 드러난 결과라고 지적한다. 또한 주목해야 할 중요한 사실은 이 사건에 연루된 폴란드인의 경우,

> …… 수단화되었지만 비인간화된 것은 아니었다. 그는 가해자의 손아귀에 놓인 한낱 수단이 되어버리지만 그가 가진 인간성이—더 정확히 말하면 주체성이—수단성을 이루는 핵심적이고도 중요한 요소였다. …… 잔혹 행위는 피해자가 비인간화되어야만 벌어질 수 있는 일이 아니다.[60]

상대방을 희생시킴으로써 자신의 권력에 대한 감각을 고양하고자 했던 감독관의 가학적인 태도는 **극단적인 유도체화**를 보여주는 또다른 사례에 해당한다. 감독관에 의해 희생당하는 피해자들은 주로 오락과 자기고양을 위한 감독관의 욕망이 투영 또는 표현되는 수단으로 취급받는다. 피해자들은 갖가지 방식을 통해 감독관이라는 존재를 위한 부속물로 격하되며, 그들의 존재 혹은 주체성을 구성하는 다른 요소들도 부정당한다.

성폭력 문제

역사 속에는 난징, 르완다, 콩고 등지에서 발생한 대량학살이 성폭행과 밀접하게 연관되어 있었음을 보여주는 사례들이 가득하다. 그런데 이러한 역사적 사실은 대량 학살자와 피해자들의 관계가 비인간화로 설명할 수 있는 것보다 더 복잡할 수 있다는 점을 다시금 상기시킨다. 닐 J. 크레셀은 전시(戰時) 강간을 다룬 방대한 분량의 연구 결과를 요약하면서 (1) 피해자에게 해를 입히거나 굴욕감 주기, (2) 피해자를 상대로 권력 휘두르기, (3) 성적 욕망 충족시키기라는 세 가지 요소가 잠재적 강간범을 강간범으로 만든 동기인 듯하다고 결론을 내리고 있다.[61] 누스바움이 제시한 대상화의 일곱 가지

측면을 다시 떠올려보면 그러한 잠재적 강간범이―피해자를 도구화하고, 피해자의 자율성을 부인하고, 피해자를 마치 침해해도 되는 존재처럼 간주하면서―피해자의 주체성을 완전히 부인한 적이 있었는지, 즉 비인간화의 특징을 보여주는 행동을 한 적이 있었는지 의문을 품어보는 것도 현명해 보인다. 랭은 상대방에게 굴욕감을 주고, 자신의 권력을 휘두르고, 성행위를 하고 싶어하는 강간범의 모든 내적 욕망은 보통 피해자의 내면에 고유의 생각과 감정이 있다는 사실을 인정할 때 존재할 수 있다고 지적한다. 피해자가 지닌 개인적 정체성은 강간범에게 중요하지 않을 수도 있지만 주체성만큼은 확실히 중요해 보인다. 이와 관련해 '난징의 강간(rape of Nanking)'* 사건 당시 중국 여자를 강간한 헌 일본군의 시각을 살펴보도록 하자. "…… [짐작하건대] 우리가 강간을 하고 있을 때는 그 여자를 여자라고 생각했던 것 같다. …… 하지만 그 여자를 죽일 때는 여자가 아닌 돼지라고 생각했던 것 같다."[62] 다시 말하면 일본군들은 중국 여자를 강간할 때는 그 여자가 인간이라고 생각했지만, 살인을 할 때는 그로 인해 초래될 결과를 사소한 것으로 만들어버림으로써 (죄책감이라는 것이 있기는 했다면) 죄책감을 줄이고자 그 여자를 비인간화했던 것이다. 분명 인간이 성행위를 하고자 할 때 그 '파트너'가 반드시 인간적인 존재이어야 할 필요는 없지만(사실 역사시대 이전에는 인간이 동물과 성행위를 했을 가능성도 있다), 강간은 피해자가 인간적인 요소를 가지고 있다고 가해자가 인식할 때 쉽게 일어난다.[63] 그러므로 강간은 비인간화보다는 유도체화의 부산물로 간주할 때 가장 적절히 이해할 수 있다.

---

* '난징의 강간'은 1937~1938년 중일전쟁 기간에 일본군이 난징대학살을 저지르며 자행한 강간 범죄를 가리킨다. 중국계 미국인 아이리스 장(Iris Chang)은 강간을 비롯한 일본군의 잔혹 행위를 고발하기 위해 『난징의 강간: 제2차세계대전의 잊힌 홀로코스트』를 저술했다(역자 주).

감정적 둔화가 초래하는 극단적인 폭력

마지막으로 랭은 극단적인 폭력이 영속화되는 데에는 대단할 것 없는 기본적인 심리적 과정이 상당한 역할을 수행할 수 있다고 지적한다.[64] 그 심리적 과정이란 둔감화(desensitization)와 감정적 둔화를 초래하는 **습관화**(habituation)이다. 랭은 자신의 주장을 뒷받침하기 위해 아우슈비츠-비르케나우 강제수용소의 집시 캠프를 언급한다. 집시 집단도 다른 수감자들과 마찬가지로 처형당하기는 했지만 유대인과 슬라브인들을 비인간화하기 위해 행해졌던 프로파간다 캠페인에서는 대체로 배제되었다. 이 집시 캠프 수감자들에게는 사복을 보관하고 외모를 가꾸는 것이 허용되었다. 집시 수감자들은 대부분 독일어를 구사했으며, 나치스 친위대원들과 지속적으로 허물없이 자주 대화하기도 했다. 일부 어린 수감자들은 나치의 요청으로 「백설공주와 일곱 난쟁이」 공연을 하기도 했는데, 많은 나치스 친위대원들이 이 공연을 관람하고 갈채를 보냈다. 그러나 1944년 8월 어린이를 포함해 3000명에 달하는 집시 캠프 수감자들은 가스실에서 학살당하고 말았다. (대부분 화장터에서 강제 노역을 해야 했던 유대인 수감자들로 구성된) 존더코만도(Sonderkommando)에서 살아남은 한 생존자는 집시 수감자들이 결국 살해되었을 때 벌어진 일에 대해 다음과 같이 기술했다.

오늘은 탈의실에 기묘한 분위기가 감돌았다. 가스실로 보내질 예정이었던 집시 수감자들은 탈의실에 있는 나치스 친위대원 중 일부와 어느 정도 친분이 있는 사이였고, 평소에 그랬던 것처럼 그들과 대화를 나누려고 했다. 시간이 흐르면서 나치스 친위대원들과 거의 스스럼없는 관계를 맺게 된 터였다. 아마도 집시 수감자들 대부분이 독일어를 구사했기 때문에 그리고 나치스 친위대원들이 집시 수감자들을 혐오할 이유가 딱히 없었기 때문에 그런 일이 가능했을 것이다. 집시 수감자들은 유대인, 볼

셰비키, 슬라브인, 그리고 다른 '인간 이하의' 존재들과는 달리 나치 공식 프로파간다를 통해 어떤 사악한 본성을 가진 존재로 공표되는 일을 겪지 않았다. …… 대부분의 나치스 친위대원들이 비양심적이라는 사실은 누구든 알 수 있었다. 그들은 유대인을 말살하는 행위에 대해 그 어떤 양심의 가책도 보이지 않았고 유대인 학살은 그들 모두에게 일상적인 업무가 되어 있었지만, 그동안 꽤 우호적인 관계를 맺어온 이들을 학살하는 일을 거들어야 했을 때는 확실히 불쾌함과 괴로움을 느꼈다. 그러나 그 암울한 공간에 감정이 끼어들 여지는 없었다.[65]

생존자의 진술을 살펴보면 비인간화는 나치스 친위대원들로 하여금 유대인과 다른 이들을 '인간 이하의' 존재로 여기도록 세뇌하는 방식으로 작동하고 있지만, 가해자들은 자신이 인간이라고 생각하는 이들을 살해하는 과정에서 적극적인 역할을 맡아야 한다는 사실에 분명히 불편함을 느끼고 있다. 이 일화는 외모와 언어 같은 요소들에 의해 비인간화의 강도가 약해질 수는 있지만, 나치스 친위대원들이 결국 집시를 학살하고 말았기 때문에 극악무도한 잔혹 행위가 벌어지는 데 있어서 전적인 비인간화가 필요한 것은 아니라는 사실을 시사한다. 대원들이 한 행동은 그야말로 '감정을 의식 밖으로 밀어내버린' 것이었다. 감정이라는 것이 처음부터 존재하는 경우에는 그 감정을 억압하는 능력이, 즉 '상황에 적응하고 둔감해지는 능력'이 집단학살이라는 폭력을 가능하게 한다.[66] 나치스 친위대원들은 대부분 나치 이데올로기에 대한 헌신과 히틀러에 대한 충성을 바탕으로 선발되었다. '최종 해결'*을 수행하기 위해 선발된 그들은 냉담하고 무자비하며 광적으로 충성스러운 대원이 되기 위한 훈련을 받았다. 나치스 친위대에 가입한다는 것은

---

* 유대인을 전멸시키는 계획을 일컫는다(역자 주).

민간인으로서의 삶은 대부분 제쳐두고 완전히 비인간화되지 않은 이들을 포함한 수백만 명의 사람을 고문하고 살해하는 임무를 수행한다는 것을 의미했다. 아우슈비츠 강제수용소 소장이었던 루돌프 회스에 따르면 "…… 바위 같은 존재가 됨으로써", "강철 같은 결단이 있어야만 히틀러의 임무를 수행할 수 있으며, 이러한 결단은 모든 감정을 억눌러야만 성취할 수 있다." 이렇게 학살이 일상의 업무가 된 사람들이 그러한 행위를 저지르게 된 데에는 습관화가 둔감화를 초래하는 과정*, 즉 다양한 증거를 통해 입증되었으며 어디에나 편재하는 과정이 주요한 역할을 했다. 경악, 불쾌, 공포와 같은 본능적인 감정들은 '일상화(routinization)'—무언가에 끊임없이 노출된 결과 평범한 것으로 인식하게 되는 현상—를 통해 둔화될 수 있으며, 이때에는 가해자가 피해자를 바라보는 관점에 전면적인 인식의 전환을 가져올 필요도 없다. 그러나 감정이 둔화된다고 해서 아무 일도 발생하지 않는 것은 아니며, 감정이 둔화된 상태를 계속해서 유지하는 것이 반드시 쉬운 일도 아니다. 회스는 아우슈비츠 강제수용소에서 유대인을 말살하는 임무를 수행한 이들 중 상당수가 대체로 불안과 우울을 경험했으며, 본인이 수행하고 있는 일에 대한 확신을 얻기 위해 수용소장인 자신을 찾아올 때도 많았다고 인정했다.[67] 비유대인으로서 아우슈비츠 강제수용소에서 수감자 이발사로 일했던 유제프 파친스키(Józef Paczyński)는 화장터에서 시신을 처리하고 온 대원들을 면도해주었을 때의 경험을 다음과 같이 서술했다.

처형할 수감자들을 선정하고 가스실에서 처리하는 그 끔찍한 작업이 끝나면 대원들은 이발소로 찾아왔다. 그들은 비정상적인 사람처럼 보였다. 몸에서는 악취가 났다. 그들의 얼굴을 보면 자신이 어떤 행동을 했는지

---

* 어떤 자극에 반복적으로 노출됨에 따라 그 자극의 강도에 대한 인식이 점차 약화되는 과정을 의미한다.

인식하고 있다는 사실을 알 수 있었지만 어느 누구도 아무 말도 하지 않았다.[68]

타인을 인간이 아닌 존재로 비인간화할 수 있다는 착각이 가해자의 마음 속에서 효과적으로 작용하려면, 그 착각에는 가해자가 현실 속에서 실제로 경험하는 바가 적어도 어느 정도는 반영되어 있어야 한다. 사실 비인간화는 강제수용소를 지탱하는 구조의 핵심에 자리하고 있었다. 강제수용소는 삶을 고취하거나 연장, 개선하기 위해서가 아니라 질병, 피로, 무기력, 쇠락, 죽음 등을 양산하기 위해 특수 설계된 곳이있나. 악명 높은 강제수용소 소비보르(Sobibor)와 트레블링카(Treblinka)의 수용소장이었던 프란츠 스탕글(Franz Stangl)은—외양간의 무방비성, 채찍질, 공포를 지닌—강제수용소라는 시스템 그 자체가 수감자들을 무너뜨렸고, 그로 인해 수감자들은 처형이 코앞에 닥쳐 공포와 혼란에 휩싸여 있는 상태에서도 무심하게 명령에 복종했다고 이야기했다. 그리고 수감자들이 보인 이 복종 행위는 제노사이드 임무를 수행하는 이들의 마음속에 혐오와 경멸의 감정을 불어넣었다.[69] 나치스 대원들이 마음에 품고 있었던 결의는 이들이 처했던 심리적 현실이 비인간화 이론 그 자체보다 더욱 골치 아픈 문제일 수도 있음을 시사한다. 즉 가해자가 피해자의 인간성에 대한 자각을 어느 정도 유지한다고 **할지라도** 제노사이드적인 잔혹 행위는 얼마든지 일어날 수 있다는 것이다. 윤리적인 측면에서 보면 비인간화라는 심리적 착각으로 인해 초래된 살인과 피해자의 인간성에 대한 자각은 유지하고 있으나 선천적인 도덕적 자원이 고갈됨에 따라 초래된 살인 중에서 어떤 것이 더 나쁜지를 판단하기란 어려운 일이다. 피해자의 입장에서는 둘 사이에 아무런 차이도 없으며, 최종 결과도 동일하기 때문이다. 어느 것이 더 나쁘든지 간에 잔혹 행위가 발생하는 과정의 핵심을 요약하며 랭이 남긴 다음과 같은 주장을 들으면 모골이 송연해진다. "…… 인간이 가지고 있는 잠재적인 파괴 능력의 한계는 아직 확인되지 않았다."[70]

제2부

인간이 처한 상황

—한계와 가능성

4장

고대에서 전해 내려오는 세 가지 관점
영원의 철학(Philosophia Perennis)*

문두스 풀트 데시피(Mundus vult decipi), 세상은 속아넘어가고자 한다. 진실은 참으로 복잡하고 살벌하며, 진실의 맛은 소수의 사람만이 느낄 수 있는 익숙해져야만 알 수 있는 맛이다.

—발터 카우프만[1]

우리는 사물을 있는 그대로 보지 않고 우리의 방식대로 본다.

—『탈무드』 격언

　대상화의 개념과 대상화가 발현되는 다양한 양상을 이해하고자 하는 것은 우리가 인간종으로서 가지고 있는 가장 근본적인 요소가 무엇인지를 살

---

* '영원의 철학'은 고트프리트 라이프니츠(Gottfried Leibniz)가 최초로 사용하고, 올더스 헉슬리를 통해 널리 알려진 용어이다. 동서고금의 위대한 형이상학적·영적 전통에서 공통적으로 발견되는 것을 가리키는 영원의 철학은 '인간과 실재의 본질에 관한 보편적인 교의' 혹은 '실재에 관한 가장 정밀한 사상'을 담고 있다. 이때 '영원'이라는 말은 문화와 시대를 초월해 본질적으로 동일한 보편적 특징을 의미한다(역자 주).

퍼봄으로써 대상화에 대한 어느 정도의 균형 감각을 얻으려는 것과 같다. 지난 수천 년 동안 많은 사상가들은 인간의 경험, 인간 내면의 깊이, 자애로운 행위와 극도의 잔학 행위 모두를 행할 수 있는 인간의 능력과 관련해 수많은 지혜를 축적해왔다. '인간이 타인을 대상화하게 되는 원인은 무엇인가?'라는 질문에 대해 되도록 근거에 기반한 대답을 제시하려면 과거 사상가들이 깨달은 통찰을 유심히 살펴보는 것이 도움이 될 것이다. 우리는 흔히 현대인들은 조상들보다 더 뛰어난 지성과 이해력 및 통찰을 가지고 있다고 가정한다. 고대사회와 비교해볼 때 현대사회가 (일부만 나열해보자면) 인권, 통신, 운송, 통치방식, 보건 영역에서 놀랄 만한 발전을 이룬 것은 사실이다. 하지만 전반적인 행복이나 웰빙 면에서는 그 정도의 발전을 이루어내지 못했다는 것 또한 사실인 듯하다. 사실 다른 중대한 영역에서는 현대사회가 수백 년 혹은 수천 년 이전의 사회보다 더 퇴보해 있을 수도 있다.[2]*

수천 년 전과 비교해보면 물리적 세계 및 그 세계가 지닌 다양한 특징들에 대한 인간의 이해는 (전적으로 과학적 방법의 발전과 활용 덕분에) 극적인 수준으로 향상되었지만, 인간됨의 의미를 둘러싼 기본적인 문제들에 대한 서양사상의 이해는 그리 발전된 것 같지 않다. 앨프리드 노스 화이트헤드(Alfred North Whitehead)는 "유럽의 철학적 전통을 가장 안전하고 보편적인 방식으로 정의하자면 플라톤에 대한 일련의 각주들로 구성되어 있다고 할 수 있다"[3]라는 유명한 말을 남기기도 했다. 앨프리드에 따르면 현재 우리가 가지고 있는 지혜는 플라톤과 같은 고대인들이 제시한 지혜에 비해 그다지 나아진 구석이 없다. 그런데 이와 동시에 우리는 조상들의 심오한 지혜마저 일부 잊고 말았다. 그러므로 인간이 타인을 대상화하는 경향을 보다 잘

---

* 이와 관련해서는 테일러의 해당 저작에서도 특히 제6장 '새로운 정신(The New Psyche)'을 참고하라. 또한 과거에 비해 현대사회의 행복도가 전반적으로 향상되지 않았음에도 불구하고 현대인 중에서 수백 년 전이나 심지어는 몇 년 전에 살았던 사람과 시공간을 바꾸려는 사람은 소수에 불과할 것이라는 점도 인정해야 한다.

이해하고자 한다면 조상들이 남긴 지혜의 조각들을 다시금 떠올리면서 현대의 뛰어난 사상가들의 통찰에도 귀를 기울이는 편이 바람직할 것이다. 그럼으로써 우리는 대상화를 떠받치고 있는 기반을 더욱 폭넓게 탐구하고, 인간이 타인을 대상화하는 경향과 그러한 경향을 완전히 초월할 수 없다면 적어도 최소화할 수 있는 방법이 무엇인지를 더 잘 이해할 수 있을 것이다.

최근 저명한 철학자 제이컵 니들먼(Jacob Needleman)은 이 세상에 존재하는 위대한 지혜의 가르침들을 분석하고 그중에서 모든 인간에게 공통적으로 적용될 수 있는 포괄적인 관념들을 걸러내면 다음과 같은 세 가지 주요 관념이 도출된다고 주장했다. 놀랍지 않게도 니들먼이 제시한 고대 지혜의 상당 부분은 플라톤의 동굴의 비유를 압축적으로 담고 있다.

1. 인간은 환상과 외양의 세계 속에서 살아간다.
2. 인간이 자기 정체성에 대해 느끼는 일반적인 감각, 이른바 '인격(personality)'은 진정한 근본적인 정체성이 아니다.
3. 하나의 지배적인 실재(Reality)—"모든 존재의 보편적인 근본 바탕(the Universal Ground of all Being)"[4]—가 존재하며, 이 실재는 우주에 질서를 부여하고 존재하는 모든 것을 연결해 하나의 거대한 전체로 만든다.[5]

이 세상에 존재하는 위대한 영적 가르침과 철학을 따르는 사람들을 떠올려보면 각자가 지닌 교리나 주장이 구체적인 측면에서는 매우 다를 수 있지만 전반적인 세계관은 니들먼이 제시한 앞의 기본적인 세 가지 관념에 바탕을 두고 있다. 세 가지 일신교—유대교, 기독교, 이슬람교—전통도 앞에서 언급한 관념을 지지하고 있고, 다신교인 힌두교도 마찬가지이다. 불교의 비신론을 비롯해 도교, 자이나교, 시크교 등 보편성이 덜한 종교 및 철학 사상도 일신교나 다신교와 동일한 가정에서 출발한다. 저명한 고대 그리스 철학자들과 로마의 위대한 스토아학파 철학자들도 유사한 관념을 전파했다. 심지어 샘 해리스(Sam Harris), 리처드 도킨스(Richard Dawkins), 크리스토퍼 히친스(Christopher Hitchens), 대니얼 데닛(Daniel Dennett)과 같은 현대의 '신무신론자'들도 앞에서 언급한 세 가지 관념을 뒷받침하는 생각을 지지하거나 더욱 폭넓은 자신들의 사상체계 안에 그 관념들이 들어올 수 있는 자리를 마련해두고 있다.* 전 세계 종교와 철학을 한데 아우르는 공관(共觀)적 관점이 존재하는 것 자체가 실로 어려운 일인 만큼 각각의 사상체계가 가지고 있는 주장들은 상당 부분 서로 맞물리며, 이에 니들먼은 "…… 인간의 모든 지혜를 아우르는 하나의 핵심 교리, 모든 위대한 영적 가르침의 중심에 자리한 관념은 행성들이 태양 주위를 돌 듯 공전한다"라고 이야기하기까지 했다.6 라이프니츠(Leibniz), 스테우코(Steuco), 구에농(Guénon), 야스퍼스(Jaspers), 헉슬리(Huxley) 등 다른 저명한 사상가들도 그런 관념들이 시대나 세대와 무관하게 되풀이되는 핵심적인 철학적 통찰을 나타낸다는 점을 **영원의 철학**(Philosophia Perennis 혹은 The Perennial Philosophy)이라는 용어를 통해서 보여주었다.

니들먼이 제시한 세 가지 관념 중 첫번째(인간은 환상과 외양의 세계 속에서 살아간다)와 두번째(인간이 자기 정체성에 대해 느끼는 일반적인 감각, 이른바 '인격(personality)'은 진정한 근본적인 정체성이 아니다) 관념이 서로 밀접하게 연관되어 있다는 사실은 별다른 어려움 없이 파악할 수 있다. 왜냐하면 두 관

---

* 내가 신무신론자들의 저술과 강연을 분석하면서 느낀 점은 이렇게 인상적이고 통찰력 있는 사상가들이 지지하는 주장이 니들먼이 제시한 세 가지 관념과 대구를 이루는 것처럼 보인다는 것이다. 예를 들어 신무신론자들은 다음 세 가지 관념에 동의할 가능성이 크다. (1) 인간은 비정상적인 사고를 하는 경향이 있으며, 자신의 신경증을 심화하는 방식으로 경험을 해석할 때가 많다. (2) 자신에 대한 정확한 앎은 인식의 본질에 관한 대단히 독창적인 지혜를 보여주는 쉽게 얻을 수 없는 앎이며, 대부분의 사람들은 이러한 앎을 결코 얻지 못한다. (3) 하나의 지배적인 과정(예를 들어 자연선택)이 상호관계라는 복잡한 망에 얽힌 모든 것을 통합하면서 지구상에 존재하는 생명이 나아갈 방향을 안내한다.

념 모두 현실을 정확하게 인지하지 못하는 인간 혹은 대상화에 관한 논의에 좀더 초점을 맞추면 현실을 정확하게 이해하지 못하는 인간과 연관되어 있기 때문이다. 다시 말해서 우리는 플라톤이 동굴의 비유에서 언급한 동굴 속 인간과 같은 존재로서 우리의 존재 혹은 타인의 존재를 이루는 본질을 이해하지도 못하고, 우리가 타인 및 이 우주와 맺고 있는 관계의 본질을 제대로 인식하지도 못하고 있다.

인간이 처해 있는 이 두 가지 관념이 타당하다고 가정하면 세번째 관념도, 즉 인간이 어떻게 모든 존재의 보편적인 근본 바탕을 대체로 의식하지 못하고 있는지 혹은 심하게 오해하고 있는지도 쉽게 이해할 수 있다. 나는 일상에서 훨씬 더 흔하게 쓰이는 '신'이라는 표현보다 '보편적인 근본 바탕(대체로 저명한 20세기 철학자 폴 틸리히와 연관되어 있다)'이라는 표현을 더 선호한다. 이는 '보편적인 근본 바탕'에는 신학적인 무게가 덜 담겨 있으며, 동서양을 막론하고 유신론과 비신론을 아우르는 다양한 영적·종교적 개념에 더 수월하게 적용할 수 있어서이다. 틸리히의 관점에 의하면 신은 그 자체로 존재 이상의 존재이며, 존재들의 근본적인 구조를 통해 드러난다. 신은 다른 개체들 사이에 존재하는 하나의 초자연적인 개체가 아니다. 신은 모든 존재가 살아갈 수 있게 해주는 근본 바탕이다. 신은 주체와 객체라는 이분법을 초월하는 존재이기 때문에 우리는 신을 어떤 주체와 연관된 객체로 간주할 수 없다.[7] 비신론자들은 이와 같은 주장이 신앙을 드러내는 것이라며 거부 의사를 표할 것이다. 그러나 틸리히의 주장을 이루는 기본적인 전제―전체 우주와 연결된 상태로 살아간다는 심오한 감각을 통해 자기를 초월할 수 있다―에는 공명할 가능성이 크다. 틸리히의 관점에서 보면 존재의 모든 것은 궁극적인 생성 배경(generative background)에 달려 있다는 생각도 타당할 수 있다. 니들먼이 제시한 세 가지 관념을 고려하면 자기 인식(self-awareness)의 결여는 '우주적 인식(cosmic awareness)'의 결여 혹은 자신이 근본 바탕의 일부라는 점에 대한 비인식(실제로 우주적 인식은 자기인식을 가능하게 하는 전제 조건일 수 있다)과 밀접하게 연관되어 있는 듯하다. 니들먼이 세 가지 관념에 대해 숙고하면서 스스로 깨달은 바도 바로 이것이었다.

우리가 진짜 세계를 장막으로 가려버린 외양의 세계에서 살아가고 있다는 고대의 관념이 실은 이데아의 반쪽에 불과했다는 사실을 불현듯 깨달았다. 그리고 그러한 이유로 이데아를 이해한다는 것은 불가능했다. …… 그렇다면 스위스 직소 퍼즐처럼 현재 반쪽의 이데아에 정확하게 들어맞는 다른 반쪽은 무엇이었던가? 이 질문에 대한 답은 간단했다. 우리를 둘러싸고 있는 거대한 세계처럼 우리의 자기(self)는 외양을 이루는 한 겹의 조직(組織)이며, 그 조직 아래에 참자기(real Self)가 존재한다는 것이었다. 그리고 사회적으로 조건화된 표면적인 인격의 외양 아래에 있는 이 참자기와 접촉해야만 우리 바깥에 있는 진짜 세계를 경험하고 알 수 있었던 것이다! 오로지 이 내면의 참자기만이 외양에 가려진 외부의 진짜 세계를 알 수 있다. …… 외양에 가려 숨겨진 세계의 이데아를 입증할 지적 직관력을 가지고 있는 것도 이 참자기이다. 진짜 외부 세계를 바라보고 그 세계를 이해하며, 궁극적으로 그 세계와 융합될 수 있는 것도 이 참자기이다. 표면 자기(surface self)는 오로지 표면 세계만 알 수 있다.[8]

영원의 철학은 이 같은 통찰을 확장해 근본 바탕을 인식하고 근본 바탕과 조화를 이룰 수 있는 유일한 방법은 자기와 타인에 대한 무지를 떨쳐버리는 방향으로 나아가는 것이라고 주장한다. 이에 대해 헉슬리는 다음과 같이 이야기했다.

모든 존재의 신성한 근본 바탕은 논증적인 사고로는 형언할 수 없지만 (특정 상황에서는) 인간이 직접 경험하고 깨달을 수 있는 영적인 절대 (spiritual Absolute)이다. 힌두교와 기독교 신비주의의 표현을 빌리면 이 절대는 '형상 없는 신'이다. 인간의 최종 목표, 인간 존재의 궁극적인 이유는 신성한 근본 바탕과 결합하는 앎(unitive knowledge)이요, '자기를 버림(die to self)'으로써 신을 위한 자리를 마련할 준비가 되어 있는 사람에게만 찾아오는 앎이다. 성별을 불문하고 어느 세대에서든 인간 존재의 최종 목표를 달성하는 사람은 극소수에 불과할 것이다. 그러나 모든 살아 있는 존재들이 자신이 실제로 누구인지를 깨닫게 될 때까지 결합하는 앎에 도달할 수 있는 기회는 어떻게든 계속 주어질 것이다.[9]

니들먼이 제시한 세 가지 관념이 인간의 삶에서 어떤 결과를 낳을지 상상해보는 데에는 그리 많은 노력이 필요하지 않다. 오늘자 신문의 표제만 빠르게 훑어보아도 혹은 20세기 동안 약 2억 명의 사람들이 정치적 동기로 인해 촉발된 충돌로 목숨을 잃었다는 사실만 상기해보아도 충분할 것이다.[10] 니들먼이 제시한 세 가지 관념은 세 가지 종류의 무지—자기에 대한 무지, 세계에 대한 무지, 모든 존재의 근본 바탕에 대한 무지—를 보여주고 있으며, 이 모든 무지는 사상가들이 **파리칼피타**(parikalpita, 산스크리트어로 '상상된 것'이라는 뜻), 즉 '독립된 존재가 된다는 착각'[11] 혹은 '차별하는 마음'[12]이라고 일컫은 것의 일부를 구성하고 있다. 이러한 용어들은 자기를 다른 것과 분리된 별개의 개체로 인식하는 착각을 가리킨다. 이 같은 착각은 어디에서나 문제적인 의식 상태라고 간주되기는 했지만, 전 세계의 여러 종교적 사상체계마다 내놓은 정의는 각기 달랐다. 그러나 모든 관점은 보통의 인간 의식이 심오한 현실을 모호하게 만들고 갈등을 초래한다는 주장을 공유하고 있다. 분리된 자기(separated self)는 일종의 근심하는 자기(concerned self)라는 점에서 인간의 혼탁한 의식은 불안에 휩싸인 자기집착이라는 부산물을 낳는다. 분리에 대한 인식은 또다른 골치 아픈 부산물, 즉 원한을 만들어내는데, 종교계 외부에서는 잘 쓰이지 않는 이 용어는 타인과 반목하거나 불화하는 상태를 가리킨다. 만일 인간이 품은 욕구, 욕망, 바람이 끊임없이 생성되고 모두가 똑같은 압박에 시달린다면 음식이든 물이든 사랑이든 애정이든 한정된 자원을 두고 단체로 경쟁을 벌이게 될 것이다. 형제자매 사이의 경쟁은 이러한 상태를 보여주는 한 가지 사례로서, 형 카인이 시기심을 이기지 못해 동생 아벨을 죽이는 성경 속 이야기는 원한과 관련된 전형적인 일화이다. 한편 현대에서는 많은 수감자들이 원한을 가득 품은 채 매일의 일상을 영위하는 교도소에서의 삶이 그런 냉혹한 현실을 보여준다. 최근 한 주립 교도소에서는 다음과 같이 매우 충격적인 사건이 발생하기도 했다.[13]

> 비디오에 녹화된 화면을 보니 한 수감자가 [32세 남성 수감자 2를] 제압하고 있는 와중에 [26세 남성 수감자 1이] 수감자 2를 어떤 뾰족한 물체로 67차례 찔렀다. [수감자 2는] 강도죄와 절도죄로 복역중이었다. 다른 수감자들이 환호하는 가운데 백인 우월주의자는 [수감자 1은] "이게 백인의 힘이다!"라고 외치면서 자기 손에 묻은 아프리카계 미국인의 [수감자 2의] 피를 닦아냈다.

이 보고서는 수감자 1이 수감자 2의 눈을 9번 찔렀다고 구체적으로 기술하면서, 수감자 1이 수감자 2에게 가능한 끔찍한 고통을 가하려고 했었던 것 같다고 추정한다. 또한 수감자 1이 난폭하게 굴면서 자신은 이미 두 차례 종신형을 선고받고 복역중이기 때문에 "잃을 게 없다"라고 소리친 적이 있었다는 내용도 담고 있다.[14]

분리되고 소외되고 도외시된다는 느낌으로 인해 증폭되는 인간의 자기 염려는 타인을 대상화하는 경향과 이에 따른 갈등의 발생 가능성을 높인다. 그러나 인간은 생존을 더 확실히 보장하기 위해 집단을 형성하고 협력 및 타협하고자 하는 강력한 사회적 성향을 가지고 있다는 점도 인정해야 공평한 논의가 될 것이다. 인간은 생명 유지에 필요한 자양분을 타인과의 관계에서 가장 많이 얻는다. 인간종으로서의 우리는 서로의 기본적인 욕구를 충족시키기 위해 협력하는 일에도 능숙하다. 우리의 타고난 사회적 성향과 뛰어난 지능을 결합하면 통치방식이나 공학기술, 기술 발전, 보건의료 측면에서 위대한 업적을 이룰 수 있다. 전 세계적인 기아와 지구온난화 같은 복잡한 문제들을 해결하기 위해 협력할 수도 있다. 그러나 우리의 내면에는 끊임없이 고개를 드는 자기염려와 분리에 대한 인식이 남아 있다. 대부분의 사람들 경우 표면적으로 어떤 대단한 변화를 불러일으켜야만 내면에 흐르는 미(未)계몽의 암류(暗流)를 차단할 수 있는 것은 아니다. 대부분은 대인관계에서의 소외와는 거리가 먼, 다만 몇 번씩 부주의하게 거친 말을 내뱉는 존재들이다. 대부분의 사람들은 결코 타인을 고의로 살해하지 않을 것이지만, 타인을 살해하는 이들은 자신이 잘 알고 있는 사람을 살해할 가능성이 크다. 대부분의 아이들은 신체적·성적 학대를 받는 일이 결코 없겠지만 학대받는 아이들 대부분은 자신의 주 보호자에 의해 그 같은 일을 겪게 된다. 우리가 인간종으로서 살아온 역사를 구성하는 매일의 시간 속에는—그 어딘가에는—결국 죽음으로 종결된 개인 혹은 집단들 간의 공공연하고 적대적인 갈등이 존재했다. 이에 영원의 철학은 분리되고 독립적인 자기(self)에 대한 인식이 인간 사이의 갈등을 촉발한다고 역설한다. 이 분리되고 독립적인 자기에 대한 인식은 인간 경험의 밑바탕을, 인간이 자기 존재의 '사실들'이라고 간주하는 통념을 구성하고 있기도 하다. 그러나 영원의 철학이 주장하는 바에 따르면 그런 사실들은 결코 진실일 수 없다.

5장

합일의식*
가장 심오한 수준의 실재

모래알 하나에서 세상을 보고
야생화 한 송이에서 천국을 보려거든
그대 손안에 무한을 움켜쥐고
찰나 속에서 영원을 붙들라.

— 윌리엄 블레이크(William Blake) 「순수의 전조」

우리가 평범한 인사(人事)의 모든 것을 예민하게 보고 느낄 수 있다면 풀잎이 자라
는 소리나 다람쥐의 심장박동을 듣게 되는 것은 물론이요, 침묵의 맞은편에서 웅
웅거리는 울부짖음을 듣고서는 죽게 될지도 모른다. 그러나 실상은 누구보다 다감
한 사람조차 우둔함에 오관이 막혀 평안히 걸어다닐 뿐이다.

— 조지 엘리엇(George Eliot) 『미들마치』

지고의 지혜를 지닌 선인들은 어떤 광대하고도 모호한 조직(組織)이 인간

---

* 합일의식은 모든 의식의 기반인 동시에 모든 의식 자체이기도 하며, 어떤 경계도 없이 통일된 무경
계 의식의 영역을 의미한다(역자 주).

경험을 둘러싸고 있다는 사실을 직관적으로 깨우쳤다. 분명 그 조직의 얇은 막을 뚫고 들어가 삶을 다른 방식으로 바라보고 이해하며, 삶과 다른 방식으로 관계를 맺음으로써 매일매일의 인식 행위가 지니는 문제를 간파했기 때문에 가능한 일이었을 것이다. 이렇듯 수천 년 전에 살았던 사람들이 시공간을 뛰어넘는 더욱 실질적이고 진실된 분별력을 갖추고 기존의 평범한 인식 방법을 초월할 수 있었음을 감안하면 현대인들도 마땅히 그런 경험을 할 수 있어야 할 것이다. 실제로 그렇다는 주장이 제기되기도 했었다. 100년 전 즈음 캐나다의 정신과 의사 리처드 모리스 버크(Richard Maurice Bucke)는 그러한 의식 상태를 '우주의식(cosmic consciousness)'[1]이라 불렀고, 그로부터 50년 뒤 에이브러햄 매슬로(Abraham Maslow)는 '절정 경험(peak experiences)'[2]이라고 일컬었다. 지난 1500년 간 이슬람 신비주의자인 수피교도들은 그 상태를 '지고의 정체성(supreme identity)'이라 불렀고, 인간의 식을 연구하는 저명한 현대 미국 철학자 켄 윌버(Ken Wilber)는 '합일의식(unity consciousness)'[3]이라 칭했으며, 이 책에서 사용할 용어도 이 합일의식이다. 최상의 의식 상태를 가리키는 이 용어들은 모두 동일한 현실을 전제로 한다. 외양이 어떻든 간에 모든 사물과 모든 인간은 호수 수면의 물결이나 한줄기 햇빛 속의 광자(光子), 음악의 화음을 구성하는 음표와 같다는 것이다. 우리 존재의 가장 심오한 진실은 우리가 하나(One)라는 데 있다. 그러므로 위대한 사상가들이 주장한 바가 맞는다면 모든 인간이 경험하게 된다는 외부와 분리된 감각―'너'와 '나'는 우주의 나머지와 분리된 생명의 불꽃을 품은 개별적 존재라는 인식―은 궁극적으로는 진실이 아니다. 자기(self)는 모종의 신기루이자 일상의 의식을 통해 만들어낸 거짓된 결과물이며, 궁극적인 관점에서 보면 모든 것은 하나이다.

이런 말에 누군가는 의심을 품거나 아무런 감흥도 느끼지 못하거나 혼란스러워하거나 실망하기 쉽다. 이 같은 관념은 우리가 사실 서로 분리된 개별적인 존재이며 우리가 가진 생각, 감정, 관심사가 다른 사람과 충돌하는 경우가 너무 많다는 통념뿐만 아니라 우리 삶의 경험과도 상당히 어긋나 있는 것처럼 보인다. 그러나 영원의 철학의 지지자들이 입증했듯이 복잡하게 얽힌 통합(unity)의 망이 모든 존재를 지탱하고 있다는 주장은 단순히 '빈껍데기'* 같은 궤변도,[4] 현실과 완전히 유리된 엉뚱하고 이상적인 환상도 아니다. 최근에 나는 내셔널 퍼블릭 라디오에서 "내 손자는 암석에서 태어났다"[5]라는 제목의 기고문을 들은 적이 있다. 합일의식 혹은 모든 존재는 하나라는 관념을 지지하려는 의도로 쓰인 글은 아니었지만 그럼에도 그런 관념과 흥미로운 방식으로 연관되어 있었다. 그 기고문에 언급된 로버트 헤이즌(Robert Hazen) 박사**는 무기물과 유기물이 상당히 상호의존적이고 실은 서로를 '필요로 한다'고 논했다. 또한 그는 약 130억 년 전 빅뱅이 일어난 직후에 존재한 물질은 탄소, 질소, 규소, 철을 포함한 12가지에 불과했으나 중력이 이 물질들을 끌어모아 소행성과 작은 행성들을, 다음에는 더 큰 행성들을, 그다음에는 동결과 융해를 통해 표면의 암석을 내부로 이동시킨 판구조를 갖춘 행성들을 만들어내기 시작했다고 언급했다. 그후에는 물이 나타났고, 그로부터 수십억 년이 지난 후에는 암석들이 물분자를 함유하게 되었다. 그로부터 100억 년이 흐른 현재 시점에는 12가지였던 물질이 약 1500가지로 증가했다. 그리고 약 35억 년 전쯤 신비롭게도 생명체가 생겨나기 시작했다. 헤이즌 박사는 "생명은 위대한 조각가이다"라고 이야기하기도 했다. 지구상에 존재한 최초기의 생물 중 하나인 조류(藻類)는 산소를 공기 중으로 내뿜

---

* 대니얼 데닛의 딸이 고안하고, 데닛이 2009년 미국 무신론자협회 회의에서 사용한 용어이다. '빈껍데기'는 겉보기에는 심오하지만 실제로는 다소 사소하고 무의미한 주장을 가리킨다. [빈껍데기]에는 (최소) 두 가지 의미가 담겨 있다. 하나는 진실이기는 하나 사소하다는 의미이고, 다른 하나는 심오한 듯하게 들리지만 본질적으로는 거짓되거나 무의미하며 행여 사실인 것으로 밝혀진다면 "세상을 떠들썩하게 할 만하다"라는 의미이다(http://rationalwiki.org/wiki/Deepity 참고).
** 헤이즌 박사는 워싱턴 카네기협회(Carnegie Institution of Washington)의 지구물리학 연구소 소속 연구원이며, 조지메이슨대학교의 클래런스 로빈슨 교수진 프로그램에서 지구과학을 가르치고 있다.

어 지구에 존재하는 철에 녹이 발생하게 만들었고, 이 녹은 유기화학물질과 결합해 단단한 껍데기와 뼈를 가진 생명체가 탄생할 수 있게 해주었다. 그리고 이 생명체들은 죽어서 암석이 되었다(영국에 있는 도버 백악절벽(White Cliffs of Dover)은 죽은 플랑크톤의 무덤일 뿐이다). 또한 생명은 암석을 천천히 파괴할 수 있는 뿌리를 가진 식물을 만들어냈고, 벌레들은 암석을 갉아먹으면서 흙으로 분해했다. 이 모든 '생명'활동을 통해 암석의 유형은 총 4500가지로 증가했다. 생명체가 살아가는 데에는 암석이 필요하다. 예를 들어 인간에게는 무기질이 필요한데, 철분이 부족하면 빈혈이 생기고, 요오드가 결핍되면 갑상선종이 발생하며, 칼슘이 결핍되면 골다공증이 나타난다. 헤이젠 박사에 따르면,

> 생명은 지구상에 존재하는 암석의 개수를 세 배 증가시켰다. 암석은 생명을 만들고, 생명은 암석을 만든다. 우리 인간은 살고 [그리고……] 죽으며, 잿더미가 되어 땅속으로 돌아가면 다시 무기질이 되고, 이 무기질은 다시 식물이 되며, 식물은 동물에게 먹히고 동물은 인간에게 먹힌다.[6]

그리고 이 과정은 지구가 자전을 지속하는 한 몇 번이고 다시금 반복된다. 위대한 사상가들에 따르면 생물과 비생물 간에는 말 그대로 물리적이고 화학적인 관계만 있는 것이 아니라 무형적이고 영적인 관계도 존재한다. 지난 몇 세기에 걸쳐 인간개발론자(human developmentalist)들이 일구어낸 업적들은 수천 년 전부터 있었던 전 세계의 위대한 사상적 담론들과 교차하는데, 양쪽 모두 인간의 영적 발전이 꽤 예상 가능한 단계를 거치며 하나의 방향으로 나아가고 있다는 데 동의하고 있다. 자아중심적인 (자기본위적인) 태도로 시작해 자민족 중심적인 (가족 및 씨족 중심적인) 태도로, 그다음에는 세계 중심적인 (지구촌 중심적인) 태도로 이행하고 있다고 보는 것이다.[7]

다시 말해서 인간의 정체성은 개인적 관심을 중심으로 규정되었다가 자신과 유사한 타인에 대한 관심을 통해 규정된 뒤 최종적으로는 모든 사람, 즉 모든 존재와의 관계에 대한 관심과 깨달음을 통해 규정된다고 할 수 있다. 독일 물리학자 앨버트 아인슈타인도 생의 말년에 이 같은 깨달음을 얻었다. 그는 한 지인에게 보내는 서신에서 그 깨달음을 이렇게 표현했다.

> 인간은 우리가 우주라고 부르는 시공간이 제한된 전체의 일부분일세. 인간은 자기 자신, 자신의 생각, 자신의 감정을 마치 다른 것들과 분리된 것처럼 경험한다네. 일종의 시각적 망상처럼 말이지. 이 같은 망상은 우리가 사적인 욕망과 애정을 극소수의 주변인에게만 품도록 옥죄는 모종의 감옥이라네. 우리에게 주어진 과업은 모든 피조물과 자연 전체가 지닌 아름다움을 끌어안을 수 있는 연민의 영역을 확장해 이 감옥에서 스스로 자유로워지는 것이지. 누구도 이 과업을 완벽하게 성취할 수는 없지만, 성취하기 위해 노력하는 행위 그 자체가 해방의 일부이자 내적 안정감을 이루는 토대가 된다네.[8]

인간의 역사를 살펴보면 인간종에게 보편적인 자기중심성 및 분리에 대한 환상으로부터 자유로워진 경험의 사례들을 상당수 찾아볼 수 있다. 생의 말년에 '우주의식'에 관한 연구에 몰두한 R. M. 버크도 직접 이 같은 경험을 했고, 19세기 말에는 자신과 같은 깨달음을 얻은 이들의 수많은 역사적 사례를 찾아내기도 했다. 버크가 본인의 실제 경험을 간략하게 서술한 다음의 내용을 살펴보면 합일의식을 경험한다는 것이 어떤 느낌인지 대강 이해할 수 있을 것이다.

갑자기 그 어떤 경고도 없이 내 몸이 불꽃 같은 붉은 구름에 휩싸였다.

순간 불이 난 것이라고, 도시 인근에 어마어마한 화재가 난 것이라고 생각했지만 곧이어 그 불은 나의 내면에 있었던 것임을 깨달았다. 그 사실을 깨닫자마자 형용할 수 없는 어떤 지적 깨달음에 뒤이어 혹은 그런 지적 깨달음과 동시에 엄청난 기쁨이, 황홀감이 나를 압도해왔다. 그로써 나는 우주가 무기물로 구성된 것이기는커녕 하나의 살아 있는 현존(Presence)이라는 사실을 단순히 믿게 되었을 뿐만 아니라 알게 되었다. 그 앎은 내가 앞으로 영생을 누리게 될 것이라는 확신이 아니라 지금까지 내가 영생을 누리고 있었다는 의식이었다. 나는 모든 인간은 불멸하고 우주의 질서에 따라 모든 것은 의심할 여지없이 모두에게 이익이 되는 쪽으로 이루어지며, 이 세상의, 온 세상의 근본 원칙은 우리가 사랑이라 부르는 것에 있고, 모든 사람은 결국 행복해질 것이라는 절대적으로 확실한 앎을 얻게 되었다. 이 같은 환영은 아주 잠시 머물다가 이내 사라져버렸다. 그러나 깨달음에 대한 기억과 그 깨달음이 알려준 현실에 대한 감각은 그로부터 반세기가 지날 때까지 지속되었다.[9]

이 같은 경험을 정신병으로 고통받는 사람의 망상이라고 오해해서는 안 된다. 여기에는 착란이나 혼란, 조현병 증상이나 다른 망상적 경험에 전형적으로 나타나는 후유증이 존재하지 않기 때문이다. 그렇다면 이러한 경험을 하게 되는 이유는 무엇인가? 버크의 경험은 폭넓은 삶의 경험과 단정하면서도 호기심으로 가득찬 열린 마음을 통해 이루어진 '준비'의 결과였던 듯하고, 다른 사례들에서는 보다 무작위적으로 주어지는 '특전(特典)'에 가까운 듯하다. 미국의 위대한 학자 중 한 명인 윌리엄 제임스(William James)는 인간의 평상시 의식 상태는 인간이 경험할 수 있는 수많은 의식 상태 중 하나에 불과할 뿐이라고 했다. 그러면서 인간이 평상시에 무언가를 지각하는 방식은 마치 섬을 연상케 하며, 그 섬은 해안가를 감싸는 일상적 의식이라는 산호초 방벽에 끊임없이 부딪히는 파도와 지고하고 광활한 의식의 바다에―둘러싸여 있다는 사실도 알지 못한 채―둘러싸여 있다고 했다. 그런데 가끔씩 불가해한 이유로 한 차례의 파도가 그 산호초 방벽을 넘어버리는 일이 발생하곤 한다.[10] 17세기 시인이자 철학자 토머스 트러헌(Thomas Traherne)도 유사한 경험을 한 뒤 다음의 글을 남겼다.

> 길거리의 먼지와 돌은 금만큼이나 귀중했다. 문은 처음에는 세상의 끝이었고, 여러 개의 문 중에서 하나의 문을 통해 처음 본 푸르른 나무들은 나를 꼼짝하지 못하게 사로잡고는 황홀감을 안겨주었다. 나무들의 감미로움과 색다른 아름다움에 내 심장은 두근거렸고, 나무들이 이쩌나 이상하고 경이로웠던지 나는 황홀하다못해 거의 미쳐버릴 지경이었다. 길거리에서 공중제비를 넘으며 놀고 있는 소년과 소녀들은 보석을 운반하고 있었다. 나는 그 소년과 소녀들이 이미 태어난 존재라거나 앞으로 죽게 될 운명에 처한 존재라는 사실을 알지 못했다. 다만 모든 것이 각각 제자리에 있는 것처럼 영원토록 머물렀다. 하루의 빛을 통해 드러난 영원은 눈에 보이는 모든 것의 이면에 자리한 어떤 무한한 것이었다.[11]

이러한 경험을 한 사람은 거의 예외 없이 그전까지는 한 번도 깨닫지 못한 심오함과 깊이 및 의미로 가득찬 삶을 마주하게 된다. 실제로 버크는 다음과 같이 이야기했다.

> [그러한 경험의] 주된 특징은 우주를…… 우주의 삶과 질서를…… 의식한다는 데 있다. 이 의식을 통해 일어나는 지적 깨달음은 그 자체만으로도 어떤 개인을 새로운 차원의 존재로, 새로운 종의 구성원에 가까운 존재로 만들 것이다.[12]

비교종교학의 대가 루돌프 오토(Rudolph Otto)는 이 같은 경험 자체와 이러한 경험에 대한 인간의 정서적 반응을 '두려운 신비(mysterium tremendum)'라고 불렀다.[13] 오토는 이 경험이 "부드럽게 밀려오는 파도"나 "괴이한 흥분, 열띤 광기, 도취, 황홀경을 낳는 [······] 영혼의 밑바닥에서 솟구치며 일어나는 갑작스러운 분출"로 구현될 수 있는 다양한 요소―충만한 경외감, 압도감, 긴박감, 매혹―로 이루어져 있다고 주장했다.[14]

이 경험에 대해 상세히 논한 바 있는 매슬로는 깨달음의 결과로서 얻게 되는 삶에 대한 새로운 사고방식과 새로운 감정을 각각 **B-가치**('존재-가치') 와 **B-인지**('존재-인지')라고 불렀다. 매슬로는 깨달음을 얻은 사람의 사고방식과 가치가 어떻게 변하는지를 분석하는 과정에서 절정 경험이 그 사람의 삶의 지향성을 행위(doing)보다 존재(being) 쪽으로 기울게 한다는 점을 발견했다. 그리고 존재를 지향하는 사람은 자기 자신, 타자, 삶의 다른 방식, 세상의 다른 특징들을 자기만의 목표를 위한 수단으로 삼지 않고 그 자체로 목적이 되게 한다고 보았다.[15] 윌리엄 제임스와 버크의 책에서 찾아볼 수 있는 일부 사례를 살펴보면 다음과 같다.

> ······ 무언가에 대해 이야기할 때마다 어떤 인격을 의식하지는 않았지만, 내 안에 있는 무언가가 나로 하여금 내가 나보다 커다란 어떤 것의 일부라고 느끼게 만들었다. ······ 나무, 풀, 새, 곤충 그리고 자연 속에 있는 모든 것과 하나가 된 느낌이었다. 나는 내가 부슬부슬 내리는 비, 구름들이 만든 그림자, 나무줄기 같은 모든 것의 일부라는 사실에, 존재한다는 단순한 사실에 너무나도 기뻤다. 그로부터 수년이 흐르는 동안에도 그런 순간은 계속해서 찾아왔다······[16]

마침내 너무나 강렬한 황홀의 시기가 찾아왔고, 우주는 형언할 수 없는 장엄한 광경에 놀란 것처럼 멈추어버렸다! 무한한 온 우주에 오로지 하나인 존재! 더없는 사랑을 지닌 완전한 존재! 완전한 지혜, 진실, 사랑 그리고 순수함! 뒤이어 황홀과 함께 통찰이 찾아왔다. 천상의 지복이라고 부를 수 있을 만큼 그 경이로운 순간을 다시금 느끼고 있을 때 깨달음이 찾아온 것이다. 나는 치열한 내면 관찰을 통해 이 우주를 구성하고 있는 것처럼 보이는—나로서는 물질적인 것인지 영적인 것인지 모르는—원자 혹은 분자들이 스스로 배열을 바꾸는 모습을, 마치 우주가 (연속적이고 영원한 삶 속에서) 하나의 질서에서 다른 질서로 옮겨가는 듯한 모습을 보았다. 모든 것이—단 한 부분도 잘려나가지 않은 채로—제자리에 제시간에 끊임없이 이어져 있는 모습을 보았을 때 어찌나 기뻤던지. 온 세상과 온 체계가 하나의 조화로운 전체 속에 혼합되어 있었다. 보편적인 사랑과도 같은 보편적인 삶이었던 것이다![17]

이러한 자기초월적 경험은 전 인류에서 나타난다. 자기초월적 경험을 하는 사람들은 흔히 자기 문화에만 존재하는 우주의 본질에 대해 수적인 설명을 덧붙이고, 그럼으로써 다른 문화의 '공공연한' 존재론적 선언과는 대립한다(15장에서 깊이 있게 다룰 것이다). 그러나 극적인 수준의 자기초월이 지난 수천 년 동안 전 인류를 아우르는 경험이었다고 추론할 수 있는 매우 훌륭한 근거가 존재한다. 전 세계의 위대한 사상가들이 남긴 통찰에 따르면 합일의식은 사고실험의 결과가 아니다. 환각적인 체험*에 따른 결과도 아니고, 더 나은 사람—더 기뻐하고, 더 긍정적이고, 더 낙천적이고, 더 관대하고, 더 인내심 있는 사람—이 되기 위해 분투한 결과도 아니다. 사고실험이든

---

* 1960년대 초반에 리처드 앨퍼트(Richard Alpert), 티머시 리어리(Timothy Leary), 스타니슬라프 그로프(Stanislav Grof) 등이 환각제를 이용해 실시한 여러 실험은 LSD 같은 환각제로 자기초월적 경험을 하는 것이 가능함을 증명했다. 그러나 이렇게 화학물질로 유발된 경험은 환각제 없이 유도된 자기초월 상태가 제공하는 것과 같은 '긍정을 향한 장기적인 영향'을 이끌어내지 못했던 것 같다. 이와 관련해서는 슈워츠(Schwartz)의 1995년 저작 중에서도 특히 1장 "현실을 재정의하기: 람 다스, 환각제, 동방 여행"을 참고하라.

환각적인 체험이든 분투든 이 같은 행동은 의도적인 부단한 노력을 통해 이루어지는 경향이 있으며, 이런 노력을 기울이는 사람은 자신에 대해 여전히 제한적인 인식을 가지고 행동하기 때문에 대체로 변하지 않는다. 그러나 이와 달리 합일의식은 자기 자신 및 세상의 나머지 부분을 경험하는 방식에 극적인 변화를 불러오기 때문에 합일의식을 경험하는 사람은 '새로운 존재'로서의 시작을 맞이하게 되며, 자신과 연관된 모든 것을 새로운 인식 수준에서 경험하게 된다. 합일의식과 같은 경험의 결과로 나타나는 핵심적인 변화는 '자기'가 되는 것과 연관되어 있다. 합일의식을 경험하는 이들은 자신이 사실 이 세계와 하나라는 인식을 갖게 되며, 이들의 정체성은 자기라는 비좁은 한계를 뛰어넘는 수준으로 확장되어 존재의 다른 측면과 통합된다. 누가 되건 이렇게 놀라운 깨달음을 얻게 될 가능성은 희박하리라는 말은 구태여 덧붙일 필요도 없을 것이다. 그러나 합일의식이 찾아올 것임이 암시되는 순간들―참된 감사의 마음 또는 다른 존재들과 연결되는 느낌을 받거나 현재의 경험에 마음 깊이 몰두하는 귀중한 순간들―은 훨씬 더 흔하게 찾아온다. 실제로―얼마나 사소하든지 간에―우리가 자기중심성을 줄이기 위해 하는 행동들은 이웃으로 받아들일 사람과 그렇지 않은 사람을 너무나 편협하게 구별하려는 경향에 맞서게 해준다. 합일의식을 암시하는 순간들은 타인을 대상화하려는 경향을 초월할 수 있게 도와주며, 더 심오한 깨달음을 향해 나아가도록 우리를 인도한다. 그러나 우리가―내면에 있는 것에 의해서든 우리와 무관한 것에 의해서든―이와 같은 종류의 성장을 꾀할 수 없게 방해하는 것들도 있는데, 지금부터는 이러한 문제들을 조명해보고자 한다.

제3부

인간은 무엇으로 만들어지는가
—대상화에 기여하는 기질적 요인

6장

언어를 비롯한 경계의 역설적 속성

호모 로콰스(Homo Loquax), 즉 언어적 인간은 바벨탑을 쌓아올릴 때 그러했던 것처럼 여전히 순진하게 자신이 이룬 최고의 업적에 기뻐하며, 여전히 무기력하게 자기 언어의 희생양으로 남아 있다.

— 올더스 헉슬리(Aldous Huxley)[1]

피해 조사 연구를 마친 뒤 무기체계를 현장에 재배치해 적의 자산을 추가로 제압했다. 실질적인 자산 소모를 이끌어냈으나 유감스럽게도 무절제한 포격으로 인해 부수적 피해가 발생했다.

— 군사 특수 용어의 한 사례

언어의 문제

영원의 철학에서 다루는 주제는 합일의식을 통해 드러나는 영원하고 영적인 실재(Reality)의 본질이지만, 헉슬리가 제사(題詞)에서 상기시켜주듯이 현재 벌어지는 현상들을 다루기 위해 인간이 개발한 도구인 언어는 이 본질을 감추어버린다. 그러다보니 본질적으로 형언할 수 없는 무언가를 인간이 설명하고자 하면 여러 가지 역설과 불합리한 추론 또는 모순이 발생하게 된다. 조지프 캠벨(Joseph Campbell)은 1980년대 후반에 인기를 끌었던 미국의 공영방송인 PBS의 TV 시리즈 〈미신의 힘(Power of Myth)〉에서 빌 모이어스(Bill Moyers)와의 인터뷰를 통해 이를 인정했다. 즉 인간이 할 수 있는 최상의 경험들—지고의 경험들—은 인간의 사고를 초월하기 때문에 말[言]은 물론이고 심지어는 생각으로도 표현될 수 없다고 말이다. 또한 캠벨은 두번째로 좋은 차선의 경험들은 말로 포착할 수 없는 생각에 바탕을 두고 있으므로 오해받는 경향이 있으며, 세번째로 좋은 경험들이야말로 인간이 실제로 대화를 통해 나눌 수 있는 것이라고 했다.[2] 말 그리고 말을 통해 필연적으로 생겨나는 문자언어는 아마 인류가 지금까지 습득한 것 중 가장 위대한 도구일 것이다. 언어와 문자가 없다면 인간이 자기 자신이나 이 세계에 대해 알 수 있는 능력은 필시 심각한 수준으로 제약되고 말 것이다. 무언가를 개념화할 수도, 알아볼 수도, 분류할 수도, 문제를 해결할 수도, 미래를 계획할 수도, 의사소통을 할 수도, 행동을 지배하는 규칙과 법률을 제정할 수도, 정보나 지식을 전달할 수도, 과거의 경험을 통해 이점을 얻을 수도 없을 것이다. 언어와 문자가 없다면 분명 인간을 다른 동물과 분리하는 요소—문화 및 수많은 문화적 발전—도 더이상 존재하지 않게 될 것이다. 그런데 역설적이게도 언어 사용은 인간에게 막대한 고통을 초래할 뿐만 아니라 깨달음을 얻지 못하게 가로막는 걸림돌이 되기도 한다.

전쟁 언어

문자는 상징이기에 어떤 것을 다른 것으로 대체할 수 있게 함으로써 경험의 즉시성(immediacy)으로부터 멀어지게 만든다. 문자는 우리를 상징과 추상의 영역으로 인도하고, 이를 통해 존재를 대상화하는 과정에 기여한다.

어떤 언어에서든 문자는 선(善), 진실, 아름다움을 기술하기 위해 만들어졌지만, 어떤 사회에서든 특정 종류의 문자들—꼬리표들—은 전시의 살상 과정을 효율적으로 수행하기 위한 목적으로도 활용되어왔다. 이 같은 '사회 공학(social engineering)'*은 의도적인 연구를 통해 나온 결과물도 아니고, 같은 인간종을 살해하는 행위에 대한 혐오를 극복할 수 있는 방법을 제시함으로써 폭력의 과정을 한결 매끄럽게 만들어주고자 한 과학자들의 성과도 아니다. 타인을 비인간화하는 꼬리표를 사용하는 행위는 말하자면 옛 선조들이 남긴 일종의 민간 지혜로 전해내려왔다. 그리고 이 같은 관습은 수 세기 동안 아니 사실상 수천 년 동안 효과적인 방식으로 폭력적인 갈등을 촉진시켰다.

미국은 전쟁을 치를 때마다 타인을 비인간화하는 꼬리표를 거의 모든 문화 속에서 보편적으로 사용했던지라 대부분의 현대 미국 시민들은 지금도 그런 꼬리표에 대해 잘 알고 있다. 미국 남북전쟁 당시 남부 사람들은 '반역자(rebel/reb)'라고 불렸고, 북부 사람들은 '양키(yankee/yank)'라고 불렸다. 제1차세계대전 당시 독일군은 '훈족(hun)'이라는 멸칭으로 불렸고, 제2차세계대전 동안에는 영국군에 의해 '훈족'과 더불어 '제리(jerry)'**라고도, 미군에 의해서는 '크라우트(kraut)'***라고도 불렸다. 또한 이 당시 일본군은 '왜놈(jap)', '째진 눈(slant)', '도조(tojo)'****, '처진 눈(slope)', '닙(nip)'*****이라고 불렸다. 한국에서는 북한 주민들을 가리킬 때 '빨갱이(red)'라는 용어와 함께

---

* 사회 행동에 대한 과학적 연구를 통해 얻은 식견이나 법칙, 사회적 기술의 체계를 응용해 사회문제를 과학적으로 해결하고 기술적으로 관리하는 학문(역자 주).
** 1930년대 히틀러의 지시로 만들어진 독일제 연료통 '제리캔(jerrycan)'에서 '제리'를 따와 만든 멸칭(역자 주).
*** 독일인들이 즐겨 먹는 양배추 절임 '자우어크라우트(sauerkraut)'에서 '크라우트'를 따와 만든 멸칭(역자 주).
**** 제2차세계대전의 A급 전범 도조 히데키(東條英機)의 이름에서 따온 멸칭(역자 주).
***** 일본인을 가리키는 '니포니즈(Nipponese)'를 축약해 부른 멸칭(역자 주).

그 악명 높은 '국(gook)'*이라는 멸칭을 썼다. 베트남전쟁 당시 북베트남군은 처음에는 베트콩(Viet Cong)이라고 불렸지만 나중에는 이를 줄인 'VC' 혹은 '빅터 찰리(Victor Charlie)'**라고도, 종국에는 그냥 '찰리'라고 불렸다. 북한 사람들과 마찬가지로 베트남인들도 '국'이라 불렸다. 최근 아랍 전투병들과 무슬림 전투병들의 충돌 상황에서는 '머리에 수건 두른 놈(towel head)'이나 '사막의 깜둥이(sand nigger)'라는 꼬리표가 확산되고 있다. 이와 같이 인간이 모욕적인 꼬리표를 사용하는 데에는 매우 구체적인 이유가 자리하고 있다. 첫째, 경멸적인 꼬리표는 집단 내 결속을 강화하는 역할을 한다. 귀하고 의로운 집단의 구성원이 되려면 그 집단의 외부인들을 구체적으로 규정하고 폄하하는 과정이 필요하기 마련이다. 둘째, 경멸적인 꼬리표는 꼬리표라는 것이 일반적으로 수행하는 역할을 한다. 즉 고정관념을 이용해 특정 집단에 속한 모든 구성원을 하나의 덩어리로 묶어버림으로써 이 세상을 단순화하는 일종의 약칭으로 작용한다. 이는 타인을 개별적인 존재로 구별하거나 타인의 인간성을 자각할 수 있게 도와주는 각 구성원만의 특성이나 인격 혹은 그 밖의 면모들이 지니는 미묘한 차이를 최소화한다. 또한 흔히 꼬리표를 붙이는 행위와 결부되어 나타나듯이 외부에 의해 폄하된 어떤 집단에 낙인 같은 꼬리표가 붙으면 그 즉시 해당 집단의 총체성은 그 꼬리표를 통해 대변된다. 쳐다볼 필요도 이야기를 들을 필요도 더 살펴볼 필요도 없는 존재가 되는 것이다. 마지막으로 가해자들은 꼬리표를 사용함으로써 자신이 가해행위를 저지른 현실로부터 거리를 두게 된다. 최종 산출된 사망자 수는 대체로 느리고 피비린내나며 몹시 괴롭게 진행되는 전시 학살 과정의 구체적인 면모들을 상기시켜주지도 않는다. 사망자 수라는 꼬리표는

---

* 우리나라 사람들이 쓰는 단어 '한국'에서 '국'을 따와 만든 멸칭으로, 주로 미국인들이 한국전쟁 및 베트남전쟁 동안에 한국인을 비롯한 동아시아인과 동남아시아인을 지칭할 때 사용했다(역자 주).
** 베트콩의 약어 'VC'로 만든 음성기호(역자 주).

이름, 가족, 직업, 희망, 꿈 등 개개인이 가지고 있는 특성도 온전히 담아내지 못한다.

완곡어법의 사용 ― 불쾌한 연상을 불러일으키는 단어나 구절 대신 섬세하고 미묘하며 해롭지 않은 단어나 구절을 사용 ― 도 아주 오래전부터 전해 내려온 관습이다. 역사적으로 완곡 어구는 종교, 섹슈얼리티, 죽음 관련 용어처럼 특정 문화권에서 금기시하는 대상을 대체한 다양한 단어 혹은 구절을 의미했다. 그리스어 **유페미아**(euphemia)에서 유래한 완곡 어구라는 표현은 큰 소리로 말해선 안 되는 종교적 용어 대신 사용한 특정 단어 혹은 구절을 가리킨다. 완곡 어구는 인간의 삶을 구성하는 다양한 영역에 널리 퍼져 있지만, 특히 전쟁이라는 영역은 그러한 '이중화법(double speak)'으로 가득차 있다. 스미스는 베트남에서 폭탄 투하는 '대포를 전달(delivering ordnance)'한다고 표현되었고, 주변 환경을 황폐화하고 사람들을 중독에 빠지게 만든 고엽제는 단순히 '제초제(weed killer)'로 불렸다는 점에 주목한다. 오늘날 우리는 사람들을 살해하지 않는다. 다만 '목표물을 중립화(neutralize targets)'하거나 '제거(take them out)'한다. 실수로 아군을 죽이는 행위는 아군 사격을 의미하는 '프렌들리 파이어(friendly fire)'라고 불리며, 공교롭게도 민간인을 죽이게 된 행위는 '부수적 피해(collateral damage)' 혹은 '유감스러운 부작용(regrettable byproducts)'이라고 알려져 있다. 어느 중심부를 목표로 그곳에 있는 모든 것을 대량 살상하는 폭격 행위는 '정밀한 국부 공격(clean surgical strike)'이라고 한다. 반항은 '반란(insurgency)'이고, 고문이 금지되지 않은 국가에서 적을 납치해 고문을 가하는 행위는 '극한 송환(extreme rendition)'이다. 고문은 더이상 고문이 아니라 '선진 심문(enhanced interrogation)'이며, 암살은 '손을 더럽히는 일(wet work)'이다. 지뢰는 '지역제압용 탄약(area denial munition)'이고, 한 사람에게 총탄 세례를 퍼붓는 행위는 '점화(lighting him up)'라고 한다. 저격수가 목표 대상에게 총을 쏘는 행위는 '연기로 목표물 확인(smoke-checking a target)'이라는 표현으로 알려져 있다. 사실, 정황상 가능하기만 하다면 사람은 사람이 아닌 그저 '목표물'로 지칭될 수도 있다.[3] 이 같은 표현들은 모두 실제 전투에 임하는 사람들을 비롯해 집에서 걱정스러운 마음으로 뉴스를 기다리는 사람들이 전시의 현실로부터 안전한 심리적 거리를 유지하게 해준다. 또한 일종의 집단 망상으로 작용하는 터라 파괴와 죽음을 초래하는 정책 및 관점들을 지지하면서도 스스로 인정 많고 도덕적이며 경건한 사람이라고 생각할 수 있게 해준다. 타국에 대한 개입 전쟁을 지지한 사회집단 중에서 가장 '매파적'이었던 집단은 아이러니하게도 소수의 극보수적인 기독교 교파들이었는데, 이들은 자신들이 가장 정통적인 기독교라고 생각하기도 했다.[4] 또한 이 같은 교파들은 정결에 대한 규율을 정교하게 구축해두고 R등급* 영화 시청도 금지하는 경우가 흔한데, 다시 말해서 그런 규율을 엄격하게 준수하는 교인들은 교파에서 지지하는 정책의 실체가 생생하게 담긴 장면들을 한 번도 보지 못하게 된다. 전쟁영화는 (NC-17 등급**이 아닌 이상) 어김없이 R등급이니 말이다.

언어가 고통에 일조하는 방식

오래전 부처는 인간의 영적 발달에 언어가 결정적인 역할을 수행할 수 있음을 직관적으로 간파했다. 부처의 철학은 존재를 **상**(相, appearance), **명**(名, name), **분별**(分別, discrimination), **정지**(正智, right knowledge), **진여**(眞如, suchness)라는 다섯 가지 범주 혹은 상태로 파악한다. 앞의 세 가지는 깨달음을 가로막는 장벽으로 간주되지만, 나머지 두 가지는 깨달음을 구성하는 일부분으로 간주된다. **상**은 촉각, 시각, 청각, 후각 등을 감지하는 감각기관

---

* 만 17세 미만 관람 불가이나 보호자 동반시 관람 가능한 영화(역자 주).
** 만 17세 미만 관람 불가로, 보호자 동반시에도 관람 불가능한 영화(역자 주).

을 통해 식별될 수 있으며, 이후에는 **명명** 과정을 통해 마음속에 자리를 잡거나 구체화된다. 창세기에는 아담이 에덴동산의 동물들은 물론이고 이브에게도 이름을 부여하는 명명 과정이 나오는데, 이를 통해 '여자' 등의 단어는 해당 대상과 동일한 의미를 갖게 된다. 부처의 관점에 따르면 언어는 거리를 두는 역할을 수행하며, 대부분의 인간이 타인을 비롯해 자기 주변의 세계와 분리되어 있다고 느끼는 감각에 주된 영향을 미친다. 또한 언어는 자기충족(selfsufficiency)과 지배(mastery)가 가능하다는 착각을, 무언가에 꼬리표가 붙어 있으면 그 대상을 진정으로 이해할 수 있다는 느낌을 불러일으킨다고도 여긴다. 이렇게 꼬리표를 사용해 존재를 단순화하거나 축소하는 행위는 탐욕, 시기심, 권력욕 같은 '타락한 열정'에도 힘을 실어준다. 왜냐하면 꼬리표를 붙이는 사람은 이제 어떤 대상을, 예를 들어 한 여자를 자기 마음속에서 신기하리만치 온전히 이해하고 있다고 생각하게 되기 때문이다. 실제로 그 여자는 철저하게 저평가되고 있음에도 말이다. 또한 꼬리표는 꼬리표를 붙이는 사람으로 하여금 본인이 지각하고 있는 대상들을 식별, 분류, **분별**하게 해주지만 동시에 각 대상이 지니고 있는 불가해한 심층의 영역은 감춰버린다. 이로써 대상의 심층을 이해하지 못하게 되면 그 대상과 분리되어 있다는 인식은 강해지고, 대상화가 일어날 가능성도 더욱 커진다. 총명함과 효율성은 얻게 될지 몰라도 그 대가로 심오한 지혜를 잃는 희생을 감수해야 하며, 외부로부터 분리된 존재는 앞에서 언급한 '타락한 열정'으로 인해 계속해서 갈망과 애착의 영향 아래에 놓이게 된다. 틱낫한(Thich Nhat Hanh)은 이를 다음과 같이 설명하고 있다.

이름은 얼마든지 위험해질 수 있다. 현실의 본질을 건드리는 동시에 단어의 의미를 파헤치고자 한다면 단어는 단어일 뿐이라는 사실을 직시하고 단어에 현혹되어서는 안 된다. 이름과 단어는 **분별**과 연관된 느낌과 감정 및 관념을 불러일으키는 경향이 강하다. 이러한 사실을 인식한다면 단어와 이름에 갇히지 않는 방법을 알게 될 것이다.[5]

이와 같은 유형의 철학에 따르면 어떤 문제를 해결할 탈출구는 '부처의 은총'을 받아 행하는 자발적인 창조 행위를 통해서만 발견할 수 있다.

상(相)과 명(名)을 걷어내고 온갖 분별 행위를 중단하고 나면 각 사물의 진실된 본질이 남는데, 그 본질의 속성은 예측 불가능한 것이기에 실재의 '진여(眞如)'라고 부른다. 보편적이고 미분화되어 있으며 불가해한 이 '진여'는 유일무이한 실재이지만, 진리(Truth), 마음의 본질(Mind-essence), 초월적 지성(Transcendental Intelligence), 숭고한 지혜(Noble Wisdom) 등으로 다양하게 묘사된다.[6]

불교 철학을 계속해서 살펴보면 정지란 상, 명, 분별이 어떤 방식으로 실리를 가져다주는가를 이해하는 앎이지만, 더 깊은 차원에서의 인식을 기만하고 왜곡하기도 한다. 진여는—존재의 모든 것을 아우르는 존재의 진실되고 불가해한 심층은—이름과 꼬리표를 인식하는 차원을 초월한 뒤 모든 것의 궁극적인 근본 바탕은 단지 방향만 가리킬 수 있을 뿐 틀에 박힌 말로는 결코 충분히 묘사할 수도, 포착할 수도 없다는 사실을 이해할 때 존재하게 되는 인식 상태이다.[7]

보다 최근에는 경험적으로 입증된 여러 관점이 언어가 고통에 일조한다는 옛 식자들의 주장을 뒷받침하고 있다. '관계구성틀 이론(Relational Frame Theory, RFT)'과 이 이론에서 파생된 부수적인 정신 치료 기법이자 현재 매우 효과적인 정신 치료 흐름 중 하나인 '수용전념치료(Acceptance and Commitment Therapy, ACT)'는 인간의 행동이 '관계구성틀'이라 불리는 마음속 상호관계의 망에 의해 크게 좌우된다고 주장한다. 이 같은 상호관계는 인간의 언어 및 인지의 핵심을 구성하며, 인간이 무언가를 직접 경험하지 않고도 배울 수 있게 해준다. 예를 들어 어떤 강아지가 전기가 흐르는 울타리를 두 번 이상 건드리지 않으려면 그전에 최소한 한 번은 그 울타리를 건드려봄으로써 전기충격과 울타리를 연관지을 수 있어야 한다. 반면 아이들은 자기 자신과 부모가 가지고 있는 언어 능력 덕분에 울타리를 절대로, 단한 번도 건드려서는 안 된다는 가르침을 학습할 수 있다. 수용전념치료는 언어를 통한 학습이 외부 세계에서 무궁무진한 도움을 주는 유용한 도구가될 수는 있지만, 언어 규칙은 인간의 내적 생활에 온갖 해로운 영향을 초래할 수 있다고 지적한다.[8] 인간은 관계적으로 사고하는 존재이기 때문에 어떤 대상, 생각, 감정, 행동을 다른 대상, 생각, 감정, 행동과 자의적으로 연관지을 수 있다. 사실 어떤 방식을 통해서든 (어떤 것을 다른 것과 동일한 혹은 상이한 것으로 간주하거나, 다른 것보다 더 가치 있는 것으로 간주하는 방식을 통해) 인간이 상호연관성을 찾을 수 없는 대상은 사실상 존재하지 않는다고 보아도 무방하다. 이처럼 관계 중심적으로 사고할 수 있는 능력은 타인을 비롯해 이 세계와 놀라운 방식으로 관계를 맺을 수 있게 해주지만 고통을 초래하는 여타 새로운 방법들도 만들어낸다.

인간의 정신 속에서 단어들은 각 단어가 가리키는 대상과 동일한 것을 의미한다. 단어는 상징이며, 상징은 말 그대로 '동일한(same, 그리스어로 sym)' 것을 우리에게 다시 '던지다(throw, 그리스어로 bol)'라는 의미를 갖기 때문이다. 우리는 생각을 할 때 여러 정신적 사건(mental events)을 무작위로 연관시키거나 연결짓는다. 그리고 우리가 생각해낸 단어(상징)들은 인간의 정신이 일생에 걸쳐 만들어내는 방대한 의미의 관계망 속으로 들어간다. 이렇게 해서 형성된 관계구성틀 혹은 일련의 학습된 관계틀에는 **일시적/인과적 틀**(이전/이후, 만약/그렇다면, ~때문에), **비교적/평가적 틀**(~보다 낫다, ~보다 크다, ~보다 빠르다, ~보다 가치 있다 등), **공간적 틀**(인근의/먼) 등 정신적 사건들 간에 생성될 수 있는 수많은 관계가 포함될 수 있다. 이 틀들은 다양한 방식으로 적용될 수 있으며, 그만큼 방대한 결과를 생성해낸다. 이는 수용전념치료를 진행하는 임상가들이 '인간 정신(human mind)'에 대해 이야기할 때 설명하는 내용이기도 하다.[9] 한 수용전념치료 자가 치료서에 수록된 아래 연습 문제를 보면 구체적인 사례를 확인할 수 있다.

구상(具象)명사 하나를 적는다(어떤 유형의 동물 혹은 사물이든 무방): ＿＿＿＿＿＿ 또하나의 구상명사를 적는다: ＿＿＿＿＿ 이제 다음 질문에 답해보도록 하자. 첫번째 질문: 첫번째 구상명사는 두번째 구상명사와 어떤 점에서 **유사한가**? 두번째 질문: 첫번째 구상명사는 두번째 구상명사에 비해 어떤 점이 **나은가**? 마지막 질문: 첫번째 구상명사는 어떤 점에서 두번째 구상명사의 **상위어**가 될 수 있는가? 마지막 질문에 대한 답은 명확하게 파악하기 쉽지 않을 수도 있지만 계속 고민해보면 답을 찾을 수 있을 것이다.[10]

이 연습 문제는 인간은 가능한 모든 방법을 통해 어느 것을 다른 것과 연관지을 수 있으며, 두 대상 간의 꽤 그럴듯한 관계를 발견(앞에서 언급했던 과정, 즉 인간이 스스로를 자신의 생각 및 감정과 동일시하는 과정과 동일하게 진행된다)할 수 있다는 사실을 보여준다. **인지적 융합**(cognitive fusion)이란 인간이 무언가에 대해 사고할 때 그 내용에 사로잡히거나 갇히게 되는 경향을 가리키는 전문용어이다.* 또한 인간은 마음만 먹으면 다양한 변수들 사이의 관계를 도출해낼 수 있는 놀라운 능력을 가지고 있는데, 비록 그런 관계가 모든 경우에 진실일 수는 없다고 해도 이는 인간의 정신이 관련 사실들로부터 도출해낸 특징들로 그 관계를 정당화시킬 수 있기에 가능한 일이다. 앞

---

* **사고**(思考)란 단어, 생각, 몸짓, 이미지, 감정 등 임의로 적용할 수 있다는 점에서 상징적이거나 관계적인 정신 내용(mental content)을 가리킨다(Louma, Hayes & Walser, 2007, p.13).

의 연습 문제를 다시 살펴보면 무엇이든 (이를테면 비행기가) 실제로 다른 무언가(강아지 등)의 상위어가 될 수 있는 것은 아니지만, 인간의 정신은 그와 같은 관계나 상상 가능한 연관성을 정당화할 수 있는 방법을 얼마든지 찾아낼 수 있다.*[11]

언뜻 이질적으로 보이는 것들 사이에서 임의로 관계를 도출해낼 수 있는 능력 덕분에 인간은 꽤 능숙하게 창의적인 문제 해결을 해나갈 수 있다. 예를 들어 나무판에 깊이 박혀 있는 필립스 머리 나사를 빼내고 싶은데 가지고 있는 도구가 칫솔과 라이터밖에 없는 경우의 처음 접하는 '맥가이버식' 문제에 봉착할 때에도 인간은 어떻게든 해결 방법을 찾아낼 수 있을 것이다. 이를테면 그리 오래 지나지 않아 칫솔은 플라스틱으로 만들어졌고 플라스틱은 불에 녹는다는 사실을 깨닫고는 라이터의 열기로 칫솔의 손잡이를 물렁하게 만든 다음 물렁해진 칫솔 끝부분을 나사의 머리 부분에 갖다댄 뒤 눌러 그 칫솔의 플라스틱에 머리 나사의 자국이 남게 할 수 있을 것이다. 그런 다음 칫솔을 머리 나사에서 떼어내고 물렁했던 칫솔 끝부분이 단단해질 때까지 기다리면 플라스틱 칫솔을 맞춤형 스크루드라이버로 사용할 수 있게 되는 것이다. 칫솔 끝부분이 단단해져 충분한 회전력이 생기면 (이론적으로는) 그 칫솔로 나무판에 박힌 나사를 돌려 빼낼 수 있다.[12]

'언어적 문제 해결'을 보여주는 앞의 사례는 우리가 구체성(이름/꼬리표), 시간성(시간 지향성), 우발성(만일/그렇다면), 결과에 대한 평가 등의 측면에서 사고함으로써 미래를 상상하고 계획을 세우며 결과를 비교할 수 있는 능력을, 본질적으로는 과학을 활용할 수 있는 능력을 가지고 있음을 보여준다. 인간이 크기, 속도, 힘, 민첩성, 방호(防護), 타고난 무기 측면에서 상대적으

---

* 이 사례에서 비행기는 강아지를 새로운 보호자에게 데려다주거나 '전달'해주는 경우가 종종 있다는 점에서 강아지의 상위어가 될 수 있다. 우리 가족의 두 마리 반려견은 다른 주에 사는 브리더로부터 비행기로 입양되었다.

로 결핍된 존재임을 고려한다면 인간이 지닌 여타 능력들이 인간종에게 막대한 영향을 미쳤다고 볼 수 있다. 그러나 인간의 정신적 능력(mental capacities)은 문제를 야기하기도 한다. 사람이나 사건 혹은 사물을 지칭하는 이름이 있으면 그 대상을 더 잘 기억할 수 있고, 각 대상 간의 연관성을 창의적인 방식으로 재빨리 떠올려볼 수도 있다. 그리고 바로 이러한 이유로 오븐에서 칠면조가 구워지면서 풍기는 푸근한 냄새처럼 언뜻 기분좋은 일화도 (지난 추수감사절 저녁식사중에 가족끼리 언쟁을 벌였던 일화가 기억나는 등) 정서적 고통을 야기할 수 있다. 인간은 시간 지향적으로 사고할 수 있는 능력을 가지고 있기 때문에 미래에 나쁜 일이 일어날 것이라고 예상할 수도 있으며, 이로 인해 불안이나 우울을 느끼기도 한다. 한 번도 앓아본 적 없는 질병에 걸리게 될까봐, 지금은 만족스럽고 기쁨을 주는 관계가 불가피하게 좋지 않은 끝으로 치닫게 될까봐 두려워할 수도 있다. 또한 생명보험계리인이 비정상적으로 위험한 행동을 하지 않는 한 향후 몇십 년 동안 사망할 가능성은 매우 희박하다고 안심시켜주어도 머지않아 죽게 될 것이라는 걱정을 할 수도 있다. 각각의 대상을 비교하며 사고하는 능력으로 인해 본인이 이상적이라고 생각하는 기준에 비추어 스스로를 바라보고, 이에 따라 필연적으로 (예를 들어 섭식장애를 가진 사람의 경우처럼) 자신의 부족한 점을 발견하기도 한다. 살아가면서 필요한 모든 것을 갖추고 있고, 원하는 많은 것을 누리고 있음에도 불구하고 말이다.

고통을 느끼는 능력이 언어로 인해 증대되는 또다른 이유는 인간이 외부 세계에서 발생한 문제를 해결할 때 적용하는 접근법을 내적 생활에서 발생한 문제를 해결할 때에도 그대로 적용하는 잘못을 범하기 때문이다.[13] 언어를 통해 문제를 해결하는 각자만의 방식을 비롯해 우리가 습관적으로 하는 혼잣말은 사건에 대한 대응방식을 고착화할 수 있다. 예를 들어 부엌의 가스레인지가 더러워지면 우리는 망설임 없이 수세미와 스프레이형 세제로 가스레인지가 깨끗해질 때까지 청소할 수 있다. 이때 우리의 머릿속에서 전개되는 논리는 "내 삶에 무언가 마음에 들지 않는 것이 생긴다면 그것을 바꾸거나 없애버릴 방법을 찾아내고 계획을 세운 다음 그 계획을 따라야 한다"일 수 있다. 그런데 정서적 고통을 없애고자 하는 경우에는 이 접근법이 그다지 효과적이지 않다. 예를 들어 특정 생각을 떨쳐버리거나 억누르려고 하는 시도는 단기적으로는 가능할지 몰라도 장기적으로는 불가능하다. 잠시나마 주의를 다른 곳으로 돌리는 것은 가능하지만 특정 생각을 억누르기 위해 애쓸수록 다른 생각을 떠올려야 할 필요성만 커지게 된다. 게다가 그 다른 생각 자체가 우리가 잊으려고 애쓰고 있는 것을 상기시킬 수도 있다. 감정과 관련해서도 마찬가지이다. 우리가 불안 등 불편한 감정을 회피하려고 한다면 무엇을 회피하고 싶은지 혹은 잊고 싶은지에 대해 떠올려야만 하는데, 이는 곧 우리가 그토록 회피하고 싶어하는 것을 상기시키는 경향이 있기 때문이다. 고통을 '제거'함으로써 해결하려고 하는 이와 같은 접근법들은 경험적 회피(experiential avoidance)를 강화한다. 경험적 회피란 내적 경험의 형태, 발생 빈도, 상황적 민감성을 통제하거나 바꾸려는 시도를, 그렇게 통제하거나 바꾸려는 행동이 자신에게 해가 될 때에도 시도해보려는 행위를 가리킨다.[14] 경험적 회피의 사례에는 사회불안으로 인해 업무나 수업, 모임, 기타 야외활동을 회피하거나 우울감이 심해 외출을 할 수 없거나 심지어는 침대 밖으로 나올 수 없어 실외 취미활동을 회피하는 상황 등이 포함될 수 있다. 그런데 역설적이게도 불쾌한 내적 경험을 통제한다는 명목 아래 이루어지는 이러한 회피 행위는 실제로 우리가 원하고 가치 있게 여기는 종류의 삶으로부터 멀어지게 되는 결과를, 가장 극심한 형태의 고통이라고 할 만한 결과를 초래하고 만다.

인간이 지닌 각각의 고유한 특성들은―사랑하고 창조하고 자존감을 느끼는 능력 등은―그것과 정반대되는 결과를―증오하고 파괴하고 자기혐오를 느끼는 능력 등을—초래할 가능성이 있다.[15] 이 점을 고려하면 언어가 상당한 역설을 내포하고 있다는 사실은 놀랍지도 않다. 언어는 인간종이 이루어낸 더없는 성취일 수도 있지만 깨달음을 가로막는 장벽으로 작용할 때도 많다. 인간은 언어가 지닌 이중적인 속성으로 인해 언어가 지닌 이점과 한계 모두에 각별히 주의를 기울여야 하는 상황에 놓여 있다. 헉슬리가 상기해주듯이 말[言]은 곧 사실을 의미하지도 않고, '원시적 사실(primordial fact)'과 동의어라고 보기는 더더욱 어렵다.[16] 지나치게 말을 심각하게 받아들이면, 꼬리표와 현실이 동일한 것을 가리킨다고 믿어버리면 **마야**(maya)와 **마나스**(manas)—세속적인 외양의 허상을 가리키는 힌디어—에 뒤덮여 가장 심오한 현실로부터 멀어지게 된다. 그러나 그렇다고 해서 말을 충분히 진지하게 받아들이지 않으면 우선적으로 추구해야 할 한층 계몽된 삶의 방식이 존재한다는 사실을 깨닫지 못하게 된다.

깨달음을 얻은 개개인이 자신이 얻은 지혜를 이 세상에 알리려고 하지 않았다면 발전의 기회는 모든 인간에게 훨씬 적게 주어졌을 것이다. 그렇지만—가진 것이라고는 정신과 언어 사용 능력뿐이라는—인간의 조건을 생각해보면 지혜를 나누는 행위에는 수많은 잠재적인 문제들이 뒤따른다. 역사에 자리잡은 전 세계의 위대한 사상들도 이 부분에 관해서는 그 뜻을 공유하고 있다. 깨달음을 얻은 자들은 (사복음 중 3편의 복음서와 도마복음서에서 발견한 내용을 바탕으로) 예수 그리스도의 이미지를 활용해 지혜의 씨앗을 퍼뜨린다. 그러면 마치 비옥한 토양과 같은 소수의 사람만이 그 지혜를 듣고 깨우친다. 지혜의 씨앗을 받아 영속적이며 좋은 열매를 맺는 아름다운 식물이 되는 것이다. 다른 사람들은 오로지 부분적인 교환 행위로만 대응하는 바람에 불완전한 구원만 얻게 된다. 이들은 마치 이미 덤불과 잡초로 뒤덮여 있는 토양과도 같아서 지혜의 씨앗이 뿌리를 내리기가 어려우며 애써 자라난 싹도 단명하고 만다. 마지막으로 실제로 자기 자신을 비롯해 타인에게 해를 끼치는 사람들은 말이라는 것을 완전히 무시하거나 대체로 말을 지나치게 글자 그대로 받아들인 탓에 전적으로 부적절한 반응을 보이며, 어떤 말이 그것이 가리키는 진실과 동일하다고 여긴다.[17] 매슬로는 다음과 같이 이야기했다.

> 특히 무지한 자, 교육받지 못한 자, 순진한 자를 비롯한 많은 사람들은 모든 상징과 모든 단어와 모든 조각상과 모든 의식(儀式)을 그저 구체화하고, 기능적 자율성(functional autonomy)*이라 불리는 과정을 통해 그것들의 본래 모습을 그대로 드러내는 대신 성스러운 사물과 성스러운 활동으로 만들어버린다. [……] 우상숭배가 진행되면 구체화 과정 속에서 본질적인 원(原)의미가 상실되며, 이로 인해 본래의 신비스러운 경험들, 신비주의자들, 보통의 예언자들, 즉 현재 우리의 시각으로 보면 진정 종교적인 사람이라고 할 수 있는 이들이 적대시되는 결과가 나타난다. 대부분의 종교는 각자의 기원이 되는 핵심 바탕을 부인하다가 그에 대해 적대적인 태도를 취하는 상황에 처하고 말았다.[18]

인간은 언어를 통해 자기 삶의 이야기에, 자신이 누구인지에 대한 감각을 구성하는 복잡한 관계망 혹은 의미의 틀에, 자기 주변 세계에 대한 이해에 개인적으로 몰두하며 이로 인해 언어는 신경증을 지속시키는 데 상당한 역할을 수행한다. 인간은 자신이 경험하는 모든 것을 새로운 방식으로 다른 것과 연관시킬 수 있는 존재인 탓에 더할 나위 없이 목가적이고 무해해 보이는 현상(예를 들어 해안가의 일몰) 속에서도 고통을 끄집어낼 수 있다. 이러한

---

* 올포트(Allport)가 동기부여와 관련해 제시한 개념으로, 개인의 행동이 과거에 입각해 예견되는 것이 아니라 행동을 하는 시점에 가지고 있는 신념이나 세계관에 따라 자율적으로 기능함을 의미한다(역자 주).

현상은 현재 순간 속으로 진입하는 길이 되어줄 수도 있지만 과거를 상기할 수도 있기 때문이다. 언어를 전적으로 문자로만 간주하다보면 정서적 고통을 해결하기 위한 방법의 하나로서 문제 해결식 사고방식을 지나치게 권장하게 되기도 한다. 이렇게 되면 인간은 불쾌한 감정 상태를 회피하려 하게 되고 자기 자신의 생각 속에 뒤얽히고 현재 순간과의 연결 지점을 상실하게 되며, 결과적으로 회피적이고 꽉 막힌 삶을 살게 된다.[19] 이 같은 상황이 개인과 사회 모두에 미치는 영향은 어마어마할 수도 있다.

경계의 문제

> 혐오하지도 않고 갈망하지도 않는
> 그는 영원히 자유로운 자라고 인정받으리라.
> 양극을 초월한 자는
> 갈등에서 쉬이 자유로워지기 때문이니라.
>
> ―「바가바드기타」* 제15장 5절

5장에서 살펴본 합일의식이 언뜻 속세를 벗어난 영역에 존재하는 것처럼 보인다는 점을 고려하면 인간이 초원자(superatomic)의 수준에서는―인간이 살아가고 주변 세계와 상호작용하는 수준에서는―물리적 개체로서 특정한 위치를 차지하고 있으며, 인간을 둘러싼 각종 경계는 인간의 이동과 경험을 실질적으로 제한한다는 단순한 사실을 짚고 넘어가는 것도 의미 있을 것이라고 생각한다. 인간 정신은 지적 능력, 처리 속도, 신경세포의 성숙,

---

* 「바가바드기타」는 기원전 2세기에서 기원전 3세기에 지어진 것으로 추정되는 힌두교에서 가장 중요한 문헌으로, 「베다」와 「우파니샤드」의 정수를 담고 있다(역자 주).

사고의 유연성 및 경직성 등 인간을 제약하는 여타 다양한 유형의 경계로부터도 영향을 받는다. 이러한 경계는 인간이 떠올릴 수 있는 사고의 질과 현실을 더욱 세심하게 파악하는 능력을 제한한다. 그러나 정신은 육체와 달리 상징의 수준에서 작동하며, 정신적 경계는 육체의 역량과는 무관하게 평생에 걸쳐 몇 번이고 재구축하거나 초월할 수 있다. 지그문트 프로이트는 인간의 마음에 자리한 정신적 경계 중에서도—마음속에 존재하는 격리 구역이나 '폭풍 대피용 지하실'에 버금가는—특정 유형들은 그 정도가 과도해 인간의 경험 자체를 제약하고 결과적으로 개인적 성장을 저지하기도 한다는 점을 최초로 깨달은 인물이었다. 한편 그러한 경계를 가로지를 방법을 익히기 위해 애쓰다보면 자신에 대해 더욱 폭넓게 이해하고 자신과 세계와의 연결성을 깨닫는 능력이 향상될 수 있다. 이로써 인간 정신은 육체가 지닌 물리적인 제약을 뛰어넘는 가소성(plasticity)과 가변성(fluidity)을 갖추게 된다. 생각해보면 (저명한 이론 물리학자 스티븐 호킹처럼) 지리적·문화적 혹은 물리적 제약이 상당함에도 불구하고 대부분의 사람들이 이해할 수 없을 만한 고찰과 통찰을 보여주는 정신의 소유자도 헤아릴 수 없을 만큼 많다.* 이에 반해 상당한 수준의 건강과 번영을 비롯해 근대가 제공하는 많은 이점을 누리고 있음에도 그것들을 통해 인간으로서의 내면적이고 영적인 성장을 이끌어내지 못하는 많은 사람들도 떠올릴 수 있다. 실제로 퓰리처상을 수상한 기자이자 저자인 크리스 헤지스(Chris Hedges)는 미국이 "지구상에서 가장 부유한 국가"임에도 불구하고 미국인들은 읽고 말하고 비판적으로 사고하고 초월적인 가치를 식별하는 능력을 점점 잃어버리고 있는 것 같다고 주장한다.[20]

---

* 스티븐 호킹은 운동뉴런증으로 인해 심각한 신체적 손상을 입었음에도 불구하고 영국왕립예술협회의 명예회원이자 과학학술원의 평생회원으로 남아 있으며, 2009년에는 미국 대통령 자유 메달을 수여받았다. 스티븐 호킹이 우주론에 관해 저술한 수많은 저서는 미국과 유럽에서 베스트셀러가 되었다.

경계의 본질과 관련해서는 고려해보아야 할 몇 가지 중요한 점이 있다. 먼저 인간은 경계에 대한 인식 없이는 존재할 수 없는 것처럼 보인다. 인간이 경험하는 현실은 실제로 서로 상반되는 것들의 쌍들로 구성되는데, 이를 통해 각종 조건에 대한 인식의 경계가 세워지는 듯하다. 정신적·영적·물리적·공간적·성(姓)적·정치적 조건 등 어떤 조건이든 떠올려보면 그 조건에 대한 우리의 인식이 서로 상반되는 양극으로 구성되어 있음을 금세 깨닫게 될 것이다. 이를테면 **정신적** 범주는 영리함과 우둔함, 깨어 있음과 잠들어 있음, 의식과 무의식과 같은 양극으로 구성되어 있고, **영적** 범주는 무형과 유형, 영혼과 육체, 선과 악, 신과 악마라는 양극으로 이루어져 있다. **물리적** 범주는 단단함과 무름, 살아 있음과 죽어 있음, 건강함과 병약함, 강함과 약함이라는 경계들로, **공간적** 범주는 위와 아래, 안과 밖, 근거리와 원거리라는 대조적인 쌍들로 구성되어 있다. **성적** 범주는 여성과 남성, 양성애자와 이성애자라는 경계로, **정치적** 범주는 보수와 진보, 공산주의자/사회주의자와 자본주의자라는 대립쌍들로 이루어져 있다. 현실을 이러한 방식으로 인식하는 경향은 미학, 경제학, 사회적 가치, 인식론, 존재론 등의 영역에서 노똑같이 나타난다. 그런데 이는 결코 놀랄 만한 현상은 아니다. 인간이 인식하는 각각의 대립쌍은 인간이 창조한 결과물이며, 인간은 기본적으로 여러 극단을 나란히 놓는 방식으로 현실을 이해하는 경향이 있기 때문이다. 그런데 어째서 이러한 경향이 나타나는 것인가?

켄 윌버는 자신의 훌륭한 통찰을 담은 저서 『무경계』에서 인간의 조건을 다룬 위대하고도 근원적인 서사 중 하나인 창세기에 인간의 원시적 경향이 담겨 있다고 지적하고 있다. 창세기에 등장하는 최초의 인간이자 신화적 인물인 아담은 낙원에서의 매우 분주한 (혹은 분주하지 않은) 일상 속에서도 시간을 내어 모든 살아 있는 피조물에게 이름을 붙여준다. 이때 중요한 핵심은 아담이 각 피조물에게 붙여주는 구체적인 이름보다는 아담이 이름을 선택하는 과정에 있다. 아담은 각 피조물의 외모, 소리, 이동방식, 선호하는 거주지 등을 바탕으로 차이를 구별한다. 즉 아담은 피조물들을 분류했으며, 이전에는 전혀 존재하지 않았던 분류 기준을 만들어낸 것이다.[21]

　두번째로 윌버는 앞에서 언급한 대립쌍 같은 것들이 자연에는 존재하지 않는다고 설명한다. 다시 말해서 좋은 오리 새끼와 나쁜 오리 새끼라든가, 예쁜 오리 새끼와 심지어 미운 오리 새끼 같은 것들은 존재하지 않고 말 그대로 그냥 오리 새끼가 존재한다는 말이다. 우리가 '대립쌍'이라고 부르는 것들 중에서 큰 고래와 작은 고래, 잘 익은 바나나와 덜 익은 바나나 등 몇몇 대상은 실제로 자연에도 존재하기는 하지만 이러한 것들은 자연의 입장에서 보면 아무 문제도 되지 않는다. 자연에서는 온갖 종류의 온갖 종들이 탄생하고, 이 종들은 후대에 유전자를 남기든 그렇지 않든 자신의 존재를 드러내며 살아간다. 그러나 자연은 각 종이 유전자를 전수하는지의 여부에 대해 아무런 가치 판단도 하지 않는다.[22] 무방비 상태로 악천후에 발이 묶여보았거나 어쩌다 야생이나 바다에 고립되어본 경험이 있는 사람이라면 잘 알고 있듯이 자연은 무도덕적이고 몰인격적인 힘이다. 헨리 데이비드 소로 (Henry David Thoreau)는 자연이 인간처럼 가치체계에 얽매이지도, 대립쌍의 원칙에 따라 행동하지도 않는다는 점에서 "자연은 사과하는 법이 없다"라고 이야기한 적이 있다고 한다.[23] 물론 자연에는 고통과 즐거움, 결핍과 풍족함, 괴로움과 행복은 물론이고 삶과 죽음도 존재한다. 모든 종은 생존을 향한 본능적인 욕구를 가지고 있다. 그러나 인간들이 고통과 죽음의 가능성으로 인해 만성적인 불안을 느끼는 데 반해 동물의 세계에는 그와 같은 불안이 존재하지 않는다.

　세번째로 윌버는 의사결정 행위가 일생에 걸쳐 경계를 긋는 행위와 다를 바 없다고 이야기한다. 이는 인간이 어떤 행동 대신 다른 행동을 선택할 때마다 어떤 결과를 다른 결과보다 선호하고 있다는 의사가 드러나기 때문이

[그림 6.1] 경계 형성의 사례

다. 더욱이 로버트 프로스트(Robert Frost)[24]가 자신의 유명한 시에서 암시했듯이 사실상 인간은 선택하지 않은 대안을 '죽이고' 있는 것과 다름없다.* 우리가 의식적으로 깨닫고 있든 그렇지 않든 우리의 일상은 수없이 많은 작은 선택들로 이루어져 있다. 옳고 그름, 기쁨과 고통, 집중해야 할 것과 무시해야 할 것, 무엇이 공평하고 공정한지에 대한 판단, 맞서 싸울지의 여부 등 끝없이 이어지는 중요한 결정들은 물론 몇 시에 일어날지, 어떤 옷을 입을지, 아침에 무엇을 먹을지, 부엌에 있는 가족들에게 (할말이 있다면) 무슨 말을 할지, 언제 집을 나설지, 어떤 길로 갈지, 운전은 어떻게 할지, 주차는 어디에 할지 등 사소한 선택들도 해야만 한다. 인간의 삶은 이처럼 의사결정으로 구성되어 있으며, 의사결정은 곧 경계를 형성하는 또하나의 방식이 된다.

네번째로 윌버는 아담에 대해 언급한 내용을 되풀이하면서 경계를 긋는 과정—선별하고 분류하는 과정—을 통해 이전까지는 전혀 존재하지 않았던 대립쌍이 생성된다고 설명한다. 이와 관련해 [그림 6.1]을 살펴보도록 하자. 우리는 [그림 6.1]을 별 모양으로 인식할 것이다. 이 도형은 여백에 그려진 하나의 단순한 경계선이기도 하다. 그러나 이 경계선은 컴퓨터로 생성하

---

* '결정하다(decide)'라는 단어와 '자살(suicide)', '살인(homicide)', '영아 살해(infanticide)'의 접미사가 동일하다는 사실은 의사결정 행위에 담긴 심리적 차원의 진실을 보여준다.

기 전까지는 존재하지도 않았다. 오로지 하나의 '흰' 여백만 존재했던 공간에 경계가 그어지면서 별 **외부의** 공간과 구별되는 빈 공간이 별 **내부에** 생성된 것이다. 요컨대 경계를 긋는 행위는 이렇게 대립쌍을 (이 사례에서는 내부와 외부를[25]) 만들어낸다.

마지막으로 살펴볼 내용은 경계를 긋는 행위를 통해 이전에는 존재하지 않았던 대립쌍이 생성되듯이, 대립쌍이 생성되면 이전에는 존재하지 않았던 긴장과 갈등이 초래될 수 있다는 것이다. 이를테면 군사전략가라면 모두가 알고 있듯이 경계는 전선(戰線)이 된다. 경계가 전선으로 바뀌는 역동적인 과정을 보여주는 사례는 셀 수 없을 정도로 많다. 새로운 경계로 인해 갈등이 초래된 최근의 한 사례로는 2011년 프랑스 국경 내 모든 공공장소에서 부르카—무슬림 여성들이 외출시에 착용하는 복장으로 머리부터 발끝까지 가린다—착용을 금지한 법이 프랑스에서 통과된 경우를 들 수 있다. 부르카 금지법은 공공장소에서 얼굴을 가리는 머리 장신구(안면 보호 헬멧, 마스크, 방한모 등)를 일체 금지하는 상위 법률('공공장소에서 얼굴 가리기 금지법')에 따라 규정된 것이었다. 또한 범죄자들이 자신의 정체성과 무기를 감추기 위한 용도로 부르카를 착용한 사례들과 맞물려 프랑스 내에서 반이슬람 정서가 부상한 상황도 부르카 금지법이 통과되는 데 기여했다. 부르카 금지법은 공공장소에서 부르카를 착용하는 여성에게 200유로의 벌금을 부과할 수 있다고 규정했다. 그러나 공공장소에서 여성에게 부르카 착용을 강요해 유죄 판결을 받는 남성에게는 최대 4만 3000유로의 벌금형을 선고할 수 있도록 했다.[26] 부르카 금지법이 발효된 뒤 경찰들이 이 법을 집행하려고 할 때마다 잦은 충돌이 발생했다. 일례로 공공장소에서 부르카를 착용한 여성에게 법을 집행하려던 경찰관이 그 여성의 남편에게 교살당한 사건이 있었다. 이 사건으로 인해 파리 외곽의 트라프(Trappes)에서는 3일 내내 폭동이 지속되었고, 방화로 인해 자동차와 버스 정류소가 불타고 경찰서가 공격받기도 했다.[27] 현재* 프랑스에는 500만 명이 넘는 무슬림이 거주하고 있지만, 공공장소에서 천으로 얼굴을 가리지 않을 정도로 프랑스 법률을 준수하는 사람은 2000명에 불과하다.[28] 상황이 어떻든 세속적인 프랑스 사회와 독실한 무슬림 공동체가 부르카 금지법**에 대해 느끼는 각각의 감정을 고려하면 갈등이 줄어들 가능성은 요원한 듯하다.

대상화 및 경계적 자아

합일의식은 인간이 가지고 있는 근본적인 본질이자 조건이며 역량이다. 그런데 우리는 경계를 형성하고 받아들임으로써 우리 자신과 우리를 둘러싼 세계를 계속해서 제한해나가고 있다.[29] 경계가 인간에게 필요하고 더불어 다채로운 이로움을 가져다주는 것은 사실이다. 예를 들어 관찰할 수 있는 현상들을 파악, 분류, 명명하고 유사점과 차이점을 바탕으로 그 현상들을 영역별로 나누는 행위는 과학적 방법의 기본 바탕을 이루고 있으며, 이러한 과학적 방법은 우리가 우리 자신의 삶과 세상에 대한 이해를 경이로운 수준으로까지 끌어올릴 수 있게 해주었다. 경계는 건강한 정서적 기능(emotional functioning)을 가능하게 해주는 중요한 구성요소이기도 하다. '정서

---

* 2014년 기준(역자 주).
** 니콜라 사르코지 전 프랑스 대통령은 부르카가 종교적 상징이라기보다는 "노예화의 상징이며, 프랑스공화국에서 환영받지 못할 것"이라고 말했다(Newcomb, 2011). 반면 무슬림 여성 아흐마드(Ahmed)는 "[부르카를 착용하는 것은] 저의 선택입니다. 누구도 저에게 부르카를 벗으라고 강요할 수 없어요. 누가 저에게 돈을 주면서 벗으라고 해도 저는 벗지 않을 거예요. 게다가 사실 저는─전 세계를 돌아다니며 만난 모든 무슬림 여성들도 그렇고─지금까지 누군가가 부르카를 강제로 쓰라고 해서 쓴 적도 없어요(CNN, 2011년 4월 12일)." 파리 북부의 한 마을에 거주하는 무슬림 여성 와히바(Wahiba)는 "[새로운 법을] 준수할 생각은 없어요."라고 말하면서 "프랑스공화국의 법 중에서 제 자신과 저의 종교, 저의 신념과 모순되지 않는 법만 존중할 거예요."라고 덧붙였다(Navasivayam, 2011년 4월 11일).

적 웰빙'이라는 말에는 정서적 경계가 손상되지 않고 온전하여 자기 자신의 정서적 과정과 타인의 정서적 과정을 확실히 구별할 수 있는 상태도 암시되어 있다. 한편 정서적 웰빙은—필요할 경우—타인과 지속적이고도 만족스러우며 친밀한 유대를 형성하고 유지하기 위해 자신의 정서적 경계를 초월할 수 있는 역량과도 연관되어 있지만, 신경증에 가까울 정도로 타인과 '융합'되기 위해 자아의 경계를 너무 성급하게 혹은 너무 빈틈없이 무너뜨리고자 하면 갈등과 고통이 야기될 수 있다. 이처럼 경계는 역설을 담고 있다. 경계가 없으면 세상을 이해할 수 있는 역량이 심각하게 제한되고, 경계 없이는 정서적으로 안정되고 제대로 기능하는 건강한 성인으로 성장해나갈 수도 없다. 그러나 이러한 경계를 초월할 수 있는 역량이 없으면 우리는 자연히 스스로를 분리된 개별적인 주체로 간주하는 인식에 꼼짝없이 갇히게 된다. 이는 우리 자신과 우리 주변의 세계를 이해하는 능력에도 매우 유해한 영향을 미친다. 타인을 대상화하는 능력은 인간이 경계를 가지고 있다는 사실을 보여주는 하나의 증상이다. 실로 **대상화는 과도한 경계적 자아로 인해 초래되는 결과이다.** 아무런 경계도 존재하지 않는 상태—합일의식—에서는 우리 자신과 타인의 영혼이 분리되어 있다고 인식하지 않기 때문에 대상화가 일어나는 것이 불가능하다. 대상화는 나와 다른 개인 및 다른 삶의 방식들에 대해 "나는 그렇지 않아. 그건 나와 아무 상관도 없어"라는 식으로 이야기할 수 있을 때에만 일어날 수 있다. 우리는 이러한 구별을 통해 우리 자신의 일부로 인식되지 않는 것을 **그것**(it), 즉 대상 혹은 고려할 가치가 없는 내적 경험으로 간주하게 된다. 우리가 어떤 대상이 속해 있는 장소 혹은 자연계의 질서 안에서의 역할을 고려해보기도 전에 그 대상에 대해 어떤 행동을 취할지 혹은 그 대상을 어떻게 취급할지를 결정해버린다면, 이 같은 '대상화 정신(spirit of objectification)'은 하나의 필지(筆地)나 호수처럼 움직이지 않는 무기체와의 상호작용 속에서도 발휘될 수 있다. 물론 바위 같은 대상의 입장은 거의 또는 전혀 고려할 가치가 없지만 800년 된 삼나무에는 상당한 주의를 기울일 필요가 있다. 구체적으로 어떤 행동을 취할지는 우리가 '타자' 안에 얼마만큼의 내면성(interiority)이 존재한다고 가정하느냐에 따라 달라질 것이다. 인간이 메뚜기보다는 고릴라의 경험에 주의를 더 기울이는 편이 적절한 이유도 이를 통해 설명할 수 있다. 그런데 내면성이 우리가 고려해야 할 만한 유일한 기준은 아니다. 예를 들어 바다는 우리가 인식할 수 있는 의식이나 내면성을 가지고 있지 않지만 지구라는 행성의 안녕을 좌우하는 엄청나게 광대한 생태계를 대표한다. 무경계라는 조건(합일의식) 속에서 '타자 안의 자아'를 경험하는 능력은 인간으로 하여금 모든 존재를 위대한 전체(Great Whole)의 현현(顯現)으로서 존중할 수 있게 해주는 동시에 각 존재가 지닌 고유의 가치를 실용적인 방식으로 구별할 수 있게 해준다. "유인원보다는 바위를 차는 것이 낫고, 소보다는 당근을 먹는 편이 훨씬 낫고, 포유류보다는 곡물을 식량으로 삼는 편이 훨씬 낫다는 사실을 깨닫는" 것이다.[30]

자아의 경계가 수축하고 경직되면 타자와의 비동일시(nonidentification)가 기본 상태가 되면서 대상화가 발생할 가능성이 더욱 커진다. 반면 자아의 경계가 확장되고 유연성이 더해지면 타자와 교감하거나 동일시할 수 있는 능력이 더 발달할 수 있기 때문에 대상화가 일어날 가능성은 줄어든다. 인간이 합일의식을 경험하는 경우가 매우 드물다는 점을 고려하면 우리 대부분은 어느 정도 제약된 자아감을 가지고 있으며, 따라서 대상화를 수행하게 될 가능성도 어느 정도 가지고 있다고 결론짓는 것이 합당할 것이다.

경계와 자아

나는 앞에서 대상화가 경계적 자아로부터 생겨나는 부산물이라고, '나는 그렇지 않다'라는 선언의 부산물이라고 주장한 바 있다. 이 주장을 잠시나마 곱씹어보면 스스로를 '나'라고 칭하는 단순한 행위가 나와 그 밖의 모든 것 사이에 경계를 형성한다는 사실을 깨닫게 될 것이다. 스스로를 '나'라고 칭하면 일차적 혹은 기본적 경계가 형성되고 이를 통해 다른 모든 경계도 존재할 수 있게 되는 것이다.

인간이 성취한 훌륭한 과학적 발견에 따르면 우리가 확인할 수 있는 수준에서 적당히 잘 양육된 영유아기의 아이들은 자신이 주변 세계와 실제로 구분되어 있다거나 분리되어 있다는 사실을 인식하지 못한다. 영유아들은 배가 고프면 울음을 터뜨려 누군가로부터 먹을 것을 받아먹고, 대소변을 보면 울음을 터뜨려 누군가가 자신의 젖은 옷을 갈아입히게 한다. 다른 어떤 이유로 괴로움을 느껴도 마찬가지로 울음을 터뜨려 곧 누군가가 자신을 안아 달래주게 한다. 영유아의 마음속에서는 이 세상에 존재하는 모든 것이 곧 자기 자신이다. 즉 자신과 양육자가 동일한 존재인 셈이다. 이렇게 타인과 동일하다고 느끼게 되는 이유는 영유아가 깨달음(합일의식)으로 귀결되는 기나긴 성숙과 자기초월 과정을 거쳐서가 아니라, 그 어떤 차이점도 인식할 수 없을 만큼 정신적인 능력이 발달하지 않은 탓에 미성숙한 혹은 '원초적인' 상태에 놓여 있기 때문이다.

그러나 영유아들은 보통 생후 2년 이내에 적절한 시기가 찾아오면—인지 복잡성이 발달하고 자신의 욕구와 필요가 즉각적으로 충족되지 않는 경우가 생김에 따라—자신이 사실은 양육자와 동일하지 않고 물리적으로 다른 존재라는 사실을 깨닫게 된다. 이 과정에서 '대상 영속성(object permanence)'의 획득은 중요한 부분을 차지한다. 아이들이 얼마나 이른 시점부터 이러한 능력을 발달시킬 수 있는지에 관해서는 아직도 논란이 있지만, 생후 몇 개월 정도의 아이들은 어떤 대상이 눈앞에 보이지 않는다고 해서 실제로 사라진 것은 아니라는 사실을 이해하지 못한다는 데에는 의견이 일치한다. 예를 들어 장난감 자동차가 트랙을 따라 이동하다가 장막에 가려지면 그 장면을 보고 있던 아이는 자동차가 더이상 존재하지 않는다고 인식할 것이다. 그러나 인지능력이 향상되고 삶의 경험이 축적되면 자동차가 장막 뒤로 사라졌다고 해도 그 자동차는 계속 존재한다는 사실을 깨닫게 된다.

　이 같은 인식은 차별화(differentiation) 과정이 시작되는 데 있어서 필수적이며, 아이들은 차별화 과정을 거치면서 '나'에 대한 인식이나 자아에 대한 의식을 갖게 된다. 양육자를 비롯한 다른 사람들이 아이를 자신과 다른 독립된 개체로 여기면서 상호작용하고, 무엇보다도 적절한 자아의 경계(예를 들어 "이 컵은 네 것이 아니라 지미 거란다. 지미 컵을 가져가면 안 돼. 네가 이 컵을 가져가면 지미의 기분은 어떨 것 같니?")를 가르쳐주려고 할수록 아이의 인식은 더욱 고무되고 성숙해진다. 아이가 자아에 대한 감각을 어설프게나마 이해할 수 있을 정도로 성장했다는 것은 본질적으로 자신의 경험 전반에 대해 정신적 경계를 그려나갈 수 있게 되었음을 의미한다. 이만큼 성장한 아이는 "너는 누구니?"라는 질문을 받으면 자신이 그린 경계 내부에 있는 것을 가지고 스스로를 설명한다. 이를테면 인간과 동물 사이에 스스로 그어둔 경계 덕분에 자신이 개가 아니라 인간이라는 사실을 알게 되는 것이다. 또한 자신이 남자가 아니라 여자이며, 갈색 머리카락이 아닌 금발을 가지고 있음을 알고 있는 아이는 이 같은 사실들을 자신의 자아경계 내부에 배치한다. 이런 방식으로 계속해서 성장하고 성숙해질수록 자아의 경계와 자아에 대한 정의는 점점 더 복잡해질 것이다. 스스로를 관계적 틀과 정치적 틀, 과학적 틀, 이론적 틀, 철학적 틀 등을 통해 바라볼 수 있게 될 수도 있다. 그러나 남은 생애 동안에도 "당신은 누구입니까?"라는 질문을 받으면 '나'라는 내부에 있는 것과 '내가 아닌' 외부에 있는 것 사이에 그은 비유적 의미의 경계를 바탕으로 대답하게 된다.[31]

자아경계는 전 생애를 통틀어 해당 개인이 경계선을 어디에 긋느냐에 따라 변할 수 있으며, 실제로 변화를 거듭한다. 다시 말해서 자아의 경계선은 불변이 아니다. 자아의 경계선은 가변적이고 제멋대로 변할 수 있다. 어떤 사람들은 꽤나 수축되고 경직된 자아경계를 가지고 있을 수도 있다. 이른바 '정체성의 위기'라고 불리는 상황에 놓여 있는 사람들은 자아감에 대한 방향을 잃고 새롭고도 유연한 자기정의(selfdefinition) 기준을 찾기 위해 분투하기도 한다. 한편 앞에서 살펴보았듯이 깨달은 자들의 자아경계는 매우 광범위하게 재배치되다못해 사실상 무경계 상태에 놓일 수도 있다. 합일의식에 도달한 사람은 '하나의 조화로운 완전함(one harmonious whole)'과 동일시하게 되며, 이에 따라 자아를 제한하는 요소는 전혀 존재하지 않게 된다.[32] 그러나 대부분의 사람들은 양극단 사이의 어느 지점엔가 위치해 있는 듯하다. 자아경계를 긋는 방법은 경계를 긋는 사람의 수만큼이나 다양하고 고유하지만, [그림 6.2]처럼 한눈에 쉽게 알아볼 수 있는 범주들로 분류 가능한 어느 정도의 공통점도 존재하는 것처럼 보인다. 윌버는 이와 관련해서 매우 유용한 정보를 제공하고 있다.[33]

윌버는 고통에 시달리고 있는 많은 사람들로부터 충성을 갈구하는 듯한 각양각색의 '영혼의 의사들'이 특정 유형의 치료법을 전파하는 대변인 행세를 하고 있지만, 그들이 제시하는 치료법은 모두를 위한 궁극적인 해결책이 아니라 '의식의 스펙트럼(consciousness spectrum)'*에서도 **특정 수준**에서 발생하는 고통에 대한 치료법이라며 핵심을 간파한다.[34] 일반적으로 모두를

---

* 인간의 의식과 정신에 관한 동서양의 다채로운 접근법을 통합하기 위해 윌버가 구상한 것이다(역자 주).

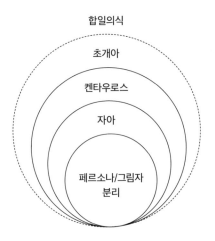

[그림 6.2] 의식의 수준
출처: 윌버의 허락을 받아 『무경계: 자기성장을 위한 동서양의 통합접근』(Boston: Shambhala Publications, 2001), p.9에 수록된 도식을 변형해 활용했다.

위한 궁극적인 해결책은 개개인이 현재 시점에 취하고 있는 관점을 초월할 수 있도록 도와준다. 이렇게 현재의 관점을 초월하면 각 개인은 효과적으로 '[자신의] 영혼을 재배치'해 영혼의 영역을 확장하게 된다.[35] 대상화는 경계를 부적절하게 활용하기 때문에 스스로를 제약하고 자신이 진정 중요하다고 여기는 영역에서 '타자'를 배제할 때 발생하므로 다양한 자아경계가 존재할 수 있다는 점을 이해하는 것이 중요할 것이다. 그러므로 지금부터는 여러 가지 자아경계에 대해 살펴보고자 한다.

7장

자아의 경계

고통의 출현은 하나의 좋은 신호로서, 합일의식에서 벗어난 삶이란 궁극적으로 고통스럽고 비참하며 슬픔으로 가득찬 삶이라는 사실을 스스로 깨달아가고 있음을 보여준다. …… 따라서 고통은 거짓된 경계를 알아차리는 최초의 움직임이다.

—켄 윌버[1]

피부라는 경계

켄 윌버[2]는 자아경계 중에서 가장 기본적이며 가장 복잡하지 않은 경계는 피부라고 하면서 논의를 시작한다. 피부는 자아와 비(非)자아를 구분짓는 거의 보편적인 경계로 받아들여지고 있는 듯하다. 피부 아래에 있는 모든 것은 '나'로 간주되고, 피부 바깥에 있는 모든 것은 '내가 아닌' 것으로 여겨지는 것이다. 피부라는 경계 바깥에 존재하는 집이나 직업 같은 것들은 '내 것'으로, 즉 소유물로 간주될 수 있지만 피부 아래에 존재하는 '나'와 동일한 방식으로 간주되지는 않는다. 외부환경으로부터 내부 조직을 보호하고 외부 윤곽을 형성해 각 인간에게 고유한 외양을 부여하는 피부라는 경계는 자아경계를 이해하고자 할 때 참고할 수 있는 가장 자연적인 경계인 것으로 보인다. 그러나 피부가 이렇게 가장 자연적인 경계로 보인다고 하더라도 자아경계 중에서 가장 원초적이거나 가장 제한적인 경계는 아니다.

첫번째 수준: 페르소나

윌버는 대부분의 사람들은 자아감에 대한 질문을 받으면 자아감이 자신의 신체나 그 신체를 감싸고 있는 피부와 반드시 밀접하게 연관된 것은 아니라는 대답을 할 것이라고 한다. 사실 사람들은 대체로 신체를 **가지고** 있다고 느끼지 자신이 신체**라고** 느끼지는 않는다. 이들이 가지고 있는 자아감은 경계가 그어진 상당히 구체적인 신체 부위 안에 위치해 있는 것처럼 보이기도 한다. 말하자면 정신과 인격이 자리해 있다고 느껴지는 머릿속 어딘가에 말이다. 윌버는 정신과 신체의 분열 혹은 분리를 증명하는 생물학적 근거는 전혀 없다고, 다시 말해서 "뇌-고기는 결국 그저 고기이다"라고 이야기한다. 그러나 심리학적 관점에서 보면 머리—정확하게는 머릿속에서도 별도의 위치를 차지하고 있는 부위—가 조종을 담당하고 몸은 머릿속 관제소에서 내린 명령에 따라 움직이는 듯하다. 윌버는 13세기 가톨릭 수도사 성 프란체스코가 서양인들이 어떻게 자신의 몸을 머리의 부속물로, 그것도 흔히 머리와 대립하는 부속물로 보게 되었는지에 대한 진실을 이야기하면서 본인의 몸을 '불쌍한 나귀 형제'라고 일컫은 일화를 언급한다. 발달심리학자들은 인간이 태어나는 순간은 물론이고 아주 어린 유아기 시절에도 정신과 신체는 분열되지 않은 상태였다고 이야기한다. 모든 부모가 알고 있듯이 영유아들은 자신의 신체나 신체에서 나오는 분비물에 대해 조금의 꺼림칙함도 느끼지 않는다. 그러나 자아와 비자아 사이에 경계를 긋기 시작하면 아이들은 자신의 신체를 어떻게 바라보아야 할지에 대해 생각을 정리해야 하는 상황에 놓이게 된다. 신체는 강한 흥미와 즐거움을 제공해주는 매우 실제적인 원천이라는 점에서 친구 같은 존재일까? 아니면 신체는 병에 걸리고 부상을 입고 여드름이 나고 냄새를 풍기고 식욕이 있으며, 신체에서 나오는 분비물이 부모와의 갈등을 야기하는 최초의 원천이라는 점에서 원래는 어떤 종류의 문제인 걸까? 일반적으로 인간은 성인기에 도달할 즈음이 되면 신체도 유기체의 총체도 정신의 총체도 아닌 **정신의 일부만을** 자아감의 중심에 두게 된다.

우리는 다양한 이유로 우리가 가지고 있는 생각과 경향으로부터 위협을 느낀 나머지 그것들을 자아경계 안으로 받아들이지 않고 거부할 수도 있다. 이런 식의 위협을 불러일으키는 요소에는 화, 분노, 성적 충동, 자기주장, 공격적 충동, 의구심, 창의성, 열정 등을 비롯해 심지어는 환희도 포함될 수 있다. 이 같은 요소를 지나치게 부정적으로 판단해버리면 그런 쪽으로 끌리는 성향을 억누르거나 스스로에게서 분리해버리거나 다른 사람에게 투사함으로써 거부 혹은 그 존재 자체를 부정하게 된다. 카를 융은 이런 식으로 추방된 생각과 충동이 자리잡고 있는 상징적인 정신의 영역을 **그림자**라고 불렀으며, 인식의 영역으로 받아들여진 좁은 자아상은 **페르소나**(그리스어로 '행위자'라는 의미)라고 칭했다. 우리 인간은 카를 융이 이야기한 그림자에 저항하는 존재로서, 위협적인 대상을 의식 밖으로 추방하기 위해 정신의 한복판에 비유적 의미의 경계를 세운다. 그러나 이 같은 추방 조치는 온갖 충동을 억지로 벽장 속에 틀어박아놓고 잊으려고 하는 행동과 다를 바 없다. 그렇게 한다고 해서 충동을 버리거나 없애버릴 수 있는 것도 아니다. 단지 충동을 부인한 것일 뿐 충동은 여전히 존재한다. 인간은 자아경계를 좁혀 스스로 바람직하다고 생각하는 자아상에 부합하는 부분들만 그 경계 안에 포함시키려고 하며, 그 이외의 생각과 감정들은 의식 밖으로 밀어내버린다. 그런 다음 정서적으로 빈곤하고 제약된 인간으로 살아간다.

페르소나와 그림자의 분리 치유하기

월버는 대부분의 사람들이 '페르소나에 갇힌' 상태에 처한다고 주장한다.[3] 정신 속에서 온전한 통합이 이루어지지 않고 이로 인해 내면의 갈등이 발생하면 인간이 경험하는 가장 흔한 유형의 정서적 고통들(우울, 불안, 공포증, 섭식장애, 강박, 충동 등)이 자리해 있는 페르소나 수준에 머물게 된다는 것이다. 경우에 따라서 페르소나 수준에서의 고통은 극단적인 방식으로 발현되기도 한다. 일례로 과거에 나의 내담자였던 한 젊은 여성(샐리라고 부르겠다)의 사례를 들 수 있다. 샐리는 어린 시절 의붓아버지로부터 당한 성적 학대가 주된 원인이 되어 혼자 있을 때면 거의 굶다시피 했고, 자신의 몸에 반복적으로 자상과 화상을 입혔다. 안쓰러운 처지에 놓여 있던 샐리는 자기 존재의 핵심적인 측면―정신과 신체―으로부터 너무나 소외되어 있던 터라 몸에서 피가 흐르고 피부에 물집이 생기는 모습을 바라보면서 일종의 초연한 기쁨을 느꼈다. 샐리의 신체와 일부 생각 및 감정들은 마치 자기체계(selfsystem)를 이루는 일부가 아니라 연민이나 관심을 받을 가치도 없는 '불쾌하고' 이질적인 별도의 개체 같았다. 샐리의 습관적인 자해 행위에는 분명 다른 여러 가지 이유도 있었지만, 핵심은 샐리가 자신의 몸과 감정으로부터 소외되었다고 느끼는 정도가 상당하다는 데에 있었다. 우리가 함께한 작업은 본질적으로 샐리가 자기 자신을 이루는 부분들―기억과 생각들, 특히 감정들―주위에 세워놓은 견고한 경계를, 스스로 받아들일 수 없다고 생각해 세워놓은 경계를 조금씩 가로지를 수 있도록 하는 것이었다. 이전까지 부인해왔던 경험들을 서서히 자아상에 흡수시킬 수 있게 되자 샐리의 마음 속에서는 치료 행위를 방해하려는 시도와 좌절이 수차례 나타났지만, 동시에 자기파괴적인 증상과 충동도 점차 잦아들었다.

프로이트가 빅토리아시대에 그림자와 페르소나에 관한 통찰을 얻게 된 것도 우연은 아니었다. 빅토리아시대는 외면적인 품위와 (은밀한 형태이기는 했지만) 도처에 퍼져 있는 쾌락주의적 양상이 결합된 시기였다. 사실상 빅토리아시대는 **집단적** 페르소나의 전형이었다. 그러다보니 프로이트가 발명한 다양한 정신분석 기법의 목표는 정신의 의식적인 측면(페르소나)과 무의식적인 측면(그림자) 사이에 존재하는 간극을 메움으로써 개개인이 자기 정신의 **전체**와 접촉할 수 있게 하는 데 있었다. 정신분석에 대한 인기가 대체로 사그라들기는 했지만 스스로 받아들일 수 없는—정서적 증상이나 다른 사람에 대한 투사를 통해 경험되는—'그림자 성향(shadow tendencies)'을 더욱 심오한 자기의 일부로 통합해야 할 필요성을 인정하는 정신분석의 기본적인 목표는 지금도 페르소나 수준에서 발생하는 고통에 대한 치료의 근간이 되고 있다. 정신분석의 목표는 다정함, 존중, 수용으로 맺어진 치료적 관계 속에서 치료자가 내담자로 하여금 자신의 증상을 해결되지 않은 내적 갈등의 신호로 생각할 수 있게 도와주는 방식으로 성취된다. 그림자를 구성하는 측면들에 대한 내담자의 저항은 말실수, '머릿속이 백지가 되는 경험', 당혹감, 치료자나 타인을 향한 적대감 표출 등의 형태로 발현될 때가 많다. 치료자는 내담자의 이러한 반응을 요령 있게 탐구하고 해석해야 한다. 지속해서 수용과 지지를 받다보면 내담자는 그동안 부인해왔던 자신의 일부 측면들을 인정하고 받아들이면서 그것들을 건강하고도 파괴적이지 않은 방식으로 끌어안고 통합할 수 있게 된다. 내담자가 페르소나의 제한적 경계를 초월할 수 있도록 돕는 치료들을 통해 얻을 수 있는 지혜에는 다음과 같은 내용이 포함될 수 있다.

• 저항하는 행동은 끈질기게 지속된다.

- 부정적인 감정을 경험하지 않고자 한다면 얼마든지 그럴 수 있을 것이다. 그러나 감정을 느끼려고 한다고 해서 실제로 느끼게 될 가능성은 적다.
- 받아들일 수 없을 것처럼 보이는 것을 받아들이면 변화가 일어난다.
- 장기적인 관점에서 불안을 줄여나가고자 한다면 불안이 지금 당장 나에게 하라고 하는 행동과 반대되는 행동을 해야 한다.
- 불안에 맞서 싸우거나 저항하면 불안은 악화되지만, 불안을 받아들이면—불안 위에서 '유영하면'—그 불안은 머지않아 사그라든다.
- 타인을 보며 혐오나 미움을 느끼는 부분은 보통 자기 자신 안에게 받아들이지 못하는 부분이다.
- 우울 증상은 해결되지 않은 내적 갈등에 대한 정신의 적응반응(adaptive response)일 수 있다.

치료의 목적은 내담자가 페르소나와 그림자의 분리 상태를 지나 건강하고 강한 자아로 나아갈 수 있도록 도와줌으로써 모든 생각과 감정을 '실현될 수는 없을지라도 감내할 수 있다고' 간주하는, 올바르고도 수용 가능한 자아상을 확립하게 하는 데 있다.[4]

두번째 수준: 자아

페르소나 수준을 비좁은 아파트에서의 생활에 비유할 수 있다면 자아 수준으로 나아가는 것은 더 널찍하고 시설도 잘 갖춰진 집에서 생활하는 것과 같다.[5] 다양한 방식의 인지행동치료(CBT)를 활용하는 많은 정통 심리학자들은 페르소나의 제한적 경계에서 벗어난 강인하고 건강하며 '올바른(accurate)' 자아를 참자기로 간주한다. 이 참자기보다 좋은 것은 없다.

이상적인 수준에 도달한 자아는 삶에서 직면하는 온갖 역경에 대해 합리적으로 사고하며, 그로써 부정적인 감정들을 스스로 감당할 수 있는 건전한 수준으로 유지한다. 고대 그리스 로마의 철학자 에픽테토스(Epictetus)가 남긴 "사람들을 불쾌하게 만드는 것은 어떤 대상이 아니라 사람들이 그 대상을 바라보는 관점이다"라는 격언은 자아 수준에 필요한 지혜의 바탕이 된다. 에픽테토스의 관점에서 보면 사고방식의 변화는 감정과 행동방식의 변화로도 이어지는 경우가 많기 때문에 합리적이고 논리적으로 사고할 수 있는 능력은 정서 및 관계 문제를 해결하는 최선의 방법으로 간주된다. 이 점에서 인지행동치료는 어떠한 상황에서도 합리적으로 사고할 수 있는 능력을 길러주는 것을 궁극적인 목표로 삼고 있다. 합리적 사고 능력이 해결책이 될 수 있다는 이러한 가정이 진실임을 보여주는 실증적 연구도 나와 있다. 합리적 사고를 바탕으로 삶의 문제들을 인식하기 위해 의식적으로 노력하는 행위가 우울증, 각종 불안장애 등 많은 신경증적 문제들에 도움이 될 수 있다는 것이다.[6] 합리적 사고는 인간의 삶에 많은 도움이 될 수 있다. 논리적 사고를 통해 많은 문제를 해결할 수 있듯이 주변 상황과 그 상황이 초래할 수 있는 영향에 대해 합리적으로 사고하는 것으로도 많은 문제를 예방할 수 있다. 사실 이 세상에 존재하는 수많은 갈등과 고통은 관련 당사자들이 자신의 문제에 대해 합리적으로 사고하려는 의지와 능력을 향상시키기만 했더라도 줄어들 수 있었을 것이다. 앞에서 언급한 에픽테토스의 격언과 더불어 인지행동치료가 남긴 다음과 같은 몇몇 지혜들을 깊이 이해하고 내면화하면 고통 경감에 도움이 될 수 있을지도 모른다.

• 모든 인간은 결함이 있고 불완전하며 과오를 저지를 수 있는 존재이다. 그러므로 우리 혹은 다른 사람이 항상 유능해야 하고 실수를 저질러서는 안 된다는 믿음은 비합리적이다.

- 모든 인간은 자신의 이익을 추구하며 자유롭게 행동할 수 있다. 그러므로 다른 사람이 우리가 원하는 행동을 해야 한다는 믿음은 비합리적이다.
- 이 세상에 존재하는 각종 조건(날씨, 주유소의 유가, 고속도로의 교통 상황 등)은 인간의 능력으로 통제할 수 있는 것이 아니다. 그러므로 우리가 평정심을 가질 수 있도록 이러한 조건들이 우리 선호에 맞아야 한다고 이야기하는 것은 비합리적이다.
- 살아가면서 지켜야 할 진정한 '의무'('살고 싶다면 숨을 쉬어야 한다', '언젠가는 죽어야 한다' 등)는 극소수에 불과하다. 사실 가장 바람직한 결과들은 **의무**보다는 **선호**를 통해 나타난다. 그러므로 선호가 아닌 의무의 측면에서 사고하는 것은 비합리적이다.
- 인간의 궁극적인 가치는 삶의 다양한 영역에서 성과를 내는 것이 아니라 인간종의 한 구성원이 되는 것에서 싹튼다. 따라서 모든 인간은 동등한 가치를 지니고 있으며 인간의 궁극적인 가치는 가감할 수 없다.

이렇듯 여러 가지 지혜가 전해내려오고 있지만 자아 수쥰에서두 여전히 심각한 문제들이 발생할 수 있다. 경계는 의식의 스펙트럼 중에서 모든 비통합(nonunity) 수준에 남아 있기 때문에 자아 수준에도 경계는 존재한다. 자아 수준에 놓여 있는 인간은 스스로를 총체적인 유기체가 아닌 무경계적 정신(물론 비유적인 의미이다)과 동일시하거나 가까워지려고 한다. 다시 말해서 어느 정도 정확한 정신적 자아상과 스스로를 동일시하고 그 자아상과 연관된 인지적·정서적 처리 과정을 거치지만 자아경계는 그대로 내버려두는 것이다. "나는 머리나 몸을 소유하고 있다"[7]라는 말과 같이 머리를 제외한 유기체의 나머지 부분과는 동일시하지 않는다. 스스로를 자아와 동일시한 인간은 우리의 내장에서, '직감에서' 비롯되는 듯한 심오한 감정과 인상으로부터 대체로 단절된다. 신체에서 일어나는 많은 감정, 충동, 느낌은 위협감을 준다거나 사회적으로 금기시되기에 받아들이기가 난감하기 때문이다.

페르소나 수준에 그림자가 있다면 자아 수준에는 신체의 나머지 부분이, 즉 자아로부터 단절된 부분이 존재한다. 그러나 이렇게 외면당한 부분들은 종종 투사의 형태로 되돌아오며, 해당 개인을 간접적이면서도 대체로 상징적인 방식으로도 괴롭힐 수 있다. 예를 들어 신앙심이 깊고 종교적이며 상냥한 말투를 지닌 자신의 정체성 중에는 훌륭한 골퍼의 모습도 존재한다고 믿는 남자를 상상해보자. 그는 골퍼로서의 정체성을 가지고 있으면서도 다른 사람들에게 깊은 인상을 남길 필요는 없다는 생각을 품고 있는 사람이다. 어느 날 오후 그는 처음으로 회사 동료들과 골프를 치러 간다. 평상시 그의 골프 실력은 준수한 편이지만 회사 동료들이 지켜보고 있는 상황이 되자 쇼트퍼트도 놓치고 칩샷에서 실수도 하고 방향도 엇나가버린다. 훌륭한 골퍼이어야 한다는 (또한 스스로 인정하지 않는 사실이지만 다른 사람들에게 깊은 인상을 남겨야 한다는) 자아의 욕구로 인해 실력을 제대로 발휘하지 못하고 있는 것일 수 있다. 결국 평소보다 초조해진 그는 얼굴이 붉어지고 몸에서는 땀이 뻘뻘 나며 근육은 뭉치는데다가 말수는 현저히 줄어든다. 그는 자신의 몸에서 나타나는 스트레스 반응과 몸이 보내는 신호를 의식적으로 억압한다. 이러한 반응과 신호는 자신이 인식하는 골퍼로서의 능력과 배치되기 때문이다. 페르소나 수준에서 나타나는 문제들과 마찬가지로 그는 이러한 억압 행위를 통해 본인이 가지고 있는 문제의 실체—다른 사람들 앞에서 골프를 잘 치는 것에 대해 지나치게 신경쓰고 있다는 사실—를 의식 밖으로 밀어내면서 해결하려고 하지 않으며, 자꾸만 역기능을 낳는 방식으로 행동하면서 자신의 신체, 정신, 현실이 서로 대립하게 만든다. 그는 이와 같은 현실 부정으로 인해 자아의 욕망을 인정하고 그런 욕망에 따라 인식을 바꾸는 조치도 취하지 못하게 된다. 인식을 바꾸면 불안이 감소하고 골프 게임을 즐기게 될 수도 있는데 말이다. 그는 결국 이 같은 온갖 방어기제로 인해 매 순간 최선을 다해 샷을 치면서 골프 게임이 선사하는 것이라면 무엇이든 합리적으로 받아들이는 것이 주목적인 '영적 수행'으로서의 골프에 가까워지지 못한다.

이와 더불어 '자아중심적 자기(egoic self)'가 이성과 논리적 사고 능력을 가지고 있음에도 불구하고 갈망, 애착, 자기몰두 같은 특성들도 내포하고 있다는 영원의 철학(즉 합일의식) 지지자들의 주장도 짚고 넘어가야겠다. 자아가 인간의 갈등과 고통이 싹트는 근원으로 간주되는 원인이 여기에 있기 때문이다. 지난 수천 년 동안 많은 사상가들은 자아란 대부분의 인간이 반쯤 잠든 상태에서 하는 경험과도 같고, 끊임없이 이어지는 대체로 무작위적이고 비생산적인 사고와도 같다고 여겼다. 이들의 주장에 따르면 인간이 하는 사고는 보통 미래에 대한 걱정이나 과거에 대한 후회에 치중해 있고 현재의 경험에는 관심을 기울이지 않는다. 자아는 이 '시간 속 존재'에 과하게 몰두하거나 현재와는 분리된 과거와 미래에 집중한다. 결과적으로 자아는 죽음으로부터 끊임없이 도피하면서 개인이 현재라는 순간에 머물지 못하게 만든다(이와 관련해서는 11장에서 더 자세히 다룰 것이다).

프리츠 펄스(Fritz Perls)와 에이브러햄 매슬로가 1950년대 후반과 1960년대에 두각을 나타나게 된 것도 우연의 일치는 아닐 수 있다. 두말할 나위 없이 1960년대는 이전 세대에 존재했던 제약이라든가 허위, 충성을 떨쳐내던 시기였다. 권위에 의문을 제기하고 신체가 가진 능력을 되찾는 것이 이 시기를 대표하는 특징이었다. 펄스와 매슬로는 정신과 신체의 간극을 메우기 위한 철학적·치료적 접근법을 옹호했다. 소위 '인간 잠재력' 운동이라고 불린 이들의 활동은 인간의 역량을 전방위적으로 활용함으로써 궁극적인 잠재력에 도달하는 행위를 강조했다. 한편 윌버는 그리스신화에 나오는 켄타우로스를 상징으로 활용해 정신과 신체의 통합이라는 목표를 제시하고 있다. 켄타우로스—반인반마—는 정신과 신체 간의 조화로운 결합을 나타내는 존재이다. 말 위에 올라타 말을 조종하는 인간이 아니라 말과 하나가 된 인간, "신체로부터 분리되어 신체를 통제하는 정신이 아닌 자기 자신을 통제하고 다스리는 심신통일체(psychosomatic unity)"인 것이다.[8]

자아 수준에 있는 인간은 스스로를 정신과 동일시하고, 인간 정신이 지닌 일차적인 능력은 생각을 하는 것에 있기 때문에 자아 수준에서의 일차적인 저항은 **생각을 우선시함으로써 현재의 경험에 저항**하는 것으로 나타난다. 다시 말해서 자아는 현재에 충실한 인식에 무기한으로 저항한다.[9] 이에 '켄타우로스적' 치료(인본주의 치료, 실존 치료, 게슈탈트 치료)들은 개개인이 자신의 직접 경험, 모든 형태의 당면한 현재, 신체와 정신에 대한 인식에 입각해 현재의 순간을 드러내도록 하는 것에 집중한다. 따라서 이러한 치료를 받는 내담자들은 '마음의 수다'를 알아차리고 저지하는 동시에 당면한 지금 이곳에 인식을 집중해야 한다. 이때 치료자는 내담자가 현재에 대한 인식에서 벗어나 현재와 유리된 지적 분석이나 회피의 영역으로 도피하지 않는지 기민하게 주시하면서 도움을 준다. 시간이 흐르면 내담자는 본인이 어떤 식으로 자아의 영역으로 달아남으로써 켄타우로스적 인식을 회피하려고 했는지 이해할 수 있게 된다. 또한 이러한 회피 행위가 자신의 삶에 미친 주된 영향을, 즉 실제 삶이 벌어지고 있는 유일한 장소인 현재로부터 유리되게 했다는 사실을 인지하게 된다. 정신, 신체, 감정의 통합은 더욱 고차원적인 자아통합을 이루고 삶의 경험과 보다 긴밀한 관계를 맺을 수 있게 해준다. 이 과정을 통해 인간은 자아가 지닌 잠재력을 최대한 발휘하는 길로 접어들게 된다.

세번째 수준: 켄타우로스

켄타우로스 수준에 있는 인간은 정신과 신체를 성공적으로 통합한 상태이다. 이들은 신체의 외양, 신체의 처리 과정, 신체의 신호와 메시지가 알려주는 지혜 등 모든 측면에서 자신의 신체와 화해한다. 정신과 신체가 매끄럽게 혼합되어 연결되어 있으므로 '나'는 정신적·신체적 자아의 통합체로 간주된다. 스스로를 영혼/정신(좋은 것)과 신체(나쁜 것)로 분리하는 일도 더이상은 없다. 또한 신체의 직접적인 경험에 귀를 기울임으로써 어떤 경험을 하든지 간에(설거지하기, 차를 타고 출근하기, 형편없는 실력으로 골프 치기, 공원에서 조깅하기, 가족과 저녁 식탁에 둘러앉기, 보험 세미나에 참석하기 등) 지금 현시점의 경험을 더욱 충실히 느끼고 인지하며 받아들이는 방법을 익히게 해주는 또다른 방법인 마음챙김(mindfulness)을 이룰 수 있게 된다. 뿐만 아니라 다음과 같이 서로 연관되어 있지만 역설적인 두 가지 지혜에 담긴 진실도 이해하게 된다.

- 고통을 야기하는 가장 좋은 방법은 내가 현실의 '정의(定義)'로부터 벗어나 있다는 이유로 현실을 받아들이기를 거부하는 것이다.[10]
- 나 자신과 세상을 바꾸는 유일한 방법은 나 자신과 세상을 있는 그대로 온전히 받아들이는 것이다.[11]

켄타우로스 수준에 있는 인간은 '정의(定義)'를 거부하지 않고 현재의 상황과 경험을 받아들이며(단 현재의 상황과 경험을 좋아할 필요는 없다), 정신적인 차원에서 현실과 공명하며 어우러진다. 이러한 정신적 태도 덕분에 더욱 평화롭고 평온해지며 실제 상황에 가장 적절한 방식으로 행동할 수 있게 된다.

현재 순간에 집중하는 켄타우로스적 의식은 그 자체로 훌륭하기는 하지만 나름의 한계도 지니고 있다. 늘 아직 도래하지 않은 미래를 고대하면서, 늘 과거 속으로 사라져버리는 어느 순간에만 집중한다는 것이 그 한계이다. 즉 켄타우로스적 인식은 현재의 인식—현재에 대한 의미 있는 인식—이기는 하지만 영원히 존재하는 현재로서의 **지금**(the now)에 대한 인식은 아니다. '항상 존재하는 현재 순간'이라는 개념은 많은 서양인들에게는 이해하기 어려울 수 있고, 일종의 그럴싸한 뉴에이지*처럼 느껴질 수도 있지만 반드시 그래야만 하는 것은 아니다. 윌버는 현재의 뒤에 있는 과거와 현재의 앞에 있는 미래로 인해 분열된 현재에 대한 인식을 지칭하고자 **눙크 플루엔스**(nunc fluens), 즉 '스쳐가는 현재'라는 라틴어를 사용한다. 눙크 플루엔스는 현재에 대한 최상의 인식(합일의식)에 해당하는 **눙크 스탄스**(nunc stans), 즉 '영원한 현재'와 대조되는 개념이다. 눙크 스탄스에서는 과거를 현재의 경험에 대한 기억으로 경험하고, 미래를 기대감으로 경험하며 이때 과거와 미래는 모두 현재 순간에 존재한다. 이 점에서 눙크 스탄스는 영원히 현재에 집중하고 현재를 경험하는 삶의 경험이기도 하다.[12] 켄타우로스적 인식은 정신 및 신체의 결합과 동일시하는 데서 그친다는 한계도 노정하고 있다. 이와 달리 합일의식 수준에서는 인간 존재가 존재의 다른 측면들과 매끄럽게 융합되며 내적 자아, 신체적 자아, 외부환경 모두가 동일한 보편적인 통합체의 현현이 된다. 이처럼 켄타우로스적 인식의 한계는 개인이 정신 및 신체 외부에 존재하는 것과는 단절되어 있다고 인지한다는 점에 있다.

신체적 자아와 정신적 자아 간의 익숙하고도 관습적인 경계를 넘어서기 위해서는 추가적인 관점의 변화가 필요하다. 더 영적인 진화를 이루기 위해서는 정체성이 자기의 경계, 종의 경계, 심지어는 삶 그 자체의 경계까지 초

---

* 1970년대 서구 세계에 급격히 확산된 영적·종교적 신념과 관습을 비롯해 명상이나 점성술처럼 비과학적인 활동을 가리키는 용어이다.

월할 수 있음을 보여주는 경험들이 필요하다. 대부분의 현대인들, 적어도 서구 세계의 현대인들은 종전의 종교적 닻을 잃어버린 탓에 초월의 영역과 단절되어 있는 경우가 많다. 이들은 초월적인 사고나 경험을 마치 제정신을 잃는 상황과 다름없다고 생각할 가능성이 크다. 또한 자신의 개별성(individuality)을 초월해 관습적인 시공간 너머의 세계와 연결될 수 있는 능력이 본인의 내면 깊숙한 곳에 자리해 있다는 생각에 의심을 품을 것이다. 그러나 전 세계의 위대한 사상가들이 남긴 지혜는 수천 년이 넘는 시간 동안 우리에게 현실을 일깨워주려 하고 있다.

네번째 수준: 초개아

페르소나 수준에는 프로이트가, 자아 수준에는 매슬로와 펄스가 중심에 있었다면 켄타우로스 수준에는 카를 융이 있었다. 융은 정신과 신체의 결합을 초월하는 자아 영역에 관한 통찰과 탐구를 체계적으로 기록한 최초의 서양 심리학자였다. 뿐만 아니라 각자의 내면에 잠복해 있는 잠재력을 한층 확대할 수 있도록 광대하고 미약한 자아 영역에 접근하는 능력을 향상시켜줄 정신 치료법을 고안한 인물이었다.

프로이트의 가장 촉망받는 제자로서 화려한 경력을 쌓아가기 시작한 융은 머지않아 프로이트와 결별하고 자기만의 길을 가게 되었다. 융은 유능한 분석가였지만 특정한 신경증적 문제 그 자체보다는 전 세계의 위대한 신화와 전설 및 고대의 종교사상 체계가 전해주는 지혜나, 현대인의 삶이 이러한 전통적 지혜의 심오한 근원과 조화를 이루게 할 방법에 더 깊이 매료되었다. 그는 남신, 여신, 토템, 애니미즘, 상징, 이미지, 신화, 모티프, 전 세계 곳곳에 존재하는 희생제와 성례 문화를 연구하던 중 자신의 환자들 일부가 이

전에 이렇게 심원한 이야기를 접해본 적이 없었음에도 불구하고 꿈이나 백일몽을 꿀 때 자신이 연구 과정에서 발견한 몇몇 상징과 모티프를 '인식'하고 있었다는 놀라운 사실을 알게 되었다. 융은 환자들이 각자의 삶에서 그 같은 상징이나 모티프에 관심을 가졌던 적이 전혀 없었다는 점에서 그와 같은 내용들이 오직 어렴풋하게만 감지할 수 있을 뿐 심층에 새겨진 채로 수천 년 동안 전해내려온 인간 진실의 방대한 보고(寶庫)일 수도 있다고 가정했다. 그 보고는 어쩌면 영적 방식을 통해 혹은 인간의 뇌를 구성하는 수많은 뉴런 속에 자리한 상태로 대대손손 전승된 것일 수도 있었다. 융이 **원형**(原型) 혹은 '보편적 형태(universal forms)'라고 부른 상징적 형태들―**지모**(地母), **트릭스터, 그림자, 페르소나, 만다라, 영웅** 등―은 그 자체로 인간종의 집단 경험 혹은 지혜를 대변하는 것들이었다. 융은 이와 같은 상징들이 자리해 있는 막대한 저장고를 **집단 무의식**이라 불렀고, 집단 무의식은 초월을 위해 인간 내면에 내재해 있다고 생각했다. 그는 집단 무의식 안에 있는 상징들을 다루면 새로운 영역의 자기인식에 도달할 수 있으며, 집단 무의식과 관련된 과정의 존재를 무시하거나 억압, 부인할 경우 개인적인 차원에서는 어리석어지고 집단적인 차원에서는 병리가 발생한다고 믿었다. 다음에 제시된 융의 한 여성 환자의 삶은 집단 무의식이 어떻게 발현되는지를 보여주는 대표적인 사례이다.

이 사례는 한 여성 환자와 관련된 일화인데, 치료자인 나와 환자 모두 노력했음에도 불구하고 심리적인 접근이 쉽지 않은 상황이었다. [……] 환자의 이성을 누그러뜨리기 위한 수차례의 시도가 헛수고로 돌아간 뒤 [……] 나는 예상치 못한 비논리적인 무언가가 갑자기 튀어나와 환자가 자신을 숨기는 데 활용하고 있는 지적 방어막을 무너뜨려주기를 그저 바라고 있을 수밖에 없었다. [……] 어느 날 나는 창을 등지고 환자와 마주보고 앉아 그의 달변을 듣고 있었다. 환자는 전날 밤에 어떤 인상적인 꿈을 꾸었고, 꿈속에서 누군가가 자신에게 금색 풍뎅이 모양의 값비싼 보석을 주었다고 했다. 환자가 꿈에 대해 이야기하고 있을 때 나는 무언가가 내 등뒤의 창문을 가볍게 두드리는 소리를 들었다. 뒤돌아보니 꽤 커다란 날벌레가 창문에 몸통을 부딪치고 있었다. …… 무척이나 이상해 보이는 광경이었다. 나는 즉시 창문을 열고 공중에서 날고 있는 곤충을 잡았다. 그 곤충은 풍뎅잇과에 속하는 로즈채퍼로, 황금풍뎅이와 매우 흡사한 황금빛 녹색을 띠고 있었다. 나는 로즈채퍼를 환자에게 건네주면서 "당신 거예요"라고 말했다. 그러자 환자의 지적 방어막으로 인해 굳어 있던 분위기가 풀어졌다. 그러면서 치료는 계속해서 만족스러운 결과를 얻는 방향으로 나아갔다. [······] [환자의] 태도에서 나타나는 모든 본질적인 변화는 정신의 부활(psychic renewal)을 의미하며, 이 정신의 부활은 보통 환자의 꿈과 환상에서 부활의 상징이 나타나는 것과 동반되어 일어난다. [······] 치료자는 집단 무의식을 가정하지 않고는 설명할 수 없는 유사한 상징들이 나타나는 상황을 거듭해서 맞닥뜨리고 있다.13

융은 이와 같은 상황에 작용한 원리가 우연이었다고 믿는 사람들의 경우 자신의 경험만 듣고 마음을 바꿀 수는 없을 것이라고 덧붙이기도 했다. 그러나 융이 생각할 때 그처럼 원형으로 가득한 "의미 있는 우연의 일치들은 [흔히] 실생활에서 모습을 드러내곤" 했다.14

의식의 스펙트럼에서 초개아(超個我, transpersonal) 수준에 접근할 수 있는 방법은 다양하다. 그중 일부는 꿈과 백일몽 속에 존재하는 원형 이미지와 주제를 분석하는 등 보다 전형적인 융적 접근법과 연관되어 있다. 다른 방법들은 원형이나 집단 무의식 같은 융적 개념과 구체적으로 연관되어 있지는 않으나, 마음챙김 명상처럼 우리가 우리의 생각과 감정보다 '더 커다란' 존재라는 사실을 깨달을 수 있도록 도와주는 더욱 '동양적인' 접근법에 해당한다. 사실 우리는 우리의 생각과 감정의 끝없는 재잘거림의 '배후에 자리한 깨어 있는 의식'이자, "[우리의] 모든 생각과 감정, 느낌, 욕망을 부동의 상태로 바라보는 주시자(注視者)……"이다.[15] 배경의 깨어 있는 의식과 빈번하게 접촉하고, 그 의식의 관점에서 현실을 인식할수록 우리는 삶과 하나가 될 수 있을 것이다. 초개아적 관점을 통해 얻을 수 있는 지혜는 다음과 같이 정리할 수 있다.

- 자아감은 우리의 감각을 어디에 집중하고 있는지에 따라 결정된다.
- 우리는 생각과 감정을 가지고 있지만 그런 생각과 감정은 우리의 참자기와 동일하지 않다. 우리는 생각과 감정을 관찰하고 직감할 수 있으나 관찰 혹은 직감될 수 있는 것들은 진정한 인식자(Knower)가 될 수 없다.
- 완전한 수용의 자세로 현재의 경험에 접근하면 ─ 즉 진정한 마음챙김을 수행하면 ─ 신경증적 고통으로부터 자유로워지고 깨달음으로 향하는 길이 열린다.

생각과 감정으로부터 탈동일시(dis-identification)*하면 그러한 생각과 감정이 곧잘 야기하는 고통으로부터 자유로워진다. 마치 책상이나 서류가방, 나무 같은 사물을 바라보듯이 '주시자'의 관점에서 비교적 평온하고 객관적으로 생각과 감정을 바라보게 되는 것이다. 그런데 역설적이게도 초개아 수준에 있는 이들은 자아가 경험하는 과정에 관여하지 않기 때문에 주변 환경에 있는 모든 대상을 마치 자기 자신의 일부인 것처럼 경험하기 시작한다. 초개아 수준은 6장의 [그림 6.2]에서 '단속적인' 원으로 표현되어 있는데,

---

* 탈동일시는 특정 동일시로부터의 이탈을 의미한다. 윌버는 이를 합일의식 이전의 모든 수준에서 다음 수준으로 성장해나가기 위한 과정이라고 해석한다(역자 주).

이는 세계가 참으로 나의 자아이자 신체이며 그에 걸맞은 대우를 받아야 한다는 직감을 주기적으로 느끼게 된다는 점을 암시한다. 초개아적 관점에서 이해해보면 부처나 예수 그리스도, 마하트마 간디 같은 전 세계의 위대한 성인과 신비주의자들이 어떻게 모든 존재와 그토록 근본적인 차원의 연민을 느끼고 동일시할 수 있었는지가 한층 분명해진다.

초개아 수준을 지향하는 치료의 주목적은 인간이 "자신의 의지에 반해 무의식적으로 움직이기보다는 자신이 가진 강력한 힘을 활용하고" 인정하며, 그 힘에 친숙함을 느끼도록 돕는 데 있다.[16] 개인이 자신의 내면에서 보편적인 무언가가 태동하고 있음을 직관적으로 감지하고, 제한적이고 경계를 긋는 특이한 관점이 아니라 역사를 관통하는 인간종 전체의 관점에서 자신을 바라볼 수 있도록 북돋우는 것이다. 또한 초개아적 치료는 개개인이 정신이나 신체와의 동일시를 통해 너무나 자주 스스로에게 부과하는 제약을 의식적으로 인식할 수 있도록 돕는 것을 목표로 한다. 그리고 현재 어떤 역경에 처해 있다고 생각하든지 간에 더 심오하고 현명한 참자기는 현재의 문제를 초월해 보다 광범위하고 자유로운 관점에 따라 행동할 수 있음을 인식하도록 장려한다. 그러나 초개아 수준에도 마지막 한 가지 경계가 남아 있는데, 이는 주시당하는 모든 것으로부터 분리된 독립체로서의 '배후의 주시자(background witness)'이다. 초개아 수준에서는 의식 그 자체가 아닌 다른 무엇과 동일시한다는 것이 신기루임을 깨닫게 된다. 그러나 합일의식 상태에서는 모든 경계가 허물어지며, 주시를 하는 사람과 주시를 당하는 대상이 서로 분리된 것으로 인식되지 않는다. 말하자면 의식의 초개아 수준에 남아 있는 마지막 경계는 합일의식 자체를 깨닫는 것이다.

(합일의식을 제외한) 의식의 스펙트럼의 모든 수준에는 자아 내부에든 자아와 환경 사이에든 경계가 존재한다. 경계가 그어지면 그 경계가 생성된 곳에는 갈등이 일어날 가능성이 생기고 '타자'를 대상화할 가능성도 더욱 커

진다. 의식의 스펙트럼에서의 상향 이동―예를 들어 페르소나 수준에서 자아 수준으로, 자아 수준에서 켄타우로스 수준으로, 켄타우로스 수준에서 초개아 수준으로의 이동―은 경계의 초월을 수반하는데, 이는 자아로부터 단절되었던 측면들을 복구하는 과정과도 같다. 정신 치료는 개개인이 자신을 무지하게 만든 경계들을 허물 수 있도록 도와주는 방법 중 하나이지만, 정신 치료만으로는 최종적인 경계를 허무는 데 필요한 근본적인 변화를 이루어낼 수 없다. 그 근본적인 변화란―영원의 철학에서 주장하듯이―깨달음의 궁극적인 문제로, 자아중심적 자기를 초월해야 찾아올 수 있다. 혹은 올더스 헉슬리가 성서에 바탕을 둔 언어로 이야기했듯이 "사랑을 하고 마음은 순수하며 영혼은 가난한 존재"가 되어야 한다.*[17] 의식의 스펙트럼에서 마지막 경계를 초월하려면 소수의 일부 사례를 제외하고는 평생에 걸친 작업 혹은―동양의 지혜와 전통의 시각에서 이 작업이 얼마나 대단한가를 강조한다면―수차례의 생애에 걸친 작업이 수반되어야 한다.

이 문맥에서 내가 사용한 작업(work)이라는 단어에는 오해의 소지가 있다. 깨달음을 얻고자 욕망하고 그것을 위해 애쓰는 것은 가능하지만, 깨달음을 얻기 위해 나아가는 과정이 그런 목적을 가로막거나 저해할 수도 있기 때문이다. 사실 깨달음을 최종 목표로 삼는 것은 해당 개인이 현재 순간의 '무언가'와 어긋나 있거나 그것을 수용하지 못하고 있음을 암시할 수 있으며, 그러한 상황은 성장에 상당한 걸림돌이 되므로 문제적일 수 있다. 몰아(selflessness)의 문제를 직접적으로 다룰 수도 없게 된다. 역설적이게도 이 문제는 현재 순간과 점점 조화를 이루고 현재를 수용할 때에만 성공적으로 다룰 수 있기 때문이다. 몰아 상태에 있는 개인은 자기보존 및 자기고취가 유지되고 있음을 보여주는 혼란, 야망, 간절한 열망, 우려, 후회, 분노를 손에

* 헉슬리가 이 구절에 사용한 언어는 분명 성서에 바탕을 두고 있지만, 언어가 나타내는 관념은 전 세계의 위대한 지혜와 전통에 보편적으로 담겨 있다.

서 놓아버린다. 그런데 이때 역설적으로 더욱 진정한 자기 자신이 된다. 다시 말해서 자아가 가지고 있던 사적인 계획들을 잊고 현재 순간과 하나가 됨에 따라 더욱 참자기가 되는 동시에 자기와는 한층 멀어지는 것이다. 이 과정에는 '은총' 혹은 자기를 초월하는 어떤 근원(Source)에서 나오는 과분한 도움이라고 칭해야 가장 적합할 만한 것이 상당 부분 개입하는 듯하다. 전 세계의 위대한 지혜문학*에도 경계가 와해된 몰아의 상태에 있는 로마로 향하는 다양한 출발점과 수많은 길목이 제시되어 있다. 비교적 소수에 해당하기는 하지만 지난 수천 년의 세월 동안 일부 사람들은 정신 치료가 발명되기도 훨씬 전에 의식의 스펙트럼을 횡단했다. 그중에서도 부처와 예수 그리스도** 같은 극소수의 인물은 최고 수준의 깨달음에 도달해 인류 역사의 흐름을 영구히 바꿔놓는 데까지 나아갔다.

'타트 트밤 아시(tat tvam asi)', 그대가 바로 그것이다

앞에서 나는 확연히 모순되는 것처럼 보일 만한 논시를 펼쳤다. 먼저 경계를 초월하는 행위가 개인이 자신의 자아에서 단절된 측면들을 되찾음으로써 의식의 스펙트럼에서 더 높은 수준으로 진전해나가는 또하나의 간단한 방법이라고 주장했다. 또한 이에 반해 영원의 철학의 관점에서 볼 때 깨달음을 얻는다는 것은 자아를 부정하는 것과 동일하다고, "사랑을 하고 마음은 순수하며 영혼은 가난한 존재"가 되는 것이리고 주장했다. 낭연하게도

---

* 구약성서의 잠언, 욥기, 전도서, 솔로몬의 지혜 등을 역사서나 예언문학과 구별해 지혜문학이라고 한다(역자 주).
** 나는 예수 그리스도와 부처를 비교할 때 두 인물이 대표하는 각 신앙의 구체적인 주장(부처는 인간으로 탄생해 깨달음에 도달한 반면, 예수 그리스도는 반인반신의 존재로 탄생해 신이 되었다는 주장)이 아니라 인류가 열망할 수 있는 최상의 것을 두 인물이 어느 정도까지 대표하는지를 고려한다.

이 같은 주장은 (다시금) 역설을 보여준다. 자아가 더욱 온전하고 통합적이며 그리하여 '커다란' 존재가 되면 모든 존재의 근본 바탕과 합일을 이루게 될 가능성에 가까워진다는 점에서 그러하다. 합일이 이루어지면 그 결과 자아의 경계는 더욱 확대되며, 자아는 타인은 물론 심지어 다른 모든 존재와도 '하나가 되어'가면서 사실상 사라져버린다. 나와 발밑에 있는 흙 사이, 나와 바다 사이, 나와 나무 사이 등 그 어떤 구분선도 더는 존재하지 않게 되고 오로지 하나만이 남는다. 합일의식을 깨닫는 경우는 참으로 드물지만 합일의식이 어렴풋하게나마 암시되는 상황은 그보다 더 희박하다. 합일의식을 향한 '점진적인 접근'은 전 세계의 위대한 시문학과 신비주의-종교문학, 심지어는 일부 철학적 문학의 배경에도 존재한다. 그중 한 사례는 마르틴 부버가 어느 날 야외에서 산책을 하다가 겪은 사소하지만 심오한 경험이 기술된 1913년 작품 『다니엘(Daniel)』에 담겨 있다.

어느 음울한 아침, 고속도로를 걷던 나는 운모암 하나가 놓여 있는 것을 발견하고는 그 돌을 집어들고 오랫동안 쳐다보았다. 아침은 더이상 음울하지 않았고, 돌에는 무수한 빛이 담겨 있었다. 그러다 불현듯 돌에서 시선을 거두자 그 돌을 바라보는 동안 내가 '객체'와 '주체'에 대해 전혀 인식하지 않고 있었음을 깨닫게 되었다. 내 시선 속에서 운모암과 '나'는 하나였다. 내 시선 속에서 나는 합일을 맛보았던 것이다. 운모암을 다시 한번 쳐다보았지만 합일의 순간은 되돌아오지 않았다. 그러다 마치 무언가가 내 안에서 태동하기라도 하는 것처럼 활활 타오르기 시작했다. 나는 눈을 감고 기력을 회복한 뒤 나라는 주체와 운모암이라는 객체를 하나로 묶어 그 운모암을 존재의 영역으로 격상시켰다. 그로써 처음으로 루카스, 그의 존재를 느꼈다. 그리하여 나는 처음으로 내가 되었다. 운모암을 바라보고 있던 그는 아직 내가 아니었다. 오직 이것만이, 이렇게 무언가와 결속되어 있는 존재만이 고귀한 이름을 가지고 있었다. 지금 나에게 그때의 합일 경험은 마치 무언가가 새겨진 대리석 덩어리의 이미지처럼 느껴진다. 합일은 미분화된 경험이었고, 나는 통합 그 자체였다. 그전까지 나는 나 자신을 이해하지 못했다.[18]

부버가 운모암과 가졌던 찰나의 경험은 **타트 트밤 아시**, 즉 '그대가 바로 그것이다'라는 의미의 고대 우파니샤드 철학을 보여주는 한 사례이다. 이 철학은 인간의 참자기가 모든 존재의 근본 바탕(Ground)이자 근원(Origin)인 궁극적 실재(ultimate reality)의 일부분이라고 주장한다. 가장 심오한 인식(합일의식)을 통해 얻게 되는 '그대가 바로 그것이다'라는 깨달음은 앞에서 헉슬리가 언급했듯이 그런 앎을 얻는 데 필요한 조건을 충족한 이들에게 주로 찾아오는 듯하다. 또한 헉슬리는 다음과 같이 주장한다.

> [······] 근본 바탕에 관한 직접적인 앎은 통합을 통해서가 아니라면 얻을 수 없고, 통합은 '당신'을 '그것'과 분리하는 장벽인 자기본위적 자아의 말살을 통해서만 이룰 수 있다.[19]

인간이 도달할 수 있는 영적 진화의 최상위 수준에서는 앞에서 언급한 것과 같은 사실을 스스로 발견하게 된다. 최고점에 도달한 자는 자신이 근본 바탕과 **하나**일 뿐만 아니라 근본 바탕의 모든 표현 혹은 현현과도 하나임을 깨닫는다. 합일의식을 맛보았던 페르시아 수피의 성자 알 할라즈(Al-Hallaj, 858?~922)는 자신의 경험을 이렇게 표현했다.

나는 심장의 눈으로 신을 보았다.
나는 물었다. 당신은 누구십니까? 신은 대답했다. 그대이다.

그대는 모든 자리를 채우는 자이다.

그러나 자리는 그대가 어디에 있는지 모르고

나의 구복(口腹) 속에는 나의 소멸이 있으며

나의 소멸 속에는 내가 그대라는 존재로 남아 있다.[20]

여기에서 알 할라즈는 자신이 신(알 할라즈에게 제기된 주요 혐의이자 알 할라즈가 잔혹한 순교를 겪게 된 이유였다)이라고 주장하는 것이 아니라 자신이 신성한 것, 즉 신적 본질의 현현이라고 주장하고 있다.

모든 인간은 스스로 알고 있든 그렇지 않든 알 할라즈처럼 신적 본질을 공유하고 있다는 점에서 모두 동등하며, 궁극적 실재의 현현이다. 예수 그리스도가 양과 염소에 관한 우화에 대해 이야기하는 기독교 복음서에도 이와 같은 가르침이 등장한다. "······ 너희가 여기 내 형제 중에서 지극히 작은 자 하나에게 한 것이 곧 내게 한 것이니라(킹제임스 성경, 마태복음 25장 40절)." 모든 존재가 이처럼 동일한 근본 바탕의 현현인 이상 다른 모든 것은 만물의 질서에서 제자리를 찾고 자기만의 신성함을 갖게 된다. 그리고 이러한 관점과 극명하게 대조되는 것은 자신이 아닌 존재를 향한 폭력의 필연적인 전조가 되는 '나는 그렇지 않다'라는 선언과 함께 타자를 대상화하는 분리된 자기의 관점이다.

어떤 이들은 그 어느 때보다도 많은 사람들이 플라톤의 동굴 출구 쪽으로 돌아가고 있다는, 즉 깨달음의 방향으로 나아가고 있다는 의견을 제시한다.[21] 인간이 초래한 고통이 언제 어디에서나 발생하고 있으며, 이 같은 고통의 흐름이 중단될 기미가 보이지 않는다는 점을 고려하면 낯설게 느껴질 수도 있는 견해이다. 그러나 기아와 가난, 질병, 기근, 자연재해가 전 세계 빈곤 지역에 미치는 영향에 맞서려는 의욕뿐만 아니라 점진적인 인식 제고와 대의제의 시행, 더욱 폭넓은 인권과 동물권 및 환경에 대한 관심 등이 나타나는 현실은 그러한 인식의 변화가 실제로 그 어느 때보다 광범위한 규모로 일어나고 있음을 보여주는 수많은 증거에 해당한다.[22] 점점 더 많은 개개인이 자아의 제한적인 경계를 초월하면서 마치 어떤 정신의 벽이 허물어지듯 주변의 타인들과 그들을 뒤따르는 후대에게도 영향을 미치고 있다. 분명 이와 같은 영향은 부분적으로는 각 개인이 보여준 본보기적인 행동에서 기인한다. 그러나 그러한 행동보다 덜 명백한 원인들도 영향을 미치고 있을 가능성이 크다. 누구든 마틴 루터 킹 주니어나 간디, 부처, 테레사 수녀와 같은 인물 앞에서 어떤 형용하기 어려운 정신적·영적 '해방 구역'[23]에 놓이게 되는 장면을 상상해볼 수 있지 않은가. 그러나 유감스럽게도 깨달음을 얻지 못한 인물들—마오쩌둥, 스탈린, 히틀러, 폴 포트, 빈 라덴 등—이 자신의 카리스마를 이용해 온갖 심각한 오해의 상황을 초래하는 경향을 보이는 것도 사실이다. 물론 이들처럼 반드시 유명해져야만 (혹은 악명이 높아야만) 본인의 자기해방 정도나 자기중심적 태도로 타인과 후대에 영향을 미칠 수 있는 것은 아니다. "아버지의 악행을 자손 삼사대까지 보응하리라(출애굽기 20장 5절, 신명기 5장 9절 등 몇몇 성경 사례를 참고할 수 있다)"라는 고대의 관념도 구체적인 메커니즘이 어떻든 이처럼 여러 세대에 미치는 영향에 대해 이야기하고 있는 듯하다. 공동체, 기관, 가족 모두 자기만의 '영혼'을 가지고 있고 각기 다른 수준의 깨달음 혹은 깨달음의 결핍 상태에 놓여 있으며, 이는 각자가 속한 조직 내 구성원들에게 부정할 수 없는 강력한 영향을 미친다. 그러나 깨달음 그 자체는 사적이고 개별화된 과정인 듯하다. 집단 수준에서, 같은 신앙 공동체에 속한 두 구성원 사이에서, 특정한 교리나 행동강령을 준수하는 신봉자들 사이에서 벌어지는 일이 아니라 한 사람과 모든 존재의 근본 바탕 사이에서만 일어나는 것 같다는 의미이다. 한 유명한 팝송 가사가 직설적으로 표현했듯이 "…… 사람들은 광신도처럼 단체로 미쳐가지만 나아지는 건 개개인의 일"[24]이다. 달라이라마도 본질적으로는 동일한 견해를 밝힌 바 있다. "개개인의 내적 변화를 통해 세계 평화를 이루려는 시도는 쉽지 않지만 그것만이 유일한 방법이다."[25]

이 책의 후반부에서는 플라톤의 동굴에서 벗어날 수 있는 길들을 탐구해볼 것이다. 그 길들은 대상화와 관련된 문제를 해결하기 위해 인류가 해왔던 최선의 시도들을 보여준다. 그러나 그에 앞서 타인을 대상화하는 경향에 기여하는 너무나 인간적인 장벽들을 보다 충분히 살펴보는 것이 가치 있을 것이라고 생각한다.

8장

/

나르시시즘

눈이 멀고 귀가 먼 유기체를 데려다 자의식과 이름을 부여하면, 그 유기체를 자연에서 돋보이게 하고 자신의 고유함을 의식적으로 알게 만들면 그것은 나르시시즘을 갖게 될 것이다.

—어니스트 베커(Ernest Becker)[1]

니들먼이 제시한 세 가지 관념 중 첫번째 관념(인간은 환상과 외양의 세계 속에서 살아간다)은 피상적으로만 생각하면 대부분의 사람들에게 이상하다고 느껴질 가능성이 크다. 사람들은 자신이 많은 것을—가족, 친구, 소유물, 기회, 신체건강과 정신건강 등을—당연하게 여기고 있다는 사실은 받아들일 수 있지만, 자신의 삶이 환영처럼 공허하다는 생각에는 보통 저항하기 때문이다. 그들은 아마 "내 삶에서 도대체 뭐가 허상이라는 거죠?"라고 물을 것이다. "내 컴퓨터와 내 핸드폰과 내 자동차와 내 집과 내 배우자와 내 가족이 진짜가 아니라는 말인가요?" 우리가 일상에서 맞닥뜨리는 감각 대상들은 물론 실재하지만 보다 최근의 과학적인 진보에 따르면 그 대상들의 심오한 실재는 우리가 경험한 바와는 매우 다르다(이를테면 아원자 수준의 단단한 물체는 대부분 공터이다). 그러나 이것이 중요한 핵심은 아니다. 과거의 뛰어난 사상가들은 아원자 입자에 대해 구체적으로 언급하기보다는 주로 자기본위적 기준에서 생겨난 인식들로 구성되는 평범한 인간의 삶의 경험에 대해 이야기했다. 즉 인간은 말 그대로 자아를 모든 존재 중에서 가장 귀중하고 의미 있는 개체로 경험하고, 다른 모든 존재는 자신과 분리된 부차적인 대상, 궁극적으로는 소모적인 대상으로 간주한다는 것이었다. 발달심리학자들이 수 세기에 걸쳐 수행한 연구 결과도 옛 사상가들이 전해준 통찰과 공명하고 있다. 인간은 단지 살아 있기만 해도 자기몰두에 빠질 경향이 상당하다는 것이다. 19세기 말 이래로 자기몰두는 나르키소스에 관한 그리스신화에서 유래한 명칭인 **나르시시즘**이라 불렸다. 예로부터 나르키소스 신화는 다양한 이야기를 통해 전해졌지만 이야기 전체를 아우르는 주요 골자는 한 아름다운 청년이 자신에게 구애하는 이들을 거절한 뒤 신의 벌을 받아 물웅덩이에 비친 본인의 모습과 사랑에 빠지게 된다는 것이다. 결과적으로 나르키소스는 물웅덩이 앞에 앉아 물에 비친 자신의 모습만 영원히 들여다보는 처지에 놓인다. 나르키소스에 관한 이 그리스신화가 타인을 대상화하는 인간의 경향에 대해 시사하는 바는 자명하다. 자기 자신이 타인보다 대단히 중요한 존재라고 생각하면 타인을 내 정신이라는 레이더망에서 깜빡이는 피상적인 신호 그 이상의 존재로 인식하기 어려워진다는 것이다.

나르시시즘을 바라보는 세 가지 관점

나르시시즘은 분석의 범위에 따라 다양한 방식으로 정의될 수 있다. 이 책의 목적과 가장 부합하는 거시적인 수준에서 보면 나르시시즘은 인간종

전반이 가지고 있는 자기몰두와 자기염려 경향이 반영된 결과물이라고 이해할 수 있다. 인간이 지닌 나르시시즘적 욕구는 자기영속과 생존을 향한 생물학적 압박에 뿌리를 두고 있다. 모든 유기체는 삶의 본능을, 살아 있고 삶을 지속하려는 욕구를 지니고 있다. 인간도 다른 종들과 마찬가지로 이 같은 삶의 본능이 충만한 존재이다. 그런데 나르시시즘은 생존을 향한 본능적인 욕망 그 이상의 것이다. 예를 들어 우리집에 있는 강아지 두 마리가 나와 내 아내의 관심을 독차지하기 위해 서로를 발로 밀치고 긁으면서 아무 거리낌 없이 경쟁을 한다고 해서 내가 그 강아지들을 나르시시스트라고 생각하지는 않는다. 반면 청소년기의 아들 둘이 그와 비슷한 행동을 한다면 우리 부부는 부모로서 매우 염려할 것이다. 강아지를 비롯한 여타 동물들의 경우 의식하는 능력과 뚜렷한 성격 특성은 가지고 있지만 다가올 미래를 예상할 수 있는 자아는 가지고 있지 않다. 즉 이들은 자신의 육체적 죽음이 불가피하다는 생각을 할 수가 없다. 동물들은 자기보존과 미래의 발전에 대한 우려에서가 아니라 본능에 따라 행동하므로 이기적일 수가 없다. 그러나 인간은 자의식을 가지고 있어서 자기과잉과 자기고취, 자기염려처럼 종종 문제시되는 상태를, 한마디로 나르시시즘을 초래하기노 한다. 자의식은 나르시시즘이 존재하기 위해 필요한 조건인 셈이다.

죽음에 대한 인식(death awareness)과 관련된 문제는 12장에서 더 자세히 다룰 것이다. 핵심은 우리 각자가 마음속에 소수의 소중한 사람들을, 기꺼이 목숨까지 내놓을 수 있다고 말할 수 있는 사람들을 간직하고 있다는 점이다. 그런데 이렇게나 제한적인 영역 밖에 속한 사람들에 대해서는 대체로 자신의 삶이 그들의 삶보다 더 소중하고 의미 있다고 여긴다. 자기영속을 향한 인간의 타고난 욕구와 분리된 자기에 대한 감각을 동시에 고려해보면 타인을 대상화하는 인간의 취약성도 충분히 이해할 수 있다. 허위를 꿰뚫고 진실을 직시하는 능력을 지녔던 총명한 학자 어니스트 베커는 다음과 같이 기술했다.

> 우리는 별 수 없이 스스로에게 빠져 있다. 우리가 마음을 쓰는 대상은 대체로 다름아닌 자기 자신이다. [……] 사실상 나 자신을 제외한 모든 사람이 소모품이라고 느끼는 것은 나르시시즘이 지닌 옹졸한 측면 중 하나이다. [……] 전장에서 군인들이 총구를 향해 거침없이 나아갈 수 있는 비결도 이 나르시시즘에 있다. 사람들은 내심으로는 자신이 죽을 것이라고 생각하지 않고 다만 옆에 있는 사람을 안쓰러워한다. [……] 그렇다고 해서 인간이 교활하다는 말은 아니다. 오히려 인간은 자신의 이기심을 '어쩔 수' 없는 것처럼 보이며, 이기심은 인간의 동물적 본성에서 비롯되는 듯하다.[2]

나르시시즘을 더욱 현실적인 차원에서 분석해보면 인간이 지닌 그 밖의 다양한 특성들과 마찬가지로 하나의 연속선상을 이루는 특성으로 간주할 수 있다. 상대적으로 온건한 형태의 나르시시즘은 일상에서 이기적인 목적을 위해 타인에게 의도적인 호의를 보이는(놀랄 만한 일이 아닐 수도 있으나 남자는 여자에 비해 나르시시즘과 관련해 더 높은 점수를 받곤 한다[3]) '적응력이 좋은(well-adjusted)' 사람들에게서 찾아볼 수 있다. 이보다 악성에 해당하는 나르시시즘 형태들은 공격적이고도 집요하게 자신의 이익 증진에 몰두해 타인의 삶에 해로운 영향을 미치는 사람들에게서 나타난다. 사실 이러한 부류의 사람들은 타인의 내적 경험을 들여다볼 수 있는 능력이 확연히 떨어진다. 타인을 자신의 목적을 위한 노리개 그 이상의 존재로 생각하는 경우가 거의 없기 때문이다. 타인의 고통에 영향을 받을 수 있는 능력은 타인과의 물리적 거리나 정서적 거리가 증가함에 따라 감소한다. 이 현상을 보여주는 한 가지 사례로 '단지 명령을 따르는' 차분하고 침착한 조종사가 수천 피트

상공에서 눈에 보이지 않는 민간인을 향해 고성능 폭탄을 대량 투하하는 경우를 들 수 있다. 나르시시즘적 경향은 측정 가능한 성격 변인으로서 개인에 따라 다르게 나타난다고 간주되기는 하지만,[*4] 사실 나르시시즘은 모든 인간에 내재된 정서적 거리 생성기(emotional distancer)처럼 보이기도 한다. 몇 가지 논란이 있기는 하지만 대부분의 정신건강 전문가들은 경미한 수준의 나르시시즘의 경우 비판이나 지위의 상실, 온갖 유형의 낙담 등 삶의 역경에 대한 일종의 자기방어로서 건강에 도움이 된다는 데 동의하는 듯하다.

나르시시즘을 미시적/개인적 수준에서 분석하면 부적응적 인격 상태, 즉 주체와 그 주변 인물의 삶에 해로운 영향을 미치는 상태로도 이해할 수 있다. 현재 이른바 '자기애성 성격장애(narcissistic personality disorder, NPD)' 자체는 (뇌의 정상적인 화학적 작용에 결함이 생겼다고 가정하는) 일종의 정신병으로 여겨지지 않는다. 대신 유전적 요인과 환경적 요인을 모두 가지고 있을 수 있는 성격적 결함으로 간주된다.[5] 자기애성 성격장애와 연관된 특성들은 끊임없이 나열할 수 있을 정도로 많으며, 그 목록은 마치 어떤 못된 로마 황제를 희화한 글처럼 읽히기도 한다. 사기애성 성격장애의 진단 기준을 충족하는 이들에게서는 다음과 같은 행동과 태도가 나타난다.[6]

- 자기 자신에 대한 과장된 생각
- 권력에 대한 끝없는 공상
- 성공, 명석함, 아름다움, 이상적인 사랑에 대한 집착
- 자기 자신이 특별하거나 유일무이하다는 인식

---

* 자기애성 성격 검사(Narcissistic Personality Inventory, NPI)는 현재 가장 널리 활용되고 있는 나르시시즘의 척도일 것이다. NPI는 상대적으로 빠르고 쉬운 자가 진단법에 해당한다. 나르시시즘 수준을 자가 진단해보고 싶다면 이 책에 실려 있는 부록을 참고하라.

- 특권의식
- 특별히 호의적인 대접을 받기를 불합리하게 기대
- 착취적인 대인관계
- 감정이입 능력의 결여
- 타인을 시기하거나 타인이 자신을 시기한다고 생각
- 오만하고 불손한 태도

자기애성 성격장애를 가진 사람은 현재 전체 인구의 약 6퍼센트이며, 연령대가 높아짐에 따라 비율이 감소한다고 알려져 있다.[7] 나르시시즘적 특성은 (보통) 청소년에게서 흔히 나타나지만 성인기에 접어들면 대체로 크게 감소하고 나이가 들면서 계속해서 감소한다. 이렇게 나르시시즘적 특성이 감소하는 현상에는 다양한 요인이 작용하고 있을 수 있다. 그중에서도 노화라는 불가피한 현상은 인간의 나르시시즘적 경향을 감소시키는 가장 커다란 단일 요인일 것이다. 변동의 여지가 없는 제한 시간이 나의 신체와 정신을 지배하고 있다는 깨달음은 그 무엇보다도 현실을 정면으로 직시하게 만든다. 그 밖의 다른 중요한 요인으로는 아이를 갖게 되었다거나, 삶의 역경과 좌절에 서서히 익숙해졌다거나, 남자들의 경우는 노화로 인해 남성호르몬 작용이 전반적으로 감소한 영향 등이 포함될 수 있다.

나르시시즘의 세 가지 유형

전문가들은 나르시시즘적 성격에는 세 가지 유형이 있다고 생각한다.[8] 고기능(high-functioning) 나르시시스트는 과시욕이 강하고 상당한 수준의 자만심을 갖는 경향이 있으나 꽤나 활동적이고 논리정연하며 외향적이고 성취지향적이기도 하다. 일부 정치인과 할리우드 연예인, 유명 운동선수를 비롯해 평판이 좋고 사회적으로 저명한 개인들이 고기능 나르시시트는 유형에 속하는 것 같다. 한편 **취약형/보상형**(vulnerable/compensating) 나르시시트는 자신감과 허세를 보이기는 하지만 끊임없는 과잉 보상을 필요로할 정도로 자존감이 낮다. 내가 만난 내담자들 중에는 자기애성 성격장애진단을 받은 사람이 상대적으로 적었고, 대부분 이 유형에 속했다. 취약형/보상형 나르시시스트들은 심한 비난이나 비하, 유기 등의 방식으로 부모로부터 심각한 방임과 정서적 학대를 받은 경우가 많다. 그러므로 취약형/보상형 나르시시즘은 '부모로부터 물려받은' 것이라고 볼 수 있으며, 이 유형의 나르시시스트들은 주로 깊은 열등감과 불안감을 감추거나 보상받기 위한 행동을 한다. 마지막으로 **악성**(malignant) 나르시시스트는 행동을 심하게 과장하며 자신이 완벽하다고 믿는다. 이러한 사람들은 특권의식을 갖고다른 이들을 착취하며 권력을 갈망하는 경향이 있다.

구체적으로 어떤 하위 유형에 속하든지 모든 나르시시스트는 사랑받고싶은 욕망과 유일무이하며 특별한 존재로서 관심받고 싶은 욕망을 가지고있다. 그러다보니 이들은 자기반성을 하거나 스스로 정신과 치료를 받으려고 하는 경우가 (극히) 드물어서 치료하기가 매우 어려울 수도 있다. 이들은자신에게 문제가 있다고 생각하지 않으려는 경향이 있으며, 설령 자신에게문제가 있다고 생각한다고 해도 그 문제의 원인은 다른 사람에게 있다고 본다. 예를 들어 첫 치료를 받으러 온 한 자기애성 성격장애 남성 환자가 이런말을 할 수도 있다. "선생님, 제 (비속어를 쓰며) 아내를 어떻게 해야 할지 좀알려주세요. 아내 때문에 (비속어를 쓰며) 미쳐버릴 것 같아요……" 이때 치료자가 본질적인 문제는 환자 본인에게 있고 개입이 필요하다는 식으로 성급하게 이야기하면 환자는 치료자가 다른 사람들처럼 자신을 '이해하지 못한다'고 생각해버리고 치료를 중단할 가능성이 크다.

내가 예전에 치료했던 한 내담자는 정신 치료가 어려운 유형에 속했을 뿐만 아니라 놀랍게도 취약형 나르시시즘과 악성 나르시시즘을 모두 가지고 있었다.* 지적이고 카리스마도 있으며 매력적이었던 20대 중반의 여성 내담자는 부모로부터 심각한 방임과 학대를 받은 것은 물론 무척이나 걱정스러운 배경을 가지고 있었다.** 그 여성은 매우 독선적이었고 기혼자로 세 살 난 딸이 있었다. 그 혼란스럽고 문제가 많은 과거를 가지고 있었음에도—꽤나 수동적인 남자와 결혼한 것을 포함해—많은 것을 성취한 것처럼 보였고, 어떤 이유에서인지는 알 수 없었지만—정치, 철학, 생물학, 시사, 비행기 조종, 기타 연주, 오페라 공연, 시, 스카이다이빙, 스쿠버다이빙, 낚시, 집수리, 미국 내 최고급 골프 코스에서 즐기는 골프, 미국 해안가와 다른 지역에서 하는 여행의 미묘한 차이를 불문하고—머릿속에 떠올릴 수 있는 거의 모든 주제에 대해 정말 많은 것을 알고 있었다. 사실 그가 가지고 있는 전반적인 지식수준만 고려해보아도 내가 그때까지 만났던 그 어떤 젊은이들과는 달랐고, PBS 프로그램 「프런트라인(Frontline)」에서 내레이션을 하는 윌 라이먼이 맥주 브랜드 도스 에키스의 최근 텔레비전 광고에서 비꼬듯이 말한 (어쩐지 농담 같았던) 화제 전환용 대사를 상기시키기도 했다. "이 세상에서 그 누구보다도 흥미로운 [여자] [제인] 골드스미스 씨를 만나봅시다."

그가 치료를 받으러 온 이유는 주로 권위적인 사람들로부터 느끼는 좌절감과 연관되어 있었다. 그는 권위 있는 사람들이 내리는 "다른 사람들처럼 동일한 규칙을 따르라"는 지침에 분개했다. 그에게 그런 말은 자신의 감수성에 대한 모욕으로 느껴지는 경우가 비일비재했다. 결국 그는 자신을 지지하

---

* 내담자의 개인정보 보호와 기밀 유지를 위해 미국심리학회(American Psychological Association, APA)의 지침(APA, 2009)을 준수했다. 이 사례를 살펴보면 자기애성 성격장애 환자들이 특정 세부 유형에 '온전히' 들어맞는 경우는 드물다는 사실도 분명히 알 수 있을 것이다.
** 자기애성 성격장애의 발병률은 일반적으로 6.2퍼센트이며, 여자(4.8퍼센트)보다 남자(7.7퍼센트)의 발병률이 두 배 가까이 높다(Stinson et al., 2008).

는 소수의 사람들로 구성된 작은 조직까지 만든 상태였다. 그리고 뜻을 같이하는 사람들과 함께 주차에 대한 '불합리한' 제약과 기타 번거로운 상황들을 문제삼아 시의회와 경찰을 상대로 여러 고충을 제기할 계획도 세우고 있었다. 그의 삶은 그런 소송 사건들을 중심으로 흘러가는 것처럼 보였다.

치료 초기에 나에게 주어진 과제는 라포(rapport)*를 형성함으로써 나중에 내담자에게 더 도움이 될 수 있을 만한 기회를 만드는 것이었다. 그는 한참 동안 자신의 다양한 관심사에 대해 상세히 이야기했고, 나는 그의 이야기를 주의깊게 들었다. 그리고 가능한 한 그와 나 사이의 공통점을 찾으려고 노력했다. 공통의 관심사와 경험을 가지고 있다는 사실이 신뢰를 형성하는 데 도움이 되기 때문이었다. 치료를 시작한 지 몇 달 만에 내담자가 우리는 이러저러한 공통점 덕분에 함께 치료를 하게 될 '운명'이었다는 말을 할 정도였다. 나는 그의 치료자로서 분명 권위를 가진 인물이었지만, 그를 이해 혹은 인정할 수 있는 극히 소수의 권위적 인물 중 한 사람인 것 같았다.

그는 정신적 외상을 초래할 만한 고단한 과거와 그 과거가 자신의 삶에 미친 영향에 집중하기보다는 자신이 진행중인 소송에 대한 나의 의견을 듣고 싶어했다. 내가 어떻게 생각하는지, 내가 그의 의견에 동의하는지 혹은 다른 사람들의 의견에 동의하는지를 말이다. 더 중요한 부분은 그가 자신이 얼마나 뛰어난 사람인지를 내가 인정해주었으면 하는 듯해 보였다는 데 있었다. 그는 자기만의 만트라 같은 상투적인 문장을 몇 번이고 반복했다. "세상에는 세 가지 유형의 사람이 있어요. 어떤 일이 일어나게 만드는 사람과 어떤 일이 일어나는지 지켜보는 사람, 그리고 어떤 일이 일어났는지를 궁금해하는 사람이죠. 저는 첫번째 유형에 딱 들어맞는 사람이고 싶어요." 특히 어느 날에는 치료 세션이 끝날 즈음 자신감에 찬 태도로 어떤 **불합리한 결**

---

* 상담, 치료, 교육 등의 상황에서 친밀감과 신뢰감이 형성된 관계를 의미한다(역자 주).

론을 크게 외치기도 했다. "그나저나 최근에 저는 더이상 지옥 같은 건 믿지 않기로 했어요. 그리고 누군가 저를 좋아하지 않거나 저와의 관계에서 어떤 문제가 생기면 그건 그 사람들 문제라고 생각하기로 했어요." 나는 그 이후의 몇 차례 세션에서 내담자의 이 의미심장한 말에 대해 더 깊이 있게 논의해보려고 했지만 그다지 성과는 없었다.

그는 그로부터 몇 주 후에 가진 세션에서 남편 때문에 주의가 더 산만해지고 짜증이 난다고, 당장이라도 폭발해버릴 것 같은 분노를 느끼고 있다고 토로했다. 누군가가 자신이 좋아하지 않는 행동이나 말을 하면 곧바로 비속어를 쏟아내거나 발작적으로 소리를 지를 가능성이 있는 상태(예전에도 이런 일이 일어났다)였다. 이 모든 일은 그가 소송을 진전시키는 일에 과하게 몰두해 있던 일주일 동안 일어난 것이었다. 나는 그에게 잠깐 시간을 내어 이 온갖 일들 사이에 어떤 연관성이 있지는 않을지 반추해보자고 권했다. 그러나 그는 별다른 망설임 없이 '절대적 권위자'로 보이고 싶은 본인의 욕망에 대해 열띤 어조로 이야기하기 시작했다. 꼼꼼한 배경 조사와 확실한 논리로 무장해서 상대방이 말 그대로 넋을 놓고 할말도 잊은 채 자신의 설득력 있는 주장에 반박할 수조차 없게 만들고 싶다는 내용이었다. 그가 생각하기에 자신이 느끼고 있는 스트레스는 전문가로서 성장하기 위해 치러야 할 작은 대가였다. 나는 이 치료에서 전략적인 대응을 할 때가 되었다고 판단했다. 그가 소송에 투자하는 행위가 주변 사람들과의 관계(특히 남편과 딸과의 관계)를 망치고 있는 것 같았고, 그런 행위 자체가 자신은 옳고 다른 사람들은 틀리다는 뿌리깊은 욕구에서 비롯한 듯했다. 이러한 판단 아래 나는 "전 멀쩡해요. 이 세상이 엉망진창인 거죠"라는 말로 되풀이되는 내담자의 내면 주제가 그의 삶에 심각한 문제를 초래하고 있다고 이야기했다. 그리고 그의 자아감을 구성하는 요소 중에 종교도 포함되어 있다는 점을 고려해 "나는 옳고 다른 사람들은 틀리다는 생각에 그토록 깊이 몰두하는 행동은 깨달음을 얻은 사람이 되는 것과 정반대예요"라고 이야기함으로써 자기성찰을 한층 북돋워주고자 했다. 물론 그는 내가 결코 바랐던 이유 때문은 아니었지만 깨달음이라는 관념을 꽤 흥미롭게 받아들였다. 그는 구체적인 설명과 용어의 정의 등에 대해 물어보았고, 우리는 그런 주제에 대해 한동안 솔직하게 이야기를 나누었다. 그가 따르고 있는 현재의 삶의 방식과 그가 믿는 종교에서 제시하는 이상을 직설적으로 비교하고 평가하는 나의 말을 그가 꽤 잘 받아들이는 듯해서 내심 안도감을 느끼기도 했다. 자기를 강화하는 나르시시즘적 관점에 마침내 처음으로 균열이 생기는 듯했고, 그는 그 과정을 잘 견디고 있는 것 같았다. 나는 그와 이 지점에까지 이르렀다는 사실에 기뻤다. 어쩌면 그는 치료가 어려운 종류의 사람이 전혀 아니었을 수도 있었다.

몇 주 뒤 그는 자기 삶의 또다른 새로운 측면에 대해 매우 솔직하게 털어놓았다. 나는 그가 기혼 상태로 어린 딸을 키우고 있으며, 남편(내담자보다 딸의 양육에 훨씬 많은 노력을 기울이고 있는 듯했다)에 대해서는 거의 언급하는 일이 없거나 무심하고 멸시하는 듯한 말투로 마치 뒤늦게 생각나서 덧붙이는 것처럼 이야기한다는 사실을 이미 인지하고 있었다. 그는 남편을 "사랑하지 않는다"고 분명히 이야기하기도 했으며, 남편과 살고 있는 주된 이유는 자신이 원하는 대로 하도록 내버려두기 때문이라고 했다. 또한 남편과 또다른 남자와 셋이서 성관계를 맺는 판타지를 오랫동안 꿈꾸어왔고, 이것 역시 남편과 함께하고 있는 중요한 이유 중 하나라고, 마침내 그 판타지를 실현할 수 있는 기회가 오면 남편은 이에 동의할 것이라고 이야기했다. 내가 남편이 그런 제안을 수락할지에 대해 묻자 그는 남편이 "그런 일에 그다지 관심이 없어서"라고 망설이다가도 자신과 함께하고 싶은 마음에 결국에는 승낙할 것이라고 답했다. 그러면서 최근에 한 수업에서 어떤 젊은 남자와 친구가 되었다며 대화를 이어갔다. 그 젊은이는 그가 기혼이라는 사실을 알고 있었지만(항상 결혼반지를 끼고 다녔다), 두 사람은 어느 날 오후 술을 마시고 그의 집으로 가서 남편과 딸이 옆방에서 '잠을 자고' 있는 동안 밤새 성관계를 가졌다고 했다. 그다음날에는 다른 지역에 사는 내담자의 친구이자 커플이 공교롭게도 그의 집을 방문했고, (그의 남편도 포함해) 다섯 사람은 남은 주말 동안 딸을 다른 친구의 집에 맡기고 함께 성관계를 가졌다고도 했다. 그는 이런 일련의 사건들을 매우 구체적으로 설명했다. 그의 이야기를 들으면서 내 머릿속에서는 많은 생각이 스쳐지나갔다. 자신의 성생활에 대해 이렇게까지 솔직하고 생생하게 들려주는 이유는 뭐지? 나에게 충격을 주려는 건가? 나를 유혹하려는 건가? 아니면 나에게 깊은 인상을 남기려는 건가? 이 이야기가 진실이기는 한 건가? 그날 세션이 끝나기 전에 그 이야기를 더 진전시킬 시간이 거의 남아 있지 않아 우리는 그다음 주에 구체적으로 논의하기로 했고, 다음 세션이 되자 그는 일주일 동안 그런 경험을 수차례 더 했다고 이야기했다. 나는 그에게 이런 일을 이렇게까지 상세하게 이야기하게 된 계기가 무엇인지 물었다. 그러자 그는 "더이상 어떻게 해야 할지 모르겠다"는 식의 말을 하면서, 자신이 진짜 믿는 것이 무엇인지 더이상 확신할 수가 없다고 했다. 나는 그의 이 같은 반응을 보면서 그가 효과적인 치료 영역으로 접어들 수도 있겠다고 생각했다. 나는 그의 반응과 감정, 이후 한두 차례 세션에서 벌어질 수 있는 일들에 대해 더 고심한 뒤 나의 반응과 관점을 내담자에게 알려주기로 결심했다. 그런 뒤 그가 지금 따르고 있는 삶의 방식은 그와 남편과 딸의 입장에서 최선이 아닌 것 같고, 장기적으로는 행복과 안녕에도 도움이 되지 않는다고 이야기했다. 그러자 그는 냉담한 반응을 보였는데, 이는 나르시시스트들에게서 전형적으로 나타나는 반응이었다. "제가 제 자신이나 제 딸과 제 남편이 행복해지기를 바란다고 대체 누가 그래요? 저는 제 딸이 힘있는 사람이 되길 바라는걸요……."

비록 이 내담자는 나르시시즘의 경향을 일반적인 경우보다 노골적으로 보여주는 사례에 해당하지만, 나르시시즘이 타인을 무시하고 대상화하는 경향에 상당 부분 기여할 수 있음을 알 수 있다. 내담자의 남편, 딸, 여러 명의 성관계 대상, 그 밖에 그의 삶에 등장한 다양한 사람들은 그가 원하는 목적—권력, 명망, 사회적 지위—을 달성하기 위한 한낱 수단에 지나지 않는 존재로 간주되었으며, 그에 따라 대우받았다. 실제로 그와의 치료 기간 동안 종종 넷플릭스 시리즈 드라마 「하우스 오브 카드」에서 심각한 나르시시스트로 등장하는 주인공 프랭크 언더우드가 떠오르기도 했다.

자기애성 성격장애를 가진 사람들의 수는 상대적으로 적은 편이지만 이들은 모든 인간이 다양한 수준의 특권의식, 감정이입의 어려움, 유일무이하고 특별한 존재로 사랑받고 싶은 욕구 등을 공유하는 경향이 있음을 보여준다. 그러나 가장 큰 차이점은 나르시시스트들은 이 같은 것들을 과장해 생각하고 자신이 가진 특권의식이나 자신이 특별하다는 믿음을 더욱 솔직하게 드러내는 반면, 대부분의 사람들은 그런 생각을 억제하거나 적어도 자기 내면에서만 더 잘 간직한다는 데 있다. 그러나 이러한 노력에도 불구하고 대부분은 전 생애에 걸쳐 나르키소스의 그리스 비극을 어느 정도 되풀이하며 살아간다. 자기 자신의 번영을 꾀하거나 '시야를 넓힌다'거나 타인의 삶에 결정적인 변화를 이끌어내고자 하는 충동은 박수를 받을 만한 일이지만 인간이 지닌 나르시시즘적 경향의 징후로도 해석할 수 있다. 대가족을 꾸리고, 많은 재산이나 귀중품을 모으고, 예술작품을 만들고, 자선단체를 설립하고, 책을 집필하고, 공직에 출마하는 등의 충동으로 인해 행하게 되는 시도들은 많은 경우 칭송할 만하고 존경할 만한 행동이 되지만, 또한 이러한 것들은 우리 자신을 존재의 중심에 놓고 영웅이 된 듯한 기분에 취하며 삶의 유한성을 부인하고, 지금부터 다룰 주제이기도 한 자아를 어루만질 때의 만족감을 느끼려는 욕구를 반영하고 있기도 하다.

9장

자아(1)
자아의 본질과 양상

나를 봐! 나를 봐봐! 난 알겠어…… 나를 보라고! 난 알겠어, 이것 봐!!! 내 안에는 소리치고 싶게 만드는 게 있어…… 정말 중요한 게 뭔지 말해주는 게 있지…… 난 영혼을 가졌어! 그래서 난 아주 고약하지!

—제임스 브라운(James Brown)[1]

자기중심성은 존재의 심연에서부터 잘못된 것으로 간주해야 한다.

—달라이라마(Dalai Lama) 성하[2]

4장에서 언급한 니들먼의 세 가지 고대 지혜를 다시 살펴보면 두번째 관념도 많은 독자의 직관에 반할 가능성이 크다. "인간이 자기 정체성에 대해 느끼는 일반적인 감각, 이른바 '인격(personality)'은 진정한 근본적인 정체성이 아니다." 대부분의 사람들은 이러한 주장에 대해 "내가 어떻게 나 자신을 모를 수가 있지? 내가 나 자신이 생각하는 사람이 아니라면 대체 나는 누구라는 거지?"라고 반응할 것이다. 옛 선인들은 인간이 가장 쉽게 의식할 수 있는 자아감은 오로지 피상적인 정체성만을 보여주며, 이 정체성은 자기중심성을 비롯해 사회 환경으로부터 받은 직접적인 영향에 의해 좌우된다고 생각했다. 19세기 말 이래로 이처럼 쉽게 접근 가능한 자기의 층위는 단순히 '나(I)'를 의미하는 라틴어 자아(ego)라고 불리고 있다. 자아는 뇌 속을 들여다보는 양전자방출단층촬영(PET)이나 기능적자기공명영상(fMRI) 같은 기법을 통해 관찰할 수 없다. 보다 정확히 이야기하면 자아는 인간의 사고, 감정, 행동의 특질이나 속성을 가리키기 위한 추상적 개념이다. 모든 인간이 각기 다른 정도로 가지고 있는 특정한 경향을 기술할 수 있도록 해주는 이론적 구성개념인 것이다.

현재 학자와 전문가들은 자아라는 개념을 서로 다른 두 가지 방식으로 파악해 사용하고 있다. 심리학자들은 자아를 정신 속에 존재하는 일종의 자기조직화(self-organizing) 원칙으로 일컫는 경우가 많다. 이때의 자아는 총체 혹은 통합과 유사한 상태를 구현하기 위해 자기를 이루는 각기 다른 요소들을 한데 합치는 의식의 일부분으로 간주된다. 당연한 일이지만 자아가 없다면 인간은 일관적이고 결속력 있으며 안정적인 방식으로 기능할 수 없을 것이다. 말하자면 조직자(organizer)로서의 자아는 인간 정신을 필요에 따라 이로운 방식으로 적응시키며, 그로써 인격이 존재하는 데 필요한 자아 통합이 이루어지게 한다. 반면 계몽철학 및 여러 신학에서는 자아를 인간이 반복하는 사고와 조건화된 정신적-정서적 패턴의 일부분으로 여긴다. 이 자아는 다른 모든 사물과 분리된 별개의 존재인 '주격으로서의 나, 목적격으로서의 나, 소유대명사로서의 나(I, me, mine)'를 의식하는 것이 특징이다. 이때 주목해야 할 점은 자기조직화 원칙으로서의 자아가 아니라 주기능이 **자기의 보호와 고양**에 있는 정신기제(psychic mechanism)로서의 자아이다.

사상가들은 오랫동안 정신의 자기고양 메커니즘이 갈망, 애착, 자기몰두의 근간이 된다고 생각했다. 또한 인간의 갈등 및 고통의 원천이자 깨달음을 가로막는 주요 장벽으로도 여겼다. 9장과 10장에 걸쳐 긴 분량을 할애해 가며 자아에 관해 설명하는 이유는 자아가 대상화 문제를 이해함에 있어서 중대한 요소이기 때문이다. 비유적으로 이야기하면 자아는 플라톤의 동굴에 서식하는 이들을 얽매고 제약하는 족쇄―손목과 발목을 묶은 사슬과 고개를 좌우로 돌릴 수 없게 만드는 구속장치―로 이해할 수 있다. 자아는 우리 자신과 타인, 우리를 둘러싼 세상에 대한 관점을 제약하는 **진정으로** 주된 제약일 수도 있다. 자아의 통제 아래 있으면 타인을 대상화할 가능성이 월등히 높아진다. 자아의 족쇄 같은 것이 존재하지 않는다면 플라톤의 동굴에 서식하는 이들은 더이상 죄수의 신세가 되지 않을 것이다. 자신이 처한 상황의 현실을 인식할 수 있을 정도로 보다 자유로운 존재가 되어 다급히 출구를 향해 나설 것이다. 조지프 캠벨과 더불어 전 세계 종교에 다식한 20세기의 위대하고도 덕망 있는 학자 휴스턴 스미스(Huston Smith)는 특히 위대한 종교를 다루는 맥락에서 자아를 자주 언급했다. 스미스가 자아에 대해 설명한 바는 다음과 같다.

> [자아를] 이루고 있는 요소들은 분리[에 대한 인식], 즉 욕망의 대상과 분리된 존재에 대한 인식이 지속되거나 증대되도록 하는 경향이 있다. …… 삶은 본디 하나인지라 어떤 측면을 다른 측면과 분리하려다보면 필연적으로 고통이 야기된다. 인간이 다른 인간에게 해야 할 임무는 그들을 우리의 연장선이자 우리가 지닌 다른 측면들로, 동일한 현실을 이루는 유사한 측면들로 이해하는 것이다. 이는 인간이 평소 이웃에 대해 생각하는 방식과는 조금 거리가 있다. […] 부처가 이야기하기를 이승에는 고난이 자리하고 있으며, 바로 그로 인해 우리는 고통받는다. 우리는 우리의 신념, 사랑, 운명을 전체와 연결하는 대신 필히 휘청거리다 결국에는 힘이 다 빠져버릴 보잘것없는 작은 나귀 같은 각자의 분리된 자

[그림 9.1] 자아와 나르시시즘의 관계

아에 그것들을 고집스럽게 얽매어놓고 있다. 우리는 각자의 정체성을 애지중지 아끼다가 자기 자신을 '피부에 갇힌 자아들' 속에 가둬버리고 [……] 그 자아들을 강화하고 확장함으로써 성취감을 얻으려고 한다 [……]. "이것이 우리를 고통받게 만드는 자아이다"라는 사실을 깨달을 수는 없단 말인가? 자아는 풍요로운 삶으로 향하는 문이 되어주기는커녕 탈장을 일으킬 뿐이다.[3]

스미스는 이 하나의 문단을 통해 지금까지 논의된 수많은 핵심 사항을 되짚는다. 통합된 삶으로 구성되어야 할 현실은 자아에 부딪히고, 자아의 산물인 분리에 대한 인식과 자기중심성은 타인을 향한 적대감을 강화하고 대상화 경향을 증대한다고 말이다.

논지를 명확하게 하려면 자아와 나르시시즘을 구별하는 편이 도움이 될 것이다. 어떤 이들의 내면에서는 자아와 나르시시즘이 동의어처럼 받아들여질 수도 있기 때문이다. 물론 자아와 나르시시즘 모두 인간의 사고와 행동을 이루는 측면들을 설명하기 위한 이론적 구성개념이며, 두 개념은 확실히 서로 연관되어 있다. 이론적으로는 [그림 9.1]에 나타나 있듯이 자아가 나르시시즘이라는 부분집합을 포함하는 더 넓은 개념이라고 보는 것이 보다 합리적일 수 있다.

나르시시즘은 자기보존과 자기고양에 대한 욕구, 자신의 유일무이함과 특별함, 우월성, 분리성에 대한 인식과 동일하다고 여겨진다. 자아 또한 이 같은 방식으로 이해할 수는 있지만 자아는 나르시시즘 이상의 것이다. 9장 후반부에서 살펴보겠지만 자아는 자기를 사물, 사고, 감정, 생각, 역할 등과 동일시한다거나 갈망과 애착을 보이는 등 독특한 경향을 가지고 있다. 한편 자기애성 인격장애는 팽창된 자아에 따른 장애로 이해할 수 있지만, 현재 진단 기준에 사물과의 과잉 동일시(over-identification), 자신의 정체성을 자신의 사고 및 감정과 동일시하려는 과도한 경향, 특정 대상에 대한 과도한 욕망 등이 포함되어 있지는 않다. 그보다 자기애성 성격장애는 타인을 착취하는 경향과 감정이입의 불능을 비롯해 자만심, 특별함에 대한 인식, 특권의식이 비정상적으로 비대해진 상황과 연관되어 있다. 누구나 어느 정도는 이러한 특성을 가지고 있지만 자기애성 성격장애는 이처럼 문제적인 특성을 과하게 가지고 있음이 명백히 드러나는 경우에 해당한다.

대부분의 정신적 문제들—자기애성 성격장애뿐만 아니라 불안이나 우울, 식이장애, 강박장애, 공포증 등의 문제도 포함—이 자아 기능의 장애로 인한 것인지는 논란의 여지가 있다. 통상적으로 정신의학에서는 이러한 장애의 원인이 지나치게 왜소한 자아에 있다고 간주하며, 환자의 자아감을 북돋우거나 향상시키는 해결책을 제시한다. 한편 자신감 부족이 문제가 된다고 이해하되, 더 심각한 문제는 자아가 너무 왜소하다기보다는 여전히 너무 비대하다는 점에서 비롯된다고 인정하는 것도 문제를 이해하고 도움을 줄 수 있는 또다른 타당한 방법일 수 있다. 자신의 비참한 생각과 감정을 자신이 누구인지(이와 관련해서는 9장 뒷부분에서 더 논의할 것이다)와 과하게 동일시하고 있다고 말이다. 이 경우에 해당하는 사람들은 자신을 다른 사람과 비교하는 일에 사로잡혀 있을 때가 많다. 이들의 걱정은 자신이 어떤 이유에서인지 기준에 미치지 못하고 있다는 생각, 다른 사람보다 '나은' 수준까지는 아니더라도 다른 사람'만큼 괜찮은' 존재라는 느낌을 받고 싶은데 다른 사람보다 '못한' 존재라는 생각에서 비롯된다. 이 같은 우려는 모두 자아와 연관되어 있다.* 그러나 모든 양상이 오로지 자아의 문제에서 기인한다는 의미는 결코 아니다. 많은 정신질환은 생리적·환경적·유전적 요인에 바탕을 두며, 질환을 완화하려면 이를 인정하고 효과적으로 치료하는 것이 중요하다. 다만 자아와 '나'에 대한 감각은 단순히 자기애성 성격장애만이 아닌 대부분의 정신질환에서 문제적 요인이 될 수 있다는 의미이다.

자아의 발달

앞에서 영유아들이 언제부터 자신을 외부와 분리된 고유한 개체로 인식하기 시작하는지에 관해 논의했었다. 이러한 인식 과정은 보통 생후 1년에서 2년 안에 탄력적으로 진행되는데, 어떤 대상이 더이상 눈에 보이지 않더라도 영속성이 유지되며, 자신과 양육자가 동일한 존재가 아니라는 사실을 깨달을 만큼 인지능력이 발달하면 가능해진다. 자기만의 고유한 이름을 가지고 있으면 자신의 존재를 이름과 동일시할 수 있게 되므로 이 같은 인식 과정이 진행되는 데 도움이 된다. 머지않아 영유아는 '주격으로서의 나'를 '목적격으로서의 나'라는 개념과 연관지어 생각할 수 있게 되고, 뒤이어 '소유대명사로서의 나'라는 정신적 개념도 인지하게 된다. 이러한 발달은 영유아의 자아가 외부 대상, 즉 '온갖 것들'을 분간하기 시작한다는 사실을 보여

---

* 틱낫한은 이러한 사고방식의 연장선상에서 자아중심적 교만을 (1) 내가 다른 사람보다 낫다고 생각함, (2) 내가 다른 사람보다 못하다고 생각함, (3) 내가 다른 사람만큼 훌륭하다고 생각함(p.189) 등 세 가지 유형으로 제시했다. 이 같은 사고방식이 갖는 결점은 개인의 주요 관심사가 자아와 탈동일시하는 데 있지 않고 자아를 평가하는 데 있다는 것이다.

준다는 점에서 중요하다. 이 사실을 증명할 수 있는 방법은 실로 다양하다. 예를 들어 아이는 장난감이 망가지거나 사라지면 괴로워한다. 양육 경험이 있는 부모들이라면 잘 알고 있듯이 아이들은 매우 빠르게 특정 장난감에 흥미를 잃고 쉽고 빠르게 다른 장난감으로 관심을 돌리기 마련이다. 그러나 정서적인 괴로움이 생겼다면 그것은 특정 장난감에 '소유대명사로서의 나'에 대한 감각이 결부되었기 때문이며, 이 감각은 '목적격으로서의 나'에 대한 감각과도 연관되어 있다. 장난감을 잃어버린다는 것은 그에 상응하는 자아를 잃어버리는 것과도 같아 아이에게 괴로움을 안겨주는 것이다.

신체적 성장이 이루어지면 '나'에 대한 정신적·정서적 감각도 발달하며, 이 감각은 영유아가 경험하는 다양한 측면들과 통합되면서 확대된다. 이로써 영유아의 자아는 자신의 신체, 성별, 친구, 가족, 소유물에 대한 생각과 감정을 '나다움(Iness)'에 대한 감각의 일부로 포함하기 시작한다. 자아의 발달이 지속되면 민족성, 인종, 종교 등에 대한 한층 복잡한 인식과 감정도 추가될 수 있다. 견해, 선호, 역할, '내 삶의 이야기'라고 여겨지는 사건들을 선별해 축적한 기억 등은 영유아의 자아감이 더욱 풍성해질 수 있게 해준다. 정체성을 구성하는 이 모든 측면이 가진 공통점이라 함은 자아감을 중심으로 결합한 생각과 감정에 불과하다는 것이다.[4]

대부분의 사람들은 청소년기 무렵이 되면 외부의 무수한 대상과 자아에 대한 인식뿐만 아니라 마음속에서 일어나는 의식의 흐름과도 '융합' 또는 완전히 동일시되기 시작한다. 그런데 이러한 대부분의 의식의 흐름은 가능한 사실적으로 표현하면 어쩐지 상당히 파편화되어 있고 서로 동떨어져 있으며, 반복적이고 단조로우며 기이하다고까지 느껴질 수 있다. 그럼에도 불구하고 이 의식의 흐름, 머릿속에서 울리는 끊임없는 '목소리'는 대부분의 사람들이 자기 자신에 대해 갖는 항시적인 감각에 영향을 준다. "내 기분이 좋은 건가, 나쁜 건가? 나는 편한가 아니면 긴장하고 있나? 나는 만족스럽나 아니면 불만족스럽나? 나는 흥미를 느끼고 있나 아니면 지루함을 느끼고 있나? 나는 나 자신을 좋아하나 아니면 좋아하지 않나? 좋은 날이었나 아니면 좋지 않은 날이었나?" 의식의 흐름은 이 같은 질문에 답을 제시해준다. 그러나 유감스럽게도 대부분의 사람들은 이렇게 대체로 무작위적이고 반복적이며 무의미한 생각과 그에 따른 끊임없는 감정의 흐름이 그야말로 자아의 또다른 양상이라는 사실을 깨닫지 못한다. 마음속 이야기에 손쉽게 동일시하고 수시로 나타나는 특정 생각과 감정의 흐름을 **기준으로** 삶을 경험하는 대신 자신의 생각과 감정을 그저 인식하는 능력을 기르는 것도 가능하기는 하지만, 그렇게 하기 위해서는 한층 유리되고 무심하며 '분산된' 관점이 필요하다. 자신의 생각이나 감정 그 자체가 **되어**버리지 않고, 그러한 생각이나 감정을 **배후**에서 인식해야 한다는 말이다. 이 같은 관점의 전환—마음속 이야기 자체가 되는 상태로부터 그런 생각과 감정을 가지고 있음을 알고 있는 배후의 인식이 되는 상태로의 전환—을 경험한 사람들 중 일부는 본인의 정신이 이러한 능력을 가지고 있었다는 사실을 깨달은 처음의 순간을 영원히 잊지 못한다. 이 같은 경험을 더욱 섬세한 방식으로 여러 번 해본 사람들은 어떤 불가해한 이유로 평온 혹은 내면의 평화가 차오르는 느낌을 받기도 한다.

자아의 노출: 니들먼의 간단한 실험

니들먼은 강의를 진행할 때 학생들이 각자의 마음속에 잠재되어 있는 역량의 중요성을 인식할 수 있도록 돕는 데 중점을 두었다. 니들먼은 고대 철학자들(주로 마르쿠스 아우렐리우스)의 저작을 바탕으로 자아를 의식적인 사고 및 감정의 흐름과 동일시하는 관점에서 벗어나 자아 '배후'의 의식을 경험하는 관점으로의 전환을 돕기 위해 얼핏 간단해 보이는 실험 하나를 고안했다. 어느 날 강의가 끝나갈 즈음 그는 학생들에게 다음과 같은 과제를 내주었다.

독해 과제 이외에 여러분이 며칠 동안 다른 과제 하나를 더 해보았으면 합니다. …… 어떤 과제이냐면 앞으로 며칠 동안…… 여러분을 짜증나게 하는 것들과 새로운 관계를 맺어보는 실험입니다. 원한다면 잠시 후 강의실을 나서는 순간부터 시작해보세요. 이 실험은 단순히 자기 내면으로 들어가 짜증이 나거나 신경이 거슬리는 상태를 관찰하는 것입니다. 관찰하는 것 외에는 그 무엇도 하려고 하지 마세요. 감정을 없애거나 정당화하거나, 좋은 건지 나쁜 건지 판단하려고도 하지 마세요. 그저 그 감정을 관찰하고 자기 자신과 그 감정이 어떻게든 연결되어 있는지 지켜보세요. 감정을 바꾸거나 감정으로부터 달아나려고 하지 말고 그냥 한 발 뒤로 물러나보세요. 이해가 되나요? …… 마음속으로 "아, 지금 나는 짜증이 나는구나"라고 조용히 혼잣말을 하면서 짜증나는 상태를 그저 관찰하는 것입니다. 매일, 매시간, 매 순간 우리를 짜증나게 하고 신경을 자극하는 것들은 언제나 존재하기 때문에 이 같은 '철학적' 훈련을 해볼 기회가 결코 없지는 않을 것입니다.[5]

니들먼이 다음 수업시간이 되어 혹시라도 실험을 실제로 해본 사람이 있었는지 묻자, 해보겠다고 대답했던 학생들 거의 대부분이 실험을 까맣게 잊어버렸다고 대답했다. 니들먼이 생각하기에 학생들의 망각은 선의를 실행에 옮기지 못하는 인간의 근본적인 문제 중 하나를 보여주는 것이었다. 우리는 정신없고 산만한 일상 속에서 보다 심오하고 미묘한 느낌을 기억하거나 붙들고 있지 못하는 경우가 너무나 많으며, 어떤 위기가 닥쳐와 얼떨결에 심오한 인식 상태로 접어들게 되지 않는 이상 무언가가 '좋은' 것임을 알아도 실행에 옮기지 못한다. 하지만 니들먼이 제안한 실험의 핵심은 인간의 망각 성향을 알려주는 데 있지 않았다. 니들먼은 실험을 기억하고 실제로 해보았으나 서로 다른 결론에 도달한 두 학생의 경험을 비교해서 들려주었다. 첫번째 학생은 나이가 많고 은퇴한 전직 의사로 수업을 청강하고 있었는데, 니들먼이 제시한 실험을 짜증이나 불만을 인식함으로써 다른 감정으로 바꾸는 훈련이라고 이해하고 있었다. 그 남학생은 자신의 감정을 인식해보는 시도를 성공적으로 해냈고, 니들먼이 관찰한 대로 "결과적으로 더욱 깊은 지옥의 밑바닥으로", 즉 자기몰두의 지옥으로 '낙하하는' 느낌에 스스로 꽤 만족스러워했다.[6] 그런데 다소 조용하고 얌전한 다른 젊은 여학생은 그 남학생과 상당히 다른 경험을 했다. 이 학생은 세탁소에 맡긴 드라이클리닝 세탁물이 제때 준비되지 않은 것에 짜증이 났고, 그 사실을 깨달은 순간 갑자기 과제가 떠올랐다. 그래서 속으로 "아, 나는 지금 짜증이 나는구나"라고 말하며 짜증을 느끼는 자기 자신을 그저 '관찰'해보려고 시도했다. 그리고 그렇게 관찰하고 있던 중 생애 가장 독특한 경험이라고 할 만한 순간이 찾아왔다며 다음과 같이 이야기했다고 한다.

> 불현듯 저 자신이 두 사람이 된 것 같은 느낌이었어요. 가게 직원에게 심한 짜증을 느끼며 불만에 가득차 있는 사람과 그런 상황에 놓인 자기 자신을 훨씬 중립적이고 무심한 태도로 그저 관찰하는 사람으로 말이죠.[7]

니들먼에게 무엇보다도 깊은 인상을 남긴 것은 학생이 내린 결론이었다. **"제 마음속에서 이런 일도 벌어질 수 있다는 걸 전혀 몰랐어요!"** 니들먼은 다음과 같이 이야기하면서 마무리했다.

마음이 마음으로부터 물러설 수 있는 힘, 마음이 생각과 감정을 주시할 수 있는 힘을 통해 자기 자신으로부터 이토록 단순하고 근본적인 방식으로 분리된다는 것이 실로 가능한 일인가? 단지 살아 숨쉬는 인간이라는 이유로 모든 인간이 이 사실을 알게 될 수는 없는 것인가? 아니면 우리 인간은 지금까지 이 사실을 모르는 존재들만 대대손손 키워왔던 것인가?[8]

니들먼이 진행한 이 간단한 실험의 본질적인 목적은 그동안 학자들이 '현존(Presence)', '존재(Being)', '배후의 인식(awareness in the background)'이라고 부른 것을, 즉 '뒤로 물러나' 마음속에 울려퍼지는 자아의 아우성에 장악되지 않고 그저 그것을 관찰할 수 있는 능력을 지닌 더욱 심오한 자아감을 경험함으로써 자아의 정체를 드러내는 데 있었다. 나는 니들먼의 실험에 대해 알게 된 이후 나 스스로 그리고 만성적인 괴로움을 호소하며 치료를 받으러 오는 내담자들과 이 실험을 여러 차례 시도해보았다. 니들먼의 사례에서와 같이 대부분의 경우에는 어떤 대단하거나 지속적인 결과가 나타나지 않았다. 그러나 니들먼의 실험을 통해 깨달음이라고 볼 수 있을 만한 결과를 얻은 사람도 소수 있었다. 그들은 자신의 생각과 감정으로부터 의도적으로 거리를 둠으로써 대체로 비생산적이거나 부정적이거나 파괴적인 반응에 연루되는 상황을 막을 수 있었다. 이 실험을 행할 손쉬운 방법 중 하나는 '마음챙김 호흡'을 깊게 두세 번 하면서 숨쉬기를 더욱 의식적으로 수행하는 것이다. 마음챙김 호흡을 하면 현재 순간에 더욱 몰입할 수 있게 되며, 그로써 모든 것이—부처가 진여(眞如, suchness)*라고 부른 것이—살아 있음을 더욱 잘 인식할 수 있게 된다.

---

* 타타타(tathatā)라고도 알려진 진여(眞如)는 불교의 핵심 개념 중 하나로, 시간과 무관한 현실의 본래 모습을 의미한다.

자아의 구성

자아의 내용

자아와 관련된 문제는 여러 계몽철학자와 신학자들이 수천 년에 걸쳐 주목해온 영원한 주제이다. 최근 몇 년 사이에는 자아 자체를 비롯해 개인, 집단, 사회가 맞닥뜨리는 일상적인 문제와 자아와의 관계가 새롭게 부각되고 있다. 에크하르트 톨레(Eckhart Tolle)[9]는 자아의 메커니즘 및 각종 양상에 해박한 현대 사상가 중 한 사람이다. 톨레에 따르면 자아는 **내용**(content)과 **구조**(structure)라는 두 가지 주요 요소로 구성되어 있다. 자아의 내용은 자아가 집중하는 소재를 의미한다. 앞에서 언급한 아이와 장난감에 관한 사례에서는 장난감이 내용에 해당하며, 이 장난감은 아이가 동일시하는 다른 온갖 대상으로 얼마든지 교체될 수 있다. 자아의 내용은 개인이 동일시하는 특정 소재가 그 개인의 독특한 경험, 환경, 문화에 따라 결정된다는 점에서 특이하다. 예를 들어 나의 자아를 이루는 내용 중에는 리켄베커 일렉트릭 기타와 빈티지 이탈리아 스쿠터가 있다. 내가 이 특정 물건들을 좋아하게 된 이유를 되짚어보면 나와 터울이 많이 지는 형이 비틀스를 좋아했고, 어린 시절의 내가 비틀스의 그 중독성 있고 쉽게 잊기 어려운 노래들을 즐겨 듣곤 했던 기억이 떠오른다. 그런데 사실 비틀스 초창기에 존 레넌과 조지 해리슨이 바로 그 리켄베커 기타로 연주를 했고, 베스파와 람브레타사(社)의 스쿠터를 타던 영국의 '모드들(mods)'*도 비틀스를 좋아했다. 이는 모드가 유행하기 시작한 1980년대 초 고등학생 시절의 내가 스스로를 모드와 동일시한 데 분명 영향을 미쳤을 것이다. 그리고 그런 특별한 애장품에 대한 마음이 중년까지 이어진 것이다. 톨레는 자아가 단순히 외부의 물체뿐만 아

---

* 유행하는 옷으로 치장하고 오토바이를 타고 다니던 1960년대 영국 청년들을 가리킨다(역자 주).

니라 다양한 유형의 형태에도 집착한다고 주장하면서 자아의 내용에 관한 개념을 더욱 확장한다. 톨레가 이야기한 형태에는 이를테면 생각과 감정* 같은 것이 포함된다. 어떤 생각과 그 생각에서 비롯된 감정에 몰두하면 우리는 그것들에 완전히 빠져들거나 '융합'되며, 결국 자아의 손아귀에 사로잡힌 채 스스로를 그런 형태와 완전히 동일시하게 된다. 자아는 되풀이되는 생각의 형태와 그에 따라 조건화된 정서적 패턴, 그리고 여기에 자아감이 결합된 하나의 집합체로 볼 수도 있다. 이러한 자아는 (생각과 감정의 배후에 자리한 '현존' 혹은 '존재'로 일컬어지는) 진실되고 심오한 자아감이 해당 개인과 융합된 형태들 속에 묻혀 있을 때, 그리하여 그 형태들이 정체성의 본질로 간주될 때 모습을 드러낸다. 이는 곧 '무의식적인' 상태가 되는 것, '존재를 망각'하는 것, '중대한 실수'를 범하게 되는 것, 분리되어 있다는 환상에 속아 대상화를 저지르게 되는 것을 의미한다.[10]

자아의 구조

자아의 내용과 형태는 제각기 특이하지만 자아의 **구조**는 전 인간종을 통틀어 무척이나 일관성 있게 나타난다. 구조는 구체적인 과정이나 경향, 자아의 메커니즘을 나타낸다. 중요한 점은 자아의 내용과 결부된 근본적인 자아 구조가 그대로 유지되는 한 그 내용의 양이나 질이 어떠하든지 자아를 오래도록 만족시킬 수 없다는 사실을 이해하는 데 있다. 예를 들어 '갈망'은 그 자체가 자아의 내용은 아니지만 자아의 기본 구조를 이루는 일부분이다. 자아는 구조적으로 무언가를 갈망하게 되어 있기 때문에 이러한 자아 구조가 그대로 유지되는 한 개인은 점점 더 많은 내용을 갈망하게 된다.

---

* 이상한 말처럼 들리겠지만 생각과 감정은 사실 기능적자기공명영상(fMRI)이나 양전자방출단층촬영(PET)과 같은 다양한 현대 기술로 측정할 수 있는 에너지 혹은 '물질(시냅스를 통해 이동하는 신경전달물질)'에 포함된다.

대상과의 동일시

대상과의 동일시를 통해 자아감을 고양하고자 하는 충동도 자아 구조를 이루는 일부분이다. 그러므로 전 세계의 모든 인간은 어느 정도 그런 경향을 가지고 있다. 사실 대상과의 동일시는 자아의 핵심 메커니즘 중 하나이다. '동일시'라는 단어의 어원을 간단하게나마 살펴보면 동일시에 대한 깨달음이 수백 년 전에 이루어졌음을 알 수 있다. 17세기 초반에 동일시라는 단어는 '동일함'을 의미하는 라틴어 **이뎀**(idem)과 '만들다'를 의미하는 라틴어 **파체레**(facere)가 결합해 만들어졌다. 따라서 우리가 무언가와 동일시한다는 것은 동일시를 하는 주체인 우리 자신을 그 무언가와 같게 만드는 것을 의미한다.[11] 동일시는 개인이 자신의 정체성에 대한 감각을 다른 대상과 사람 등으로 확장해 자신이 누구인지('나는 비틀스 팬이다', '나는 심리학자이다')에 대한 정의에 통합하는 행위이다. 문제는 우리가 동일시를 통해 특정 제품이나 관점을 흥미롭다거나 도움이 된다거나 우리 자신의 경험과 공명한다고 생각할 수도 있지만, 자아감을 궁극적 실재(Ultimate Reality)보다 못하거나 그 '아래에' 있는 것으로 옭아매면 자아가 비대해지고 만다는 것이다. 본질적인 측면에서 이는 '우상 숭배'를 의미한다. 궁극적 실재 아래에 있는 모든 것은 결국 사라져버릴 것이라는 이유로, 궁극에 미치지 못하는 것을 궁극으로 대하는 것이다.*

자기를 외부 대상과 동일시하는 자아의 경향은 여러 측면에서 소비자의 끊임없는 물자 소비에 의존하는 현대 경제의 근간을 이룬다. 경제는 소비자들이 자신의 실제 **필요**에 따른 재화와 물자를 구입할 때뿐만 아니라 자신

---

* 부처에 따르면 **일시성**(impermanence)은 모든 조건화된 (혹은 세속적인) 것들이 지닌 삼법인(三法印, three marks) 혹은 세 가지 특성 중 하나로, 모든 것이 끊임없이 변하는 상태에 놓여 있음을 의미한다. 삼법인 중 다른 하나는 **불만/고통**(즉 물질계에 존재하는 것 중에 심오하고 영속적인 만족을 가져올 수 있는 것은 없다)이고, 또다른 하나는 감각으로 의식되는 것들은 '나의 것'일 수 없으므로 집착해서는 안 된다는 의미의 **무아**(無我)이다.

의 욕구에 부합하는 제품을 소비할 때에도 번성한다. 왜냐하면 욕구에는 명확한 한계가 없기 때문이다. 사람들로 하여금 자신의 **욕구**에 따라―아니면 필요와 욕구가 서로 부합하게 만들기 위해―소비하도록 장려하는 최선의 방법 중 하나는 내면의 결핍, 불만, 불충분함을 인식하도록 조장하는 것이다. 다시 말해서 소비자들이 가지고 있는 취약한 자아를 조종하면 된다. 이러한 작전을 완수하기 위한 수단은 참으로 다양하며, 모든 수단은 소비자의 사적인 삶에 특정 제품 하나만 추가되더라도 그 삶이 얼마나 나아질 수 있는지를 대조적으로 보여주는 일에 집중한다. 제품에 대한 필요를 인위적으로 만들어내는 것에 존재 이유(raison d'être)가 있는 광고주들은 흔히 유명인이나 호소력 있고 매력적이며 '행복한' 사람이 특정 제품을 사용하거나 홍보하는 모습을 보여줌으로써 이 과업을 완수한다. 목표 대상으로 삼은 소비자들에게 전달하는 근본적인 메시지는 소비자들의 현재 삶에 무언가가 빠져 있으며, 특정 제품을 소유하거나 사용하면 그들 역시 더욱 행복해지고 매력적인 사람이 되며 성취감 등을 느끼게 된다는 것이다. 그리하여 소비자들은 단순히 제품을 사는 것이 아니라 자신의 정체성을 고양하도록 권유받는다. 앞에서 언급한 리켄베커 기타의 경우 리켄베커사의 초기 광고 캠페인에 반영되었던 발상은 그 회사의 기타를 구매해서 연주하면 구매자는 자신이 연주하는 음악뿐만 아니라 존 레넌, 조지 해리슨, 비틀스의 명성과 성공도 이색적인 방식으로 체험할 수 있게 된다고 전하는 것이었다.

애착

우리는 자기 자신을 다른 대상과 동일시함으로써 그 대상에 애착을 느끼는데, 이 애착은 자아의 또다른 구조적인 측면을 이룬다. '애착'이란 강박적인 집착 또는 대상에 대한 깊은 정서적 몰두를 의미한다. 애착은 '사실'에 대한 인정과는 다르다. 예를 들어 달라이라마는 대상과의 상호작용 수준이 두 가지로 나뉜다고 설명한다. 첫번째 수준은 **인정**이고, 두번째 수준은 **애착**이다. 인정 수준에서는 '나는 미국인이다', '호수가 아름다워서 감상하고 있다. 참 좋은 일이다'와 같이 기본적으로 어떤 사실에 대한 인정이 존재한다. 그러나 애착 수준에서는 대상과의 관계가 너무 깊은 나머지 자신의 행복이나 만족을 위해("미국은 **가장** 좋은 곳이고, 전 세계에서 **가장** 위대한 국가야. 나는 미국이 아니면 그 어디에서도 살 수가 없어" 혹은 "호수가 너무 아름다워서 내가 행복해지거나 편안함을 느끼려면 여기에 머물러야만 해"[12]) 그 대상이 필요하다고 믿게 된다. 애착은 사람이나 사물에 대한 부정적인 혹은 적대적인 감정적 몰두라는 형태를 띨 수도 있다. 예를 들어 어떤 사람은 원한에 사로잡히거나 누군가를 증오 또는 원망하는 감정에 극도로 몰두할 수도 있다. 한편 일상에서 어떤 사람이나 사물로부터 깊은 즐거움이나 만족감을 얻었다고 해서 반드시 애착이 생기는 것은 아니다. 오히려 애착은 **주로** 어떤 사물이나 사람을 통해 자기 자신에 대해 인지하고 인정할 때, 어떤 사물이나 사람 없이는 충분히 행복한 삶을 살 수 없다고 여길 때 생겨난다. 그러므로 핵심은 욕망하거나 경멸하는 사물 혹은 사람 그 자체보다도 그러한 사물 혹은 사람에게 투영된 감정의 유형 및 깊이와 결부되어 있다.

우리가 애착을 느끼는 사물이나 사람은 단지 존재해서가 아니라 우리를 위해 무언가를 해줄 수 있기에 사랑받거나 인정받는다는 점에서 애착은 문제가 되기도 한다(물론 사물보다도 사람과의 관계에서 더 문제가 된다). 결과적으로 애착은 일종의 조건을 설정하도록 부추김으로써 관계에서 진정한 친밀감을 얻지 못하게 방해하는 실질적인 장벽이 될 수도 있다. 또한 애착은 부처가 **아니탸**(anitya), 즉 무상(無常)이라고 일컬은 모든 것의 덧없음으로 인해 개인이 막대한 고통에 취약해지게 만든다. 이 오랜 지혜는 사물들이 스스로 질서 상태에서 무질서 상태로 이동한다는 **엔트로피**(entropy)로 더 잘 알려진 열역학 제2법칙을 설명하는 또다른 방식이기도 하다. 일생이라는 시간 동안 관습들은 나타났다 사라지고, 관계는 변하고, 사람과 동물은 나이들어 죽고, 물건은 도난당하거나 고장나거나 망가지거나 매력을 잃어버린다. 애착은 기본적으로 이 같은 사실에 대한 부인 혹은 저항 행위이다. 그러나 상실은 불가피한 결과이므로 사랑하지 않는 편이 낫다고 이야기하려는 것은 전혀 아니다. 다만 애착은 어떤 사람이 다른 사람을 건강하지 않은 방식으로 '사랑'하도록 만들기 쉽다는 의미이다. 이 메시지는 가수 스팅의 노래 가사에 간결하게 잘 표현되어 있기도 하다. "누군가를 사랑한다면 자유롭게 해주어야 해!" 다시 말해서 비(非)애착 상태가 더욱 고귀한 형태의 사랑을 할 수 있게 한다는 말이다. 사랑하는 대상의 고유한 주체성을 인정하고 소중히 여기며, 삶 그 자체의 덧없고 찰나적인 속성을 존중하고 감사히 여기는 것 말이다.

애착의 또다른 문제는 개인들로 하여금 성공이나 개인적인 발전을 **더 많은** 혹은 **더 나은** 무언가와 동일한 것으로 인식하도록 부추긴다는 데 있다. 요즘 시대의 집단적 자아를 반영하는 사회적 흐름 중 하나는 '물건'의 확산에 있다. 서구 세계에서는 많은 사람들이 잉여 물품을 축적하고 있으며, 그것들을 보관할 공간을 찾는 데에도 애를 먹고 있다. 생각해볼 만한 문제가 있다. 지난 50년 동안 미국의 가구원 수는 감소했으나 주택의 평균 크기는 두 배 이상 확대되었다.[13] 그런데 많은 주택 소유주들은 자신의 소지품을 모두 보관할 공간이 부족한 처지에 놓여 있다. 놀랍지 않게도 그동안 보관시설 관련 산업은 급성장했으며, 소비자들은 월 임대료를 지불하고 자신의 잉여 물품을 보관할 추가 공간을 확보하고 있다.[14] 그러나 이렇게 물건 구매량이 급증하고 전반적인 소득 또한 증가했음에도 불구하고 사람들이 그 어느 때보다도 행복한 삶을 살고 있는 것 같지는 않다.[15]

물건에 대한 애착 수준을 판단해보고 싶다면 다음 질문에 솔직하게 대답하는 것이 도움이 될 수 있다. 당신이 소유하고 있는 특정 물건들이 미묘한 자만심이나 우월의식을 자극하는가? 그 물건들이 없으면 그 물건을 가진 사람보다 열등한 존재가 된 것 같은 기분이 드는가? 다른 사람이나 자기 자신 앞에서 자존감을 높이고 싶은 마음에 소유하고 있는 물건들에 대해 아무렇지 않은 듯 이야기하거나 자랑을 하는가? 다른 누군가가 당신보다 더 많은 것을 가지고 있다거나 당신이 소중하게 여기는 소지품을 잃어버리면 왠지 자아감이 위축되는 것 같거나 화가 나거나 분한 감정이 드는가?[16]

갈망

자아는 무언가를 소유하는 것과 동일시되지만 우리 모두가 경험해보았듯이 새로운 것을 소유하면서 얻는 만족감은 오래가지 못한다. 이미 언급한 바 있지만 인간은 정서적으로나 신체적으로 새로운 환경에 빠르게 적응하고 길들여질 수 있는 놀라운 능력을 지니고 있다. 이 능력은 분명 적응 측면에서 여러 이점을 가져다준다. 빅터 프랭클(Victor Frankl)이 여러 강제수용소에 수감되었던 경험을 통해 설명한 것처럼 인간은 낯설고 달갑지 않으며 바꿀 수도 없는 고난의 상황에 직면해도 그에 적응하고 견딜 수 있는 능력을 가지고 있다.*[17] 그러나 이는 가장 최근에 무언가를 얻게 되면서 느낀 즐거움도 지속적인 만족감은 주지 못하리라는 사실을 의미하기도 한다. 만족스러운 첫 순간이 희미해지고 나면 우리는 변함없이 또다른 경험을 갈망하게 된다. 이전에 얼마만큼의 정서적 만족감을 얻었든지 간에 우리는 새로운 경험을 찾기 위해 눈에 불을 켜고 삶을 바라보다가 특별할 것 없이 '평범하다'고 생각하면서 만족감이 없던 이전 상태로 순식간에 되돌아온다. 복권 당첨자들이 복권에 당첨된 뒤 1년이 지나면 당첨되기 이전보다 더 행복해하지 않는 이유도 이것으로 설명할 수 있다.[18] 무언가를 가지고 점점 더 많은

---

* 애덤 브릭먼(Adam Brickman)과 그의 동료들이 수행한 한 고전 연구에 따르면 하반신 마비 환자들의 전반적인 행복도는 신체 기능이 정상인 이들과 차이가 없었다.

것을 소유함으로써 찰나의 성취감이나 만족감을 얻고자 하는 욕망은 중독에 버금갈 수 있다. 무엇을 얼마나 소유하든 자아를 영원히 만족시킬 수는 없다. 갈망은 자아의 핵심 구조를 이루는 일부분이기 때문이다.

분리

자아의 발달에 관한 논의에서 언급한 내용이지만 자아는—이름을 비롯해 '주격으로서의 나', '목적격으로서의 나', '소유대명사로서의 나'라는 정신적 개념과의 상징적 동일시를 위해 언어를 사용하는—인지 복잡성이 증대된 결과물이자 자기를 생각, 감정, 대상, 역할과 동일시한 결과물이다. 어떤 사람의 정체성이 자아를 구성하는 생각과 감정에 기반을 두고 있다면 그 정체성의 기반은 취약할 수밖에 없다. 생각과 감정은 본질적으로 일시적이기 때문이다. 결과적으로 그 사람의 자아는 반복적인 인정과 지속적인 확장을 갈망하게 된다. 자아중심적 자기는 '나'에 대한 인식을 강화하기 위해서 존재의 나머지 부분을 '내가 아닌 것' 혹은 마르틴 부버가 사용한 용어인 '그것'으로 인식한다. 그리하여 자기는 상당 부분 자기가 아닌 것으로 규정된다. 톨레의 말과 같이 "관념적인 '나'는 관념적인 '타자' 없이는 생존할 수 없다."
19 이미 앞에서 언급한 것과 같이 이렇게 '나'와 '내가 아닌 것'을 구별하는 과정은 결과적으로 경계를 형성한다. 그런데 모든 경계는 일종의 잠재적 전선(戰線)으로 볼 수 있으며, '타자성(otherness)'이 가장 극단적으로 발현되면 타인을 적으로 간주하게 된다. 이렇게 자아의 근본적인 역학—구별과 분리에 대한 감각—은 대상화를 가능하게 한다.

적은 여러 가지 형태를 띨 수 있다. '가까운' 적의 유형에는 동료나 이웃, 가족처럼 매일 마주하는 이들을 비롯해 심지어는 우리가 가끔씩 스스로 '받아들일 수 없는' 생각이나 감정, 행동을 경험한다는 점에서 우리 자신도 포함될 수 있다. 반면 '먼' 적에는 우리가 개인적으로는 알지 못하지만 정치적 혹은 종교적 관점이 다르거나 피부색과 국적이 다르거나 우리가 못마땅하게 여기는 삶의 방식을 대변하는 사람들이 포함되는 경우가 많다. 자아는 불평, 분노, 욕설, 험담, 원한을 품는 등의 행동을 할 때 강화되는데, 이러한 행동은 우리 자신과 타인이 분리되어 있다는 인식을 고양시키기 때문이다.[20] 또한 우리는 불평, 험담, 분노할 때마다 **마땅히 그래야 한다**고 생각하는 관점을 내세우게 되므로 자아가 의존하는 분리에 대한 감각도 강화된다. 불평의 대상이 되는 사람이나 사물은 어떤 식으로든 우리의 계획을 좌절시키거나 우리의 개인적인 선호를 거스른다는 점에서 옳지 않다. 이렇게 강한 원한과 분노는 남은 생애를 부정적인 감정과 비통함으로 가득 채울 정도의 영향력을 가지고 있기 때문에 우리는 지금 여기에서의 경험이 제공해주는 것에 감사함을 느끼지 못하게 된다.*

나는 옳고 타인은 그르기를 바라는 욕구

짐작하건대 자아 구조를 이루는 요소 중에서 나는 옳고 타인은 그르다는 생각보다 자아를 강화하는 것은 없을 것이다. 분노, 불평, 험담은 나와 타인 간의 경계와 분리에 대한 감각을 강화하는 것에 그치지 않고, 타인의 정당성이나 의미를 부인하면서 사적인 우월감을 갖도록 부추길 수도 있다. 예를 들어 날씨, 주유소 유가, 고속도로 교통 상황처럼 인간이 아닌 개체를 향해 불평하는 행위조차 모종의 역학관계를 보여준다는 사실에 주목할 필요가 있다. 우리는 대자연의 활동이나 낯선 타인의 결정과 행동에 의해서도 개인적으로 공격받았다거나 '해를 입었다'고 느낀다. 우리는 옳지만 타인은

---

* 누군가의 실수를 알려주거나 상황이 불쾌하거나 불공정하다고 이야기하는 것과 불평의 차이를 짚어내는 것이 중요하다. 예를 들어 직장 동료에게 당신이 근무중에 성적으로 도발적인 발언을 했고, 그로 인해 불쾌감이나 모욕감을 느꼈다고 알려주는 것은 불평이 아니다. 그저 동료가 한 발언이 직장 내에서 하지 말아야 할 불법 행위일 뿐만 아니라 개인적으로도 달갑지 않은 일임을 이야기하는 것뿐이다. 톨레가 지적하듯이 사실에만 집중하면 자아의 존재를 잊게 되지만 다른 사람은 틀렸고 나는 맞기를 바라는 욕구에서 보이는 반응들은 보통 자아가 비대해진 상황에서 비롯된다.

옳지 않은 행동을 하기에 옳지 않은 사람이 된다. 이렇게 느끼는 감정은 견해나 관점, 생각, 판단, 신조, 이야기 등 정신적인 태도를 나 자신과 동일시하는 것에서 기인한다.[21] 나 자신을 옳다고 인식하기 위해서는 보통 타인으로부터 어느 정도의 동의나 지지를 받아야 한다. 그러나 이 과정에는 그르다고 간주되는 누군가 혹은 무언가가 존재하기 마련이다. 그리고 타인의 잘못을 지적하면 나 자신의 자아감이 고양되므로 자아는 강화된다. 실제로 '잘못된 것'이 전혀 존재하지 않는데도 옳다는 느낌을 가지게 될 가능성은 거의 없다.

물론 사실(fact)이라는 것은 존재한다. 누군가 "구리는 고무보다 전기를 잘 전달한다"라거나 "공룡은 과거에 존재했으나 인간이 출현하기 훨씬 전에 멸종했다"라고 한다면 그 말은 옳다. 전기전도율을 기준으로 구리와 고무를 비교한 기초 실험이나 지질학, 고생물학, 생물학, 물리학, 고고학 등에서 수집한 수많은 과학적 연구 결과들에 대한 기초적인 분석이 그 옳음을 증명해줄 것이다. (10대 청소년의 성장기를 지켜본 사람이라면, 더욱이 그 아이가 최근 고등학교 토론 시간에 자신의 지적 기량을 발견한 적이 있었다면 더할 나위 없이 잘 알고 있겠지만) 어떤 사실에 대해 자기주장을 할 때도 자아가 비대해질 수는 있으나 반드시 그런 것은 아니다. 누군가 "공룡은 인간이 출현하기 이전에 살았다"라면서 그저 본인이 아는 진실에 대해 이야기하는 경우에는 자아가 전혀 개입되지 않는다. 그러나 "정말이야, 내가 알고 있는데 말이야……"라거나 "내 말을 안 믿으면 넌 이상한 사람이야"라는 식으로 이야기하면서 자기 자신을 주장과 동일시하거나 자아감을 의식하며 주장을 제기하는 순간, 그 주장에 담긴 사실들은 '목적격으로서의 나' 혹은 '주격으로서의 나'에 대한 감각과 결합되어 자아에 종속되어버린다.[22] 사실에는 어떠한 방어도 필요하지 않다. 구리나 고무를 통한 전기의 전도도, 인간 잔여물이 포함된 암석보다 언제나 더 '깊은' 지층이나 오래된 퇴적암에 묻혀 있던 공룡의 뼈도 애써 방어해야 할 필요가 없다. 그러나 인간은 자기 자신을 특정한 정신적 태도와 동일시했을 때 스스로를 방어해야 한다고 느낀다.

자아와 시간

13세기의 명망 있는 독일 신학자 에크하르트 폰 호크하임(Eckhart Von Hochheim, 마이스터 에크하르트라고도 알려짐)은 다음과 같이 이야기했다.

> 시간은 빛이 우리에게 도달하지 못하도록 막는다. 신으로 향하는 길을 가로막는 장벽들 중에서 시간보다 더 막강한 것은 없다. 시간뿐만 아니라 세속적인 것들도, 세속적인 것들뿐만 아니라 세속적인 꾸밈도, 세속적인 꾸밈뿐만 아니라 시간이 가진 오점과 냄새도 마찬가지이다.[23]

대부분의 사람들은 영원의 의미를 정말이지 문자 그대로 해석하는 듯하다. 영원을 과거로 회귀하고 미래로 나아가는 일종의 무한한 시간으로 간주하거나 적어도 끝없는 기나긴 시간으로 보는 것이다. 영원을 이와 같은 방식으로 이해하는 관점은 현실을 시계로 측정한 시간의 흐름에 따라 발생하는 일상적 경험으로 보는 관점과 맥을 같이한다. 대부분의 사람들은 삶을— 초, 분, 시 등으로—측정한 수치의 일부분이나 별개의 조각들로 구성되어 있다고 인식하며, 그러한 조각들은 우리 앞에 펼쳐질 경험 혹은 우리가 기억할 수 있는 이미 '지나간' 경험이라고 생각한다. 그러나 우리가 실제로 경험하는 삶은 1초나 2초 정도에 불과할 매우 짧은 시간의 조각들로 구성된 것처럼 느껴진다. 기독교 신학자들은 삶에 대한 이러한 인식을 **눙크 플루엔스**, 즉 '스쳐가는 현재'라고 일컬었다. 눙크 플루엔스는 이를테면 우리를 지나쳐 축적된 시간의 덩어리와 우리 앞에 놓인 잠재적 시간의 덩어리 사이에 존재하는 얕은 경험에 불과하다.

그런데 시간과 영원에 대한 이러한 인식은 역대 사상가들이 이해한 내용과는 사뭇 다르다. 그들에 따르면 영원이란 영원히 지속되는 시간도, 상상할 수조차 없을 정도로 기나긴 시간의 확장도 아닌 **전적으로 시간 밖에서 혹은 시간과 무관하게 경험하는 삶**을 가리킨다.[24] 자칫하면 터무니없는 말이나 정신병적 증상처럼 들릴 수도 있겠지만 그들은 궁극적 실재—합일의식—의 관점에서 이야기하고 있음을 기억해야 한다. 이 관점에서 경험하는 삶이란 "…… 일시적이지도 않고 시간과 결부되어 있지도 않으며, 영원하지도 무한하지도 않다. 시작도 탄생도 끝도 죽음도 알지 못한다."[25] 합일의식을 경험한다는 것은 현재 순간을 철저하게 살아낸다는 의미이다. 헉슬리는 이와 관련된 위대한 신학자들의 관점을 요약하면서 다음과 같이 이야기했다.

> 현재 순간이란 영혼이 시간에서 영원으로 갈 수 있는, 은총이 영원에서 영혼으로 갈 수 있는, 박애가 시간 속에 있는 하나의 영혼에서 시간 속에 있는 다른 영혼으로 갈 수 있는 유일한 간극이다. 수피를 비롯해 영원의 철학을 실천하며 신봉하는 모든 사람이 현재라는 시간의 자식이자 그렇게 되려고 노력하는 이유는 바로 이 때문이다.[26]

합일의식에 도달하거나 합일의식을 잠깐이나마 경험한다는 것이 대부분의 인간에게는 불가능한 일처럼 느껴질 수 있지만 조금만 생각해보면 깨달음과는 거리가 한참 먼 것 같은 삶에도 영원의 특성이 존재했음을, 과거와 미래에 대한 인식이 언뜻 영원해 보이는 현재로 소멸하는 순간이 수없이 존재했음을 확신하게 될 것이다. 예를 들어 자연의 찬란한 아름다움을 보며 경외와 감탄을 느꼈던 절정의 순간, 사랑하는 사람과 황홀한 포옹을 나눌 때 찾아온 영원을 맛본 듯한 초월적인 경험, 첫아이가 태어났을 때나 사랑하는 사람이 병상에서 끝내 생을 마감했을 때 헤아릴 수 없을 만큼 심원한 삶의 가장자리에 놓여 있는 듯했던 감정을 상기해보면 알 수 있으리라. 이 일련의 경험들은 신학자들이 '영원한 현재'라고 일컫는 것들로 구성되어 있다. 우리 삶에도 이러한 경험이 있었는지 반추해보면 그런 경험을 하고 있던 중에는 시간이라는 것 자체를 인식하지 못했다는 사실을 깨닫게 된다. 현재 순간은 그야말로 시간과 무관한 순간이 되고, 시간과 무관한 순간은 영원한 순간이 된다. 즉 현재가 시간에 대한 인식 밖에서 진행되는 것이다. 비트겐 슈타인은 "우리가 영원의 의미를 무한히 지속되는 시간이 아닌 무(無)의 시 간으로 받아들이면 영원한 삶은 현재를 살아가고 있는 사람의 것이 된다"라 고 이야기한 바 있다.[27] 실제로 우리는 오로지 현재 순간만 경험할 수 있다. 우리가 다가갈 수 있는 미래나 과거가 어디에 있단 말인가? 다시 한번 이야 기하면 잠깐만 돌이켜보아도 우리가 가지고 있는 과거에 대한 인식은 무언 가를 기억할 수 있는 능력 덕분에 존재한다는 사실을 확인하게 될 것이다. 그렇기 때문에 기억이란 것이 존재하지 않는다면 이미 지나간 것들은 전혀 인식할 수 없을 것이다. 누구의 도움도 없이 처음으로 두발자전거를 탔던 순 간을 떠올릴 때 우리는 그 과거에 접근하고 있는 것이 아니라 과거의 사건 을 떠올리는 현재를 경험한다. 미래와 관련해서도 마찬가지이다. 미래는 앞 으로 어떤 일이 벌어질지를 예상하는 현재의 경험으로부터 어떤 식으로도 유리되어 있지 않다. 과거와 미래가 오로지 현재의 경험으로서만 존재할 수 있다는 사실을 인식한다는 것은 모든 시간이 현재에 존재한다는 사실을 깨 닫는 것과 같다.

혹자에 따르면 자아를 규정하는 최선의 방법은 그저 자아가 현재 순간과 문제석인 관계를 맺고 있다고 이야기하는 것이다.[28] 문제적이라는 표현은 대 부분의 사람들이 현재 순간을 충분히 인식하지도, 현재 순간과 '평화로운' 관계를 맺지도, 현재 순간을 온전히 받아들이지도 못하고 있음을 의미한다. 사람들은 기본적으로 순간에서 벗어나 사고의 영역으로 접어들고자 한다.

이는 과거를 반추하거나 미래를 예상하는 행위와도 어느 정도 연관된 태도이다. 그리고 이로 인해 인간이라는 존재는 자기 내면에서뿐만 아니라 타인과의 관계에서도 고통에 취약해진다. 헉슬리는 "시간을 초월하는 것이 목적인 이들이 추구하는 정치는 언제나 평화 지향적이다. 박해를 가하고 전쟁을 일으키는 존재는 과거와 미래, 반동적 기억(reactionary memory), 유토피아적 꿈을 우상숭배 하는 이들이다"[29]라고 이야기하기도 했다. 현재 순간과 조화를 이루지 못하고 있다는 사실은 곧 불응(不應)의 상태에서 살아가고 있음을 의미하며, 이 같은 상태에서는 실제 상황이 요구하는 바가 아니라 스스로 인식한 과거라든가 스스로 예상한 미래에 반응하는 식으로 행동하게 된다.

이쯤에서 자아는 형식과 밀접하게 동일시되며, 형식에는 항상 의식을 지배하는 생각과 감정이 포함된다는 톨레의 주장을 떠올려보도록 하자.[30] 대부분의 사람들이 따르는 사고의 흐름은 어떤 무작위적인 내용에 사로잡혀 있지 않은 한 미래를 예측하고 걱정하거나 향수 혹은 회한에 젖어 과거를 반추하는 일에 집중되어 있는 경우가 많다. 인간의 고통은 이와 같은 사고 방식으로 인해 기하급수적으로 증대한다. 「바가바드기타」에서 크리슈나 신은 아르주나에게 다음과 같이 이야기한다.

나, 세월로 와서
인간을 먹어치우노니,
그들이 파멸로 무르익어가는 때를 기다리도다.[31]

이 구절이 전하는 의미 중 하나는 시간을 인식하는 행위가 인간 경험을 이루는 그 어떤 측면보다도 인간 고통의 근간일지도 모른다는 것이다. 이 구절에 담긴 또다른 잠재적 의미는 인간은 시간을 인식하는 행위를 통해 과거와 미래에 몰두할 수 있는 독특한 능력을 지니게 되고, 이 능력을 통해 육체적 죽음의 필연성을 인식하게 된다는 것이다. 찰스 디킨스는 유명한 저작 『크리스마스 캐럴』에서 스크루지 영감의 영혼을 구하기 위해 어느 날 과거, 현재, 미래의 유령들이 차례차례 그를 방문하는 장면을 묘사할 때 시간을 인식하는 인간의 능력을 활용했다. 스크루지는 방임 행위나 자신이 지금까지 했거나 하지 않았던 선택들을 후회하게 만드는 환영으로 가득한 과거의 그림자를 직면하고는 극심한 정서적 고통을 느끼지만, 아직 오지 않은 크리스마스의 유령들이 나타나 삶의 태도를 바꾸지 않으면 어떤 일이 닥칠 것인지를 보여주자 그 고통은 극심한 공포로 바뀌어버린다. 충격적이면서도 사무치는 슬픔을 안겨주는 환영을 본 스크루지는 현실에 무지했던 그동안의 삶의 방식을 결국 떨쳐버린다. 스크루지가 새롭게 얻게 된 인식과 당면한 현재와의 관계는 다른 무엇보다도 그가 모든 주변인에게 변화를 불러일으키는 방식으로 관계를 맺을 수 있도록 북돋아주면서 그에게 구원이 된다.

임상 치료를 하는 과정에서 내가 깨달은 바는 괴로움에 빠진 내담자들이 보통 과거나 미래 혹은 둘 다에 과도하게 몰두해 있다는 것이었다. 그러다보니 갈등을 겪지 않는 사람들은 구태여 치료실을 찾아오는 일이 좀처럼 없지만, 내적 갈등이나 대인관계상 갈등을 겪는 사람들은 보통 앞으로 다가올지도 모를 일과 관련해 불안을 초래하는 생각이나 이미 겪은 후회스럽고 불쾌한 경험에 대한 생각으로 인해 괴로움을 토로할 때가 빈번하다. 대부분의 고통은 이렇듯 과거에 대한 후회나 미래에 대한 우려에서 싹튼다. 놀라운 사실은 내담자가 바로 지금 여기에서 겪고 있는 경험과 관계를 맺을 수 있을 때에는 그러한 고통과 고난이 거의 존재하지 않는다는 데 있다. 사람들이 현재 순간을 더욱 의식적으로 마주하면—자기만의 생각에서 빠져나와 순간의 실제 경험 속으로 들어가면—삶에서 수용할 수 있는 것이 늘어나 그전까지는 보이지 않던 행동의 방향과 타인과의 관계가 모습을 드러내게 된다. 그러나 그렇다고 해서 과거나 미래에 집중하는 행동이 항상 잘못되었다거나 문제적이라거나 정신 치료에 부적절하다는 의미는 아니다. 오히려 그와 반대로 과거와 미래는 각별한 주의를 필요로 하는 각 개인의 문제에서 중요한 측면들을 이루고 있을 수 있다. 다만 어떤 문제가 있다고 인정하려면 시간에 대한 자각과 반복적인 성찰이 필요하므로 사람들은 문제에 직면한 순간 그런 문제가—문제가 아니라 도전 과제일 수도 있다—없는 것처럼 행동하는 경향이 있다는 의미이다.[32] 그런데 대부분의 사람들은 자아성찰과 미래에 대한 예측을 하며 '살아'가고, 이로써 자아는 과거와 미래에 대한 생각으로 가득차게 된다. 다시 한번 이야기하지만 과거를 성찰하고 미래를 예측하는 인간의 능력에 본질적으로 잘못된 것은 없다. 실제로 이런 능력은 인간으로 하여금 상당한 것을 성취할 수 있게 해준다. 실수를 통해 배우고, 지금까지 축적된 지혜를 참고하고, 미래의 가능성에 대해 상상하며, 원하는 목적을 달성하기 위해 행동하는 식으로 말이다. 이토록 놀라운 정신적 능력이 없다면 인간은 결코 제대로 살아갈 수 없을 것이다. 그러나 기억이나 예측을 현재 순간에서 벗어난 객관적인 현실과 혼동한다면, 그러한 기억이나 예측이 객관적인 현실을 담아내고 있는 것처럼 착각한다면 인간은 스스로 고통받고 타인도 고통으로 밀어넣을 수 있다.

자아 및 죽음에 대한 두려움

죽음을 둘러싼 문제와 죽음이 대상화 경향에 미치는 영향은 12장에서 깊이 있게 다룰 테지만, 이 장에서도 자아 및 죽음에 대한 두려움에 관해 몇 마디 덧붙이는 것이 합당하리라고 생각한다. 먼저 자아를 구성하는 '나'에 대한 감각이란 자기(self)가 주변 환경과 분리되어 있음을 인식한 결과로서 생애 초기에 형성된다는 말을 다시 한번 상기할 필요가 있다. 윌버가 '최초의 경계(primary boundary)'[33]라고 부른 이 새로운 감각은 특수성

(distinctiveness)—**나는 그렇지 않다**—을 지향하는 심리적 성향을 갖게 만들며, 이 성향은 대부분 사람들의 생애 전반에 걸쳐 지속된다. 최초의 경계가 형성되면 세상은 주체/보는 사람(나)과 객체/보이는 대상(나를 제외한 모든 것)으로만 구성된 것처럼 보이며, 주체/보는 사람이 곧 정체성과 동일해짐에 따라 정체성이 해당 개인에게 가장 소중한 독립체가 된다. 반면 외부 세계는 객체로, 즉 연관성이 적고 대체 가능하며 나의 신체와 정신을 몰살할 수 있는 능력을 지닌 위협으로 간주된다. 한편 경계 초월(7장 참고)의 **페르소나, 자아, 켄타우로스** 수준에서 겪는 경험들의 특징은 '나는 분리된 별개의 존재'라는 유형의 인식에 있으며, 지구상의 거의 모든 인간이 이러한 인식을 경험한다는 사실도 되새겨볼 필요가 있다. 분리에 대한 인식은 **초개아** 수준에서는 덜 두드러지며, **합일의식** 수준에서는 차이(distinction)라는 것이 사실상 사라진다. 정신의 내용물(즉 생각과 감정)과 긴밀하게 동일시하고, 시간을 예민하게 인식하고, 과거에 대한 생각과 미래에 대한 예측에 사로잡혀 있으며, 신체의 영구화에 깊은 관심을 갖는 사람들에게는 죽음이 **최대의** 적이다. 죽음은 가장 큰 두려움이자 가장 핵심적인 악이며 해결해야 할 영원한 숙제이므로 무슨 수를 써서라도 지연시키거나 피해야 한다. 죽음에 대한 두려움은 우리가 죽음을 의식하고 있든 그렇지 않든 내일이 올 것이라고 끊임없이 가정하게 만든다. 영원히 내일이 찾아오기를 바라는 욕망은 지속적인 생각과 계획, 그리고 미래를 갈망하도록 고무한다. 죽음을 **미래가 없는** 상태로 간주할 수 있다면 죽음을 거부하는 사람은 미래 없이 사는 것을 거부한다고 볼 수 있다. 이처럼 인간은 죽음에 대한 인식과 두려움으로 인해 시간에 대해 고양된 감각 혹은 인식을 갖게 된다.[34]

인간이 죽을 수 있는 방법은 무궁무진해 보인다. 그중 몇 가지만 떠올려보면 급성심근경색이나 뇌졸중, 동맥류, 종양의 점진적 성장으로 인한 생리적 기능 저하로 인한 죽음을 예로 들 수 있을 것이다. 또한 죽음은 지진, 쓰나미, 허리케인, 산사태, 번개, 홍수, 화재, 토사 유출, 토네이도, 눈보라, 뇌우, '돌풍'처럼 비도덕적이고 비인격적이며 예측 불가능하고 '무자비한' 물리적 환경이나 동사(저체온증) 혹은 열사(이상 고열), 탈수, 과도수분증처럼 어떤 환경의 과다/과소 노출로 인해 발생할 수도 있다. 또한 살인을 초래할 만큼의 분노나 전쟁 혹은 테러 행위처럼 타인의 의도적인 행위에 의해서도 죽음이 찾아올 수 있다. 브레이크 고장, 가속페달의 결함, 비행기 방향타의 문제 등 기계의 오작동도 죽음의 원인이 될 수 있다. 우리 중 상당수는 이와 같은 현실을 인식할 수 있을 정도의 인지 복잡성을 충분히 지니고 있다. 다시 말해서 우리가 처해 있는 상황의 불안정성을 알고 있다는 의미이다. 그러나 우리가 삶 속에서 딛고 서 있는 이 아슬아슬한 발판을 줄곧 인지하고 있다 하더라도 심리적 평정을 유지할 수는 없을 터이다. 그리하여 우리는 마치 앞에서 언급한 현실을 포함해 우리의 생명을 위협하는 다른 요소들이 멀리 떨어져 있는 것처럼, 존재하지 않는 것처럼 인식하며 계속 살아가기 위해 다양한 수단을 개발해왔다. 의식적인 정신(conscious mind)은 오직 한 번에 한 가지에만 집중할 때 최상의 효율성을 발휘한다. 죽음이 의식의 맨 앞부분에, 정중앙에 위치해 있지 않으면 죽음은 마치 존재하지도 않는다는 듯 문제로 인식되지도 않는다. 자아는 억압, 부정, 주의산만을 비롯해 책의 저술이나 예술작품 창작, 집이나 기념물 건축, 가족 꾸미기, 자선단체 설립하기, 재산 축적하기, 유명세 누리기, 종교적·세속적 '불멸의 이데올로기'와 자기 자신을 동일시하기 등 다양한 '불멸의 프로젝트'―우리의 짧은 수명이 다한 후에도 오랫동안 지속할 것처럼 보이는 삶의 기념비―를 통해 죽음이라는 현실을 누그러뜨린다. 이와 관련된 더 자세한 내용은 12장에서 논의하겠지만 핵심은 자아 정체성이 육체와 정신에 중심을 두고 있기 때문에 자아는 죽음이라는 현실과 전혀 평화로운 관계를 맺을 수 없으며, 육체와 정신에 종말을 가져오는 것은 자아 자체에도 종말을 안겨준다는 것이다.

10장

/

자아(2)
소유냐 존재냐

> 소유와 존재의 차이는 동양과 서양의 차이와는 본질적으로 다르다. 소유와 존재의
> 차이는 인간 중심적인 사회와 사물 중심적인 사회의 차이이다.
>
> —에리히 프롬(Erich Fromm)[1]

소유와 존재의 동일시

자아의 영향 아래 살아가는 삶—다양한 유형의 형태에 동일시하고 애착
을 갖는 삶—에서 만들어지는 자연스러운 부산물은 소유와 존재의 동일시
이다. 소유와 존재를 동일시하는 자아의 구조는 인간 존재를 양적 차원에서
인식하게 만든다. 우리는 무엇을 소유하고 있는가를 기준으로 '자신을 압축
적으로' 묘사함으로써 개별적 존재로서의 타당성을 입증하고자 한다. "나는
소유한다. 고로 나는 존재한다. 내가 더 많이 소유할수록 나는 더한 존재가
된다."[2] 반면 '존재'의 실존양식은 삶의 기반을 진정성(authenticity), 생동성

(aliveness), 경험의 질에 둔다. 존재의 실존양식을 따르는 사람들은 소유를 지향하지도 특정한 소유물을 갈망하지도 않지만, 그럼에도 평화로운 상태에 놓여 있으며 폭넓은 신체적·정서적·지적·영적/직관적 능력을 생산적으로 활용한다. 이 존재의 실존양식 속에서는 세상과 '하나 됨'을 느낀다.

소유와 존재의 실존양식은 타인을 대상화하는 경향에 직접적인 영향을 미친다. 또한 이 두 가지 실존양식은 인간이 세상을 바라보는 근본적인 방향성을 반영한 스펙트럼의 각 극단에 위치해 있다. 두 가지 실존양식 모두 인간 경험에 확고히 뿌리를 내리고 있으며, 인간은 정도는 달라도 이들 실존양식 속에서 살아간다. 그러나 소유와 존재의 실존양식은 인간의 생각, 감정, 행동에 영향을 미치는 성격 구조 면에서 근본적으로 다른 유형을 대표한다. 극단적인 경우를 가정해보면 전적으로 소유의 실존양식으로만 살아가는 사람들은 도덕적으로나 윤리적으로 '죽은' 것처럼 보일 수 있다. 어떤 면으로 보나 병리적 혹은 정신병적인 사람, 극단적인 유도체화 혹은 비인간화의 관점에서 타인을 '그것'—한낱 사물—으로만 보는 사람처럼 말이다. 반면 전적으로 존재의 실존양식으로만 살아가는 사람은 성인(聖人)처럼 보일 것이다. 이들은 영원히 현재의 순간 속에서 살아가며 세상을 '당신'으로 경험한다.

현대 서구사회는 존재의 실존양식보다 소유의 실존양식을 더 지향한다. 이 같은 현실은 다양한 방식을 통해 살펴볼 수 있지만, 짐작하건대 가장 명백한 사례는 사유재산이라는 관념에 대한 신성화일 것이다. 사실 재산의 사적 소유는 현대 '소유' 사회의 근간을 이루는 하나의 근본 원칙으로 볼 수 있다. 그러나 사유재산의 존재 자체가 문제적일 필요는 없으며, 일부 전문가들은 민주주의의 번영에 필요한 요소 중에서 사유재산이라는 것이 절대적으로 핵심 부분을 차지한다고 본다.[3] 그러나 소유의 실존양식 속에서는 소유물을 **통해** 자기 자신의 존재를 확인하기가 쉽다. 자신의 정체성이 소유물과 결합되어 있는 이들에게는—재산세 인상 제안이나 총기 소유 또는 사용에 대한 제한 가능성, 심지어는 인구 조사원들이 집을 방문하는 행위 등을 통한—사유재산에 대한 경미하고 부수적인 '위협'마저도 소유물을 빼앗길 수 있다는 실제적인 위험을 훨씬 능가하는 감정을 불러일으킬 수 있다. 이렇게 스스로 침해라고 인식한 행위에 대해 보이는 반응의 강도는 사실상 자신에게 공격이 가해졌을 때 보일 만한 반응의 강도와 유사할 수 있다.*4 서구 사회에서 "저승에는 가져갈 수 없다"라는 문구는 이제 고리타분하고 상투적인 문화적 표현이 되었지만 대부분의 사람들은 죽음을 앞둔 순간이 될 때까지도 소유권이라는 개념—나(I)라는 사고의 형태를 **차, 집, 건물**이라는 사고의 형태와 결합—이 궁극적으로는 허구에 불과하다는 사실을 깨닫지 못한다. 죽음의 순간이 가까워질수록 실제적이고 지속적인 가치를 지닌 것은 **아무것도** 없고 우리 자신이 일생 동안 소유했다고 할 만한 것들과 동일하지도, 우리 자신을 그것들과 동일시할 수도 없다는 사실은 명백해진다.5 예수 그리스도는 복음서에서 "심령이 가난한 자는 복이 있나니 천국이 그들의 것임이요"(마태복음 5장 3절)라고 이야기했다. 이 구절을 이해하는 방법 중 하나는 '심령이 가난한'을 '부채가 없는 상태'라고 읽는 것이다. 이는 자부심, 정서적 장애, 사물과의 동일시를 비롯해 아무 짐도 짊어지지 않은 상태를, 한마디로 **자아**를 짊어지지 않은 상태를 의미한다.6 '심령이 가난한' 상태는 '소유'에 집중하는 삶과 반대된다. 그러나 그렇다고 해서 심령이 가난한 상태가 되려면 그 무엇도 소유해서는 안 되고, 세속적 의미에서 가난해져야 한다는

---

* 최근에 있었던 극단적인 사례에서는 한 남자가 어떤 젊은 인구 조사원이 자신의 사유지에 들어오려고 하자 블로토치(blowtorch)로 위협을 가했다. 경찰에 따르면 남자는 인구 조사원의 배지를 가로채고, 그가 들고 있던 서류들을 갈기갈기 찢고 그의 열쇠를 빼앗았다. 그런 뒤 집 뒤쪽으로 그를 강제로 데려가서는 블로토치를 꺼내 깡통을 녹이더니 블로토치를 사람의 살에 갖다대면 어떤 일이 벌어지는지 아느냐고 물었다. 인구 조사원의 진술에 따르면 남자는 그를 집 안에 1시간 동안 감금한 뒤 열쇠를 돌려주었고, **"이다음에 내 사유재산에 침입하는 인구 조사원은 그 누가 됐든 이 집을 떠날 수 없을 것"**이라는 경고와 함께 풀어주었다고 한다(Ferguson, 2010).

말은 아니다. 그보다는 소유물에 대해 갖는 태도나 **애착**의 수준에 주목해야 한다. 사물에 대한 애착이 없는 상태가 존재에 집중하는 삶의 핵심이다.

소유와 존재의 사례들: D. T. 스즈키가 비교한 앨프리드 로드 테니슨과 마쓰오 바쇼의 시편에 관한 에리히 프롬의 견해

20세기 정신분석가 에리히 프롬은 소유냐 존재냐의 문제를 치밀하게 파헤친 인물이다.[7] 프롬은 두 가지 삶의 지향성의 차이를 명료하게 설명하기 위해 영국 시인 앨프리드 로드 테니슨(Alfred Lord Tennyson, 1809~1892)과 일본 시인 마쓰오 바쇼(Matsuo Basho, 1644~1694)의 시를 비교한 D. T. 스즈키의 「선종(禪宗)에 관한 강의」를 참고했다. 두 시인은 각기 다른 방식으로 꽃을 바라보고 이를 시로 표현했다. 먼저 테니슨은 자신의 경험을 다음과 같이 포착하고 있다.

갈라진 벽틈에 피어 있는 한 송이 꽃
나는 너를 그 틈에서 뽑아내어
내 손안에 뿌리째 쥐고 있다.
작은 꽃이여—내가 너를 이해할 수 있다면,
뿌리만이 아니라 전부를 이해할 수만 있다면
신과 인간이 무엇인지 이해할 수 있으련만.

한편 바쇼의 하이쿠[俳句]는 다음과 같다.

가만히 살펴보니
울타리 주변에
냉이꽃이 피어 있구나!*[8]

두 시인이 '경험'하는 방식이 상반된다는 사실은 의미심장하다. 테니슨의 시 속 화자는 꽃을 본래 있던 자리에서 뿌리째 뽑아냄으로써 꽃과 접촉한다. 테니슨은 꽃이 상징하는 '깊이'를 감상하지만 그 과정에서 꽃의 생을 끝내버린다. 반면 바쇼가 꽃을 알아가는 방식은 침략적이거나 파괴적이지 않다. 바쇼는 꽃을 건드리지도 않고 그저 '가만히 살펴'본다. 프롬의 추측에 따르면 테니슨은 꽃을 가져야만, 꽃을 '소유'해야만 꽃을 이해할 수 있다. 그러나 바쇼는 자기처럼 살아 있는 피조물을 이해하고 그것과 하나가 되기를 바라면서 주로 시각을 활용해 꽃을 살펴본다. 이로써 꽃은 보존된다. 테니슨과 바쇼의 차이가 두 시인이 지닌 도덕성의 근본적인 차이라든가, 더 나아가 서양과 동양의 차이를 암시한다고 볼 필요는 없다. 지구의 동쪽에서 온 사람이건 서쪽에서 온 사람이건 어느 시대의 사람이건 인간은 소유의 실존양식과 존재의 실존양식 모두를 따르며 살아가기 때문이다. 그러나 두 시인이 근본적으로 다른 삶의 방식을 보여주고 있는 것은 사실이다. 한 사람은 결합, 소비, 소유를 통한 양적 가치에 기반한 인간됨을 강조하고, 이를 통해 대상화나 자아와 더욱 긴밀하게 연결된다. 반면 다른 한 사람은 경험 그 자체가 지니는 질적 본질에 기반한 인간됨을 역설하고 있다.

소유의 실존양식에 따라 살아가는 삶은 수많은 약점을 지니고 있다. 우리가 무엇을 소유하고 무엇을 소비하는지에 따라 규정된다면 스스로 동일시한 대상이 사라질 때는 어떤 존재가 되는 것인가? 소유의 실존양식에 기반한—부, 물적 재화, 지위, 젊음, 아름다움, 힘, 지능, 권력, 민첩성 등을 통한—정체성은 불안으로 점철되어 있으며, 상실이라는 매우 실제적인 가능성—이와 더불어 필연성까지—으로 인해 위태로울 수밖에 없다. 무엇을 소

---

* 일본 시인인 바쇼가 자연을 대하는 방식은 고대 중국사상, 특히 도교 경전인 『도덕경』을 저술한 노자(老子)의 사상과 맥을 같이한다.
"천하를 차지하려고 행동하는 자는
그 뜻을 이루지 못함을 나는 볼 뿐이다"(『도덕경』 29장 1절).

유하고 있는가에 따라 존재가 결정되는 상황에서 그런 소유물들이 사라져 버리면 **우리는 존재하지 않게** 된다. 소유한 것을 상실해 자살한 개인들의 수많은 역사적 사례들은 많은 인간이 자신이 소유한 물적 재화를 자신이 누구인지를 보여주는 척도로 여기고 있었음을 입증한다.

존재의 사례: 빅터 프랭클

소유의 실존양식에 기반한 정체성과 달리 존재의 실존양식에 기반한 정체성은 심각한 외상성 뇌손상이 일어나지 않는 한 상실될 수 없다. 경외, 감탄, 사랑을 경험할 수 있는 능력은 가장 고되고 끔찍한 외부 환경에 노출되어 있다고 하더라도 절대 상실되거나 파괴될 수 없다. 오스트리아 출신의 정신과 의사이자 홀로코스트 생존자였던 빅터 프랭클은 자신의 대표작『죽음의 수용소에서』이 사실을 통렬하게 담아냈다.* 유대인이라는 이유로 테레지엔슈타트(Theresienstadt), 아우슈비츠, 튀르크하임(Türkheim) 등 죽음의 수용소에 43개월이 넘는 시간 동안 수감되어 있다가 생존한 프랭클은 모든 것을 빼앗긴 뒤에도 인간이 결코 잃을 수 없었던 유일한 것은 **존재**하는 능력이었음을, 어떤 상황에 처해도 주어진 환경을 대하는 태도를 선택할 수 있는 능력이었음을 비범한 명료함과 진실성을 통해 단언한다. 프랭클은 수감자로서 맞닥뜨린 각양각색의 환경에서 그러한 능력을 놀라운 방식으로 직접 경험했다. 언젠가 프랭클이 얼음장처럼 차디찬 이른 겨울 아침에 일어나 몹시도 아픈 몸을 이끌고 작업반 일을 해야 했을 때 그의 옆에서 일하던

---

* 본래 1946년에『죽음의 수용소에서 실존주의로』라는 제목으로 출간되었던 빅터 프랭클의 이 저서는 사이먼 앤 슈스터 출판사를 통해 현재 널리 알려져 있는『죽음의 수용소에서』로 1959년에 재출간되었다. 프랭클의 책에 담긴 핵심 주제는 다음과 같이 예수 그리스도의 매우 인상적인 말씀 속에서도 온전히 인정받고 있다. "너희 자신을 위해 보물을 땅에 쌓아두지 말라. 거기서는 좀이 먹고 녹이 슬며, 거기서는 도둑이 뚫고 훔치느니라. / 오직 너희 자신을 위해 보물을 하늘에 쌓아두라. 거기서는 좀이 먹지도 녹이 슬지도 않으며, 거기서는 도둑이 뚫지도 훔치지도 못하느니라. / 너희 보물이 있는 곳에 거기에 너희 마음도 있으리라"(킹제임스성경, 마태복음 6장 19~21절).

동료 수감자가 이렇게 속삭인 일이 있었다.

…… 나나 당신 부인이 지금 우리 꼴을 본다면 어떤 심정일지! 부디 수용소에서 무탈하게 지내면서 우리가 당하고 있는 일에 대해서는 몰랐으면 한다오.⁹

프랭클은 그의 말을 듣고 놀랍게도 다음과 같은 기억을 떠올린다.

그의 말을 듣자 아내 생각이 났다. 우리는 빙판에 미끄러져 몇 번이고 서로를 부축하고 한 사람이 다른 사람을 일으켜세우면서 몇 마일을 비틀비틀 걷는 동안 아무 말도 하지 않았지만 둘 다 알고 있었다. 각자의 아내에 대해 생각하고 있었다는 사실을. 이따금씩 나는 하늘을 올려다보았다. 별들이 서서히 빛을 잃어가고 아침을 알리는 분홍빛이 어두운 뭉게구름 뒤에서 번지기 시작했다. 그러나 내 머릿속은 아내의 모습으로 가득차 있었고, 그 모습은 이상하리만치 명료했다. 나는 아내가 나에게 대답하는 소리를 들었고, 아내의 미소 짓는 얼굴과 진솔하면서도 상대의 마음을 격려해주는 눈빛을 보았다. 사실이든 아니든 아내의 눈빛은 이제 막 밝아오는 태양보다 더 밝게 빛났다. [……] 나는 이 세상에 남은 것이 아무것도 없는 사람일지라도, 아주 짧은 순간에 불과할지라도 사랑하는 사람을 떠올리며 더없는 행복을 느낄 수 있다는 사실을 알게 되었다. [……] 나는 아내가 살아 있는지 죽었는지 알지 못했고, 사실을 알 수 있는 방법도 없었지만(수용소에서는 편지를 보낼 수도 받을 수도 없었다), 당시에는 그런 것이 더이상 중요하지 않았다. 그것을 알아야 할 필요가 없었다. 그 무엇도 내 사랑이 지닌 용기와 내 생각과 내가 사랑하는 사람의 모습을 해할 수 없었다. 그때 아내가 죽었다는 사실을 알았더라도 나는 흔들림 없이 아내의 모습을 떠올리는 일에 몰두했을 것이고, 내가 아내와 나눈 정신적 대화는 여느 때와 다름없이 생생하고 만족스러웠을 것이다. "도장을 찍듯 나를 당신의 가슴에 새겨줘. 사랑은 죽음만큼이나 강하니까."**10**

프랭클이 그토록 생생하고 깊이 있게 감정을 느끼고 배우자의 모습을 떠올리며 깊이 있는 의미를 경험할 수 있었던 능력은 소유가 아닌 존재에 기반한 삶을 특징적으로 보여준다. 이처럼 너무나 통절하고 영적인 삶의 순간에는 자기 자신이나 사랑하는 사람을 잃을지도 모른다는 생각에 흔히 뒤따르는 공포와 괴로움이 존재하지 않는다. 이때의 자기는 형체가 없고 무한한 것에 기반을 두고 있으며 인식은 여기에서부터 시작되어 나아간다.

존재의 또다른 사례: 모한다스 K. 간디

소유의 실존양식을 지향하는 사람들 입장에서는 존재의 실존양식에 가깝게 살아가는 사람들을 이해하거나 인정하는 것이 어려울 때가 많다. 전자는 후자가 '아무것도 하지 않는다'라거나 적어도 생산적인 일은 전혀 하지 않는다고 비난한다. 언젠가 연세가 지긋한 지인 한 분이 왜 이렇게까지 많은 사람들이 간디를 현인으로 생각하는지 도통 이해할 수 없다고, 간디가 한 일이라고는 "그늘에 누워 아무것도 하지 않기"였던 것 같다고 이야기한 적이 있었다. 그분은 분리정책과 비백인에 대한 제도적 차별이 일반 규범이었던 1940년에서 1950년대 미국 남부에서 성장한 사람으로, 당시에는 아메리칸 드림과 프로테스탄트 직업윤리가 지배적인 사회적 통념이었다. 그때의 거칠고 개인주의적이며 '자수성가'적인 문화적 기풍은 '소유' 지향적인 지각양식에 잘 맞았고, 이에 따라 한 개인을 판단하는 기준은 남자든 여자든 (대체로 남자의 경우) 가족, 재산, 부, 지위 등 자기 삶에서 성취한 혹은 획득한 것이 무엇인지와 연관되어 있었다. 그분은 간디가 일생동안 무엇을 성취했는지에 대해 아는 것이 거의 없었다. 간디는 소박한 식단과 수없이 잦은 장기 단식으로 인해 몸무게가 45킬로그램 미만이었고, 사망 당시에 소유하고 있던 속세의 물건은 2달러도 채 되지 않았다. 그럼에도 불구하고 대영제국의 손아귀에서 인도 아대륙에 있는 수억 명의 사람들을 유혈사태 없이 해방시킬 수 있었다. 그런데 이보다 더 중요한 사실은 (다른 사실에 비해 잘 알려져 있지 않지만) 간디가 미국에 존재하는 인종적 장벽보다 더 완강한 난공불락의 장벽을 제거했다는 점에 있을 것이다. 간디는 인도의 불가촉천민들에게 **하리잔**(harijan), 즉 '신의 백성'이라는 이름을 붙여주고 그들의 지위를 온전한 인간의 위치로 올려놓았다. 그러면서 자이나교와 기독교를 비롯해 본래 믿고 있던 힌두교의 가르침을 한데 모아 비폭력 원칙을 수립했다. 간디의 통찰과 행동은 마틴 루터 킹 주니어 목사에게도 깊은 영감을 주었다. 킹 목사는 비폭력 원칙에 따라 모든 미국인의 시민권을 위해 투쟁했으며, 미국 독립선언서에 구체적으로 명시되어 있기는 하나 소수만 누렸던 권리를 모두에게 보장하고자 했다. 나의 지인은 간디가 지닌 정치적 의의를 과소평가했을 뿐만 아니라 좀더 구체적으로 이야기하면 간디가 다른 사람들에게 영감을 주고 그토록 대단한 과업을 이룰 수 있었던 까닭이 대체로 그가 존재에 기반을 둠으로써 온화하지만 설득력 있고 '단호한' 성격을 지닐 수 있었기 때문이라는 사실도 알지 못했다. 간디는 이에 대해 다음과 같이 이야기한 바 있다.

각 개인에게는 저항할 수 없게 되는 때가, 그의 행동이 미치는 영향이 사방에 이르는 때가 오기 마련이다. 이는 그가 자신을 공(空)으로 축소할 때 찾아온다. 비폭력적인 사람에게는 세상 전체가 하나의 가족이다. 그러므로 그는 누구도 두려워하지 않고, 누구도 그를 두려워하지 않을 것이다. 우리가 단지 우리를 사랑하는 사람들만 사랑한다면 그것은 비폭력이 아니다. 우리를 미워하는 사람들을 사랑해야만 비폭력이 된다. 이토록 위대한 사랑의 법을 따른다는 것이 얼마나 어려운지는 나도 알고 있다. 그러나 위대하고 선한 일들은 무엇이든 행하기 어렵지 않은가? 우리를 미워하는 사람들을 사랑한다는 것은 그 무엇보다도 어려운 일이다. 그러나 신의 은총이 있다면, 이토록 어려운 일도 우리가 행하기를 원하기만 한다면 쉬이 성취할 수 있게 될 것이다. …… 동기가 순수하고 수단이 올바르기만 하다면 자신의 행동으로 인해 기대했던 결과가 뒤따르는지 아닌지는 근심할 필요가 없다. ……

「바가바드기타」 두번째 장의 마지막 18절은 삶의 기술에 담긴 비밀을 간단명료하게 전해준다.

…… 감각적 대상에 대해 곱씹어 생각하면
애착이 생겨난다. 애착은 욕망을 낳고,
소유욕은 좌절되면 불타오르다못해
분노를 불러온다. 분노는 판단을 흐리게 하고
과거의 실수로부터 배울 수 있는 힘을
강탈해간다. 상실은 분별하는
능력이요, 당신의 삶은 완전한 낭비이다.
그러나 애착과 혐오 모두에서 벗어나
감각의 세계 중심부에서 움직이면
모든 슬픔이 종결되고 평화가 오며
당신은 자아의 지혜 속에 살게 된다…….
사랑의 신과 결합되기 위해
나와 나의 것으로 이루어진 자아의 새장을
부수고 나온 자들은 영원히 자유롭다.

이것이 지고의 상태이다. 지고의 상태에 이르면

죽음에서 불멸로 옮겨가게 되리라.

사랑은 결코 요구하는 법이 없고 언제나 베푼다. 사랑은 언제나 고통받
지만 절대로 분개하지 않으며, 절대로 복수하지 않는다. 내 내면에는 용
기 있는 자의 비폭력이 자리해 있을까? 나의 죽음만이 진실을 보여줄 것
이다. 누군가 나를 죽일 때 내가 그 암살자를 위해 기도하면서 내 마음
속 안식처에 생생하게 살아 있는 신의 기억과 의식을 품은 채로 죽는다
면, 그것만으로도 나는 용감한 자의 비폭력을 지녔다고 알려질 것이다.[11]

일부 역사학자들 간에 논란이 있기는 하지만 전기작가들에 따르면 암살
자의 총알이 간디의 몸을 관통했을 때 그의 입에서 나온 마지막 말은 "헤
라마(오, 신이시여)"였다고 한다. 간디의 마지막 말은 그가 실제로 '용감한 자
의 비폭력'을 견지하고 있었는지에 대한 대답이었을지도 모른다.[12]

소유 및 존재의 실존양식의 미묘한 차이

교육

에리히 프롬은 소유의 실존양식에 따라 살아가는 삶의 방식 중에는 그리
노골적이지도 않고, 반드시 사물과의 동일시나 물적 재화의 축적을 수반하
지 않는 방식도 다채롭게 존재한다고 지적한다. 예를 들어 소유의 실존양식
을 따르는 학생들은 교육 측면에서 상당히 실용적인 접근법을 취하는 경향
이 있다. 이들은 학습자료를 목적 그 자체로 간주하기보다는 목적 달성을
위한 수단이자 시험 통과를 위한 비결로 활용한다. 즉 자신의 사고체계로
통합한 다음 그 범위를 넓히고 풍성하게 만들 수 있는 내용물로 보는 것이
다. 이 학생들의 주된 목적은 배운 내용을 기억이나 노트에 계속 간직하는

데 있다. 이들은 새로운 무언가를 제작하거나 창작해야 한다는 충동을 느끼지 않는다. 게다가 새로운 정보는 이미 가지고 있는 정보 전체에 의문을 제기하므로 새로운 정보를 알게 되는 것을 두려워하거나 거부한다. 또한 이들은 복잡하거나 역설적이며 다면적인 발상을 좋아하지 않는 경향이 있다. 이러한 발상은 쉽게 이해하거나 설명할 수 없기 때문이다.[13]

반면 존재의 실존양식을 따르는 학생들은 배움이라는 경험이 혁신적이라고 느끼기에 본질적으로 배움에 대한 의욕을 품고 있다. 이 학생들은 새로운 발상이나 정보에 노출된 뒤 내면에서 일어나는 변화들을 인식한다. 종종 작년과는 (심지어는 지난주와는) '다른' 사람이 된 것 같다고 이야기하기도 한다. 자기 자신이 어떤 사람인지에 대한 느낌과 세상을 바라보는 관점이 배움을 통해 바뀐 결과이다. 더욱이 이들은 이미 정해진 내용을 배우는 것에 그치지 않고 그보다 더 많은 것을 배울 수 있는 기회를 모색한다.

나의 삶에도 존재의 실존양식에 따라 배움을 경험한 시절이 있었다. 기억을 더듬어보면 외지고 방치된 빅토리아시대 건축양식의 저택을 개조한 고향 마을의 중고 서점을 자주 방문하던 대학 시절이 떠오른다. 그때는 독서량이 많지는 않았지만 대학생으로서의 정체성이 형성되던 시기였던지라 처음 보는 서점에 들어가 천장에서부터 바닥까지 책으로 가득차 있는 책장을 바라보는 것에 상당한 즐거움을 느꼈다. 나는 서점에서 풍기는 퀴퀴한 냄새와 발밑의 원목바닥에서 나는 삐걱거리는 소리 덕분에 지저분하고 아무렇게나 꽂혀 있는 책들 속에 담겨 있을 내용에 더 강한 흥미를 느꼈다. 책장을 조금 둘러보고 있으니 머리칼은 뻣뻣하고 수염을 기른 서점 주인이 안경 너머로 나를 유심히 지켜보다가 어떤 책을 찾고 있는지 물었다. 내가 카를 융이나 헤르만 헤세처럼 어렴풋이 알고 있던 저자들의 이름을 이야기하자 주인은 누가 그 책을 찾아오라고 했는지 물어보았다. 나는 그저 내가 궁금해서 읽어보려는 것이라고 대답했다. 그러자 그는 내가 원하는 책을 찾을 수 있도록 도와주었다. 이후 나는 수년간 그 서점에 여러 차례 들러 책을 한 아름 사들고 오곤 했다. 그 책들 중 상당수(그중 일부는 아직까지 읽지 못했다)는 서점 주인이 나에게 추천해준 것이었다. 시간이 흐르면서 나와 그는 어느 정도 친근한 사이가 되었는데, 이는 서점 주인이 나처럼 유식하지 않은 사람과도, 아마 그 누구와도 기꺼이 관계를 맺으려는 친절한 사람이었기 때문이라고 생각한다. 나중에 알고 보니 그는 한 지역 대학에서 철학을 가르치는 깐깐한 성격의 외래교수였다. 그가 소매상권 지역으로부터 두세 블록 떨어진 곳에서도 맨 끝에 자리한 장소에서 시작한 사업에 내가 아주 적게나마 재정적 도움이 된다고 생각하니 기뻤고, 누가 읽어야 한다고 하지 않았음에도 스스로 저명한 학자들의 책을 찾아 읽는 행위에서도 만족감을 맛보았다. 서점 주인이 나에게 했던 말 중에 기억나는 것이 있다. "이제는 자네처럼 여길 찾아오는 사람이 많지 않아. 그냥 심심풀이 삼아 견본책을 찾으러 오는 사람 정도뿐이지. 뭐, 그런 사람도 6, 70년대 이후로는 오지 않지만……." 내가 그에게서 구입한 헤세, 틸리히, 베커, 융, 니부어, 프로이트, 매슬로 등이 쓴 책들은 그야말로 내 삶을 바꿔놓았다. 그러나 결국 인터넷과 온라인 서점의 폭발적인 증가로 인해 그의 작은 서점이 항해할 수 있게 해주었던 바람마저 사라져버리고 말았다. 서점이 조용히 문을 닫자 건물은 금세 허물어졌고, 그 부지는 지금까지 공터로 남아 있다. 애석하게도 나는 서점 주인이 얼마 뒤에 강의를 하던 대학에서 해고당했다는 소식을 듣게 되었다. 해고 사유는 '너무 논란이 많다'였다.

신앙

신앙의 의미가 우리가 신뢰하는 것으로부터 예측 가능하고 믿을 수 있으며 자비로운 반응을 얻을 수 있을 것이라고 생각하는 기대라고 한다면, 신앙은 종교적이든 아니든 인간에게 보편적인 것이라고 할 수 있다. 인간은 신앙 없이는 살아갈 수 없다. 신앙이 없으면 인간관계는 망가지고 공동체는 더 이상 기능하지 못하게 되며, 경제는 교착상태에 빠지고 정부는 와해되며 절망이 지배하게 될 것이기 때문이다. 그런데 소유의 실존양식을 따르는 사람과 존재의 실존양식을 따르는 사람은 신앙을 각기 다른 방식으로 경험하며 살아간다. 프롬은 소유의 실존양식을 따르는 사람에게 신앙이란 증거가 될 만한 실질적인 개인적 경험을 해보지 못해 '진실'을 소유하는 행위에 해당한다고 지적한다. 이들은 다른 사람들이 만들어낸 공식을 수용하고, 대체로 관료제 아래에서 권위를 가진 자들에게 복종하기도 한다.[14] 진실을 만들어내는 관료제는 유관 조직이 진실된 원칙을 고수하고 신의 섭리에 따라 통치되고 있다는 증거로서 번영, 권력, 장수의 이미지를 심어주므로 그런 '진실'은 확신을 불러일으킬 수도 있다.* 소유의 실존양식에서의 신앙은 확신을 가져다준다. 이 신앙을 공포하고 보호하는 이들이 가진 카리스마나 자신감, 권력이 확고부동해 보이는 덕분에 신앙에서 설파하는 확실하고 흔들림 없는 앎도 믿을 만해 보이는 것이다.[15]

소유의 실존양식에서는 신앙이 라틴어 **아센수스**(assensus), 즉 **동의**로 간주되어 신념(belief)과 동일한 의미를 가질 수도 있다. 이 같은 맥락에서의 신앙은 곧 '머리의 문제(head matter)'로서, 잘못된 신념이 아닌 올바른 신념을 갖는 것을 중시한다.[16] 소유의 실존양식에서의 신앙은 올바른 신념을 갖는 것과 동일한 의미를 가지며, 이에 따라 종교적인 맥락에서는 신의 궁극적 관심사가 인간의 머릿속에 있는 신념이라고 본다. 올바른 신념이 사람들을 구원할 수 있는 것처럼 말이다. 성서학자 마커스 J. 보그(Marcus J. Borg)는 **동의**로서의 신앙과 반대되는 요소들을 온건한 형태와 강경한 형태로 나누

---

* 실제로 모든 종류의 관료제와 조직은 구성원과 잠재적 소비자들 앞에서 신뢰성을 강화하기 위해 그러한 인상을 심어주고자 한다. 예를 들면 은행과 정부 조직의 건물 외관이 고대 그리스와 로마의 신전을 본뜬 경우를 심심치 않게 볼 수 있다.

어 이야기한다. 온건한 형태는 **의심**이고, 강경한 형태는 **불신**이다. 의심과 불신에 대한 일반적인 통념은 둘 다 신에게 골칫거리가 되거나 신을 곤란하게 만들기 때문에 막아야 한다는 것이다.

> [일반적인 통념은] 의심을 품으면 깊은 신앙을 갖지 못한다는 것이다. 게다가 불신은 신앙이 없는 상태를 의미한다. 그러므로 신이 인간에게 바라는 것을 '신념(belief)'이라고 생각하면 의심과 불신은 죄악으로 간주될 수 있다. …… 잘못된 신념을 가지면 곤경에 처할 수도 있다. 신이 '신념들(beliefs)'에 대해 이토록 관심을 둔다니 참으로 […… 놀라운 일이지 않은가?][17]

소유의 실존양식에서의 신앙(**동의**)은 인간 내면의 생각, 감정, 견해를 불신하도록 부추긴다. 특히 그러한 생각, 감정, 견해 등이 확립된 권위나 교리, 정통과 맞지 않을 때 더욱 그러하다. 소유의 실존양식에서의 신앙은 확신과 종결을 원하는 사람들, 삶의 난제들에 대한 해답을 스스로 찾아 나설 위험을 감수하지 않고 손쉬운 혹은 재빠른 해답을 구하고자 하는 사람들의 손에서 도구로 활용된다.[18] 이와 관련해 보그는 한 가지 역설을 제시하는데, 신념으로서의 신앙은 상대적으로 무력하다는 것이다. 공인된 정통적 관점을 따르면서도 여전히 '자아의 영향 아래 살아갈' 수도 있고, 교리에 맞는 원칙을 고수하면서도 여전히 매우 우울하거나 불행에 잠겨 있을 수도 있다. 또한 올바른 모든 것을 믿으면서도 여전히 상대적으로 깨어 있지 못한 상태에 머물거나 변하지 못할 수도 있다. 다시 말해서 진실이라고 생각하는 일련의 주장들을 믿는다고 해서 유의미한 변화가 일어나지는 않는 것 같다는 의미이다.[19] 이를테면 '자선의 중요성'이나 '사랑의 중요성' 등에 관한 일련의 주장을 믿거나 지지한다는 사실만으로는 그 사람의 실제 행동에 대해 예측할 수 있는 것이 거의 없다.[20] 이 점을 고려하면 대상화처럼 심오한 인지적 문제와 관련해서는 '올바른' 종류의 신념을 견지한다는 것이 기껏해야 피상적인 해결책에 불과할 수 있다.

반면 존재의 실존양식에서의 신앙은 신념에 관한 수많은 가정으로 구성되어 있지만 신념 자체에 집중하지 않는다. 그 대신 내면의 지향점, 태도, 마음의 상태에 집중한다.[21] 더 정확히 말하면 어떤 개인의 신앙이 존재에 뿌리를 두고 있다면 그 사람은 신앙을 **가지고** 있다기보다는 신앙 **속에** 있다고 볼 수 있다. 존재의 실존양식에서의 신앙은 사고 혹은 믿음의 대상이 아니라 함께 '살아가는' 것이며, 현재 순간의 경험을 철저하게 믿는 행위와 여러모로 흡사하다.

사랑

프롬은 사랑에는 두 가지 의미가 있으며, 그 의미는 사랑을 소유의 맥락에서 이야기하는지 아니면 존재의 맥락에서 이야기하는지에 따라 달라진다고 지적한다. 프롬에 따르면 중요한 핵심은 사랑이 **자아**(ego)처럼 추상적인 개념이라는 점, 즉 소유하거나 가질 수 있는 대상이 아니라는 점에 있다.[22] 사랑은 흔히 한 사람이 다른 사람에게 상당한 호감을 느끼는 경험 혹은 감정으로 일컬어지지만, 지혜로운 이들은 그러한 감정을 진짜 감정과 동일시하는 것이 어리석은 일임을 오래전부터 알고 있었다. 이러한 얇은 사랑의 감정을 경험하는 것이 그 경험을 하는 사람에게는 매우 중요한 의미를 가질 수 있지만, 그 감정 자체는 다른 상태나 조건(예를 들어 도취나 육체적 욕구)과 쉽게 혼동될 수 있으며 보통 일시적이고 덧없으며, 사랑을 주는 행동이 반드시 지속되지 않을 수도 있다는 깨달음을 반영하고 있다. 그러므로 사랑이라는 감정은 그것을 경험하는 사람에게는 대단히 의미 있고 중요하지만 사랑은 주로 사랑을 하는 **행위**를 통해 존재한다고, 즉 사랑은 행위와 동일한 것이며 호감이나 육체적 욕구를 동반할 수도 있고 그렇지 않을 수도 있다고 이야기하는 편이 가장 타당한 듯하다. 존재의 실존양식에서 표현되는 사랑은 "……자기 자신이나 타인의 영적 성장을 촉진하기 위해 전력을 다하고자 하는 의지"[23]로 나타난다. 그러므로 이때의 사랑은 생산적인 활동이다. 이 사랑은 "……보살피고 이해하고 반응하고 확신하고 즐거워하는 것. 생기를 불어넣고 상대방의 생기를 북돋는 것"이자 자율성을 의미한다.[24] 즉 존재의 실존양식으로서의 사랑은 사랑하는 대상의 의지에 방해나 제약을 가하는 대신 관계를 잃을 수 있는 위험을 감수할 정도로 그 대상의 자유와 행위성을 지지하는 행위이다.

반면 소유의 실존양식 안에서 경험하는 사랑은 소유권, 소유물, 구속, 제한, '사랑하는' 대상을 통제하려는 시도 등으로 표현된다. 짐작하건대 소유로서의 사랑이 가장 극단적으로 구현된 경우는 로버트 제이 리프턴이 언급한 전체주의일 것이다. 전체주의는 구성원의 사고와 행동을 완전히 통제하고자 하는 극단적인 이념 운동과 여타 이단 조직에서 특징적으로 나타난다. 전체주의는 단순히 '대단히 잘못된 방향으로 흘러간 사랑'의 문제로 치부할 수 없으며, 완고하고 독단적인 삶의 이상을 규정한 절대적 진리를 자기 집단이 소유하고 있다는 믿음에 기반해 인류 발선에 도착적으로 전념하는 행위이다. 전체주의가 상정하는 잘못된 가정은 특정 집단이 규정한 삶의 이상에 엄격하고 '무심한' 태도로 복종하면 각 구성원의 삶이 변하리라는 것이다. 전체주의보다는 강도가 약한 소유로서의 사랑은 종종 '너무 사랑해서'라거나 '상대방에게 최상의 것을 주고 싶어서'라는 명목 아래 정당화되지만, 그 결과 상대방은 황폐해지거나 행위성을 제약받고 수명, 생동성, 성장 역량이 감소하게 된다. 보호자들은 당연히 자녀를 보호, 양육, 지도해야 할 의무가 있는데, 이러한 의무를 다하다보면 자녀의 활동이나 대인관계 등을 방해하거나 제한하는 태도를 취하게 될 수도 있다. 그런데 소유의 실존양식을 따르다보면 자녀가 성장하면서 마땅히 가져야 할 행위성이나 점진적인 역량 증대도 인정해주지 않게 된다. 도리어 일반적으로 상실에 대한 두려움, 소유의식, 타인을 계속해서 소유하고 싶은 욕망 등에서 기인하는 행동을 하고 만다.

지식

사랑과 마찬가지로 지식도 자아중심적인 소유의 실존양식에 의해 쉽게 휘둘릴 수 있다. 각자의 분야에서 상당한 전문 지식을 가지고 있는 교사나 교수를 누구나 한 명쯤은 떠올릴 수 있을 것이다. 그들은 학위도 여러 개 보유하고 있고, 다양한 논문이나 책을 저술했을 수도 있다. 그러나 교습 주제에 대한 열정이나 개인적인 관심이 없는 탓에 듣는 이들에게 실질적으로 가치 있는 것은 전혀 남겨주지 못했을 수도 있다. 결과적으로 학습에 열정이 있고 배움을 쉽게 받아들이는 이들마저도 의미 있는 영향은 조금도 받지 못한 채 전문 지식이 매개가 되어 삶이 다른 세계를 향해 열리거나 변화되는 경험으로부터 멀어지는 것이다. 한편 세속적인 관점에서 보면 언뜻 단순해 보이고, 어떤 정보나 사실을 그다지 많이 알고 있거나 소유하고 있지 않은 것처럼 보이는 사람도 누구나 한 명쯤은 만나보았을 것이다. 겉보기에는 특별해 보이지 않더라도 진심과 생기와 사적인 관심을 가지고 있어 듣는 사람을 매료시키거나 즐겁게 만들 수 있는 사람들을 말이다. 프롬은 '지식을 갖는 것'과 '아는 것'에는 차이가 있다고 지적한다. 지식을 갖는 것은 구할 수 있는 정보를 흡수, 간직, 고수하거나 소유하는 행위와 연관된 반면, 지식을 아는 것은 그와 관련된 내용이 우리의 생산적이고 창의적인 사고 과정 속으로 통합되게 하므로 자신의 변화를 수반한다.[25]

이 책에서 여러 번 언급한 올더스 헉슬리의 『영원의 철학』은 지식의 존재양식 및 소유양식에 관한 장문의 논문과도 같다. 헉슬리는 여러 세대에 걸쳐 반복되는 전 세계의 위대하고도 주옥같은 지혜의 말씀들을 한데 모아 앞에서 언급했던 니들먼의 세 가지 관념에 담긴 주장을 중점적으로 다루고 있다. 구체적으로 그는 진정한 앎이란 우리가 상식적으로 가지고 있는 인식이 잘못되었을 수도 있다는 사실을 깨닫는 것에서부터 시작한다고 이야기한다. 세상이 어떻게 작동하는지와 관련해 우리의 자아가 가지고 있는 '지도'가 실제 세상이 존재하는 방식과 반드시 일치하지 않을 수도 있다는 점을 말이다. 또한 무엇보다 중요한 부분은 플라톤과 프롬이 주장하듯이 대부분의 사람들은 반은 깨어 있고 반은 꿈꾸는 상태에 있으며, 자신이 진실하고 자명하다고 믿는 것이 동굴 벽에 비친 그림자에 불과한 경우도 많다는 사실을, 자신이 살고 있는 사회적 세계의 암묵적인 영향 아래 만들어진 산물인 경우도 많다는 사실을 모른다는 데 있다. 그러므로 존재의 실존양식에서의 앎은 환영을 산산조각내는 **탈환영**(disillusionment)을 통해 시작된다.[26] 앎은 '진실을 소유'하는 것과 동일하지 않다. 오히려 사물의 표면을 뚫고 들어가 비판적이고도 적극적인 태도로 언제나 진실에 더 가까이 다가가려고 애쓰는 행위를 의미한다. 위대한 사상가들—예수 그리스도, 부처, 마이스터 에크하르트, 히브리 선지자들, 노자, 십자가의 성 요한, 아빌라의 테레사, 보에티우스(Boethius), 잘랄 루딘 루미(Jalāl ud-dīn Rūmī) 등—과 위대한 철학자들 —플라톤, 아리스토텔레스, 데카르트, 프로이트, 마르크스 등—은 인류 구원에 관심을 가졌다.*[27] 이들은 모두 자신이 속했던 시대의 일반적인 통념과 사회적 차원에서 받아들여지는 사고양식에 비판적인 태도를 취했다. 이들에게 앎의 목적은 확실한 절대진리를 얻고 이를 통해 안도감, 안전감, 만족감을 확보하는 것이 아니라 직관과 결부된 이성을 통해 스스로

---

* 스스로 무신론자라고 공언한 프로이트나 마르크스 같은 위대한 철학자들은 자신이 속했던 시대의 예속적이고 숨막히는 사회적 관습이라는 쇠사슬로부터 인간의 정신을 자유롭게 해방시키는 것을 핵심 목표로 삼았던 인물로 이해할 수 있다. 말하자면 세속적 의미에서의 '구원'이 그들의 주된 관심사였던 것이다. 그러나 그럼에도 다시금 되새겨야 할 중요한 사실은 그러한 비범한 인물들도 어떻든 결함이 있고 불완전하며 오류를 범할 수 있는 인간이었다는 것이다.

확신하는 과정 자체에 있었다. 진정으로 무언가를 알고 있는 사람은 그 앎을 단순히 전수받지 않았다. 지식을 밝히고 정제해나가는 점진적인 과정을, 소위 '영혼의 어두운 밤'[28]이라고 불리는 그런 시간을 견디고, 이전까지만 해도 귀중하게 여겨졌던 추정들이 새로운 경험과 정보 앞에 폐기되거나 개선되는 장면을 직시하는 과정을 겪어낸 것이다. 앎을 견지한 사람에게는 무지 또한 무언가를 알아가는 과정의 일부분이기에 지식만큼 타당하고 도움이 된다. 단 이런 종류의 무지는 무념무상의 무지와는 전혀 다르다. 소유의 실존양식에서 이상(理想)은 더 많은 지식을 갖는 것인 반면, 존재의 실존양식에서 이상은 더 깊게 아는 것을 의미한다.[29]

무지

> 모든 것을 알지 못하는 자는 아무도 죽일 수 없다.
>
> —알베르 카뮈(Albert Camus)[30]

자아는 소유의 존재양식을 바탕으로 지식을 얻으려는 경향과 나는 옳고 다른 사람은 틀린 상황에 깊이 몰두하는 경향으로 인해 알지 못하는 것에 대해서도 특정한 태도를 취하곤 한다. 제임스 P. 카스(James P. Carse)는 존재와 앎의 관계에 관한 에리히 프롬의 정신을 상당 부분 이어받아 탁월한 저작 『신념에 대한 종교적 사례(The Religious Case Against Belief)』*에서 인간이 경험하는 세 가지 유형의 무지를 상세히 설명하고 있다. 이 책에서는

---

* 신념에 대한 **종교적** 사례를 다루는 이유는 무엇인가? 전 세계의 위대한 종교들이 각 종교로부터 파생된 다양한 신념체계를 초월하기 때문이다. 각각의 신념체계는 애매모호함, 역설, 형언불가능성(ineffability), 무지를 견디는 일에 상당한 어려움을 겪지만 위대한 종교들은 가장 심오한 (신비로운) 수준에서는 그러한 상태와 동일하다.

카스가 제시한 유형 이외에 내가 삶에서 겪은 경험에 기반한 무지를 한 가지 더 추가했다. 무지와 자아는 반드시 서로 연관되어 있어야 하는 것은 아니다. 사실 카스가 주장하듯이 무지의 한 유형은 여러모로 깨달음과 매우 밀접한 연관성을 가지고 있다. 그러나 무지가 자아를 보호하고 고취하거나, 우리가 동일시한 특정 세계관을 방어하는 방향으로 활용된다면 심각한 문제를 초래할 수 있다. 이런 유형의 무지는 인간이 서로 다투고 각자가 소중하게 생각하는 무리에 속하지 않은 외부인을 의심의 눈초리로 바라보도록 부추긴다.

일상적 무지

카스가 제시한 첫번째 유형의 무지는 '일상적 무지(Ordinary Ignorance)'이다.[31] 일상적 무지는 가장 흔하게 나타나는 유형의 무지이며, 인간에게는 많은 것을 확실히 알 수 있는 능력이 없음을 대표적으로 보여준다. 예를 들어 우리는 다음 대통령 선거에서 누가 당선될지, 다음주 날씨가 어떨지 확실히 알 수 없다. 일상적 무지는 우리가 알지 못하거나 알 수 없는 것들의 목록이 그야말로 끝이 없다는 점에서 사소하기도 하다. 하지만 우리가 만약 충분한 정보를 기지고 있다면 대부분의 무지를 근절할 수 있을 것이다. 그런데 일상적 무지가 대통령 선거 후보자의 숨은 동기나 감지하지 못한 쓰나미 신호처럼 우리 자신이나 타인에게 중대한 영향을 미칠 수 있는 것과 연관되는 경우에는 그 중요성이 한층 더 커질 수 있다. 일상적 무지와 관련해서는 모든 인간이 이런 식의 무지를 가지고 있음을 인정하는 한 자아는 관여하지 않는다.

복합적 무지

두번째로 소개할 무지의 유형은 '복합적 무지(Compound Ignorance)'이다. 복합적 무지는 카스가 언급한 유형은 아니지만 무지에 대한 논의와 깊이 연관되어 있다고 생각해 내가 추가한 것이다. 복합적 무지는 우리가 알지 못하고 있음을 알지 못하는 무지를 가리킨다. 이 무지는 너무나 만연한 나머지 거의 모든 곳에 편재해 있을 정도이다. 복합적 무지의 가장 전형적인 사례는 미계몽이며, 이 점에서 4장에서 언급한 니들먼의 세 가지 주장의 중요한 특징을 보여주기도 한다. 우리가 '외양을 이루는 여러 겹의 조직' 속에 살아가면서―진정한 자기 자신을 알지 못하고, 주변 사물들과의 표면적인 연관성밖에 보지 못하고, 우주에 질서와 구조를 부여하는 모든 존재의 근본 바탕과 우리 자신의 연결성을 대체로 모르는 상태로―그 사실을 알지도 못한다면 알지 못함을 알지 못하는 에덴동산의 아담과 이브와 다를 바 없다. 내가 복합적 무지라는 개념을 알게 된 것은 동부 해안 지역에서의 대학 생활을 앞두고 자신감에 넘쳐 있는 아들에 대해 아내와 대화를 나누고 있을 때였다. 아들은 자신의 전공이나 부전공 과목에 직접적으로 연관되지 않지만 필수로 수강해야 하는 일반 교양과목들에 도통 관심이 생기지 않는다고 고집스레 말했다. 그러자 아내는 네가 알 만한 가치가 있다고 생각하는(분명 자아에 사로잡힌 태도였다) 모든 것에 이미 관심을 가지고 있다고 믿을지 몰라도, 사실 네가 알지도 못하고 있음을 알지도 못했던 주제나 학문의 세계도 존재한다고 이야기해주었다.* 당연하게도 아들은 믿지 못하겠다는 듯한 반응을 보였지만 이 사례는 복합적 무지(아내가 만든 용어이다)의 본질을 꽤 잘 포착하고 있다. 말하자면 우리는 각자가 따르는 패러다임이 편하다는 이유로 그것이 완전하다고 느낀다. 옳은 존재가 되는 것에 몰두하는 자아중심적인 태도로 인해 우리는 현재의 가치나 현실의 패러다임을 대체 혹은 반박하는 일에 의식적·무의식적으로 저항한다. 현실을 바라보는 현재의 관점보

---

* 흥미롭게도―이 책을 저술하고 있던 시점에는 알지 못했지만―다름아닌 도널드 럼즈펠드(Donald Rumsfeld)가 2002년 2월 12일 기자회견에서 사담 후세인 정권이 대량살상무기를 보유하고 있다는 주장에 대해 유사한 논평을 발표한 바 있다(비디오 영상: http://www.youtube.com/watch?v=GiPe1OiKQuk.).

다 더 탁월하다고 입증될 수도 있는 다양한 관점들이 존재하지만 우리는 그저 무지할 뿐이다. 그러나 우리는 **우리가 모른다는 사실을 깨닫지 못한다.** 무지가 가지고 있는 복합적인 속성을 알게 된다는 것은 깨달음으로 향하는 중요한 발걸음을 내딛는 것과 다름없다. 무지를 깨닫는 즉시 무지의 복합적인 속성이 서서히 흐려지고, 깨달음을 얻은 사람은 새로운 가능성에 마음을 열게 되기 때문이다. 대략적으로 이야기하면 우리가 따르고 있는 현재의 패러다임도 필연적으로 불완전할 수밖에 없음을 겸허히 깨달을 때 일어나는 성장은 교육 관련 경험이나 다른 문화에 대한 직접적 노출, 여러 유형의 삶의 위기를 통해 촉발될 수도 있다. 진실은 다양한 원천과 다양한 문화 구조에서 나온다는 사실을, 우리의 세계관은 여러모로 지리나 출생과 연관된 우연한 산물이자 현실에 관한 수많은 관점들 중 하나에 불과하다는 사실을, 어쩌면 알 수도 있었을 진실의 대부분을 우리는 결코 알 수 없을 것이라는 사실을 깨달을 때 말이다. 셰익스피어의 유명한 희극 「뜻대로 하세요(As You Like It)」의 5막 1장에도 이 문제가 잘 표현되어 있다. "어리석은 사람은 자기가 현명하다고 생각하지만 현명한 사람은 자기가 어리석다는 것을 안다." 여담이지만 아들은 대학에서 3학기를 마친 뒤 원래 가치 있다고 생각하지 못했던 과목들의 진가를 알아보게 되었고, 결국에는 처음의 전공과목과 완전히 다른 과목으로 전과했다.

고의적 무지

자아의 영향력이 막대하게 발휘된 '고의적 무지(Willful Ignorance)'는 매우 혼하기는 하지만 일상적 무지나 복합적 무지보다 더 감지하기 힘들고 훨씬 많은 위험성을 내포하고 있다. 카스에 따르면 고의적 무지는 "……우리가 알지 못하는 무언가가 있다는 사실을 알면서도 그것을 알지 않기로 가장하는 [모순적인] 상태를 가리킨다. 실제로 무지하지 않음에도 무지를 가장하는 것이다."[32] 고의적 무지를 보여주는 사례는 다양하며, 고의적 무지로 인한 결과는 미미한 수준에서부터 중대한 수준까지 전부 아우른다. 나의 경험도 고의적 무지의 사례에 포함될 수도 있다. 나의 세 아들이 꾸려가고 있는 삶의 면면들 중에는 (내 부모님께서 나를 기를 때 그러하셨고, 조부모님께서 부모님을 기를 때 그러하셨듯이) 내가 전혀 모르는 부분도 있다. 나는 그 면면들이 어떤 것일지 상상할 수는 있지만 한편으로 그것들에 대해 알고 싶지 않아서 일부러 물어보지 않는다. 또다른 사례로는 외국에서 제조된 저렴한 제품을 무더기로 구매하면서 행복감을 느끼는 소비자들을 들 수 있다. 이들은 그렇게 저렴한 상품은 인건비가 매우 낮고 노동자와 환경에 대한 보호는 거의 존재하지 않다시피 할 정도로 최소한의 수준에 머무는 지역에서만 생산될 수 있다는 사실을 대략적으로는 알고 있지만 그로 인한 결과에 대해서는 생각하지 않으려고 한다. 이들 중 상당수는 매년 저렴한 값의 육류를 수십 킬로그램씩 의욕적으로 구입해 먹지만 동물들이 처해 있는 생활환경의 세부적인 측면과 폐기물 발생량, 육류산업이 남기는 환경 발자국(environmental footprint)*에 대해서는 무지한 상태를 유지하고자 한다. 많은 종교적 근본주의자들은 진화생물학 분야에 대해 모르는 것처럼 생각하고 행동하지만 실제로는 알고 있을 가능성이 높다. 다만 진화생물학의 연구 결과를 찾아보지 않으려고 하거나 과학적 사실을 노골적으로 왜곡하는 것일 수 있다. 각국의 원수들은 전쟁이 무수한 민간인과 어린이에게 고통과 죽음을 초래할 것임을 어느 정도 자각하면서도 그러한 자각을 억누르거나 축소하고 경시하면서 전쟁을 선포하고 실행한다. 우리는 이 모든 사례에 작용하는 복잡한 요인들을 어렴풋하게나마 알고 있을 수도 있지만 모르는 상태로 남아 있고자 한다. 우리는 우리가 가지고 있는 지식이 '확실'하다고 여기지만 스

---

* 인간이 삶을 영위하면서 환경에 미치는 영향을 측정한 지수를 가리킨다. 기후변화를 유발하는 온실가스와 관련된 탄소 발자국이 가장 널리 알려져 있다(역자 주).

스로 알고 있다고 생각하는 것이 어떤 식으로든 불완전할 수 있음을 암시하는 신호들도 감지하고 있다. 그럼에도 그 신호들이 우리의 평정심과 자신감을 약화하지 않도록 이처럼 자질구레한 부분에 관심을 기울이거나 몸소 해결하려고 들지 않는다. 고의로 무지한 상태에 있는 사람들(다들 어느 정도 이런 면모를 가지고 있다)의 자아와 삶의 방식은 본인이 알고 있는 지식과 평화로운 상태를 유지하는 일에 과도하게 집중하므로 불협화음을 초래할지도 모를 무언가를 기민하게 의식하는 상황을 회피한다.

고차원적 무지

지금까지 제시한 유형들의 무지와는 달리 '고차원적 무지(Higher Ignorance)'는 역설적이게도 전 세계의 지혜로운 전통들의 기반을 이루는 앎에 해당한다. 카스는 고차원적 무지라는 명칭을 니콜라우스 쿠자누스(Nicolas of Cusa)의 15세기 고전 『깨달은 무지에 관하여(Di Docta Ignorantia(Concerning Learned Ignorance))』에서 빌려왔는데, 니콜라우스는 이 저작에서 다음과 같이 이야기하고 있다. "모든 탐구는 쉽든 어렵든 비교관계(comparative relation)를 통해 이루어진다. 그러므로 모든 비교관계에서 비켜나 있는 **무한**(qua infinite)은 알 수가 없다."[33] 니콜라우스가 이야기한 '비교관계'가 의미하는 바는 유한한 것은 다른 것과의 연관성이나 비교를 통해서만 알거나 이해할 수 있다는 것이다. 카스는 이 관념을 바탕으로 우리가 얼마나 많은 관계를 발견하든 결코 무한에 도달할 수는 없을 것이라는 논지를 분명히 밝히고 있다. 그러므로 우리는 무언가의 진짜 모습에 어느 정도는 무지한 상태로 남게 된다는 말이다. 얼마나 많은 진실을 축적하든 우리의 앎은 **진짜** 진실에는 무한히 미치지 못한다.[34] 니콜라우스는 고차원적 무지란 우리가 태어날 때부터 알고 있는 종류의 앎도 아니고, "우리는 더 많이 알수록 우리가 알지 못하는 것에 대해 더 알게 된다"라는 뻔한 말로 담아낼 수 있는 것도 아니라는 점을 독자들이 이해하기를 바랐던 것 같다. 니콜라우스가 생각하기에 고차원적 무지는 지속적인 자기반성과 깊이 있는 숙고를 통해서만, 일찍이 이 같은 현실을 날카롭게 인식했던 사상가들의 글을 심도 있게 읽어야만 얻을 수 있는 것이었다. 고차원적 무지에 부합하는 방식으로 무지해지려면 **배움**이 필요한데, 이러한 배움은 깨우치는 과정에 버금가는 행위이다. 앎의 한계에 대해 더 많이 알게 될수록 이 세계가 지닌 막대한 다채로움을 더 많이 깨닫게 되는 것이다.[35]

　인간이 지닌 다른 여러 가지 특성과 마찬가지로 소유의 실존양식과 존재의 실존양식도 별개의 변수로 존재하기보다는 하나의 스펙트럼 위에 자리하고 있으며, 인간이 존재하는 방식에 자아가 얼마만큼 개입해 있는지 보여줄 수 있다. 소유의 실존양식은 소유와 소비를 강조하는 삶을 지향하는 양적 사고방식으로 이루어져 있다. 그러므로 갈망, 애착, 분리, 사물과의 동일시와 같은 자아의 구조에 매우 취약하다. 물론 현대 민주주의 사회에서 만족스러운 삶을 영위하려면 집과 자동차, 옷, 가전제품 등의 소유물이 필요하며 이를 통해 삶의 질을 향상시킬 수 있다. 우리는 생활수준을 유지하기 위해 무수히 다양한 자원을 소비하며 이러한 소비 행위 자체가 문제시될 필요는 없다. 그러나 우리의 자아는 '충분한' 소유와 소비만으로는 그리 쉽게 만족하지 않는다. 삶을 평가하는 기준을 물건의 소유와 동일시할수록 우리는 자아의 영향과 세상을 대상화하는 경향에 더 쉽게 좌우되며, 이에 따라 우리 자신과 타인의 본질은 흐려진다. 반면 존재의 실존양식은 취득과 소비보다 존재, 경험, 관계를 강조한다. 존재의 실존양식에서는 경험의 풍요로움을 다른 무언가를 위한, 보다 갈망하는 목적을 위한 수단이라기보다는 그 자체로서 목적으로 본다. 그러므로 존재의 실존양식은 모든 존재의 깊이를 이해하는 깨달음과 동일하다. 그리고 이는 타인을 대상화하려는 우리의 경향에 대한 가장 강력한 해독제를 제공해준다.

11장

죽음의 부정에서 파생하는 문제들

요람이 심연 위에서 흔들리는 가운데 상식(常識)이 말하기를, 우리 존재는 어둠의 두 영겁 사이에서 새어 나오는 찰나의 빛이라고 한다. 두 영겁은 일란성쌍둥이와 같음에도 인간은 대체로 출생 이전의 심연이 지금 (약 4500번의 시간당 심박수를 기록하며) 다가가고 있는 앞날의 심연보다 더욱 잔잔하다고 생각한다.

— 블라디미르 나보코프(Vladimir Nabokov)[1]

질문: 이 세상에 존재하는 모든 불가사의 중 가장 불가사의한 것은 무엇이더냐?
대답: 주변의 모든 인간이 죽어가는 모습을 보고 있으면서도 본인이 죽게 될 것이라는 사실을 믿는 인간은 한 명도 없다는 사실입니다.

— 유디스티라(Yudhisthira)가 다르마(Dharma)에게 하는 대답*[2]

그대는 마치 된바람 속에 놓여 있는 램프처럼 죽음의 원인들 속에서 살아가고 있는 것이다.

— 나가르주나(Nāgārjuna)[3]

---

* 유디스티라는 힌두교 서사시 「마하바라다(Mahabharata)」에 나오는 전설적인 왕이며, 다르마는 유디스티라의 아버지이다(역자 주).

지그문트 프로이트는 그 어떤 선대 학자보다도 인간 정신의 어둡고 심오한 구석들을 철저히 체계적으로 연구한 인물이다. 프로이트는 100년이 지난 지금에도 여전히 유효한 획기적인 성격 이론을 수립했지만 그의 사상은 한 가지 명백한 주제를 대체로 회피했다. 프로이트와 어깨를 나란히 했던 또 다른 걸출한 학자 카를 융은 인간 본성의 영적인 차원(원형, 집단 무의식, 동시성, 꿈작업 등)을 들여다본 자기만의 깊은 통찰로 상당한 유명세를 얻었지만, 그 역시 한 가지 명백한 주제에 대해서는 대체로 언급을 피했다. 그 이외에도 프랭클, 매슬로, 프롬, 로저스, 에릭슨, 엘리스 등 인간의 영혼을 탐구한 비교적 최근의 학자들은 인간이 자기 자신을 이해하고 삶에서 더 커다란 성취와 의미를 경험할 수 있도록 그 역량을 향상해주었다는 점에서 많은 명성을 얻었지만, 이들의 이론에도 한 가지 명백한 주제가 생략되어 있었다. 마침내 자신의 사상체계 중심에 그 주제를, 죽음이라는 주제를 배치한 사람은 어니스트 베커였는데, 그는 솔직하면서도 대중이 이해할 수 있는 방식으로 죽음이라는 문제를 다루었다. 훌륭한 지성인들 중 마침내 죽음의 문제를 다룬 인물이 나오기까지 이토록 오랜 시간이 걸렸다는 사실은 인간의 최후(finality)가 인간에게 무관하거나 모호한 문제가 아니라 압도적이고 무시무시한 문제라는 증거이다.

그러나 걸출한 학자들이 줄곧 죽음이라는 현실을 회피한 것은 아니다. 사실 로마의 철학자 키케로는 "철학을 연구한다는 것은 죽음을 위한 준비를 하는 것과 다름없다"[4]라고 이야기한 적이 있다. 먼 과거의 위대한 철학자와 사상가들 중 많은 이들(키르케고르, 에크하르트, 에피쿠로스, 소크라테스 등)도 삶을 진정으로 이해함에 있어서 죽음이 갖는 중요성에 대해 키케로와 유사한 관점을 취했다. 그러나 이 사상가들의 존재와 이들이 가졌던 통찰이 현대인들에게는 점점 더 낯설게 느껴지고 있다. 비교적 짧은 생애 동안 지독한 독서광으로 살았던 베커는 이 사상가들을 비롯해 다른 기라성 같은 학자들로부터 크나큰 영향을 받았다. 제2차세계대전 말경 미군으로 복무했던 경험도 그의 삶에 선명한 인장을 새겼다. 전쟁 동안에는 죽음과 거리를 둘 여유가 없었던 탓이다. 베커는 전쟁이 끝날 무렵 유럽을 떠난 뒤 자기 자신과 인간의 조건, 삶의 의미를 근본적인 차원에서 이해하는 작업에 평생을 바치기로 결심했다. 이를 위해 베커는 전 시대를 아우르며 인간 본성 이해에 중점을 두는 문화인류학으로 박사학위를 취득했다. 그러나 지적 호기심이 깊고 학문 간의 경계에 갇혀 있지 않았던 그는 생물학, 생리학, 신학, 철학, 심리학, 정신의학, 정치학, 사회학, 사학 등 다양한 학문 분야에서 핵심적인 지혜들을 그러모았다. 그리고 수많은 요인을 바탕으로 인류가 직면한 핵심 문제는 실로 너무나 명백한 것에 있었다는 결론에 이르렀다. 인간은 외견상으로는 설명할 수 없을 것 같은 모순을 체화하고 있다. 바로 정신과 육체로 구성된 존재라는 모순이다. 즉 인간은 스스로 신 같은 영겁의 존재가 된 듯한 느낌에 도취될 수 있게 해주는 비할 데 없이 비상한 두뇌를 가지고 있다. 그리고 이 두뇌 덕분에 인간은 자신이 동물이라면 모두 가지고 있는 특징들을―신체를 가리고 온기를 유지해주는 체모와 온몸에 혈액을 공급하는 심장과 숨을 쉬는 폐와 땀을 방출하고 재생하는 피부와 인체 폐기물을 만들어내는 소화기관을―지닌 신체 안에 자리해 있음을, 전체적으로 보면 더없이 의존적이고 취약하며 너무도 일시적인 유기체임을 인식한다. 베커는 모든 인간이 '동물'이라는 측면에서 맞닥뜨리는 두 가지 문제를 언급했다. (1) 비극의 문제로, 죽음은 그 누구도 완벽하게 예측하거나 통제할 수 없는 이유로 언제든지 발생할 수 있다는 사실이다. (2) 항문의 문제로, 우리가 얼마나 많이 예방적인 보수 조치를 취하든지 간에 인간의 신체는 인간이 필연적으로 부패와 죽음의 과정을 겪게 될 것이라는 점을―악취를 풍기는 배설물, 탈모, 피부 탄력성의 저하, 시력 저하, 기억력 감퇴, 근육 긴장도 감소, 장기 기능의 이상 등을 통해―상기시킨다. 베커는 다음과 같이 기술하고 있다.

불안은 자신이 처한 조건의 진실을 인식한 결과이다. **자의식을 가진 동물**이 된다는 것은 어떤 의미인가? 그런 생각은 터무니없거나 무시무시하다. 이는 자신이 벌레의 먹잇감이 될 신세임을 알고 있다는 뜻이다. 여기에 공포의 근원이 있다. 무(無)에서 생겨나 이름, 자의식, 깊은 내적 감정, 삶과 자기표현에 대한 고통스러운 내적 열망을 가지게 된다는 것, 이 모든 것을 가지고도 죽어야 한다는 것. …… 마치 고약한 장난질 같다. 문화적 인간의 한 유형이 신이라는 개념에 맞서 공공연히 봉기하는 것은 이 때문이다. 대체 어떤 신이 벌레의 먹잇감을 이토록 복잡하고 근사하게 창조한단 말인가? 그리스인에 따르면 그것은 인간의 고통을 오락거리로 삼는 냉소적인 신들이다……[5]

지난 수천 년 동안 예리하고 예민한 정신을 가진 각양각색의 학자들도 인간의 이 엄청난 역설을 인식하고 있었다. 이들도 저명한 사회학자 피터 버거(Peter Berger)[6]가 문화의 '성스러운 덮개(the sacred canopy)'라고 일컬은 보호막 속에 영원히 머무를 수는 없었던 터였다. 그 덮개의 보호막 밖에서 세상을 내다보던 일부 대담한 학자들은 문화라는 신기루가 사라지는 장면을 눈앞에서 목격했다. 이들처럼 덮개 밖에서 자신의 눈으로 세상을 바라본 베커는 인간 본성에 관한 새로운 관점을 도출해냈고, 근대에 이르러서는 최초로 죽음의 불가피성을 인간 동기의 밑바탕을 이해하기 위한 **라이트모티프**(leitmotif), 즉 중심 주제로 만들었다. 베커는 지난 수 세기 동안 신, 왕, 국가를 기치로 내걸고 서로에게 악행을 저지른 인간들의 일차적 동기가 고결함과는 거리가 먼 보다 원초적이고 근본적인 무언가, 즉 항시 잠복해 있는 죽음의 현실을 부정하고 싶은 욕망에 있었다고 분명하게 피력했다. 앞으로 자세히 살펴보겠지만 죽음을 (문자 그대로의 의미로든 상징적인 의미로든) 이겨내고자 하는 인간의 욕망은 세상을 바라보고 대하는 방식에 극적인 영향을 미칠 수 있다. 특히―1941년 12월 7일 진주만 공격이나 2001년 9월 11일의 테러 공격과 더불어―인간이 지닌 필멸성을 고려하면 타인을 사물로 간주하고 취급하는 경향도 극적으로 증대할 수 있다.

키르케고르가 베커의 사상에 미친 영향

베커는 유기체로서의 인간이 처해 있는 현실을 인정하면서 영향력 있는 발언을 한 인물 중 한 사람인 19세기 덴마크 신학자 쇠렌 키르케고르의 사상으로부터 많은 영향을 받았다. 키르케고르가 이야기한 인간의 현실이란 겉보기에 양립할 수 없는 정반대의 것들로 결합된 유기체로서 막대한 고통을 초래할 잠재력을 지니고 있다는 것이었다.[7] 키르케고르는 인간이 처해 있는 독특한 상황이 두 가지 전형적인 인간적 감정인 **경외심**과 **두려움**을 낳았다고 주장했다. 인간의 정신은 스스로를 마치 외부인처럼 바라보고 인지할 수 있는 능력을 가지고 있어서 우리가 알고 있는 그 어떤 피조물보다도 **자신이 존재한다**는 사실을 잘 알고 있다. 이러한 인식 능력 덕분에 인간은 단순히 살아 있다는 사실에서 즐거움과 숭고한 특권을 만끽하는 등 삶의 최고의 순간을 보낼 때마다 무척이나 다채로운 긍정적인 경험을 한다. 경외심은 인간에게 언제나 좋은 감정이다. 경외심은 감정의 스펙트럼에서도 맨 위에 위치해 있으며, 계획된 결과물인 것처럼 나타나는 경우는 드물지만 다양한 수단과 자극을 통해―은은한 수준에서 장엄한 수준으로까지―얻을 수 있다. 단순히 숙면을 취하고 일어나 유독 구름 한 점 없는 어느 여름날의 아침을 맞이하거나, 뒷마당에 나가 얼굴에 닿는 햇살의 따스함을 느끼거나, 시원하고 상쾌한 맑은 공기를 들이마시거나, 활짝 핀 채로 젖어 있는 아름다운 꽃잎에 햇빛이 반사되는 모습만 보아도 속으로 "세상에나…… 살아 있다는 게 이렇게나 멋진 일이라니!"라고 외치게 될 수 있다. 복권에 당첨되거나 노벨상을 수상하는 등 매우 드문 일이 일어나지 않았어도 말이다. 베커에 따르면 "인생에서 최고의 것들은 정말이지 무상"으로 얻어지기 때문에 그런 특별한 사건은 전부 불필요하다. 그저 인간에게 주어진 궁극적인 특권을, 살아 있다는 상태와 살아 있음을 아는 상태를 누리면 되는 것이다.[8]

유감스럽게도 경외심을 느끼는 능력에는 대가가 따른다. 인간의 다른 모든 경험과 마찬가지로 경외심을 느끼는 경험도 그와 반대되는 상황이 실현될 수 있다는 전제 아래에서만 의미를 갖는다. **두려움**은 인간 경험의 기저를 이루는 감정이다. 두려움이 반드시 우울*의 깊이와 밀접하게 연관되지는 않지만 자기의 존재 자체가 미약하고 일시적임을, 자기의 의미와 관계 및 경험이 머지않아 모두 불시에 끝나게 될 것임을 깨닫고는 궁극적으로 자신의 개체성을 부정하는 상황에 나타난다. 베커는 퓰리처상을 수상한 『죽음의 부정』에서 두려움에 관한 키르케고르의 말을 다음과 같이 인용하고 있다.

> 만일 인간이 동물이나 천사라면 [즉 철저히 비(非)자의식적이거나 완전히 비동물적이라면] 두려움에 빠질 수 없었을 것이다. 인간은 하나의 결합체이기에 두려움을 느낄 수 있다. …… 인간 본인이 두려움을 낳는다. […] 정신은 자신을 없애버릴 수 없고 [즉 자의식은 사라져버릴 수 없고] …… 인간은 식물적 상태로 축소될 수도 없다 [즉 온전한 동물이 될 수 없다]. […] 그러므로 인간은 두려움으로부터 도망칠 수 없다.[9]

키르케고르는 두려움의 싹이 인간 존재를 이루는 성질 자체에 내재되어 있기 때문에 인간은 두려움의 가능성으로부터 완전히 달아날 수 없다고 역

---

* 우울은 분명 실존적인 두려움을 경험한 결과일 수 있지만, 모든 우울이 실존적인 두려움에서 기인하지는 않는다.

설한다. 그러나 베커는 이것이 두려움의 가능성으로부터 달아나려는 인간의 시도를 저지하지는 못했다고 주장한다. **카우사 수이**(causa sui),* 즉 자기원인을 찾기 위한 원대한 계획은 수천 년에 걸쳐 인간의 경험에 막대한 영향을 미쳤다. 충분한 인지능력이 있는 사람이라면 누구나 죽음을 불가피한 현실(짐 모리슨이 외치는 뇌리에 박히는 가사 "여기에서는 누구도…… 산 채로…… 나갈 수 없어!"가 떠오른다)로 인지 및 이해하고 있다고 주장하겠지만, 베커는 대부분의 인간은 이 같은 현실을 심오하고 본질적인 차원에서 곧이곧대로 받아들이지 못하거나 받아들일 수 없다고 단언한다. 그러면서 인간은 자신의 방대한 지능—추상적·상징적으로 사고할 수 있는 능력—과 임박한 신체적 종말을 의식하는 현실로부터 스스로를 방어하려는 선천적인 사회적 성향을 통해 실존적 딜레마를 다룬다고 주장한다. 베커는 인간이 다양한 방어 전략을 가지고 있다고 인정하면서도 그중에서 특히 문화의 생성과 유지, 영웅주의에 대한 충동이라는 두 가지 방어기제에 방점을 찍는다.

타당성 구조**로서의 문화

> 문화는 불행해지지 않기 위해 투입하는 노력의 총체로 구성된다. …… 불안에 대한 방어기제는 문화를 구성하는 재료이다.
>
> —게자 로하임(Geza Roheim)[10]

---

* 카우사 수이(causa sui)라는 라틴어는 베커가 프로이트, 스피노자, 사르트르 등의 학자들로부터 빌려와 사용한 용어로, '자기원인(cause of itself)'을 의미한다. 자기원인이란 자기 자신을 위해 대단히 중요한 의미체계를 찾고자 하는 인간의 욕망을 가리킨다.

** 피터 버거가 제시한 타당성 구조(plausibility structure)라는 개념은 의미에 타당성을 부여해주는 사회문화적 맥락을 가리킨다. 개인과 집단이 수용하는 신념과 의미는 사회문화적 제도와 과정을 통해 지탱되고 유지된다(역자 주).

걸출한 사회학자 피터 버거는 사회가 (즉 문화가) 상호적이고 '변증법적인 현상'이라고 주장했다. 사회는 인간의 산물이고, 인간은 사회의 산물이라는 의미이다. 또한 버거는 사회가 구성되는 과정은 세 가지 필수 단계를 거친다고 했다. 그 단계란 (1) 인간의 사고와 행동이 끊임없이 세상으로 유입되는 **외재화**(externalization), (2) 외재화에 따른 산물로, 사회의 최초 구성요소들을 외부의 '사실'로 간주함으로써 실재를 획득하는 **객관화**(objectivation), (3) 객관화한 실재를 외부 세계의 구조로부터 주관적 의식의 구조로 재변형함으로써 동일한 실재를 더욱 깊이 있고 주관적인 방식으로 소유하는 **내재화**(internalization) 등이다.[11] 즉 문화는 인간이 사회의 최초 구성요소들에 대해 심오한 방식으로 대항하며 만들어낸 구조이다. 인간은 자신이 속한 문화를 정체성의 일부로 내면화하고 통합한다. 이로 인해 일반적으로 문화적 구성요소들을 인간의 정신적·신체적 활동의 산물이 아니라 객관적인 세계의 '기정사실'이라고, 자신이 가지고 있는 문화적 세계관이 그야말로 현실 그 자체라고 생각한다.

베커는 문화의 일차적 기능이 죽음에 대한 인간 고유의 인식에서 비롯한 집단적 불안을 최소화하는 데 있다고 주장하면서 논지를 확대했다.[12] 문화를 이 같은 방식으로 설명하는 것이 새롭다고 느껴질 수는 있지만, 이렇게 생각한 사람이 베커(그 어떤 선인들보다도 죽음을 논지의 중심에 두기는 했다)가 처음은 아니었다. 다른 수많은 영민한 학자들도 문화가 죽음을 부정하게 만드는 주문을 걸 수 있다는 것을 이미 알고 있었다.[13] 피터 버거는 이를 다음과 같이 설명했다.

인간이 구축한 세계는 영원히 혼돈의 힘으로부터, 종국에는 죽음이라는 불가피한 사실로부터 위협받는다. 아노미, 혼돈, 죽음이 인간 삶의 노모스(nomos)[즉 '구조']에 통합될 수 없다면 이 노모스는 집단의 역사와 개인의 전기에 존재하는 긴급한 사태들을 설명할 수 없을 것이다. 다시 이야기하면 모든 인간 집단은 죽음에 직면한 공동체이다. 역사적 종교의 운명이나 그 밖의 종교의 운명이 무엇이든지 간에 인간이 죽는 한, 인간이 본인의 죽음을 이해해야 하는 한 죽음을 부정하려는 시도의 불가피성은 끈질기게 지속될 것이다.[14]

다시 말해서 문화는 삶의 실존적 현실로부터 인간을 보호하기 위해 존재한다. 베커에 따르면 죽음에 대한 불안을 경감시키는 문화의 핵심 메커니즘은 앞에서 언급한 존재론적 보호 덮개로 구성원들을 감싸는 방식으로 작동한다. 문화의 주요 기능 중 하나는 구성원들에게 '타당성 구조(plausibility structure)' 혹은 우주에 대한 설명—우주가 이곳에 존재하는 이유와 우주에서 인간이 수행하는 역할—과 사회적 역할, 개개인이 의미 있는 우주에서 스스로 가치 있는 사람임을 인식할 수 있게 해주는 만족감을 제공하는 것이다.[15] 이 과정의 최종 결과물로 남는 것은 자존감인데, 이는 베커주의적 관점에 따르면 인간의 근본적 필요로서 인간이 스스로를 단순히 지구상에 존재하는 또하나의 피조물이 아니라 초월적인 가치와 중요성을 지닌 존재로 여길 수 있게 해준다.[16] 문화와 문화의 기능은 매우 유용할 수 있고 여러 상황에 적용할 수도 있지만, 한편으로는 갈등의 장을 마련할 수도 있다.

문화의 충돌

문화, 세계관, 자존감은 보편적으로 받아들여지는 현실이라기보다는 상징적인 구성물이므로, 죽음을 부정하는 요소들로 완전히 가득 채워지려면 외부로부터 지속적인 동의와 인정을 확보해야 한다. 우리와 같은 세계관을 공유하면서 우리가 가치 있는 사회 구성원이라는 데 동의하는 이들은 죽음에 대한 불안을 누그러뜨리고 자존감을 북돋워준다. 특정 문화나 하위문화의 구성원이 되면 동일한 문화에 속한 구성원들을 외부 사람들보다 한층 우호적인 시각으로 보게 되는 경향도 자연스럽게 생겨난다. 실제로 '타자'—동일한 문화적 세계관을 공유하지 않는 외부인 혹은 외국인—로 간주되는 이들은 의심의 눈초리를 받고 잠재적인 위협으로 인식되곤 하며 대상화될 가능성도 더욱 크다. 이러한 현상이 발생하는 이유는 이해할 만하다. 문화적 신념은 해당 문화의 구성원들에게 죽음을 부정할 수 있는 안전한 덮개를 제공해준다. 또한 우리가 누구인지, 우리가 왜 여기에 있는지, 우리가 어디에서 왔는지, 우리가 죽으면 어디로 가는지, 무엇이 도덕적인지, 무엇이 가치 있는지, 우주가 가진 더 거대한 의미와 목적은 무엇인지에 대해 구체적인 해답을 제시해준다. 그러므로 우리가 가진 세계관에 도전 혹은 상충하는 세계관을 지지하는 이들을 맞닥뜨리면 곤경에 빠지게 된다. 다른 문화에 속한 사람의 대안적 현실 구조가 타당하다는 것을 인정하게 되면 우리의 신념체계에 대한 신뢰가 손상되기 때문이다. 그리고 이런 일이 발생하면 우리는 애초에 신념을 통해 물리치려고 했던 실존적인 두려움에 다시금 노출되고 만다. 어니스트 베커의 초기 이론으로부터 상당한 영향을 받은 20세기 말의 연구 패러다임이자 **공포관리 이론**(terror management theory)으로 알려진 분야는 그야말로 수백 건에 달하는 최근의 연구들을 통해 이러한 역학관계가 현실 세계와 상관관계를 맺고 있음을 보여주고 있다.[17] 통제된 실험실 환경에서 개개인들에게 죽음을 상기시키면('죽음 현저성'*이라고 알려져 있다) 머지않아 그들 중 대다수는 죽음에 대한 암시를 듣지 않은 이들에 비해 문화적으로 다른 집단 구성원들에게는 더한 적대감을 표출하고, 문화적으로 유

---

* 죽음 현저성(mortality salience)이란 죽음에 대해 생각하거나 죽음을 연상하는 이미지에 노출될 경우 평소보다 훨씬 극단적인 판단과 행동을 하게 되는 현상을 의미한다(역자 주).

사한 집단 구성원들에게는 더한 호감을 보일 가능성이 크다.* 게다가 이 피험자들 중 일부는 죽음에 대한 암시를 듣지 않은 사람들과 달리 문화적으로 다른 집단 구성원들을 향해 공격적으로 행동하려는 의지를 표현하기도 한다.[18]

인간은 대안적 문화 구조의 타당성을 인정하기보다는 다른 세계관이 제기하는 위협을 분산시키고자 다양한 보상 기제를 동원하는 경향이 있다.**[19] 이러한 기제는 상대적으로 온건한 것에서부터 노골적으로 적대적인 것에 이르기까지 범위가 광범위하다. 스펙트럼상에서 보다 온건한 쪽에 속하는 사회집단들은 자신의 경쟁 상대가 되는 문화 구조의 긍정적 속성들을 **흡수**(assimilate)하려고 할 수도 있다. 이와 관련해 널리 알려진 (우리가 대부분 고등학교에서 배우는) 역사적 사례로는 로마제국이 신들을 위한 그리스신전을 자신의 신학적 건축양식에 통합시킨 것을 들 수 있다. 또한 이들 사회집단은 자신의 관점과 대안적 관점을 나란히 둘 수 있을 만한 공간을 마련하거나 대안적 관점을 **수용**(accommodate)하려고 할 수도 있다. 사실 이러한 시도는 실존적으로 불안한 사회적 동물로서 자신의 빈약한 현실 인식에 대해 동의와 확인을 갈구하는 인간에게는 부담스러운 일이기도 하다. 다민족 사회 속에서 평화롭게 공존하는 계몽주의의 이상을 실현하고자 했던 서구의 다원주의 사회들은―성공에 대한 기준은 각기 달리해―이 수용적 전략을 활용해왔다. 이들 사회에서는 상대적으로 평화롭고 안정적인 시기,

---

* 이 실험 결과에는 몇 가지 예외가 존재한다. 예를 들어 자유주의와 관용(Greenberg, Simon, Pyszczynski, Solomon, & Chatel, 1992), 사후세계에 대한 강한 신념(Florian & Milkulincer, 1998), 안정애착유형(Milculincer & Florian, 2000) 등의 특성 측면에서 높은 점수를 얻은 피험자는 죽음 현저성이 유발된 이후에도 문화적 배경이 다른 이들에게 덜 반응한다.

** 공포관리 이론(TMT)에서는 인간의 이러한 반응을 '세계관 방어 전략(worldview defense strategies)'의 다양한 형태에 해당한다고 설명한다. 더욱 심도 있는 분석을 확인하고 싶다면 어니스트 베커로부터 영감을 받아 만들어진 다큐멘터리 수상작 「죽음으로부터의 도피: 불멸의 추구(Flight from Death: The Quest for Immortality)」를 참고하라. 온라인에서는 www.Flightfromdeath.com에서 전체 영상을 확인할 수 있다.

그리고 극심한 사회불안을 비롯해 대부분 인종적·경제적·이념적 차이에서 비롯된 치명적인 폭력의 시기가 줄곧 번갈아가며 나타났다. 이 사회집단들은 자신과는 다른 현실 구조를 지지하는 이들의 입장을 **전향**(convert)시키려고 시도할 수도 있다. 경쟁 집단의 구성원들이 자신의 신념체계를 따르도록 설득할 수 있다는 기대를 품은 채 한 세계관이 다른 세계관보다 우월함을 평화적인 방식으로 증명해 보이는 이념의 경쟁으로 접어드는 것이다.

상대방을 흡수, 수용, 전향시키려는 시도에 따라 관련 당사자들 간의 상호작용 속에서 벌어지는 갈등의 규모는 그러한 행위가 바탕을 두고 있는 정신에 따라 달라진다. 마르틴 부버의 어법으로 문제를 제시해보면 어떤 사람이 다른 사람에게 취하는 태도가 **나-당신**(I-Thou)인지 혹은 **나-그것**(I-It)인지를 물을 수 있다. 만일 **나-당신**을 상정한 태도로—주체 대 주체의 태도로—행동한다면 다른 문화의 훌륭한 요소들을 받아들이거나, 상대방이 우리의 세계관에 있는 장점들을 그들의 세계관에도 적용하거나, 그들의 세계관 전체를 우리의 세계관으로 대체한다면 이득을 얻을 수 있을 것이라고 설득하는 등 평화롭고 정중한 관계에 기반한 교환 행위가 이루어진다. 그러나 변화를 불러오려는 노력이 **나-그것**을 상정한 태도에—주체 대 객체의 태도에—바탕을 두고 이루어질 경우 다른 문화가 지닌 긍정적인 요소들을 통합하거나 상대편의 관점을 바꾸려는 시도가 행해져 결국 무례와 적대, 심지어는 폭력으로 점철될 수 있다.

스펙트럼상에서 가장 적대적인 쪽에 속하는 사회집단들에서는 나와 다른 세계관을 가진 타인을 대상화하려는 경향이 더욱 두드러지게 나타난다. 이들은 다른 세계관으로부터 제기되는 위협을 심리적으로 분산하기 위해 일상적으로 경쟁 상대를 **폄하**한다. 저명한 20세기 인류학자인 메리 더글러스(Mary Douglas)[20]에 따르면 폄하 행위는 대부분의 사회집단이 자기를 기준으로 '우리'와 '그들'을 규정한 경계를 바탕으로 경쟁 상대를 어떻게든 더럽거나 오염되었거나 불순하거나 열등하거나 인간보다 못하거나 악하거나 '어울리지 않는 이물질' 같은 존재로 묘사하는 방식으로 수 세대에 걸쳐 이어져왔다. 심리학자 샘 킨은 고전적 저작 『적의 얼굴들』에서 메리 더글러스의 주장을 뒷받침하는 20세기 정치 선전 포스터의 생생한 사례들을 보여준다. 유대인에 대한 나치의 프로파간다는 폄하의 전형적 사례이지만, 상대방에게 무턱대고 무식하다거나 도덕적으로 열등하다는 비난을 가하는 미국의 양극화된 정치적 좌파와 우파는 이보다 더 관습적이고 일상적인 사례에 해당한다.

말살은 문화적 차이를 대상화하고 그러한 차이에 적대적으로 대응하는 극히 극단적인 행위를 가리킨다. 문화적 말살에 연루된 한쪽 혹은 양쪽 당사자는 경쟁 상대의 문화 구조가 존속할 가치가 없다고 판단한다. 비록 인간종은 자유민주주의의 확산, 인권에 대한 '보편적' 선언, 물리적 환경의 취약성에 대한 이해와 공감의 증대, 다수의 비(非)인간종들을 존중하고 보존해야 할 필요성에 대한 인식 제고, 개발도상국 내 전염병 확산과 기타 참사에 대한 개입, 많은 사람들의 생명 연장과 개선을 위한 과학의 활용 등의 측면에서 최근 다양한 발전을 일구었지만, 문화적으로 다른 타자들과의 문제를 해결함에 있어서는 '덜 계몽된' 선조들의 방식을 그대로 따르고 있다. 차이가 있다면 지금의 우리는 선조들이 악몽 속에서나 상상할 수 있었을 법한 치명적인 효율성을 발휘하며 광범위한 영향력을 행사하고 있다는 것 정도이다. 구체적으로 살펴보면 정치적 동기로 인한 분쟁에서의 총 사망자 수는 전문가들이 추산하기로 20세기에만 무려 2억 명[21]에 달한다. 지금까지 언급한 네 가지 메커니즘(폄하, 흡수/수용, 전향, 말살)은 유사 이래 각 문화가 실존적 위협에 직면했을 때 스스로를 보호하기 위해 활용했던 전략에 해당한다. 그러나 이들 전략은 개인 수준에서는 다소 다르게 구현되며 지금부터는 이 측면에 대해 살펴보고자 한다.

영웅주의와 합일을 향한 충동

> 영웅성의 문제는 인간 삶의 핵심 문제이며…… 유기체가 갖는 나르시시즘과 삶의 **유일한** 조건으로서의 자존감에 대한 아동의 욕구를 바탕에 두고 있다는 점에서 그 무엇보다도 인간 본성을 깊숙이 파고든다. 사회는 그 자체로 성문화된 영웅체계인데, 이는 어디에 있는 사회이든 인간 삶의 의미에 대한 하나의 살아 있는 신화이자 의미의 반항적 창조물임을 뜻한다. 따라서 모든 사회는 스스로 어떻게 생각하든지 간에 하나의 '종교'이다.
>
> —어니스트 베커[22]

인간이 경험해온 이 세상은 언제나 영웅적 행위가 벌어지는 극장이었다.[23] 물론 그런 세상은 인간이 어떤 장대한 연극 속에서 살아가고 신들이 그 모습을 지켜보는 장면을 묘사한 전 세계 위대한 신화들에 반영되어 있다. 이들 신화에서는 가장 영리하고 용감하며 고결한 인간만이 속세의 명성과 불멸의 영예를 얻으며, 건방지고 오만하며 겁이 많은 인간은 수치스러운 처벌을 받는다. 일생을 신학 연구에 매진한 조지프 캠벨은 지금은 고전적인 개념이 된 '영웅 서사(hero cycle)'를 강조했다. 그러면서 영웅 서사는 전 세계 신화에서 명백하게 나타나는데, 여자든 남자든 인간은 필사(必死)라는 속세의 운명을 초월하기 위해 영웅 서사와 유사한 신이 설계한 검증 단계를 거친다고 피력했다.[24] 인간 개개인의 마음속에서도 이와 별반 다르지 않은 일이 발생한다. 방금 막 득점을 했거나 터치다운을 한 운동선수가 하늘을 향해 손을 흔들며 신의 도움에 감사를 표하는 것과 마찬가지로 우리는 마치 무대 위의 주인공이 된 것처럼, 우리의 삶이 마치 눈을 뗄 수 없는 연극의 절정인 것처럼 생각한다. 그러나 대부분의 경우—신화 속 인물을 막연히 상징적으로 구현한 사적인 의미 정도만 있는—우리의 연극은 그리 대단하지 않다. 삶의 불안을 가라앉히기 위해 의미와 동의, 인정을 갈구하며 살아가는 서양의 보다 더 전형적인 인간은 근면, 독립, 자급자족이라는 사회적 이상을 따르는 방식으로, 의사, 변호사, 교사, 기술자, 어머니나 아버지, 부양자나 양육자 등 문화적으로 가치 있다고 여겨지는 역할을 충분히 완수하는 방식으로 자신이 바라는 결과를 추구한다. 서구 세계에서 이 같은 경향은 흔히 (1) 돋보임(**영웅주의**, heroism), (2) 융합(**합일**, merger)이라는 두 가지 방식으로 구현된다.[25]

돋보임(Standing Out)

영웅주의적 행동양식은 자기를 타인과 분리하거나 타인보다 높은 곳에 위치시킴으로써, 즉 창의성, 아름다움, 성과, 악명, 권력, 특권, 부의 측면에서 '더 나은' 존재가 됨으로써 타인으로부터 존경을 받고자 한다. 미국인들은 '경쟁심'이나 '일인자가 되고 싶은 욕구' 같은 말들을 통해 그러한 욕망을 자주 표현한다. 이와 관련해 다소 오래된 영화이기는 하지만 1970년 오스카상을 수상한 「패튼 대전차군단(Patton)」[26]의 첫 장면을 떠올려볼 수 있다. 그 장면에서는 조지 C. 스콧이 훌륭하게 연기한 패튼 장군이 거대한 성조기를 배경으로 그 앞에 서서 마치 장병들에게 이야기하듯 스크린 너머의 관객들을 향해 대사를 한다. 패튼 장군은 배우 스콧 특유의 근엄한 목소리를 통해 전통적인 미국 '영웅주의' 지혜의 핵심 측면들을 압축한 상징적인 독백을 이어간다. 패튼의 독백이 전하는 본질적인 메시지는 조국을 위해 죽는 것은 전쟁에서 승리하는 데 도움이 되지 않고, 오히려 '불쌍하고 멍청한 빌어먹을 상대편이' 자기 조국을 위해 죽게 만드는 일이 핵심이라는 것이다. 그러면서 패튼은 전쟁을 피하는 것은 미국인답지 않은 행동이라고 설파한다. 오히려 '진짜 미국인'은 싸움을 좋아하고 승리를 좋아하며 패배를 견디지 못한다고 이야기한다. 그리고 본인은 패배를 아무렇지 않게 받아들이는 인간들에게는 '눈길도 주지 않을 것'이라고 덧붙인다. '미국인들은 패배에 대해 생각하기만 해도 증오가 차오르기 때문'이다. 다시 말해서 **진짜** 미국인은 다른 나라 국민들과는 달리 용감하고 용맹하며 승리를 쟁취하는 존재라는 말이다. 그런데 이러한 자질을 내세우는 이들이 미국인에게만 국한되지는 않는다. 아돌프 히틀러가 폴란드의 기습공격을 앞두고 존경심에 가득찬 독일 대중을 향해 한 발언에서도 유사한 수위의 수사어구를 찾아볼 수 있다. 이라크 시아파의 무끄타다 알 사드르(Muqtada alSadr)가 본인이 예언한 이슬람 종말을 신봉하는 이들을 고취하면서 알라의 영광을 위해 목숨을 바칠 것을 부추겼을 때에도, 현대의 래퍼와 힙합 가수들이 다른 집단과 비교되는 자기들만의 미덕을 극찬할 때에도 마찬가지였다. 전 세계의 부모들이 자녀들에게 이웃의 불량배와 맞서 싸우거나 어울리지 말고 가족을 자랑스럽게 만드는 존재가 되라며 하는 이야기에도 같은 종류의 교훈이 담겨 있다. 문학에서 유사한 사례를 찾아보면 아서 밀러(Arthur Miller)의 1949년 고전적인 희극『세일즈맨의 죽음』속 인물인 윌리 로먼이 매우 적절할 것이다. 자기기만에 빠져 곳곳을 떠도는 나이 많은 세일즈맨 윌리는 '유명인이 되는 것', '최고가 되는 것', '세상에 족적을 남기는 것'의 중요성과 관련된 상투적인 말들로 자신의 보잘것없는 두 아들 비프와 해피에게 영감을 불어넣어주기 위해 평생을 애쓴다. 윌리가 두 아들에게 전한 이상들은 윌리 본인이 성취할 수 없었던 것이었지만 그는 그 사실을 인정하지 못했다. 한편 '갈등에 초연'해지는 것은 시대를 초월한 보편적인 인간 영웅신화의 주제로서, 최고 수준의 인간이 되는 것의 의미를 그려낸다. 이러한 신화에 따르면 관습을 거부하고, 자신에게 부과된 제약을 초월하고, 타인을 상대로 승리를 쟁취하고, 탁월함의 새로운 기준을 마련함으로써 다른 사람들이 존경하게 만드는 것이 인간의 삶을 진정으로 의미 있게 만들고 그 삶에 오래도록 지속적인 의미를 부여해준다.

융합

영웅주의적 행동양식과 달리 합일의 행동양식은 집단에 소속되고, 완벽하게 융합(Blending In)되고, 집단의 가치나 기대 혹은 현실에 대한 인식을 받아들이고, '좋은 군인'이 됨으로써 인정을 얻고자 한다. 이와 관련해서도 (스콧이 연기한) 명망 있는 패튼 장군의 말을 일부 인용할 수 있다. 패튼은 군대란 어느 면에서 보나 하나의 팀이라고 정의하면서 "개별성은…… 순 헛소리이다"라고 이야기한다. 마지막에는 개별성을 옹호하는 이들에 대해 "간통에 대해서는 뭘 좀 알지 몰라도 진짜 전투에 대해서는 일자무식"이라고 지적한다.[27] 합일의 행동양식은 물리적 차원의 확신뿐만 아니라 그것보다 더 중요한 심리적 확신도 갖게 해준다. 또한 세계에 대한 우리의 인식이 올바르다는 확신을 강화시켜준다. 대부분의 사회집단은 개개인이 나르시시즘에 기반해 요구하는 것과 동일한 수준의 특별함을 내세운다. 그러므로 어느 집단의 구성원이 된다는 것은 개인으로서 가지고 있는 나르시시즘에 고유성과 우월성이라는 막을 한 겹 더 덧대는 것과 같다. 각자 자신이 속했던—종교적이든 세속적이든—집단을 떠올려보고, 그곳에서 어느 정도의 고유성을 인식했었는지를 생각해보면 알 수 있을 것이다. 특별한 집단에 받아들여지는 경험은 특권과 유대를 느끼게 하며, 즉각적으로 어떤 지위와 고양된 자의식을 얻게 해준다. 거의 모든 인간은 '내(內)'집단에 소속되기를 원한다. 거의 모든 인간은 사회적 수용성이라는 고상한 왕국에 소속되기 위한 평가를 받고, 가치 있는 존재로 인정받기를 원한다.

각 행동양식의 강점

영웅주의적 행동양식과 합일의 행동양식 모두 우리가 고유한 의미를 지닌 우주 속의 가치 있는 인간이라는 인식을 어느 정도 고양해주며, 이는 실존적 불안을 잠재우는 효과를 발휘한다.[28] 영웅주의적 행동양식에 근거해 평범한 존재로서의 상태를 초월하기 위해 기울이는 노력들은 꾸준히 배우고, 현재의 생활 조건을 개선하고, 혁신 및 복잡한 문제 해결에 필요한 역량을 북돋우고, 제한적인 장벽을 무너뜨리고, 이전에는 존재하지 않았던 것을 창조해내는 행위를 통해서, 이른바 더 나은 삶과 더 나은 세상을 구축하는 행위를 통해서 우리 자신과 사회를 개선할 수 있다. '돋보이려는 노력'이 불러오는 긍정적인 결과들은 그야말로 우리 주변에 산재해 있는데, 온갖 유형의 창의적이고 기술적인 진보의 추진력이 된다(나에게는 박사학위를 취득하고 이 책을 저술하는 것이 그러한 노력이었다).

합일의 행동양식도 이와 유사한 방식으로 매우 유익한 결과를 낳을 수 있다. 합일의 행동양식은 우리가 공동의 유산과 목적을 소유하고 있다는 느낌을 받게 하면서 서로 접촉하게 만든다. 또한 우리 자신과 우리가 살고 있는 세계를 더 잘 이해할 수 있게 해주는 새로운 관계를 형성하도록 독려한다. 타인과의 합일 경험은 우리가 지닌 지적·사회적·창조적 성향을 더욱 제대로 깨닫게 하며, 혼자 힘으로 성취할 수 있는 수준의 것들을 다양한 맥락에서 능가할 수 있게 해준다. 우리는 합일을 통해 우리 자신보다 더 거대하고 영속적인 무언가의 일부가 된 듯한 느낌을 받을 수도 있다. 더불어 합일은 아이러니한 문제이기는 하지만 어떻게 해야 타인과 평화적으로 지낼 수 있는가 하는 영원한 숙제도 안겨준다.

각 행동양식의 약점

영웅주의적 행동양식과 합일의 행동양식은 각기 일정한 대가를 수반한다. 두 양식 모두 불안을 억누르는 방식으로 작용하지만 불안을 불러일으키기도 한다. 오스트리아 출신의 정신분석가 오토 랑크(Otto Rank, 1884~1939)는 이러한 역설을 면밀히 다룬 인물이다. 랑크는 1932년 출간한 『예술과 예술가(Art and Artist)』라는 저작에서 의지에 따른 행동으로서의 영웅주의의 모든 형태를 살펴본다. 인간은 자신의 의지를 표출함으로써 스스로를 집단과 구별하고 집단에서 벗어나려고(돋보이려고) 한다. 반면 인간은 자신의 의지를 억누름으로써 차이를 최소화하고 집단과 합일되려고(융합되려고) 한다. 합일이 일어나면 인간은 자신의 창조적인 개별성을 부인하게 되므로 죄책감이 생긴다. 반면 의지를 표출하고 집단에서 돋보이는 경험 또한 가족이나 사회로부터 벗어난다는 이유로 죄책감을 초래한다. 결과적으로 인간이 어떤 길을 선택하든지 '의지에 따른 행동'은 필연적으로 죄책감에 물든 경험이 되어버린다.

나는 내 삶에서도 이와 같은 과정이 진행되었다는 사실을 알고 있었다. 나는 아버지라는 존재가 군림하는 매우 관습적이며 종교적으로 독실한 대가족에서 성장했다. 아이들이 자신의 감정과 생각을 믿도록 격려하는 집안이 아니었다. 특히 그러한 감정과 생각이 부모님이 인정하는 이념이나 의견에 부합하지 않을 때에는 더욱 그러했다. 성인기 시절의 나는 내가 받은 가정교육과 많은 측면에서 배치되는 관점들에 끌리기 시작했다. 그러면서 한편으로는 나 자신과 세상에 대한 보다 더 정확한 시각이라고 느껴지는 사고방식과 관점을 탐구해야 한다는 내면의 충동을 느꼈다. 그러한 시각을 따라 '나만의 빛을 좇지' 않는다면 내가 경험한 일들을 숨기거나 부인하게 될 것 같았다. 그러나 또 한편으로는 나의 정박용 밧줄이 가족이라는 계류장에서 서서히 풀어지고 있었던 탓에 이따금씩 느껴지는 불안, 자기회의, 죄책감과 싸워야 했다. 가족들의 시각에서 보면 내가 느낀 그러한 감정들은 내가 틀렸다는 사실을 내면 깊은 곳에서는 인식하고 있다는 암시였다. 그러나 나의 관점에서 보면 때때로 찾아오는 양가적인 감정과 자기회의는 내가 양육되었던 현실을 고려해보았을 때 독립과 진정성을 위해 치러야 할 대가였고, 나는 그 사실을 깨달은 것이었다. 랑크가 이야기했듯이 성숙한 사람─창조적인 사람─은 과도한 죄책감이나 거리낌없이 의지에 따라 행동할 수 있는 사람이다. 대부분의 인간에게 진짜 자기를 탄생시키는 일은 결코 완성되지 못할 수도 있는 일생의 과업이다.

합일의 행동양식이 갖는 구체적인 약점들 중 일부는 조지 오웰의 디스토피아 소설 『1984』에 등장하는 인물 윈스턴과 줄리아를 통해 묘사된 바 있다. 윈스턴과 줄리아의 내면성은—그들 고유의 생각, 감정, 관점, 인상, 특이한 성격, '이단', 기타 비순응적 성향은—그들이 달아나고자 하는 시스템의 엄청난 압박으로부터 위협받다못해 결국에는 압도당한다. 동료들로부터 인정받고 싶어하는 욕망은 단순히 어린이들만 가지고 있는 하찮은 것도, 또래 친구들로부터 호감과 관심을 갈구하는 여드름투성이의 불안정한 청소년들에게만 중요한 것도 아니다. 인정받고 어울리고자 하는 강한 욕구는 우리가 일생 동안 다루어야 할 원동력으로서 잔존한다. C. S. 루이스는 제2차세계대전 말경에 했던 다음과 같은 연설에서 이를 언급했다.

저는 모든 인간의 삶에서…… 가장 두드러지는 요소 중 하나가 주변 집단에 소속되고자 하는 욕망과 집단 외부에 남겨지는 것에 대한 공포라고 생각합니다. …… 인간이 가진 모든 열망 중에서도 내부 집단(Inner Ring)에 대해 품는 열망은 무엇보다도 교묘하게, 아직 그리 사악하지 않은 사람이 매우 사악한 행동을 하도록 만들 수 있습니다.[29]

합일의 행동양식에 부합하는 개개인들은 많은 집단이 따르는 (애국주의, 민족주의, 군국주의, 인종주의, 보수주의, 자유주의, 자본주의, 공산주의 등) 신성하고 전체주의적인 '주의(主義)'의 먹잇감이 될 수도 있다. 이러한 '주의'들이 갖는 본질적인 목적은 대체로 동일하다. 인류를 개조하려는 욕망을 따르는 것이다.[30] 위험한 상황은 보다 악한 유형의 '주의'들이 욕망하는 목적을 실현하기 위해 어떤 수단이든 정당화할 때 찾아온다.

영웅주의적 행동양식 아래에서는 타인이 경쟁 상대나 걸림돌 혹은 적으로 인식되는 경우가 많다. 이로 인해 타인을 능가하거나 뛰어넘고자 하는 시도는 상당수의 사람들이 내면 깊은 곳에서 경험하는 본질적인 분리 의식이나 적대감, 고립감을 한층 악화시킨다. 누구보다 뛰어난 존재로 돋보이는 경험을 하게 되면 다른 사람들이 출중함이나 명성 혹은 악명의 무게를 짊어지는 것의 의미를 이해하지 못하는 것 같다고 느낄 수도 있다. 영웅주의적 행동양식은 인간에 내재한 나르시시즘 경향도 강화해 이미 비대해진 자아를 더 부풀리거나 타인의 경험에 동일시 혹은 공감하는 것을 더 어렵게 만든다. 사실 영웅주의적 행동양식은 칭기즈칸, 네로, 폭군 이반, 히틀러, 스탈린, 마오쩌둥 등 역사적인 폭군과 대량 학살자들의 기본 바탕이기도 했다. 이들은 모두 비대한 자아를 가지고 있었고 권력에 사로잡혀 있었다. 인류를 위한 위대한 비전이라는 미명 아래, 자신의 자아를 만족시키려는 목적 아래 그들의 영예로운 대의명분을 발전시키기만 한다면 그 어떤 전략도 극단적이라고 여기지 않았다.

요약하면 영웅주의적 행동양식과 합일의 행동양식은 인간종에게 다양한 유익함을 가져다주지만 유한성의 문제를 다루기 위한 궁극적인 해결책은 되지 못한다. 둘 중 무엇으로도 내적 갈등과 대인 갈등을 초월하는 진정한 인간성을 배양할 수 없는 탓이다.[31]

베커는 죽음이 인간이 처한 **크나큰** 문제라는 깨달음을 명료하게 표현했다. 인간은 죽음이라는 현실을 인식하면서도 심리적인 평정 속에 살아가기 위해 삶의 실존적 현실에 대한 보호막이 되어주는 문화를 창조했다. 문화는 의미로 가득찬 우주에서 우리 자신도 의미 있는 인간임을 인식할 수 있게 해준다. 문화는 우리가 삶에 대한 공동의 비전을 매개로 벅찬 감정을 느낄 수 있도록 동료를 능가하거나 동료와 무난하게 어울리는 방식으로 영웅주의를 추구하는 장을 마련해준다. 또한 문화는 불멸에 대한 희망을 심어준다. 삶의 목적에 대한 감각과 자기초월의 가능성을 품게 해주는 관계와 여러 시도들을 가능케 해주는 것이다. 그러나 죽음을 부정하는 특성들에 온전히 도취되려면 해당 문화에서 추구하는 세계관에 깊이 몰두해야 한다. 또한 이는 현실에 관한 서로 상충하는 생각들을 극복하려는 욕망뿐만 아니라 두려움과 방어적 성향도 유발한다. 사실 우리는 불안에 찬 인간이라는 동물에게 너무 많은 것을 요구하고 있다. 죽음을 부정하는 문화에 심리적으로 몰두함과 **동시에** 자신의 문화 구조와 상충하는 다른 문화 구조의 권리가 나란히 공존하는 상황을 (축복은 고사하더라도) 용인하면서도 해로운 보상 기제에는 의존하지 않기를 말이다.

인간은 어떻게 만들어지는가
―대상화에 기여하는 상황적 요인

12장

상황의 영향력에 대한 인식 제고

지금까지의 분석은 타인을 대상화하는 경향에 기여하는 인간의 기질적/내적 요인에 초점을 맞추었다. 그러나 인간 행동에 영향을 미치는 상황적/외적 요인의 실질적 기여(분명 누군가는 주된 요인이라고 이야기할 것이다)를 고려하지 않는다면 대상화 문제 및 대상화로 말미암은 악을 이해하려는 시도는 불완전할 것이다.

대부분의 서구학자들은 상황의 영향력을 인정하기보다는 뿌리깊은 문화적 편견을 내비친다. 로버트 벨라(Robert Bellah)와 그의 동료들이 30여 년 전에 제시한 견해에 따르면 미국 문화는 강력한 **개인주의** 요소들을 내포하고 있다. 개인주의란 개인의 자주권을 신성한 수준으로 격상시키는 가치체계를 의미한다. 개인주의에서는 개인이 스스로 생각하고, 스스로 판단하고, 스스로 결정을 내리고, 스스로 옳다고 생각하는 삶을 살 수 있는 권리가 최고선으로 간주된다. 개인이 가진 이 같은 능력을 저해하는 힘은 무엇이 되었든 도덕적으로 옳지 않을 뿐만 아니라 악하다고 여겨진다.[*1] 개인주의 관점의 한 유형은 소위 '아메리칸드림'이라 불리는 문화적 신화를 통해 대변되어왔다. 아메리칸드림에서 강조하는 바는 미국에서의 삶은 개인이 스스로를 재창조하는 데 필요한 자유와 기회, 물리적 공간을 (필요하다면 몇 번이고 다시) 제공해주며, 개인은 자기만의 독창성, 창의성, 근면을 활용해 사회계급, 인종적 배경, 기타 물질적 성공을 가로막던 걸림돌을 뛰어넘을 수 있다는 것이다. 미국은 고결하고 근면하며 규율을 잘 따르는 모든 개인이 마치 허레이쇼 앨저(Horatio Alger)의 19세기 소설에 등장하는 소년들처럼 '빈털터리에서 벼락부자가' 될 수 있도록 필요한 자원을 제공해주는 곳으로 여겨진다. 이러한 문화적 기풍은 수 세기 동안 유럽 내 군주와 귀족들이 벌인 갈등을 배경으로 탄생했다. 유럽의 통치자들은 독단적이다 싶은 방식으로 영향력을 행사했으며, 자기 삶의 방향을 결정할 권리뿐만 아니라 노동 측면에서도 더 많은 대가를 공공연하게 요구했던 이들을 수시로 억압했다. 이 같은 역사적 맥락은 그동안 많은 서양인의 마음속에 인간 행동에 대한 기질적/내적 관점이 지배적이었던 이유를 꽤나 유용하게 설명해준다. 사실 20세기 중반 미국에서 상황적 요인들은 당대의 일반 통념과는 맞지 않았을 뿐만 아니라 많은 미국인들의 시각에서는 부당하고 잘못된 방향으로 보였으며, 심지어는 여러모로 미국적이지 않은 것처럼 보였다. 특히 상대측(마르크스와 엥겔스 등)의 비관적이고 결정론적인 이론들이 사회 및 상황의 영향력에 방점을 찍었다는 점에서 더욱 그러했다. 그러나 머지않아 다양한 분석에 대한 필요성이 부각되는 세계적 사건들이 곳곳에서 발생했다.

사회과학자들은 제2차세계대전이 끝난 직후 서구사회의 여러 국가들과 협력해 수백만 명의 유대인과 문화적 소수자들에게 나치가 저지른 잔학 행위와 수천만 명의 연합국 전쟁포로, 수백만 명의 중국 민간인들, 태평양 섬

---

* 우연찮게도 벨라와 그의 동료들이 수행한 연구는 프랑스 학자 알렉시 드 토크빌(Alexis de Toqueville)이 150년 전에 저술한 고전적 저작 『미국의 민주주의(Democracy in America)』(2001) [1838]의 결론을 되풀이했다.

의 수백만 명의 토착민들에게 일본이 저지른 잔학 행위처럼 유럽 및 환태평양 지역에서 발생한 충격적인 사건들을 이해하려고 노력했다. 개인주의 문화에 깊이 뿌리내리고 있던 일반적 통념에 따르면 나치는 '괴물'이고, 일본인은 양심이나 그 어떤 도덕적 거리낌도 없이 나치처럼 타락한 존재였다. 반면에 연합국이 독일의 수많은 민간인에게 가한 집중 포격이나 일본의 인구 밀집 지역에 가한 두 차례 핵무기 공격 등의 잔학 행위는 나치가 이전 전쟁에서 영국에 가한 포격에 대한 대응이자 무조건적인 항복을 강요하기 위해 일본의 본토까지 침입하는 참사를 피하기 위한 방법으로서 정당화되었다. 세계대전 이후 '어떻게 아우슈비츠가 존재할 수 있었던 것인가?'와 같은 근본적인 문제에 답하고자 했던 이들의 바람은 사회심리학 분야에서 전 세계적으로 다시는 일어날 수 없을 법한 혁명을 불러왔다.* 상자 속 썩은 사과의 진부한 은유를 활용해서 이야기하면[2] 이 세계에 악을 자행하는 '썩은 사과'들이 존재한다는 것은 사실이다. 그런 사과들을 식별해서 다른 사과들이 안전할 수 있는 거리를 확보한다면 사회는 잘 작동하게 될 것이다. 그런데 사과는 그렇게 식별한다고 해도 상자는 어떻게 해야 한단 말인가? 상자만 아니었다면 멀쩡했을 사과가 썩은 상자로 인해 썩게 될 수 있다는 것도 사실일 수 있지 않은가?

현재 상자가 상자 속 사과에 미치는 영향력을 입증하는 실증적 연구는 그야말로 수천만 가지나 된다. 그리하여 지금 우리가 알게 된 사실은 인간이 비도덕적인 방식으로 행동함에 있어서 '유해한 상황'이 상당한 기여를 한다는 것이다. 그런데 유해한 환경이 타인을 대상화하는 인간의 보편적인 경

---

* 다시는 일어날 수 없을 법하다고 주장한 이유는 1960년대 초반부터 1970년대 중반까지 진행된 고전적 연구들의 패러다임이 연구 대상자들의 웰빙에 대한 관심이 증대된 오늘날에는 허용되지 않는다는 사실에 바탕을 두고 있다. 아이러니하게도 일부 연구 대상자들에게 정서적 피해를 가하는 결과를 초래하기도 했던 것은 그 시기의—어째서 인간이 이토록 서로에게 해를 가하려고 하는지를 더 잘 이해하기 위한—연구들이었다.

향도 강화하는지는 그리 분명하지 않을 수 있다. 이 문제에 해답을 제시하려면 몇몇 중요하고 기억할 만한 사회심리학 계보의 연구들을 검토해볼 필요가 있다. 먼저 상황이 실제로 중요하다는 사실을 보여준 대체로 무해한 초기 연구 2건을 살펴본 다음, 일부 독자들은 이미 익숙할 수도 있는 기념비적인 세 가지 연구로 넘어가고자 한다. 이 인상적인 연구들 중에서 연구 방법론을 구상하거나 철학적 이론화를 행할 때 대상화 스펙트럼 관점을 활용한 연구는 하나도 없었음을 고려하면 대상화 관점에서 연구 전반을 다시 살펴보는 것도 의미 있을 것이다. 특정 상황이 타인을 대상화하는 인간의 선천적 경향에 영향을 미치거나 그러한 경향을 강화할 수 있는가? 이 질문에 대한 나의 개인적 견해는 조건부 동의이다. 조건부라는 말을 붙인 이유는 어떤 유해한 상황은 타인을 대상화하는 경향을 증폭시키지 않고도 심히 비도덕적인 행동을 유도할 수 있는 반면(복종에 관한 밀그램의 고전적 연구가 그 예에 해당하는데, 이 장의 마지막 부분에서 더 논할 것이다), 어떤 유해한 상황은 타인을 대상화하고자 하는 의지를 확실히 부추기기 때문이다.

집단이 개인에게 행사하는 영향력에 관한 초기 연구

무자퍼 셰리프

많은 사람들에게 현대 미국 사회심리학의 창시자로 여겨지는 인물이 미국 태생이 아니라는 사실은 그리 놀랄 만한 일이 아닐 것이다. 터키 출신의 사회심리학자 무자퍼 셰리프(Musafer Sherif)는 고국에서 경제학 학사학위를 취득한 뒤 미국으로 건너갔다. 셰리프는 하버드 대학원생 시절 1929년 주식시장 붕괴를 지켜보면서 자신의 제2의 고향인 미국과 미국인에게 '뭔가 굉장히 잘못되었다'는 생각을 하고는 경제학에서 심리학으로 관심 분야를 바꾸기로 결심했다.[3] 셰리프는 미국인들의 경우 민주주의의 이상에 대한 강한 신념과 사회적으로 연대하고 타협해 실행 가능한 합의에 도달해야 한다는 민주주의의 메시지로 인해 순응해야 한다는 압박을 다른 나라 사람들보다 더 많이 받는다고 가정했다. 그는 컬럼비아대학교 박사학위 논문을 작성하던 중 자동운동효과(autokinetic effect)라고 불리는 현상을 활용해 집단의 기준에 대한 개인의 순응도를 새로운 방식으로 측정하는 기발한 발상을 떠올렸다. 자동운동효과란 칠흑 같은 암실에 있는 사람들에게 벽에 비친 작은 고정된 불빛을 보게 하면 10초에서 20초 뒤 그 불빛이 움직인다고 인식하게 되는 경향을 말한다. 이러한 인식은 빛을 관찰한 사람이 완전히 어두운 환경 속에 놓여 있었기 때문에 그 불빛과 관련해 참고할 준거틀이 없어서 발생한다고 여겨진다. 움직이는 불빛은 말하자면 정신이 만들어낸 환상인 것이다. 셰리프의 실험에 참가한 피험자들은 각기 암실에 들어간 다음 불빛이 얼마나 움직였는지 그 정도를 판단해보라는 요구를 받았다. 일부는 불빛이 아주 조금 움직였다고 생각한 반면 다른 이들은 불빛이 현저히 많이 움직였다고 생각했다. 곧이어 각 피험자는 자신이 기록한 불빛의 움직임을 바탕으로 평균 이동 범위를 제시했다. 그다음 피험자들은 몇몇이 짝을 지어 암실에 함께 들어갔다. 처음에 각자가 제시한 이동 범위는 상당히 달랐지만 몇 차례 실험을 더 진행하자 곧 모든 구성원이 동의하는 듯한 평균 이동 범위로 의견이 모였다. 이 같은 식으로 실험을 수차례 더 진행한 뒤 각 피험자는 다시 혼자 암실로 들어가 불빛의 움직임을 측정했다. 이번에 각자가 제시한 기록은 하나같이 다른 사람들과 함께 제시했던 이동 범위와 딱 맞아떨어진 반면, 각자가 처음에 제시했던 기록과는 상당히 어긋나 있었다. 그런 다음 셰리프는 실험 방법을 바꾸어 자신이 교육한 '내부자들'을 피험자 집단에 투입했고, 내부자들로 하여금 불빛의 이동 거리에 대해 매우 낮은 수치에서 매우 높은 수치에 이르기까지 구체적인 견해를 제시하도록 했다. 그러자 이전 실험에서와 마찬가지로 아무것도 모르는 피험자들은 그들끼리 이전에 제시했던 기록이 아닌 내부자들의 기록에 매우 근접한 판단을 내렸다.

솔로몬 애시

무자퍼 셰리프에 이어 소개할 또다른 미국인이 아닌 사회심리학자는 폴란드 출신의 솔로몬 애시(Solomon Asch)이다. 애시는 미국인들이 셰리프의 실험에서 암시된 것보다는 더 독립적이라고 믿었다. 애시는 미국인들은 다른 평범한 인간에 비해 더 강한 의지를 가지고 있으며, 심지어는 다른 집단으로부터 압박이 가해질 때도 그들과 다른 방식으로 현실을 인식하고 일이 어떻게 진행되어야 하는지를 독립적으로 판단한다고 믿었다. 애시는 셰리프의 실험 상황에서는 피험자들에게 가해진 자극이 너무 모호했으며, 피험자들이 참고할 만한 분명하고 명백한 자료가 전혀 없었다는 점을 결함으로 보았다. 그 결과 피험자들은 한 번도 자신의 입장을 확고하게 관철하려고 하지 않았고, 순응하라는 집단의 압박이 가해졌을 때 대부분 그냥 따랐다는 것이다. 애시는 순응을 강요하는 집단의 압박에도 불구하고 '자신의 입장을 고수'하려는 개인의 결의를 진정성 있게 평가하려면 각 개인에게 집단 내 다른 이들에게 가한 것과는 **완전히** 다른 자극을 준 다음에 집단적 압박을 행사해야 한다고 주장했다. 애시는 이와 같은 상황에 처한 대부분의 미국인 피험자들은 순응을 강요하는 집단의 압박이 있어도 자신의 생각을 굳건히 고수할 것이라고 예상했다.

애시는 이를 염두에 두고 1955년 스와스모어대학에서 카드 두 장을 가지고 진행하는 간단한 실험을 구상했다. 첫번째 카드에는 길이가 짧은 직선, 중간인 직선, 기다란 직선 세 가지가 그어져 있었다. 두번째 카드(이 카드는 무작위로 바뀌며 첫번째 카드에 그어진 직선과 일치하는 직선을 찾도록 했다)에는 세 종류의 직선 중 하나만 그어져 있었다. 피험자에게 주어진 과제는 첫 번째 카드에 그어진 세 가지 직선 중 두번째 카드에 그어진 직선과 똑같은 직선이 무엇인지, 즉 짧은 직선이었는지 중간 길이의 직선이었는지 기다란 직선이었는지를 이야기하는 것이었다. 피험자들은 이 과제를 매우 손쉽고 정확하게 수행했다(실제로 피험자들이 혼자서 과제를 수행할 때 실수를 한 경우는 1퍼센트 미만이었다). 그러나 7명의 '내부자'들을 피험자 집단에 투입하고 피험자들로 하여금 내부자들 이후 8번째부터 차례대로 대답하게 하자 상황은 한층 흥미롭게 흘러갔다. 내부자의 존재를 모르는 피험자들은 처음에는 자기보다 앞서 대답한 다른 피험자들처럼 정확한 대답을 제시했다. 그러나 내부자들이 일제히 틀린 대답을 이야기하기 시작하자 피험자 중 일부는 조금 당황한 기색이 역력했고 내부자들을 따라 대답을 바꾸었다(내부자들의 입장에서 생각해보면 아무것도 모르는 피험자들이 자신이 제시한 명백히 틀린 답을 듣고 혼란스러워하면서 똑같이 틀린 답을 이야기할 때 숨죽여 낄낄대거나 피식거리지 않기가 어려웠을 것이다). 놀랍게도 총 50명의 피험자 중 37명이 최소한 차례 다수의 의견을 따랐고, 그중에서 14명은 총 12번의 실험 중 여섯 차례 이상 다수의 의견에 순응했다. 이렇게 집단 내 다른 구성원들이 만장일치로 틀린 대답을 제시하는 상황에 놓였을 때 보통의 피험자들은 총 12번의 실험에서 평균 네 차례 다수의 의견을 따랐다. 이 같은 결과에 심란해진 애시는 다음과 같이 이야기했다.

우리 사회에 존재하는 순응의 경향이 너무나 강력한 탓에 꽤나 총명하고 선한 젊은이들마저 기꺼이 흰색을 검은색이라 부르려고 한다. 참으로 심각한 문제가 아닐 수 없다. 이는 우리 사회가 가진 교육방식과 우리 행동의 지침이 되는 가치에 의문을 제기한다.[4]

애시는 순응을 요구하는 압박이 어느 시점에서 명백해지는지를 판단하기 위해 초기 연구의 방법론을 수정한 다음 연구를 계속 진행했다. 애시는 피험자들이 본인과 다른 판단을 하는 내부자가 오직 한 명이었을 때에는 약간의 불안감을 내비치기는 했어도 독립적인 판단을 유지했음을 알게 되었다. 그러나 이런 내부자의 숫자가 3명으로 늘어났을 때 집단에 순응한 피험자의 비율은 32퍼센트에 달했다. 또한 애시는 내부자들 중 단 한 명이라도 피험자들과 같은 견해를 보였을 때에는 자신의 입장을 고수하고자 하는 피험자들의 의지가 크게 강화되었다는 점도 알게 되었다. 확실히 자신의 판단에 대한 지지가 있을 때는 아무런 지지를 받지 못했을 때보다 틀린 대답을 제시하는 비율이 4분의 1로 감소했으며, 이 효과는 피험자들의 판단을 지지하는 내부자가 실험실을 떠난 뒤에도 지속되었다.[5]

셰리프와 애시가 수행한 이 획기적인 연구는 상황의 영향력이 종종 개인의 영향력을 능가한다는 사실을, 특정 맥락에서는 해로운 상황이 개개인의 일반적인 성향, 성격 특성, 개성을 뒤바꿀 수 있다는 사실을 놀라운 방법으로 입증한 수많은 후속 연구의 기반이 되었다. 특히 새롭고 낯선 환경에서는 그런 해로운 상황이 우리의 도덕적 잣대를 뒤흔들 수 있는 영향을 행사할 수 있으며, 이에 우리는 감히 상상할 수조차 없는 일을 남에게 '대접받고 싶으면 해라'라고 요구하게 될 수도 있다.

아돌프 아이히만의 재판과 '악의 상투성'*: 과잉 교정

---

* '악의 평범성(banality of evil)'이라는 용어가 통용되기는 하나 라울 힐베르크의 『홀로코스트 유럽 유대인의 파괴 1』(개마고원, 2008)에 수록된 김학이 역자의 서문에 공감해 '악의 상투성'이라고 옮겼다. "아렌트는 1965년 증보판의 후기에 그 개념을 '무사유'로 해석했다. 여기서 무사유란 상투어만을 사용하기에 진정한 소통을 하지 못하는, 그래서 얄팍한 상태를 가리킨다. 그래서 뻔하다는 것이다"(역자 주).

1961년 봄 악명 높은 나치 전범 아돌프 아이히만이 마침내 인류에 대한 범죄로 재판을 받았다. 예루살렘에서 진행된 재판은 전 세계의 이목이 집중된 구경거리와도 같았다. 이스라엘 정부가 전권을 위임한 상황이었기 때문에 전 세계 언론사는 재판 과정을 중계하기 위해 예루살렘으로 몰려들었다. 늙고 머리가 벗겨진 아이히만은 렌즈가 두꺼운 안경을 쓰고 등장했는데, 혹시 있을지 모를 홀로코스트 피해 유가족의 살해 시도에 대비해 방탄유리로 제작된 피고인석에 앉았다. 아이히만은 1년 전 이스라엘의 모사드(이스라엘의 정보기관) 요원들에 의해 부에노스아이레스 교외 지역에서 납치되었다. 그리고 아르헨티나에 있는 모사드 비밀 은신처에서 죽음을 맞이할 것인지, 이스라엘에서 재판을 받을 것인지를 선택하라는 제안에 후자를 택한 것이었다.[6] 두 가지 선택지 중에서 그나마 덜 끔찍해 보이는 길을 선택하고 대서양을 횡단하는 비행 동안에는 차분했던 그였지만, 성스러운 땅에 도착했을 때에는 어마어마하게 깊은 구렁텅이의 가장자리에서 추락하는 심정이었을 것이다. 지금은 55세 노인이나 오래전에는 '유대인 문제의 궁극적 해결을 위한 수송 담당 책임자'—1941년 가을부터 전쟁이 끝날 때까지 죽음을 코앞에 둔 유대인들을 독일이 점령한 유럽 영토에서 폴란드로 이송하는 모든 열차를 책임졌던 사람—였던 나치 관료는 홀로코스트의 모든 무게를 어깨에 고스란히 짊어지고 있는 듯했다. 그는 자신을 구제하겠다는 확실한 동기를 가지고 재판 내내 "명령에 따랐을 뿐"이라고 대답했다. 권력이라고는 거의 없는 '수송 담당자'였을 뿐이며, "……아돌프 히틀러나 다른 상관으로부터 명확한 지시를 받지 않고는 대단한 일이든 사소한 일이든 결코 어떤 임무도 수행하지 않았다"라고.[7]

아이히만의 마지막 진술에는 그로부터 몇 년 뒤 예일대학의 한 사회과학 연구 실험실에서도 울려퍼진 말들이 담겨 있었다. 그는 자신은 결코 유대인을 혐오한 적이 없고 인간을 살해하려는 의도도 없었으며, 자신의 죄는 복종 행위에서 비롯된 것으로서 그 복종은 미덕으로 여겨졌다고 이야기했다. 나치 지도자들이 자신의 복종을 오용한 것이지 자신은 집권층에 소속된 사람도 아니었으며, 본인은 피해자이고 처벌을 받아야 할 사람은 오직 나치 지도자들(이들 중 대다수는 이미 사형에 처해졌거나 자살한 상황이었다)뿐이라고 했다.[8] 아이히만의 변호인단과 소수의 저명한 유대인 지식인들(마르틴 부버가 그중 가장 유명했다)이 항소를 제기했지만 아이히만은 히틀러의 숙원사업으로 행해진 나치 기구에서 임무를 수행하며 600만 명이 넘는 유대인을 살해한 죄로, 재판이 시작된 지 1년도 채 지나지 않아 유대인 국가의 손에 의해 사형에 처해졌다.

아이히만의 전기를 집필한 학자들 중에서도 가장 널리 알려진 한나 아렌트는 아이히만이 살아온 배경, 가정생활, 유럽 각지에서 죽음의 수용소로 유대인들을 수송하는 업무를 감시한 나치 관료로서의 소행, 납치, 재판, 처형에 이르기까지 그의 삶과 그가 살아온 시대를 구체적으로 다룬 긴 글의 책을 저술했다. 아렌트의 저술이 크게 주목받을 수 있었던 이유는 아이히만이 괴물이 아니라 사실상 지극히 평범한 사람이었다는 주장 때문이었다. 아이히만에 대한 아렌트의 관점이 시사하는 바는 이 세상에 존재하는 최악의 악행들이 히틀러처럼 카리스마 있고 병적으로 자기중심적인 사이코패스뿐만 아니라 매우 평범하고 무난하며 '상투적인' 개인들에 의해서도 벌어진다는 데 있었다. 아렌트는 자신이 개진한 견해는 전쟁 이후 전범재판을 참관한 사람들의 경험을 근거로 삼았음을 적시했다. 아렌트는 이렇게 썼다.

전쟁이 끝난 뒤 집단 학살자들의 재판을 참관한 이들 중에는 존경받는 의사와 약사도 일부 포함되어 있었고, 참관인 대부분은 범죄자들이 자신은 물론 다른 사람들과도 거의 다를 바 없는 사람 같았다며 당혹감을 느꼈다. 재판장에서 아이히만을 심문한 이스라엘 출신 정신과 의사는 그가 "아주 평범한 사람이었고, 심문이 끝난 뒤에는 어떻게 보든 나보다도 더 평범한 사람 같았다"라고 했다. 정상성과 무한한 잔인성의 공존을 암시한 그 의사의 말은 우리가 가지고 있는 평범한 믿음을 깨뜨리고 재판의 진정한 수수께끼를 드러내 보여준다.[9]

즉 아렌트가 재판을 통해 얻은 가장 놀랍고도 섬뜩한 깨달음은 아이히만이 정신질환을 앓고 있었다거나 어떤 면에서든 대다수의 인간과 근본적으로 다른 사람이었다고 일축해버릴 수 없다는 사실, 그런 사람으로 치부해버리기에는 너무나 일반적이고 평범했다는 사실에 있었다. 아이히만은 외모도 평범했고 성격도 무난했다. 인류에 대한 범죄 혐의로 재판을 받지 않았다면 거의 모든 면에서 말끔히 잊힐 사람이었고, 바로 **이 사실**이 두려움의 근원이었다. 막대한 고통과 죽음이 초래되는 과정에 그토록 핵심적인 역할을 수행할 만한 사람은 무언가 다르고, 어딘가 평범하지 않았을 것이라는 생각이 무엇보다 이 세상의 이치에 맞았다. 그러나 확인 가능한 모든 면에서 아이히만은 특별하지 않았다.

아이히만에 대한 아렌트의 분석은 중요한 의미를 갖지만 결점 또한 존재한다. 이제는 진부해진 '악의 상투성'이라는 문구로 요약되는 아렌트의 비범한 분석은 광범한 차원의 악을 저지른 가해자들이 실은 괴물이 아니라 모두 인간이었음을 독선적인 대중이 직시하도록 한다는 중대한 목적을 달성했다. 이는 악 그 자체와 악의 기원—보통의 인간과는 근본적으로 다른 사람들의 내면—에 관한 일반적인 통념이 실제 자료들을 설명하기에는 너무나 불충분하며 재검토가 필요하다는 사실을 직면하게 했다. 그러나 아렌트의 분석은 아이히만 개인이 가지고 있던 세계관, 즉 히틀러 치하 독일의 반유대주의와 제노사이드로 점철된 세계관을 과소평가했다. 아렌트가 참관했던 재판 절차 중에서도 특히 초반에 아이히만 본인이 그런 세계관을 대수롭지 않은 것으로 치부하려 했음에도 불구하고 말이다.[10] 아이히만은 수백만 명의 이름 모를 사람들에게 아무런 악의도 품지 않은 채 그저 명령에 복종한 한낱 '펜이나 굴리는 사무원'도, 아무 생각 없는 관료도 아니었으며, 수많은 사람들의 죽음은 그가 직접 서명한 문건들과 그가 직접 이행한 명령에 의해 기정사실화된 것이었다. 실제로 아이히만은 업무의 효율성을 높이기 위해 창의적인 새로운 정책들을 앞장서서 수립했으며, 한번은 "내가 500만 명의 유대인을 죽였다니 웃으면서 무덤에 뛰어들어야겠어. 아주 만족스럽고 기쁘군"이라고 이야기하며 자신의 '업적'을 자랑스러워하기도 했다.[11]

최근에 출간된 다수의 책들은 나치 당원들이 단순히 명령만 따랐다는 관점을 재검토하면서 그러한 관점에 기반해 무죄가 될 수 있는 사람은 상대적으로 소수에 불과하다고 적시하고 있다. 일반적인 믿음과는 달리 인간을 단지 숫자, 추상적인 개념, 조립라인에 놓여 있는 제품으로 그려내는 이미지들은 그 자체로 문제일 수는 있어도 제노사이드를 부추기지는 않는다. 제노사이드가 발생하려면 보통 이것보다 더한 것이 필요하다. 이를테면 상상할 수 있는 가장 막대한 대가를 내걸면서까지 목표 대상으로 삼은 희생자의 인간성을 깡그리 말살해버리겠다는 강렬하고도 비인간적인 전망을 가지고 있어야 한다.[12] 아이히만이 제법 평범한 유형의 인간이었을지는 모르지만 그의 행동에 체계와 방향을 제시해준 신념은 결코 평범하지 않았다. 아이히만이 신봉했던 비인간적인 믿음은 유대인들은 더럽고 오염된 유전자이므로 아리아인의 순수성을 더럽힌다는 이미지로 가득차 있었다. 유대인을 쥐나 잇과―혈액매개감염이나 질병, 부패를 옮기는 매개체들―로 묘사한 이미지들은 1939년 히틀러가 폴란드를 침공하기 이전에도 수년 동안 독일 사회에 만연했었다. 이는 히틀러 치하 독일의 운명을 믿었던 다수의 '진정한 신봉자들'이 현실을 어떤 관점으로 바라보았는지를 전형적으로 보여준다. 아이히만에 대한 아렌트의 견해는 기존의 기질 중심적 패러다임, 즉 악은 인간 내면에서 비롯되며 잔학 행위를 저지른 인간은 대부분의 평범한 인간과 근본적으로 다르다는 관점을 과잉 교정한 경우에 해당한다. 아이히만은 분명 여러 측면에서 매우 평범한 사람이었지만 히틀러의 이념에 강하게 동일시한 인물이기도 했다. 최악의 잔혹 행위는 사람들이 잔혹한 이념을 가진 집단에 강하게 동일시할 때 발생한다.[13] 아이히만이 저지른 악행의 동기를 온전히 이해하려면 이 관점도 반드시 고려해야 한다. 맥락도 중요하지만—그것도 무척이나 중요하지만—세계관 또한 마찬가지로 중요하다. 그러므로 악을 정확하게 이해하고자 할 때는 두 가지 모두 간과하지 않고 신중하게 다루어야 한다.

13장

상황이 유발한 대상화
세 가지 고전적 사례

길고 암울한 인간의 역사에 대해 생각해보면 반란이라는 미명 아래 자행된 끔찍한 범죄보다 복종이라는 미명 아래 자행된 범죄가 훨씬 많다는 사실을 알게 될 것이다.

—C. P. 스노(Charles Percy Snow)[1]

100년에 달하는 역사를 가진 사회심리학 연구들은 악을 이해하고 싶다면 보통의 '정상적'인 인간이 비도덕적인 행동을 하도록 영향을 미치는 상황의 역할을 반드시 고려해야 한다고 이야기한다. 타인을 대상화하는 경향─타인의 총체성을 무시하고 타인과 주체 대 주체로서의 관계가 아니라 주체 대 객체로서의 관계를 맺는 경향─은 그러한 수많은 연구에서 하나의 실험변수로 간주되어온 듯하지만 이 사실을 인지한 연구자는 소수에 불과했던 것 같다.

이 장에서는 유해한 상황과 대상화 경향의 증대 사이에 존재하는 연관성을 분명히 보여주기 위해 심리학자 필립 짐바르도(Philip Zimbardo)와 그의 동료들이 수행한 두 가지 실험과 앨버트 밴듀라(Albert Bandura)가 진행한 한 가지 실험까지 총 세 가지의 고전적 연구 사례를 간단히 살펴보고자 한다. 이 세 가지 연구에 그 어떤 결함도 없는 것은 아니지만 수백 가지의 다른 유사한 연구들이 이야기하고자 하는 바를 담고 있다. 바로 특정 사회심리학적 변수들은 실제로 인간이 타인을 바라보는 관점을 바꿀 만한 힘을 가지고 있으며, 타인을 비도덕적으로 대하고자 하는 의지에 변화를 가져온다는 것이다.

밀그램의 연구 소개

많은 독자들은 전 세계를 놀라게 했던 스탠리 밀그램의 획기적인 복종 실험에 대해 이미 잘 알고 있을 것이다. 그리고 왜 밀그램의 연구를 대상화 경향이 증대됨에 있어서 상황이 수행하는 역할을 보여주는 근거로 활용하지 않았는지 의아해할 수도 있다. 사회심리학 분야의 연구가 낯선 독자들을 위해 설명을 덧붙이자면 밀그램의 실험은—예루살렘에서 진행된 아돌프 아이히만 재판의 그늘에서 미국에서 진행되었다—성별을 불문하고 평범한 사람('교사'로 지정함)들이 익명의 권위적 인물의 명령이 있었다는 이유만으로 기꺼이 다른 상냥하고 온화한 사람('학생'으로 지정함)들에게 고통스러운 고전압 전기충격을 가할 수 있음을 보여주었다. 실험 결과는 대부분의 사람들이 예측한 것과 완전히 배치되었다. 사실 밀그램은 본격적인 실험에 앞서 예일대학의 심리학 전공 학부생 14명과 스탠리의 동료들로 구성된 전문가 집단, 40명의 정신과 의사들에게 실험의 기본적인 개요를 설명하고 예상되는 결과에 대한 의견을 확보했었다. 이들은 본인이라면 전압이 최고치를 기록하기 한참 전에 실험을 중단했을 것이라며 만장일치의 의견을 제시했다. 또한 실험을 끝까지 지속할 사람은 100명 중 한 명도 되지 않을 것이고, 대부분의 피험자는 '매우 강한 충격(195볼트)'으로 지정된 수준을 넘지 않을 것이라고 예상했다.[2] 그러나 이들의 예상은 모두 완전히 빗나갔다. 실험이 시작되고 얼마 되지 않아 실제로 몇몇 피험자는 실험을 중단했지만, 전기충격의 강도가 300볼트를 넘어간 이후로는 어느 누구도 중간에 그만두지 않았다.[3]

밀그램의 실험에서 가장 중요한 점은 모두는 아닐지라도 대부분의 피험자가 상당히 불편한 감정을 느꼈다는 사실이며, 여기에는 의심의 여지가 없다. 피험자들은 사실 내면 깊숙한 곳에 자리잡은 신념체계 및 가치에 반하는 방식으로 행동하고 있었던 것이다. 한쪽 방향에서만 투명하게 보이는 유리를 통해 (최초 실험의 19가지 유형 중 한 가지) 실험을 지켜본 한 관찰자는 다음과 같이 이야기했다.

> 내가 관찰한 평상시에 침착한 [어느] 회사원[은] 처음 20분 동안 [……] 움찔거리고 말을 더듬으며 어딘가 고장난 사람처럼 위축되더니 금세 신경쇠약에 가까운 수준에 이르렀다. 그는 끊임없이 자신의 귓불을 잡아당겼고 [……] 자신의 손을 비틀었으며…… [그런 다음] 주먹으로 자기 이마를 치면서 "오 신이시여, 이제 그만"이라고 중얼거렸다. [……] 그러나 그는 [……] 마지막까지 명령에 복종했다.[4]

나는 최근에 가까운 친인척 중 한 사람(뛰어난 처신과 높은 도덕성으로 많은 이들로부터 존경받는 여자이다)과 밀그램의 실험에 대해 이야기를 나누었다. 그는 자신이 그 실험에 참여했다면 권위에 대한 확실하고도 뿌리깊은 공포(권위자의 분노에 대한 공포와 권위자가 자신의 삶을 복잡하게 만들지도 모른다는 공포)로 인해 아마도—주저하면서—실험자가 원하는 바대로 따랐을 것 같다고 했다. 그러나 전기충격을 받을지도 모를 가엾은 상대방을 대상화해서가 아니라 권위자가 자신에게 가할지도 모를 행동에 대한 두려움이 더 크기 때문에 그런 행동을 했을 것 같다고 덧붙였다.* 사실 앞에서 언급한 '평상시에 침착한 회사원'은 피험자가 되기에 그야말로 적합한 특성을 지닌 사람이지 않았나 싶다. 그 피험자는 자신이 하고 있는 행동에 심한 갈등을 겪었고, 다른 방에서 전기충격을 받고 있을 사람을 생각하며 매우 불편한 감정을 느꼈다. 그럼에도 그는 어쨌거나 권위자의 복종에 대한 압박으로 인해 전기충격을 가했다.

이러한 관찰 내용을 염두에 두고 실험을 분석해보면 밀그램의 실험 절차가 어떤 식으로든 피험자들로 하여금 대상화 스펙트럼의 극단적인 수준으로 나아가게 했다거나, 교사들이 학생들에게 더 높은 강도의 전기충격을 가하도록 마음먹게 했다고 주장하는 것이 쉽지 않다. 밀그램 실험에 참가한 대부분의 피험자가 자신이 요구받은 바를 행동으로 옮기는 데 있어서 적어도 어느 정도의 불편함을 느꼈다—실제로 일부 피험자들은 매우 심한 불편함과 내적 갈등을 겪었다—는 사실은 학생들이 교사들에 의해 심하게 대상화된 것도 아니었고, 교사들이 본래 가지고 있던 대상화 경향이 실험에 의해 강화된 것도 아니었음을 암시한다. 그러나 **모든** 피험자가 다른 사람에게 점점 더 강한 전기충격을 가해야 한다는 이야기를 들은 뒤에도 자의로 실험에 참가하기로 했다는 사실은 피험자들의 기질과 연관되어 있었을 수도 있는 다음과 같은 가능성을 보여준다. (1) 실험 상황으로 진입한 피험자들의 마음에는 이미 '일상적 무관심' 수준의 대상화 경향이 조금은 존재했다. (2) 피험자들은 오해를 차단할 만한 설명이 사전에 주어졌음에도 자신이

---

* 나는 이것이 현실을 자각하고 인정한 반응이라고 생각한다. 대부분의 사람들은 당신은 어떻게 했을 것 같으냐는 질문을 받으면 실험 규칙을 지키지 않았을 것이라고, 즉 다른 사람에게 심각한 고통을 가하라는 권위자의 압박에 저항하는 극소수에 해당했을 것이라고 주장하곤 한다. 그러나 규칙을 어기는 이례적인 인물에 우리 모두가 포함될 수는 없는 법이다.

가하는 전기충격의 강도를 과소평가하거나 대수롭지 않게 생각했다. (3) 피험자들은 자신이 행하게 될 행동이 무엇인지 깨닫고 그런 행동에 대해 불편한 감정을 느꼈음에도 불구하고 이미 실험 상황으로 진입한 상태이며, 빠져나갈 명백한 방법이 보이지 않는다는 생각에 실험 과정을 따라야 할 의무가 있다고 느꼈다. 피험자들이 이 세 가지 가능성 중 어떤 경우에 해당했든지 간에 밀그램의 실험은 사람들이 본래 가지고 있던 대상화 경향을 증대하는 명확한 상황 변수들을 제시하지는 못한 듯하다.

역할이 대상화 강화에 미치는 영향력: 스탠퍼드 교도소 실험(SPE)

> 지금 내가 하는 말 잘 들어. 너는 819번 수감자가 아니야. 네 이름은 스튜어트이고, 내 이름은 짐바르도야. 나는 심리학자이지 교도관이 아니고, 여기도 진짜 교도소가 아니야. 이건 실험 상황일 뿐이고 여기에 있는 저 아이들도 모두 너와 같은 학생들이야. 자, 그러니 이제 집으로 돌아가, 스튜어트.
> —필립 짐바르도가 '수감자'로 지명된 한 피험자에게[5]

임의로 주어진 역할이 다른 사람에게 해를 끼치고자 하는 의지를 증대시킬 정도로 우리 인식에 영향을 미칠 수 있을까? 분석의 범위를 더욱 넓혀본다면 특정 역할을 맡게 되는 상황이 대상화 스펙트럼에서 극심한 수준으로 이동하게 만들 정도의 영향력을 행사할 수 있을까? 스탠퍼드대학의 조던 홀지하는 모의 교도소 실험을 진행할 만한 장소로 보이지는 않았지만 1970년대 초 짐바르도 교수와 그의 동료들은 그곳에서 교도소 실험을 진행해 학대적인 교도소 환경이 각 교도관과 수감자가 지닌 성격에서 기인한 부산물인지 아니면 유해한 환경이 낳은 결과물인지를 파악하고자 했다. 짐바르도 팀은 이 목적에 따라 모의 교도소 환경을 조성했고, '교도소'라는 지배적인 구조가 각 피험자의 행동에 어떤 영향을 미치는지 확인하기 위해 '수감자'와 '교도관'들이 틀에 박히지 않은 채 자유롭게 교류할 수 있는 시간과 장소도 제공하기로 했다. 그리고 지역 신문에 "교도소 생활의 심리적 측면에 관한 연구에 참가할 남자 대학생 모집"*이라는 광고를 실어 총 75명의 지원자를 확보했다. 또한 정서적 문제나 신체적 장애, 범죄나 마약 투약 이력이 있는 지원자를 제외하기 위해 모든 지원자를 대상으로 정신과 상담과 인성 검사를 실시했다. 그 결과 최종 선발된 실험 참가자는 하루 15달러를 벌고자 하는 24명의 젊은이들이었다. 짐바르도 팀이 검사 혹은 관찰한 모든 기준에 의하면 이 24명의 피험자들은 '정상'으로, 그들은 건강하고 지적인 중산층 백인 남자들이었다. 24명으로 구성된 소규모의 피험자들은 동전 던지기를 통해 무작위로—수감자와 교도관—두 집단으로 나뉘었다. 그리하여 실험이 시작되었을 때에는 수감자와 교도관으로 구분된 피험자들 사이에 뚜렷한 차이가 존재하지 않았다. 전문 자문위원들과 노련한 기술자들이 스탠퍼드대학의 조던 홀을 실제 교도소의 축소판으로 바꾸어놓으면서**6 실험은

---

* 겉보기에는 아무 문제 없어 보이는 모집 방법이지만 사실 실험 지원자들의 편향성을 유도했을 수도 있다. 카나간(Canaghan)과 맥팔랜드(Mcfarland)는 '교도소 실험에 참가할' 사람을 모집한다는 광고에 응한 사람들은 일반적인 심리 실험에 지원한 사람들보다 교도소에 존재하는 혹독하고 위계적인 세계를 더 잘 받아들이거나 문제삼지 않을 가능성이 높다고 판단했다(2007).

** 지하 메인 복도의 양쪽 끝은 판자로 막아 '마당'으로 만들었고, 수감자들(교도소에서 빠져나가는 길을 알 수 없도록 눈가리개를 했다)은 다른 복도에 마련된 화장실에 갈 때를 제외하고는 오로지 이곳에서만 걷고 먹고 운동할 수 있었다. 수용실은 실험실 문을 떼어낸 뒤 철근으로 맞춤 제작한 문으로 교체해 만들었고, 수용실 앞에는 번호표를 달았다. '마당'의 한쪽 끝에는 작은 구멍이 나 있었는데, 이 구멍을 통해 교도소 안에서 벌어지는 사건들을 텔레비전 카메라로 녹화했다. 수용실 맞은편에 있는 복도 쪽에는 '구멍(The Hole)'이라고 불리는 작은 방이, 즉 독방이 있었다. 가로 길이와 너비가 각각 약 60센티미터밖에 되지 않았지만 높이는 한 사람이 충분히 서 있을 수 있을 정도였다. 독방에는 인터컴 장비가 설치되어 있어 수감자들이 하는 말을 감시하는 '도청' 기능을 하는 동시에 수감자들에게 공지사항을 전달하는 역할도 수행했다. 시간의 흐름을 알 수 있을 만한 창문이나 시계는 하나도 없었다.

시작될 준비를 마쳤다. 그런데 2주 동안 실시할 예정이었던 실험은 단 6일 만에 종료할 수밖에 없었다. 이 사실만 놓고 보면 실험은 실패했다고 볼 수도 있다. 그러나 실험이 조기 중단된 이유는 실험이 막대한 영향을 발휘하는 바람에 실험 관계자들의 건강을 살펴야 했기 때문이다. 짐바르도는 이 실험을 기록한 책에서 6일이라는 실험 기간 동안 벌어진 일들을 175쪽에 걸쳐 일별로 기술했다. 내용을 간결하게 전하기 위해 이 책에서는 각 날짜별로 벌어진 일부 주요 사건들만 요약해서 소개하겠다. 더욱 중요한 세부사항들은 불가피하게 누락할 수밖에 없었다.

첫째 날(일요일) '수감자'로 지정된 피험자들이 이른 아침 각자의 집에서 경찰에 체포되고, 몇몇 이웃들은 걱정스러운 기색으로 그 광경을 지켜본다. 피험자들은 경찰서에 도착하자마자 공식적인 정보를 기록하고 미란다 권리를 숙지한 뒤 지문 채취와 머그샷 촬영 절차를 거친다. 그런 뒤 어리둥절한 상태로 눈가리개를 한 채 유치장에 남겨진다.

수감자들이 조던 홀 교도소에 도착하기 전에 교도관으로 지정된 이들이 먼저 그곳으로 이동한다. 교도관들은 똑같은 카키색 유니폼과 미러 선글라스, 호루라기, 곤봉을 지급받는다. 어떤 식으로 교도관 행세를 해야 하는지와 관련해서는 구체적인 교육을 받지 않은 상태이다. 교도관들은 교도소 내 치안을 유지하는 데 필요하다고 생각하는 조치를 아무 제한 없이 취할 수 있고, 수감자들에게 자신을 존경할 것을 요구할 수 있다. 근무조는 3명으로 구성되어 있으며 8시간마다 교대한다. 교도관들은 그들만의 규칙을 나름대로 정한 다음 교도소장의 감독 아래 그 규칙을 시행한다. 그리고 그들의 임무가 초래할 수도 있는 심각한 결과와 그들이 가담할 상황의 잠재적 위험에 대해서는 경고가 가해진다.

그날 늦게야 각 수감자는 교도소로 이송되어 교도소장(스탠퍼드대학의 학부생)을 만나 그들이 저지른 범행의 심각성에 대해 듣고 수감자라는 새로운 신분을 부여받는다. 수감자들은 체계적인 몸수색을 거친 뒤 벌거벗겨진 상태로 '이(lice)를 박멸'하는 절차에 따르고, 교도소에서 줄곧 입고 있어야 하는 원피스형의 수감복(속옷은 없다)을 지급받는다. 이 과정을 거치는 동안 몇몇 교도관들은 그 어떤 지시도 받지 않았음에도 수감자들의 작은 성기와 좌우 균형이 맞지 않는 고환을 언급하면서 생식기를 놀림거리 삼아 비웃는다. 짐바르도는 수감자들이 수감복을 입자마자 걷고 앉는 자세가 달라지고, 남자보다는 여자에 가깝게 보다 취약해 보이는 몸가짐을 하기 시작한다는 점에도 주목한다. 수감복에는 개인 식별용 ID 번호가 부착되어 있다. 수감자들의 오른쪽 발목에는 항시 달고 있어야 하는 무거운 사슬이 매달려 있다. 수감자들은 발가락을 끼워서 신는 샌들을 지급받고, 나일론 스타킹 재질의 모자로 머리를 가린다.

모멸적인 수감 절차가 마무리되자 수감자들은 한곳에 집합한다. 교도관들은 교도소에서의 일상과 수감자의 복종, 개인위생, 수용실의 청결성 등에 관한 17가지 규율을 선포하고, 수감자들은 그 규칙들을 암기한 뒤 입으로 따라 읊는다. 그다음 앞으로 수없이 이어질 '점호'(수감자들이 일렬로 서서 차례대로 숫자를 외친다)의 첫 순간이 시작되고, 교도관들은 이를 기회로 삼아 수감자들을 상대로 자신의 권력을 과시한다. 수감자들은 웃거나 낄낄거리거나 흐트러진 자세를 취할 때마다 구둣발로 제지를 당하고, 그에 대한 벌로 팔굽혀펴기를 강요받는다. 어떤 교도관들은 몇몇 수감자가 문제를 일으킬 것 같다며 일찌감치 우려를 표한다. 그날 있었던 '모멸적인 의식'에 대한 의견도 서로 다르다. 야간 근무조는 밤새 날카로운 호루라기 소리와 고함을 내지르며 무작위로 점호를 실시한다. 머지않아 각 수감자가 가진 성격상의 특성들이 교도관들에게서 창의적이고 가혹한 여러 반응을 이끌어내기 시작한다. 그러다가 어떤 수감자는 '구멍(작은 독방)'으로 보내진다.

둘째 날(월요일) 이른 아침부터 교도관들이 사소한 정리정돈 상태 불량(이불의 주름)을 문제삼아 점호를 시키고 질책을 가하자 한 수감자가 '무례한 행동'을 범해 즉시 구멍으로 보내진다. 이윽고 또다른 수감자가 한 교도관과 언쟁을 벌이고, 그 교도관은 규칙에 어긋남에도 불구하고 수감자의 가슴을 주먹으로 때린 뒤 다른 교도관들과 함께 그 수감자를 비롯해 옆에서 불만을 토로한 다른 수감자(이로 인해 두 수감자는 아침을 먹지 못한다)까지 강압적으로 구멍에 가둔다. 다른 수감자들은 교도관들에게 비속어를 퍼부으며 저항을 시도한다. 한 수용실 안에서는 수감자들이 나일론 모자를 벗고 ID 번호도 떼어버리고는 수용실 주위에 장벽을 둘러 아무도 들어오지 못하게 한 뒤 점호 명령에도 밖으로 나오지 않는다. 야간 근무조의 교도관들은 근무 시간이 끝났음에도 자발적으로 교도소에 남아 주간 근무조의 교도관들이 이 난감한 상황을 처리할 수 있도록 돕는다. 교도관들은 수감자들의 수용실을 급습해 침대를 빼앗는 방식으로 수감자들에 대한 화를 분출하려고 한다. 수감자들이 "그만, 그만, 그만하라고! 이건 **실험**이야! 좀 내버려둬! 그만두라고, 이 새끼야! 이 침대 가져가게 두나봐!"라고 외치며 격렬하게 항의하자 물리적인 충돌도 뒤따른다. 또다른 수감자는 "이 새끼들아 이건 가상이야! 이건 가상 실험이라니까! 여긴 교도소가 아니라고!"라며 소리친다.[7] 교도관들은 장벽이 둘러쳐진 수용실로 들어가기 위해 피부가 차가워지는 이산화탄소를 소화기로 뿌려대며 수감자들이 문에서 떨어지게 만든다. 교도관들은 수용실 안으로 들어가자마자 수감자들을 벌거벗긴 뒤 침대를 치워버린다. 교도관들은 복종하지 않는 수감자들을 독방에 감금하기 위해 또다른 '구멍' 공간을 만든다. 상황이 점점 더 불안정해지고 있다는 사실을 깨달은 짐바르도는 수감자들로 하여금 위원회를 조직해 짐바르도 '감독관'에게 불만을 전하게 하라고 교도소장에게 권고한다. 그리하여 수감자 3명으로 구성된 위원회가 조직된다. 위원회 구성원들은 계약 조건이 상당수 위반된 상황이라고, 교도관들은 신체적인 학대와 물리적인 학대 모두를 일삼고 불필요한 수준의 괴롭힘이 자행되고 있으며, 음식도 충분하지 않고 교도관들이 책이며 안경, 약까지 빼앗아갔다고 불만을 토로한다. 같은 날 늦게 수감자 중 한 명이 대상부전 증상을 보인다. 사고체계가 무질서해진 상태로 걷잡을 수 없을 만큼 눈물을 쏟으면서 맹렬한 분노를 표출한다. 이 수감자는 감독관을 만나게 해달라고 요청한다. 만남의 자리가 마련되자 짐바르도 감독관은 별다른 어려움 없이 수감자를 설득해 교도소에 머물게 한다. 수감자는 교도소 마당으로 돌아가 다른 수감자들에게 이야기한다. "우린 못 떠나. 이 실험을 끝낼 방법은 없어." 그날 밤, 그 수감자(미국의 베이 지역에서 활동한 주요 반전 운동가)는 계속해서 대상부전 증상을 보인다. "네가 내 머릿속을 엉망진창으로 만들고 있어! 아악 내 머리! 이건 실험이야. 여긴 완전 엉망진창이야! 더는 하루도 견딜 수 없어! 어떻게 해서든 여길 빠져나갈 거야! 카메라도 다 부숴버리고 교도관 자식들도 가만 안 둘 거야!" 그러더니 자신의 손목을 그어버리겠다고 위협한다.[8] 오랜 심의를 거쳐 해당 수감자를 실험에서 제외하자는 결정을 내린다. 그후 실험에서 제외된 해당 수감자가 친구들과 함께 교도소를 침입해 수감자 모두를 풀어줄지도 모른다는 어떤 수감자의 말을 한 교도관이 엿듣는다. 실험 감독관들과 교도관들은 실제로 전혀 일어나지 않은 그러한 시도를 저지하기 위해 정교한 훼방 조치를 마련한다.

셋째 날(화요일) 교도소에서 한여름 캠핑장의 화장실 냄새 같은 악취가 풍기기 시작한다. 교도관들은 화장실에 갈 수 있는 시간을 수감자들이 얻어내야 하는 특권으로 만들어버린다. 수감자들이 머무는 수용실에는 소등 시간 이후에 용변을 볼 수 있는 양동이가 배급되었는데, 이 양동이는 아침이 밝을 때까지 비울 수 없다. 추가 근무자들을 항시 확보해두는 것은 불가능하다는 사실을 깨달은 교도관들은 물리적 수단보다는 심리적 수단을 활용해 수감자들을 더 잘 통제하기 위해 '특실'을 구상한다. 부적절한 행동을 하지 않는 수감자들은 침대를 배정받고 샤워와 양치질을 할 수 있는 특권을 부여받지만 다른 수감자들은 예외이다. 또한 특권을 부여받은 수감자들은 다른 수감자들 앞에서 특식을 먹을 수 있다. 그후 교도관들은 충동적으로 수감자들의 지위를 뒤바꿔 '불량' 수감자들이 특실에 머물도록 하고, 모범 수감자들이 저급한 수용실에 머물도록 한다. 교도관들의 의도는 수감자 중에 뇌물을 받은 내부 고발자가 있다고 생각하게 함으로써 수감자들 사이의 연대를 깨뜨리는 것에 있다. 수감자들의 초기 반란 행위는 교도관들 사이의 결속을 다지는 효과를 발휘한다. 교도관들은 더이상 자신의 역할을 '그저 하나의 실험'의 일환으로 수행하는 일이라고 생각하지 않고 수감자들을 자신을 괴롭히는 진짜 적이라고 간주한다. 그러면서 교도관들은 통제 전략과 감시, 공격성을 더 높은 수준으로 발휘하기 시작한다.

넷째 날(수요일) 실제로 교도소의 교회사였던 한 사제가 실험 상황이 얼마나 현실적인지와 관련해 실험 관계자들에게 피드백을 제시한다. 사제가 수감자들을 한 명씩 인터뷰하는 동안 연구원들은 수감자들이 본인을 이름이 아닌 번호로 소개하는 모습을 지켜보며 놀라움을 금치 못한다. 사제는 각각의 수감자와 가벼운 잡담을 나눈 뒤 "자네는 교도소에서 나가기 위해 어떤 조치를 취하고 있나?"라고 묻는다. 수감자들이 난처해하자 (기이하게도) 사제는 교도소에서 나갈 수 있는 유일한 방법은 변호사의 도움을 받는 것이라고 설명한다. 그러면서 원하기만 하면 법률 지원을 받을 수 있도록 보호자에게 연락을 취해보겠다고 먼저 제안하자 수감자 중 일부는 그 제안을 받아들인다. 사제의 존재와 그가 보이는 기이하고도 정형화된 행동으로 인해 역할 놀이와 현실의 경계는 더욱 흐려진다. 사제와의 인터뷰를 원하지 않은 유일한 수감자는 819번 수감자인데, 그는 고통을 호소하며 식사를 거부하고 병원 진료를 받고 싶어한다. 결국 그는 수용실에서 나와 어떤 개입 조치가 취해질 수 있을지 사제 및 감독관과 대화를 나눠보라는 설득을 받아들인다. 수감자는 대화 도중에 발작적으로 울기 시작한다. 이에 수감자는 발목에 묶인 사슬과 머리를 감싸고 있는 모자를 벗고 결정이 내려지는 동안 쉬라는 말을 듣는다. 바로 그때 한 교도관이 다른 수감자들을 일렬로 세워놓고 다음과 같은 말을 큰 소리로 외치게 한다. "819번 수감자는 나쁜 수감자입니다. 교도관님, 819번 수감자가 저지른 일 때문에 수용실이 엉망진창이 되었습니다." 수감자들이 일제히 큰 목소리로 그 말을 반복해 외치자 819번 수감자는 걷잡을 수 없이 흐느끼는 지경에 이른다. 짐바르도는 819번 수감자에게 실험을 그만둘 것을 제안하지만 그는 그 제안을 거절한다. 수감자는 눈물을 흘리면서도 사람들이 자신에게 나쁜 수감자라는 꼬리표를 붙였기 때문에 그만둘 수 없다고 말한다. 수감자는 아픈 와중에도 다시 수용실로 돌아가 자신이 나쁜 수감자가 아님을 증명하고 싶어한다. 그러자 짐바르도 감독관은 수감자에게 다음과 같이 이야기한다.

> 지금 내가 하는 말 잘 들어. 너는 819번 수감자가 아니야. 네 이름은 스튜어트이고, 내 이름은 짐바르도야. 나는 심리학자이지 교도관이 아니고, 여기도 진짜 교도소가 아니야. 이건 실험 상황일 뿐이고 여기에 있는 저 아이들도 다 너와 같은 학생들이야. 자, 그러니 이제 집으로 돌아가, 스튜어트.[9]

뒤이어 짐바르도는 스튜어트에 대해 다음과 같이 기록한다. "…… 울음을 멈추고 눈물을 닦더니 자세를 바로한 다음 마치 악몽에서 깨어난 어린아이처럼 내 눈을 들여다보며 대답했다. '그래요, 이제 가요.'"[10]

다섯째 날(목요일) 오전 7시에 구령이 시작되고, 앉았다 일어나기 명령이 떨어지자 교도관들로부터 일상적인 괴롭힘에 시달린 5704번 수감자가 이를 거부한다. 이에 대한 처벌로 5704번 수감자가 명령에 복종할 때까지 다른 수감자들은 강제로 앉았다 일어나기를 실시한다. 5704번 수감자는 끝까지 명령에 복종하지 않아 결국 독방에 수감된다. 5704번 수감자가 독방에서 풀려나는 순간 교도관을 공격하려고 하자 다른 두 교도관이 수감자를 제지하고 독방에 다시 가둔다. 그후 바로 전날 밤 수감된 직후부터 목격한 장면으로 인해 넋이 나가 있던 416번 수감자(초반에 다른 수감자가 석방되었을 때 그를 대신해 수감되었다)는 단식투쟁을 하기로 결심하고 식사를 거부한다. 그날 늦게 짐바르도는 '극심한 스트레스' 증상을 보이는 1037번 수감자를 석방한다. 뒤이어 비슷한 사유로 4325번 수감자도 석방한다. 그날 밤, 자문위원 중 한 사람(짐바르도의 연인이자 버클리대학에 조교수로 임용된 크리스티나 미스래치)이 몇몇 교도관과 얼마 동안 대화를 나누고 관계자들과 논의 시간을 갖는다. 미스래치는 감독관실에 있다가 그날 밤의 마지막 '화장실 순회'가 치러지는 장면을 우연히 목격한다. 화장실 순회란 각 수감자의 발목이 서로의 발목에 사슬로 묶인 상태로 머리에는 종이봉투를 쓰고 각자 오른손으로 앞사람의 어깨를 붙잡고서 교도관을 따라 행진하는 것이었다. 짐바르도는 흥분에 차서 외친다. "크리스, 이것 봐봐!" 미스래치는 잠깐 쳐다보았다가 이내 고개를 돌려버린다. "봤어? 어떻게 생각해?" 미스래치에게서 실험에 심취해 있는 듯한 기색이 보이지 않자 짐바르도는 전문가답지 못한, 심지어는 부적절한 반응이라고 생각하며 이야기한다. "인간의 행동이 혹독한 시련을 받고 있는 장면인데, 모르겠어? 이런 상황에서 이런 장면을 목격한 사람은 지금까지 한 명도 없었어." 화가 난 기색이 역력한 표정을 하고 두 뺨 위로 눈물을 흘리고 있는 미스래치는 다음과 같이 대답한다. "나 갈게. 저녁은 없던 일로 해. 난 집에 갈래. …… **당신은 이 사람들한테 정말 끔찍한 짓을 저지르고 있어.**" 교도소 내부의 상황을 지켜본 약 50명의 외부인 중 실험의 기본적인 도덕성에 문제를 제기한 사람은 미스래치가 유일하다. 짐바르도는 이내 실험을 그만둘 때가 된 것 같다는 결론에 이른다.

그날 밤 점호 시간에 교도관들은 수용실에 남아 있는 후줄근한 차림의 수감자 5명에게 노골적인 성적 학대를 가한다. 그들은 수감자들로 하여금 서로에게 성적으로 모욕적인 발언을 하도록 강요한다. 그런 다음 일부 수감자들을 '암컷 낙타'로 지정하고는 허리를 구부린 채 맨 엉덩이를 노출하도록 강요한다. '수컷 낙타'로 지정한 다른 수감자들에게는 암컷 낙타로 지정된 수감자들을 뒤쪽에서 '덮치라고' 강요한다. 마치 30년도 더 전에 이라크의 아부그라이브 교도소에서 미군 헌병들이 그러했듯이 말이다.[11] 이 사건으로 인해 짐바르도는 의도한 실험 일정의 절반이 지나기도 전에 실험을 중단할 때가 되었다고 공식적으로 결정한다.

여섯째 날(금요일) 점심시간을 기점으로 실험은 공식적으로 종료된다. 짐바르도의 발표에 피험자들은 처음에는 실망하지만 곧이어 극도의 행복감에 사로잡힌다. 수감자와 교도관들에 대한 보고가 시작되고, 그로부터 몇 시간 동안 두 집단은 집단치료 같은 만남의 시간을 갖는다.

교도관

짐바르도는 실험이 시작되기 전에 교도관으로 선발된 이들에게 그들의 역할을 설명해주었다. 수감자들이 경험하는 수감 생활의 현실이 어떠한지에 대해 들려주었고, '여러 교도소에서 공통으로 나타나는 본질적인 특성을 포착할 수 있을 만한 심리적 분위기'를 형성하고 싶다고 이야기했다.[12] 구체적인 내용은 다음과 같다.

> [우리는] 수감자들을 물리적으로 학대하거나 고문할 수 없습니다. 권태감을 조성할 수는 있습니다. 좌절감을 불러일으킬 수도 있습니다. 어느 정도는 우리를 두려워하게 만들 수도 있습니다. 독단적인 태도로 그들의 삶을 지배하고 완전히 통제할 수도 있습니다. …… 수감자들은 조금의

사생활도 갖지 못할 것이고, 끊임없이 감시받을 것입니다. 수감자들의 일 거수일투족 중에서 그 어떤 것도 감시를 피할 수 없습니다. 행동의 자유도 전혀 갖지 못할 것입니다. 허가를 받지 못한다면 아무것도, 아무 말도 할 수 없을 것입니다. 우리는 그들이 가진 개별성을 다양한 방식으로 앗아갈 것입니다. 수감자들은 유니폼을 입게 될 것이고, 그 어떤 경우에도 이름으로 불리는 일은 없을 것입니다. 수감자들은 각자 부여받은 번호로 불리게 될 것입니다. 이 모든 조치는 수감자들에게 무력감을 심어주기 위한 것입니다. 우리는 교도소라는 상황에서 모든 권력을 가지고 있습니다. 수감자들에게는 아무런 힘도 없습니다.[13]

다시 말해서 교도관 역할을 부여받은 사람들은 수감자들에게 무력감을 심어줄 방식으로 행동하게 될 것이라고 예상하고 있었다.* 이와 같은 지시사항이 교도관들의 실제 행동에 어떤 식으로든 영향을 주지 않았다고 주장하기는 어렵다. 또한 교도관으로 지정된 사람들은 교도소라는 시설의 특성에 따라 수감자들의 개별성과 공통된 인간성을 폄하하도록 안내받았다. 그 결과 교도소는 순식간에 교도관들이 수감자를 일상적으로 학대하는 환경으로 변모했고 폭력과 성적 학대도 종종 발생했다.

교도관 역할을 맡은 이들은 (1) 교도소의 규율을 따르는 '거칠지만 공정한' 교도관, (2) 수감자들에게 공감하는 듯한 '괜찮은' 교도관, (3) 수감자를 학대하고 멸시하는 '적대적이고 독단적이며 독창적인' 교도관 등 세 가지 유형으로 나뉜 듯했다. 이중에서도 마지막 유형의 교도관들은 자신이 휘두르는 권력을 한껏 즐기는 것처럼 보였다. 그러나 실험을 시작하기 이전의 선별

---

* 이는 짐바르도의 연구가 비판을 받는 주요 원인 중 하나이다. 피험자들은 단순히 자신이 처한 상황의 영향에 따라 반응한 것이 아니라 '실험실'로 진입하기도 전에 연구원들이 제시한 구체적인 행동방식으로부터 영향을 받았다(Haslam & Reicher, 2008, p.18).

과정에서는 그런 성향이 전혀 감지되지 않았다. 다시 말해서 심리적 적응 측면에서는 다른 피험자들과 별다른 차이가 없어 보였지만, 교도관이라는 역할을 부여받자마자 순식간에 대상화 스펙트럼에서도 상당히 진행된 유도 체화 수준으로 이동해 수감자들을 그저 자신의 변덕과 소망을 받아내는 대상으로 여겼던 것이다. 실제로 '적대적인' 교도관들은(특히 그중 어떤 사람은 '존 웨인'*이라고 불렸다)—앞에서 구체적으로 언급하지 않은 행동도 포함해—폭력과 성적 학대를 일삼는 상태로 전락했고, 이 과정은 실험 관계자들이 보기에 놀랄 만한 속도로 이루어졌다. 또 한 가지 지적해야 할 점은 실험이 조기 종료되자 대부분의 교도관들은 화를 냈으며, 교도관 중 어느 누구도 근무시간에 지각, 병결, 조기 퇴근 등을 하거나 초과근무에 대한 별도의 수당을 요구하지 않았다는 것이다.[14]

수감자

수감자 역할을 맡은 사람들은 먼저 다소 불안을 조성하는 방식으로 체포되었고, 그다음에는 모욕을 당하고(몸수색을 당하고 벌거벗겨졌다), 폄하되고(몸의 이를 박멸하는 과정을 거쳤다), 남성성을 박탈당하고(속옷이 없는 수감복을 항상 입고 다녀야 했다), 개별성과 이름도 빼앗기고(이름은 수감자별 ID 번호로 대체되었고, 머리에는 나일론 스타킹 재질의 모자를 써야 했다), 억압받는(오른쪽 발목에 항상 무거운 사슬을 달고 다녀야 했다) 경험들에 시달렸다. 수감자들은 사생활과 수면의 박탈뿐만 아니라 정체성의 상실, 끊임없이 무작위로 가해지는 통제 조치까지 결합된 앞에서 언급한 것과 같은 심리적 영향으로 인해 '학습된 무기력'과 유사하게 우울하고 의존적이며 수동적인 상태에 놓이게 되었다.**[15]

---

* 미국 영화배우 존 웨인은 특히 서부극과 전쟁영화에 많이 출연했다(역자 주).

** 학습된 무기력은 마틴 셀리그먼(Martin Seligman)이 만든 용어로(Seligman & Maier, 1967), 인

이러한 시련을 겪는 동안 자신이 수감자라는 역할과 분리된 존재라는 인식을 유지할 수 있었던 사람은 소수에 불과했다. 한 수감자는 식사를 거부함으로써 수동적으로 체념했다. '병장'이라는 별명으로 불린 또다른 수감자는 교도관의 통제에 맞섰고, 동료 수감자들에게 외설적인 말을 하라는 명령을 받으면 그에 저항했다. 그 수감자는 전반적으로 엄격한 교도소 환경에 가장 잘 적응한 것처럼 보였다. 가장 '고르게 균형잡힌' 모습을 보였던 한 수감자는 자신의 본래 모습과 달리 다른 수감자들과 관계를 맺거나 도움을 주지 않고 '내성적인' 태도를 취했기 때문에 생존할 수 있었던 것이라고 뒤늦게 털어놓았다. 그러나 그가 그러한 시도를 전략적으로 행한 적은 없었던 터라 동료 수감자들에게 미친 영향은 미미했다. 실험이 종료되자 수감자들은 개인적·집단적으로 분열되었다. 집단 내 응집성 같은 것도 없었다. 대신여러 전쟁포로들의 진술에서 엿볼 수 있듯이 홀로 고립된 개개인들이 '버티려고' 애쓴 것일 뿐이었다. 교도관들은 교도소의 모든 측면을 통제했고, 모든 수감자에게 맹목적인 복종을 명령했다.[16]

루시퍼 효과

누군가는 스탠퍼드 교도소 실험에 참가한 피험자들이 실험이 시작된 직후 한곳에 모여 다음과 같이 공모하지 않은 점에 대해 의구심을 품을지도 모른다. "자, 이건 장기 실험이 될 거예요. 그러니 우리 모두가 동의하고 따를 수 있는 몇 가지 합리적인 규칙을 만들어서 상황을 한층 쉽게 만들어보죠. 그러면 모두 잘 지내게 될 것이고, 실험도 순조롭고 조용하게 진행될 수 있을 거예요. 가급적 거찮은 상황에는 시달리지 말고 돈만 벌어서 나가는 거예요." 그러나 이는 실험 관계자들의 관심사에 전혀 부합하지 않았고, 실제

간이나 동물이 자신의 행위가 결과에 아무런 영향을 미치지 못한다고 인식할 때 무기력한 방식으로 (즉 소극적으로 체념하며) 행동하는 현상을 가리킨다.

로 일어난 일과도 거리가 멀었다. 상황이 지니는 강력한 힘은—물리적 환경을 받아들이게 하고, 수감자와 교도관 모두에게 개별성을 박탈하는 복장을 입게 해 익명의 존재로 만들고, 곤봉이나 호루라기처럼 교도관의 공격성을 상징하는 물건을 준비하고, 권위 있는 자가 교도관들에게 구체적인 지시나 프로토콜 혹은 제재를 가하지 않고 임의적이고 구속력 있는 규율이 교도관과 수감자의 상호작용을 좌우하도록 하며, 아마도 가장 중요하게는 새롭게 부여받은 역할로 혼란을 느끼게 하는 등—수감자와 교도관이라는 두 피험자 집단뿐만 아니라 아이러니하게도 실험 관계자들에게도 영향을 미쳤다. 짐바르도는 이러한 현상을 **루시퍼 효과**라고, 즉 겉보기에는 사소한 듯하거나 서로 떨어져 있을 때는 미미하지만 하나로 합쳐지면 시너지 효과를 발휘하며 악해지는 특정 상황의 영향력으로 인해 친사회적이었던 인간의 심리와 행동이 반사회적으로 변하는 현상이라고 설명했다.[17]

역할이 발휘하는 타락 효과

앞에서 언급한 요소들은 스탠퍼드 교도소 실험의 유해한 환경을 조성함에 있어서 각기 중요한 역할을 수행했지만, 그중에서도 가장 유의미했던 요소는 실험을 시작할 때 피험자들에게 부여한 자극적이고 권위적인 역할이었을 것이다. 역할은 특정 상황에서 따라야 할 행동방식을 규정한 '대본'이다. 인간의 삶은 언제나 다양한 역할로 구성되며 인간은 어떤 역할은 남들보다 더 잘 수행할 수도 있고, 각 상황이 요구하는 행동이 무엇인지를 대체로 적절히 파악할 수 있다. 특별한 훈련이 필요하지도 않다. 교도관과 수감자들의 경우 그들이 맡았던 역할에 대한 대본은 각자가 가지고 있던 권력에 대한 경험 및 무력에 대한 경험에 기초했을 가능성이 크다. 부모님 간의 상호작용(전통적 관점에서는—막연하게는—아버지가 교도관이고 어머니가 수감자)을 관찰한 경험이라든가, 상사나 교사, 의사 등 권위자와의 경험이라든가, 영화나 텔레비전 프로그램 혹은 책에 그려진 교도소 생활에 대한 제한적 경험을 통해서 말이다. 짐바르도의 말을 빌리자면 "그동안 사회가 우리를 훈련"[18]한 셈이다.

어떤 역할을 수락하거나 그에 동의하고 나면 암묵적인 대본에 따라 '협조'하지 않는 것이 굉장히 어려울 수 있다. 모든 역할은 그 역할을 요구하고 지시하는 지원 시스템에 따라 영향력을 발휘하며, 대안적 현실이 침투할 틈을 허용하지 않는다.[19] 이러한 상황에서는 자신과 타인에 대한 인식이 자기만의 전제, 가치관, 도덕적 규범의 역할을 했던 평상시의 기준에서 멀어질 수 있다. 그러다보면 상대적으로 일상적인 환경에서 익숙한 역할을 할 때와는 다르게 행동하게 될 수도 있다. 이 같은 점을 고려하면 스탠퍼드 교도소 실험은 '완전한(total)' 시스템이었다. 이따금씩 외부의 영향이 가해지기는 했지만 실제적인 피드백은 매우 적었으며, 수감자와 교도관의 역할은 서로 극명하게 대조되면서 가차없이 강도를 더해갔다. 수감자와 교도관의 역할은 매우 신속히 영향력을 발휘하면서 새로운 인식과 행동을 이끌어냈고, 이와 관련해 한 교도관은 다음과 같은 깨달음을 얻기도 했다.

> 유니폼을 입고 역할을 부여받으면 [……] 분명 평상복을 입고 다른 역할을 수행할 때와 같은 사람일 수가 없다. 카키색 유니폼을 입고, 선글라스를 끼고, 야경봉을 들고 교도관 역할을 수행하면 **정말로 그런 사람이 된다.** 그런 복장을 하면 그 복장에 맞게 행동해야 하는 법이다.[20]

확실히 교도관으로 지정된 사람들은 유니폼을 입고 자신의 지위를 나타내는 상징들을 손에 쥐게 되었을 때 본인의 영향력이 향상되었음을 느끼는 역할 속으로 빠져들었다. 그와 동시에 수감자로 지정된 피험자들에 대한 인식은 정반대 방향으로 흘러갔다. 수감자들은 그들에게 가치 없는 상품이 되어버렸다. 이러한 인식은 교도소라는 상황에 존재하는 다른 해로운 측면들과 결합해 교도관들이 평소의 자기 모습답지 않은 행동을 하는 데 많은 영향을 미쳤다. 실험이 시작되어 수감자로 지정된 이들이 밋밋하고 주름지고 사람을 나약하게 만드는 수감복을 입자마자 그전까지는 존재하지도 않았던 무기력한 역할로 금세 빠져들기 시작했던 것처럼 말이다. 앞에서 언급한 요인들도 이러한 상황과 결합해 교도관들이 본래 가지고 있던 대상화 경향을 어느 정도 강화하는 촉매로 작용했고, 교도관 역할을 맡은 사람들은 이전에는 결코 경험하지 못했던 영역으로 접어들게 되었다. 무작위로 교도관으로 지정된 이들이 단 며칠 만에 자신과 같은 피험자 학생들을 그토록 가혹하고 경멸적으로 대할 것이라고는 사실 상상하기 어렵다. 교도관 역할을 수행한 이들 중 한 명은 이렇게 말했다.

> 제가 이런 행동을 할 수 있을 것이라고는 생각지도 못했어요. 놀랐죠……. 아니, 제가 정말로 그런 사람일 수 있다는 사실에 경악했어요. …… 꿈에도 전혀 생각하지 못했던 그렇게나 낯선 행동을 할 수 있는 사람이었다니. 그리고…… 그런 행동을 하는 동안 저는 그러니까…… 조금의 후회도 하지 않았어요. 죄책감도 전혀 없었고요. 그 이후에야, 나중에야 제가 무슨 행동을 했는지 되새겨보기 시작하면서 비로소…… 제가 어떤 행동을 했는지가 분명해졌고, 그건 제가 그전까지 한 번도 보지 못했던 제 일부임을 깨닫게 되었어요.[21]

이런 현상이 어째서 일부 교도관들에게 훨씬 심하게 나타났는지는 이해하기 어렵다. 한 가지 가능성을 살펴보면 적어도 '존 웨인'이라 불린 교도관은 다른 교도관들보다 짐바르도 실험에서 맡은 역할에 훨씬 더 강하게 동일시했을 수 있다. 그는 본인이 자격을 갖춘 실험 관계자 중 한 사람이라고 인식했고, 동료 피험자들을 모욕하고 고문할 새로운 방법들을 창조적으로 개발해내면서 얼마나 밀어붙여야 상대방이 무너질 것인지까지 확인하려고 했다.[22] 또다른 가능성으로는 사람들이 앞에서 언급한 것과 같은 상황의 영향력 아래 놓이게 되면, 특히 잔인한 이념을 가진 집단과 강하게 동일시하게 되면 잔인한 행동을 저지를 수 있다는 점을 들 수 있다. 12장에서 언급한 아돌프 아이히만의 경우와 마찬가지로 자기 자신을 잔인한 이념과 동일시해버리면 고의로, 창조적인 방식으로, 심지어는 자랑스러워하며 그 이념을 더욱 발전시키는 행동을 추진하게 된다.[23]

꼬리표가 대상화 강화에 미치는 영향력: 밴듀라의 동물화 실험

인간에 대한 모멸적인 정의보다…… 현대 세계의 잔인함을…… 더 부추기는 것은 없다. …… 사람들이 서로를…… 유인원으로 부르기 시작하면 수간(獸姦)으로 자유롭게 접어들 수 있는 모든 문이 열린다.

—E. F. 슈마허[24]

삶은 도덕성으로 구축되지 않았다. 삶은 기만을 원하고, 기만을 먹고 살아간다.

—프리드리히 니체(Friederich Nietzsche)[25]

"신을 위한 국(Gook) 말살"

—베트남에서 발견된 미군의 헬멧에 쓰여 있던 문구

1970년대 중반 무렵 저명한 사회심리학자 앨버트 밴듀라는 비인간적인 꼬리표가 타인을 해하는 행위를 조장하는 영향력을 확인하기 위해 놀라운 실험을 고안해냈다.[26] 이 책의 관점에서 보면 밴듀라는 사실상 비인간적인 꼬리표의 활용 여부가 대상화 스펙트럼상에서의 이동에 영향을 미치는지, 타인을 바라보는 관점과 타인에게 가하는 자신의 행위에 대한 관점을 바꾸는지를 실험해본 것이었다.

이와 같은 실험 목적에 따라 밴듀라는 전문대학에 다니는 남자 지원자 중 3명을 '감독팀'으로 분류했고, 그들로 하여금 다른 학생들이 잘못된 의사결정을 내릴 때마다 처벌을 가하도록 했다. 물론 이 실험의 진짜 피험자는 의사결정을 내리는 역할의 학생들이 아닌 '감독팀'으로 분류된 이들이었다. 총 25번의 실험을 진행할 때마다 '감독관'들은 의사결정팀이 공동의 의사결정을 내리는 과정을 (옆방에서 추측하며) 엿들을 수 있었다. 감독관들은 주어진 기준을 바탕으로 의사결정팀이 내린 결정을 평가해야 했다. 형편없는 결정이 내려지면 의사결정팀에 전기충격을 가함으로써 처벌을 내려야 했는데, 이들은 전기충격(물론 실제로 전기충격은 가해지지 않았다)이 의사결정팀의 모든 구성원에게 가해질 것이라고 짐작했다. 각 실험마다 감독팀은 최소 1단계부터 최고 10단계에 이르는 전기충격의 강도를 선택할 수 있었다.

밴듀라 연구팀은 실험 상황을 구성하는 두 가지 핵심 측면을 변수로 설정했다. 의사결정자들에게 어떤 꼬리표를 붙일 것인지와 감독관들이 자신이 가하는 처벌에 개인적으로 어느 정도의 책임을 져야 하는지와 관련된 측면이었다. 의사결정자들에게 붙이는 꼬리표는 세 가지—비인간적·인간적·중립적—조건으로 구성되었고, 감독관들이 갖는 책임의 정도는—개별적 혹은 분산적—두 가지 조건이었다.

실험이 시작되고 절차가 순조롭게 진행되던 와중에 세 감독관은 ('우연히' 실험실에 있던) 인터컴을 통해 한 대화를 엿듣게 되었는데, 그들은 그 대화가 의사결정자들이 이미 완료한 것으로 추정되는 설문지에 대해 어떤 조교와 주요 실험 관계자 중 한 사람이 나누는 것이라고 생각했다. 조교는 의사결정팀의 전반적인 자질에 대한 개인적인 느낌을 무심하면서도 솔직하게 이야기했다. 조교는 비인간적(즉 강화된 대상화) 꼬리표를 붙이는 실험 조건에서는 "형편없고 동물과 다를 바 없는 사람들이야"라고 이야기한 반면, 인간적 꼬리표를 붙이는 실험 조건에서는 "정말 통찰력 있고 이해심 넓은 사람들이야"라고 평가했다.[27] 중립적 꼬리표를 붙이는 실험 조건에서는 의사결정자들을 평가하는 발언을 아예 하지 않았다. 감독관들은 전기충격을 당하는 피해자들과 직접적으로 교류한 적이 한 번도 없었기 때문에 그 조교처럼 사적인 평가를 할 수 없는 상태였다.

놀랄 것도 없이 의사결정자들에게 붙은 꼬리표는 끈질기게 살아남아 그들이 대우받는 방식에 상당한 영향을 미쳤다. '동물' 같다는 꼬리표가 붙은 이들은 가장 강도가 센 전기충격을 받았는데, 10여 차례의 실험이 이어지는 동안 전기충격의 강도는 확실히 대각선 방향으로(전기충격의 강도가 총 10단계 중에서 평균 7단계에 이를 정도로, 전기충격의 강도는 실험이 거듭될 때마다 강해졌다) 증가했다. '인간적'이라는 꼬리표가 붙은 이들은 강도가 가장 약한 전기충격을 받았으며, 아무런 꼬리표도 붙지 않은 이들이 받은 전기충격의 강도는 두 가지 극단적인 경우의 중간 지점에 위치했다.

여기에서 지적해야 할 중요한 사실은 실험이 시작된 시점에만 해도 앞에서와 같이 꼬리표로 분류된 세 집단이 실수를 저질렀을 때 가해진 전기충격의 강도는 차이가 없었다는 것이다. 그러나 실험이 계속 진행되고 잘못된 의사결정을 내리는 경우가 증가하면서 세 집단에게 가해지는 처벌의 강도는 점점 더 뚜렷한 차이를 보이기 시작했다. '동물' 집단이 받은 전기충격은 시간이 지날수록 그 강도가 더해졌다. 반면 긍정적인 꼬리표가 붙은—그리하여 가장 인간적이라고 인식되었던—이들은 가장 약한 전기충격을 받았다. 어떤 권위자가 개인과 집단에 긍정적인 꼬리표를 붙이면 그 개인과 집단은 넓은 관용과 연민으로 대우받을 가능성이 높아진다는 사실을 보여주는 대목이다. 또한 이는 관용과 연민을 강화하는 '인간화'의 영향력이 비인간화를 초래하는 영향력과 이론적·실천적으로 유사하다는 점을 암시한다.

감독관들이 동물화된 피험자들에게 자발적으로 더욱 강한 처벌을 내리게 된 이유는 그들이 본래 가학적이라기보다는 각 피험자가 마땅히 받아야 할 대우를 받도록 지배력을 행사할 수 있는 상황과 그런 상황에서 느낀 권력 및 통제감에서 기인했을 가능성이 크다. 더욱이 피험자들에게 부정적인 꼬리표가 붙은 경우 타인을 거침없이 대상화하게 만드는 꼬리표의 영향력으로 인해 피험자들이 지닌 인간적인 특성들은 박탈되고 학대할 만한 존재로 여겨졌을 것이다.

마지막으로 책임과 연관된 측면을 살펴보면 자신이 가하는 전기충격의 강도가 세 집단이 받은 전기충격의 평균치로 반영될 것이라는 말을 들은 감독관들은 강도가 가장 센 전기충격을 가하는 경향이 있었고, 자신이 가하는 전기충격의 강도가 얼마만큼의 고통을 주고 싶은지에 대한 개인적 판단에 달려 있다는 말을 들은 감독관들은 그보다 강도가 약한 전기충격을 가했다. 당연하게도 전기충격의 강도가 전반적으로 가장 높았던 경우는 의사결정자들이 비인간화되고 감독관들의 책임은 분산되었을 때였다. 종합해 보면 상대방을 비인간화하는 꼬리표는 대상화를 강화하고, 타인에 대한 공격의 가능성은 특히 자신의 행동에 따른 결과에 책임감을 덜 느낄 수 있을 때 증대되는 듯하다. 그러나 밴듀라는 비인간화와 책임의 분산을 구분하면서 비인간화가 책임의 분산보다 더 많은 영향력을 미친다고 지적한다.[28] 다시 말해서 밴듀라에 따르면 타인에 대한 폭력의 가능성을 줄이고자 할 경우 다른 모든 조건이 동일하다면 책임을 극대화하는 것보다 대상화를 최소화하는 것이 더욱 효과적이다.

탈개인화가 대상화 강화에 미치는 영향력: 익명의 여자들이 저지른 충격적인 행동*

스탠퍼드 교도소 실험을 진행하기 2년 전 필립 짐바르도와 그의 동료들은 스탠퍼드 교도소 실험의 토대를 마련해준 한 기념비적인 연구에서 탈개인화—개인화 및 개인적 책임에 대한 인식의 결여—가 반사회적 행동과 폭력에 미치는 수준을 확인하는 실험을 고안했다. 짐바르도팀은 여대생 40명을 모집한 뒤 이들을 각각 4명으로 구성된 10개 집단으로 나누었다. 각 피험자 집단은 스트레스 상황에서의 창의성을 분석한다는 거짓 실험 목적에 따라 2명씩 짝지어진 여성 '학습자' 집단(한 명은 '아주 좋은 사람'으로, 다른 한 명은 '아주 못된 사람'으로 묘사되었다)에 고통스러운 전기충격을 가하도록 지시받았다. 본질적으로 피험자들의 역할은 옆방에서 한 실험 관계자가 2명의 여성 '학습자' 집단과 창의성 검사를 하고 있는 동안 그 학습자들에게 간헐적으로 전기충격을 가하는 것이었다. 물론 (피험자들에게는 알리지 않고) 전기충격을 받는 이들은 배우들이 연기했고 실제로 전기충격이 가해지지도 않았다.

실험의 핵심적인 변수 중 하나는 익명성과 개인화라는 조건에 있었다. 익명성(탈개인화)을 조건으로 했을 때는 여성 피험자들의 정체성을 모자, 사이즈가 큰 재킷, 이름표가 아닌 무작위로 부여한 번호로 감추었다. 정체성이 부각되는 조건(개인화)에서는 여성 피험자들이 똑같은 모자와 재킷을 착용하기는 했지만 각각 이름표를 부여받았다. 탈개인화와 개인화라는 두 가지 실험 조건에서 모든 피험자는 4명씩 짝지어진 10개 집단으로 나뉘었고, 각 피험자는 총 20차례의 실험 동안 두 여성 '학습자'에게 반복적으로 전기충

---

* 본 부제목은 Zimbardo, P., 2001, p.299에서 인용했다.

격을 가해야 했다. 이전에 행해졌던 밀그램의 획기적인 복종 실험[29]과는 달리 짐바르도의 실험에서는 여성 피험자들에게 전기충격을 가하라며 직접적으로 압박을 하는 권위자가 없었다. 짐바르도도 전기충격이 가해지는 동안 한 번도 피험자들과 교류하지 않았다. 그러나 피험자들은 유리창을 통해 짐바르도의 모습을 볼 수 있었고, 또다른 유리창을 통해 전기충격을 받는 두 학습자의 모습도 볼 수 있었다. 또한 각 피험자는 서로 인접해 있지만 분리된 작은 방에서 실험을 진행했기 때문에 집단에 동조해야 할 것 같은 압박감도 최소화된 상태였다. 결과적으로 밀그램의 실험과는 달리 피험자들은 실험을 무용지물로 만들 수도 있다는 우려와 주어진 임무를 수행해야 한다는 압박을 전혀 받지 않았다. 4명으로 구성된 집단에서 한 명이라도 전기충격을 가하면 학습자는 고통스러운 척하면서 그로 인해 창의력에 손상을 입은 것처럼 분개했다. 이렇듯 각 집단의 참가자들은 자신이 전기충격을 가하지 않았다고 해서 연구원에게 불복종하거나 반항했다는 느낌을 받을 필요가 없었다. "[그들은] 학습자에게 전기충격을 가하는 적극적인 가해자가 되는 대신 그저 수동적인 관찰자로 남을 수도 있었다."[30] 실제 실험이 시작되기 전에 각각의 여성 피험자는 75볼트(상당히 불쾌한 느낌을 주는 강도이다) 세기의 실제 전기충격을 잠시나마 받아보았으므로 전기충격을 받는 경험이 얼마나 불쾌한지 알 수 있었다.

이 실험에서 가장 눈여겨본 기준은 전기충격의 **지속 시간**이었다. 각 여성 피험자가 학습자에게 전기충격을 가할지의 **여부**뿐만 아니라 얼마나 **오랫동안** 전기를 흐르게 할 것인지에도 주목했다. 모든 피험자는 전기충격을 전혀 가하지 않아도 될 자유가 있었지만 그렇게 한 사람은 아무도 없었다.

실험의 결과는 분명했다. 피험자들은 자신의 정체성이 부각된 경우보다 익명성이 보장된 경우에 학습자들에게 두 배 더 길게 전기충격을 가했다. 또한 참가자들은 익명성이 보장되는 조건에서 모든 학습자 집단—'아주 좋은 사람'과 '아주 못된 사람'으로 구분된 집단—에 동일한 시간만큼 전기충격을 가했다. 게다가 총 20차례의 실험이 진행되는 동안 두 학습자 집단 모두에 전기충격을 가하는 시간을 지속적으로 늘렸다. 학습자들이 눈앞에서 움찔하고 비명을 내지르며 몸을 비트는 와중에도 전기충격을 가하는 시간은 점점 더 늘어났다. 반면 정체성이 부각되는 조건에서는 두 학습자 집단을 차별적으로 대했는데, 호감이 가는 학습자에게는 호감이 가지 않는 학습자들에 비해 전기충격을 짧게 가했다. 짐바르도는 두 집단을 대하는 태도의 이 놀라운 차이를 보며 탈개인화라는 조건이 인간 심리에 상당한 변화를 불러일으키는 것 같다고 분석했다.

> 고통을 가할 수 있는 기회가 반복됨에 따라 전기충격의 강도가 점점 세지자 경험하는 감정적 자극도 덩달아 상승하는 효과가 [유발]된 듯하다. 흥분에 따른 행동은 자체적으로 강화되며, 다음번에는 더 강하고 덜 억제된 반응이 나타나도록 자극한다. 경험적으로 볼 때 이는 타인을 해치고자 하는 가학적인 동기에서가 아니라 [……] 타인을 지배하고 통제한다는 느낌이 강해진 상황에서 비롯한다.[31]

짐바르도의 분석이 정확하다면 탈개인화 조건에 놓였던 피험자들이 전체 학습자들과 덜 동일시하는 경향이 있었다는 추측도 마찬가지로 타당할 듯하다. 탈개인화된 피험자들은 두 학습자 집단의 내적 경험과 관련이 적었다. 이들은 꽤 적극적이었고 두 학습자 집단에 해를 입히는 일에 점점 더 만족하기까지 했지만, 개인화 조건에 놓여 있던 피험자들은 '아주 못된 사람'으로 분류된 집단보다 '아주 좋은 사람'으로 분류된 집단과 더 동일시한 것처럼 보였다.

결론적으로 지금까지 소개한 일련의 연구에서는 한 가지 사실이 두드러지게 나타나는 듯하다. 언제든지 자신이 익명의 존재라고 느끼면—평판이 위태로워지지도, 내가 누구인지 누군가가 알고 있거나 신경을 쓰는 것도 아니라면—비도덕적인 행동을 저지하는 제동장치의 효과가 극적으로 줄어드는 것처럼 보인다. 마치 책임감이나 개인적인 평판에 대한 우려가 줄어들면 마음속 깊은 곳에 자리해 있는 기질이, 즉 타인에 대해 느끼는 '난 그렇지 않아'라는 감각을 증폭시키려는 본능이 수면 위로 고개를 들면서 비도덕적인 행위에 가담하기가 훨씬 더 쉬워지는 듯하다. 이는 특히 현재 직면한 상황이나 제도가 비도덕적인 행동을 허용하거나 부추길 때 유독 더 그렇다.

요약: 상황이 중요한 이유

인격과 상황이 상호작용을 통해 행동을 만들어낸다거나 인간의 행동이 항상 다양한 상황적 맥락 속에서 발생한다는 말이 어떤 새로운 지평을 열어주지는 않는다. 다만 인간은 환경으로부터 막대한 영향을 받는 존재일지라도 그러한 환경에 영향을 끼칠 수 있는 잠재력 또한 가지고 있는 존재이다. 인간은 삶이라는 체스판 위에서 환경적 우연성에 의해 아무 생각 없이 수동적으로 움직이는 물체가 아니다. 대부분의 경우 인간은 자신이 속하는 환경을 선택한다. 인간은 자신의 존재와 행동으로 상황을 바꿀 수 있다. 인간은 유사한 상황에 처해 있는 타인에게 영향을 줄 수도 있고, 환경을 성공적으로 바꾸기 위해 노력을 기울일 수도 있다. 인간은 여러 측면에서 자기 삶의 방향을 결정하고 운명을 개척할 수 있는 능력을 지닌 주체적인 존재이다. 이와 같은 이유로 우리는 우리가 지닌 성격의 본질적인 선함, 기질의 안정성, 상황이 주는 압박을 합리적으로 판단할 수 있는 능력, 비도덕적인 행동에 대한 유혹을 명확히 거부할 수 있는 능력 등을 믿는 경향이 있다. 우리는 알려진 것, 익숙한 것, 사랑받는 것으로 대표되는 선(善)과 이국적인 것, 생경한 것, 경멸적인 것으로 대표되는 악(惡) 사이에 확실한 경계를 세워서 세상을 단순화하고자 한다. 그런데 우리는 선과 악을 구분짓는 경계선이 모든 인간의 마음을 관통하고 있다는 사실을 너무 자주 간과한다.*

　유해한 환경을 구성하는 요소들이 우리가 타인을 대하는 방식뿐만 아니라 우리 자신과 타인을 바라보는 관점까지 바꿀 수 있다는 주장은 전혀 새롭지 **않다**. 전기충격을 받은 '상자 속 사람'의 입장에서는 전기충격을 가한 사람이 속으로는 내키지 않았지만 권위에 '맹목적'으로 복종해서 그랬는지 혹은 상대방의 인간성이 어떤 이유에서든 덜 분명해 보이거나 유의미해 보이지 않아 전기충격을 받을 만하다고 믿어서 그랬는지는 사실 아무런 차이도 없다. 어떻든 똑같이 고통을 받기 때문이다. 그러나 사회의 관점에서는 이 차이가 중요하다. 두 가지 상황에서 비롯된 행동은 모두 인간 성격상에 존재하는 심각한 결점을 보여주지만, 타인을 대상화한 상황에서 비롯된 악행은 더 심각한 문제를 노정하고 있다. 이에 내포된 진실을 확인하고 싶다면 서로 다른 두 집단 중 한 집단과 외딴 섬에 고립되는 상황을 상상해보면 된다. 첫번째 집단은 나를 동등한 존재로 간주하지만 나를 해하도록 부추기는 억압적인 권위자 앞에서는 줏대 없이 행동하고, 두번째 집단은 다양한 공격 수단을 가지고 있으며 내가 인간 이하의 존재라고 확신한다. 첫번째 집단과 섬에 고립되는 상황은 가학적이고 무자비한 지휘관의 감독을 받지만 동정심과 죄책감을 지닌 교도관의 담당 수용소에 죄수로 수감되는 상황과 유사하다. 두번째 집단과 섬에 고립되는 상황은 외관상 문화적 소수자임이 명백해

<hr />

* 러시아 소설가 알렉산드르 솔제니친(Aleksandr Solzhenitsyn)은 "모든 일이 지극히 간단했더라면! 어딘가에서 교활하게 악한 행동을 저지르는 악한 사람들이 존재하고, 그들을 우리에게서 떼어놓고 말살시킬 수만 있다면! 그러나 선과 악을 가르는 선은 모든 인간의 마음을 관통하는 법이다. 게다가 누가 자기 마음의 한 조각을 파괴하고 싶어하겠는가?"라면서 이 같은 주장을 한 바 있다(1976, p.168).

보이는 사람이 한밤중에 KKK단 추종자들에 의해 둘러싸이는 상황과 유사하다. 두 가지 상황 모두 심각하지만 탈출의 가능성은 첫번째 상황에서 훨씬 높으며, 적어도 교도관들로 하여금 지휘관을 타도하게끔 '깨우치는' 것도 가능할 수 있다.

지금까지 언급한 연구에서 부각된 행동을 이해함에 있어서 인간의 기질에 중점을 두는 관점은 가장 중요한 결정 요인들이 인간 내면에서 비롯한다고 가정하면서 상황의 역할을 극단적으로 경시한다. 이러한 관점에 따르면 도덕적인 사람들은 비윤리적이거나 반사회적인 행동의 압박이 가해질 때마다 이를 거부한다고 간주되는 반면, 도덕적으로 나약한 사람들은 외부의 압박이 과도한 영향력을 행사하도록 내버려둔다고 여겨진다. 이 같은 논리의 한 가지 결점은 인간이 지닌 보편적인 약점과 강력한 상황의 영향력에 대한 취약성 등의 현실을 부정한다는 데 있다. 한편 상황을 중시하는 관점의 한 가지 중요한 이점은 인간의 악행을 이해하고자 할 때 겸허함과 겸손함을 기를 수 있도록 돕는다는 것이다. 이를 통해 우리는 도덕적으로 우월한 태도를 취하는 대신―우리를 도덕적인 결함이 있는 사람들과 분리하는 인공적인 경계를 세우고 그로써 효과적으로 자기반성을 축소하는 대신―'귀인적 자비'(attributional charity)'에 기여할 수 있을지도 모른다.[32] 다시 말해서 성급하게 누군가의 성격을 판단하기 이전에 상황적 요인이 미쳤을 영향을 이해하기 위해 노력해야 한다는 의미이다. 이러한 접근법은 "하나님의 은혜로만 나는 간다"라는 오랜 상투적인 문구를 상기시킨다. 헨리 머리(Henry Murray)는 모든 인간은 특정한 중요한 측면에서 그 어떤 인간과도 같지 않고, 일부 인간과 같으면서 모든 인간과 같다는 인상적인 말을 통해 이 사실을 넌지시 언급했다.[33] '올바르다고' 여겨지는 상황에서도 악한 행동을 저지를 수 있는 인간의 취약성은 머리가 언급한 보편성 중 하나일 것이다.

이 장에서 중점적으로 다룬 연구들은 실험 결과를 통해 실제 상황을 일반화하는 작업에 내재된 방법론적 결함 및 난제를 가지고 있기는 하지만, 특정 상황적 맥락에서는 인간의 성격이 극단적인 변화를 겪을 수 있음을 보여준다. 강력하고 유해한 상황 속에서는 대체로 선량한 사람들도 아무 생각 없이 반사회적이고 파괴적인 행동을 하도록 '유도되고 현혹되고 자극받을' 수 있다.[34] 이와 더불어 상황적 요인 중 일부(유해한 역할, 유해한 꼬리표, 탈개인화 등)는 강력한 영향력을 발휘해 평상시에는 선량했던 사람들이 대상화 스펙트럼에서 우측으로 이동하게 만드는 듯하다. 동료들을 바라보는 관점을 바꾸고 그들에게 비도덕적인 행동을 저지르게 할 가능성을 높이면서 말이다.

비록 이 장에서 소개한 선구적인 연구 결과들은 발표된 지 수십 년이 지났지만, **좋은 자아**는 언제나 **나쁜 상황**을 이겨낼 수 있다고 주장하는 일반적인 통념에 대한 경고신호로서 다시금 울려퍼질 필요가 있다. 부정적인 상황의 영향력에 저항하고 그러한 상황을 바꿀 수 있는 최선의 방법으로는 상황이 우리에게 미치는 영향력을 겸손하게 인정하는 것이 유일할 터이다. 상황이 인간의 행동을 결정하는 데 상당한 역할을 수행할 수 있다는 사실은 악한 행동을 은폐할 방패나 핑곗거리가 되지 않는다. 오히려 이러한 사실들을 고려해 악을 민주화해야, 즉 악을 단지 사이코패스나 폭군, 도착적 특성을 가진 사람들뿐만 아니라 우리 모두가 밟게 될 수 있는 지형으로 이해해야 한다.

14장

상황이 유발한 영웅주의
일시적인 대상화 초월

인간에게 진정으로 필요한 학문이 있다면 그것은 내가 가르치고 있는 학문이다. 그 학문은 창조의 영역에서 인간에게 부여된 자리를 어떻게 적절히 차지할 것인지, 인간이 되려면 어떤 존재이어야 하는가를 그 자리에서 어떻게 배울지에 관한 것이다.

—이마누엘 칸트(Immanuel Kant)[1]

부정적인 상황은 타인을 대상화하는 인간의 천부적인 능력을 이끌어내고 강화할 수 있는 잠재력을 가지고 있다. 그러나 인간 역사를 살펴보면 상황이 인간 내면의 최고의 것을 이끌어내는 데 도움을 준 경우도 있다. 짐바르도의 실험에서 수감자들을 상대로 잔혹 행위와 성적 비하를 저지르지 않은 소수의 '선량한' 교도관들을, 압력을 행사하는 권위자가 있었던 밀그램의 실험에서 '조금도 주저하지 않고' 가장 강력한 전기충격을 가하는 대신 실험을 조기 중단해달라고 요청한 몇몇 피실험자들을 떠올려보자. 이들이 그렇게 행동할 수 있었던 이유는 무엇이었나? 어니스트 베커의 말을 빌리면 그저 영웅적인 개인들이었던 것인가?

영웅주의에 관한 심오하고 실존적인 '베커주의적' 관점에 대해 살펴보기 전에 더욱 쉽게 이해할 수 있는 실용적인 관점을 잠시 살펴보고자 한다. 이 책에서는 대상화를 초래하는 요인을 두 가지 관점에서 접근했다. 하나는 인간의 고유한 특성과 그러한 특성이 문제를 야기하는 방식을 다룬 '**인간은 무엇으로 만들어지는가**'였고, 다른 하나는 인간이 살아가면서 처하는 상황과 그러한 상황이 문제를 야기하는 방식을 다룬 '**인간은 어떻게 만들어지는가**'였다. 좀처럼 찾아보기 힘들기는 하지만 **영웅적 삶**이라고 할 만한 놀라운 삶을 살았던 인물들이 몇 명 있기도 했다. 테레사 수녀, 모한다스 K. 간디, 마틴 루터 킹 주니어, (비교적 최근의 인물을 더 언급하면) 넬슨 만델라 등은 말 그대로 완전한 이방인들을 위해―영적으로든 심리적으로든 그 어떤 식으로든―매일 죽음을 무릅쓰면서 '해방 구역(zones of liberation)'[2]을 만들어냈다. 이 같은 세계적인 영웅들을 심도 있게 연구한 사람들에 따르면 이들은 분명 완벽한 인간은 아닐지라도 상당한 수준의 자기초월을 경험하는 변화의 과정을 거쳤고, 각자의 삶에서 '역사적 위급 상황이 신의 섭리와 교차하는' 특별한 시공간을 경험했다고 한다.[*][3] 예를 들어 간디는 본래 기차의 일등석을 타고 남아프리카를 오가던 검은 피부의 젊은 변호사였다. 그러던 어느 날 한 승무원이 간디를 발견하고는 많은 사람들이 지켜보는 가운데 그를 기차에서 쫓아내면서 공개적으로 모욕을 주었다. 간디가 자이나교인이었던 어머니를 통해 **아힘사**(비폭력주의) 원칙을 깊이 새기지 않았다면 그의 분노는 아파르트헤이트라는 부당한 차별정책에 맞서 공개적이고 대립적이지만 비폭력적이었던 운동을 개시하는 방향으로 나아갈 수 없었을 것이다. 한

---

[*] 제임스 파울러(1981)는 이러한 인물들에 대해 "마치 역사의 위대한 대장장이로부터 간택받아 혼란과 고난의 불덩이 속에서 녹여졌다가 갈등과 투쟁의 단단한 모루 위에서 망치질을 당하며 쓸모 있는 형태를 갖추게 된 것 같다"고 이야기했다(p.202).

편 마틴 루터 킹 주니어는 사회적 정의를 추구하는 독실한 침례교 목사 집안에서 태어나 짐 크로법이 시행중인 미국 남부에서 성장했다. 이 같은 가정환경과 역사적 배경이 없었다면 그가 앨라배마주 몽고메리에서 목사직을 물려받는 일은 없었을 것이고, 로자 파크스(Rosa Parks)가 몽고메리의 한 버스에서 백인 남성에게 자리를 비켜주지 않았다는 이유로 체포되는 일도 없었을 것이다. 적시에 연달아 벌어진 이 같은 사건들은 그가 지닌 영웅적 상상력을 효과적으로 자극해 미국 역사상 가장 위대한 시민권 운동가로서의 길을 걷게 했다.

인간은 무엇으로 만들어지는가와 인간은 어떻게 만들어지는가를 결정짓는 요소들은 흔히 서로 충돌하면서 이 세상에 더욱 많은 악을 불러일으키고는 하지만, 개개인의 내면에 자리하고 있는 잠재적 영웅주의를 이끌어낼 수도 있다. 실제로 대부분의 영웅적 행위를 분석해보면 앞에서 언급한 이들처럼 평생 영웅으로 남을 법한 인물들과 연관되어 있기보다는 평상시 평범했던 인간이 비일상적인 환경에서 비범한 행동을 하게 되는 등 '순간의 영웅들(heroes of the moment)'[4]이 되는 경우가 일반적이다. 다시 말해서 '순간의 영웅들'이 세계적인 위인들과 판이하게 다른 존재라는 증거는 존재하지 않는다. 그보다는 비행기의 제트엔진에 동시다발적으로 '버드 스트라이크'가 발생해 추진력을 잃게 되는*[5] 식의 이례적인 상황이 짐바르도[6]가 평범한 사람들의 내면에 있다고 한 '영웅적 상상력'에 불씨를 붙일 수 있다. 이 순간의 영웅들에게 자신들이 한 행동에 대해 물으면 거의 한 명도 빠짐없이 '영웅'이라 불리기를 거부하면서 단지 그 상황에서 해야 할 일을 했을 뿐이라고

---

* 체즐리 설렌버거(Chesley Sullenberger) 기장은 엔진 속으로 새들이 빨려들어가는 바람에 비행기 전력이 모두 고갈되었다는 사실을 깨달은 즉시 155명이 탑승하고 있던 육중한 비행기를 허드슨강 인근에 착륙시키기로 결정했다. 설렌버거 기장은 착륙 후에도 객실을 세 차례나 오가며 비행기에 남아 있는 사람이 없는지 확인했다. 그는 비행기가 뉴욕 인근 허드슨강의 차디찬 물속으로 점점 더 깊이 가라앉고 있는 상황에서 맨 마지막으로 탈출했다.

대답한다. 그들은 누구든 자신과 같은 상황에 있었다면 똑같은 행동을 했을 것이라고 말한다.

순간의 영웅에 해당하는 한 대표적인 인물로 2007년 뉴욕에 거주한 건설 노동자이자 해군 참전용사였던 웨슬리 오트리(Wesley Autrey)를 들 수 있다. 그해 1월 2일 오트리는 자신의 어린 두 딸과 맨해튼에서 지하철을 기다리고 있었다. 오후 12시 45분 무렵 오트리와 근처에 서 있던 두 여자는 한 청년이 발작을 일으키며 승강장에서 비틀거리다가 선로로 추락하는 장면을 목격했다. 오트리는 남자가 선로에 쓰러져 경련을 일으키고 있을 때 열차가 들어오는 불빛을 보았다. 남자를 선로 밖으로 옮길 수 있다고 생각한 오트리가 선로로 뛰어들자 두 여자 중 한 명이 오트리의 딸들을 승강장 안쪽으로 이동시켰다. 그러나 곧 오트리는 남자의 몸무게 때문에 그를 끌어옮길 만한 시간이 없다는 사실을 깨달았다. 대신 열차가 지나가도 안전하게 머물 수 있는 공간이 선로 어딘가에 있을 것이라고 생각했다. 오트리는 선로 사이에 나 있는 배수구에 자리를 잡고 온몸을 마구 움직이는 남자 위에 올라타 그를 보호했다. 열차가 승강장에 진입하기까지 단 몇 초 정도가 남았을 때 오트리는 남자에게 말했다. "제발 움직이지 말아요. 움직이면 우리 둘 중 한 명은 다리를 잃거나 죽게 될 거예요."[7] 기관사는 오트리와 가까워지기 전에 열차를 멈추려고 했지만 그럴 수 없었다. 열차 두 량이 조금은 느려진 속도로 두 사람 위를 지나간 뒤에야, 오트리가 쓴 모자에 윤활유를 묻히며 아슬아슬하게 그의 머리 위를 지나고 나서야 멈추어 섰다. 오트리의 딸들은 아버지가 열차에 깔렸다고 생각한 나머지 극심한 공포에 사로잡혔지만 오트리는 열차 밑에서 빠져나와 딸들에게 괜찮다고 소리쳤다. 그후 오트리는 〈뉴욕타임스〉와의 인터뷰에서 이렇게 말했다. "제가 대단한 일을 했다고는 생각하지 않아요. 도움이 필요한 사람을 보았을 뿐이에요. 옳다고 생각한 일을 한 거고요."[8] 오트리가 보여준 것과 같은 영웅적 행위는 특정 국가나 특정 문화 혹은 특정 '유형'에 속한 자의 전유물이 아니다. 그저 위기 상황이 발생해 개인이나 집단이 그에 반응한 것일 뿐이다.

아니, 어쩌면 이는 사실이 아닐지도 모른다. 경외심을 불러일으키는 영웅적 행위의 모든 사례에는 셀 수 없이 많은 무반응도 존재할 수 있기 때문이다. 어떤 연구에서는 사람들이 자기중심적인 방식보다 사회중심적인 방식으로 행동하게 되는 데 있어서 상황적 변수가 수행하는 역할을 파악하고자 했다. 그 연구는 겉보기에 사소해 보이는 요인들이 큰 차이를 만들어낼 수 있다고 말한다. 예를 들어 사람들이 바쁜 상황에 놓여 있으면 도움을 주게 될 가능성이 훨씬 줄어들기 때문에 바쁜 상황인지의 여부가 커다란 차이를 만들어낸다는 것이다.[9] 또한 혼자인지 아니면 다른 사람들과 함께 있는지에 따라서도 큰 차이가 발생한다. 무리 지어 있는 사람들이 그렇지 않은 사람들보다 도움을 줄 가능성이 더 낮은 탓이다.[10] 위기 상황이 발생하기 이전에 사회적인 접촉이 있었는지의 여부도 유의미한 차이를 만들어낸다. 사회적인 접촉이 없으면 도움을 주는 행위가 발생할 가능성이 낮아진다.[11]

순간적으로 이루어지는 영웅적 행위는 분명 많은 요인의 존재 혹은 결여 여부에 따라 달라지며, 개개인이 지닌 잠재적 영웅으로서의 성격은 그중 한 가지 요소에 불과하다. 또한 순간의 영웅적 행위는 삶과 죽음을 좌우할 수도 있지만, 영웅적 행위를 한 사람이 반드시 지속적이고 실질적인 차원의 자기초월을 경험한다고 볼 수는 없다. 위기 상황이 해결되고 그 순간이 희미한 과거의 일이 되고 나면 순간에 대한 기억이 영웅의 남은 생애 동안 계속 잔존하면서 그가 자신과 타인을 보는 관점에 실제로 영향을 미칠 수도 있다. 그러나 복권 당첨자가 하루아침에 노다지를 캤다고 해서 그의 삶이 영원히 돌이킬 수 없는 상태로 변하는 것은 아닌 만큼 잠깐의 비범한 행위를 했다고 해서 그 영웅의 성격이 근본적으로 바뀔 가능성은 그리 크지 않은 듯하다. 영웅적 행위를 하기 이전에 어떤 사람이었는지가 영웅적 행위를 한 이후에 어떤 사람인지를 결정할 것이다.

이와 더불어 오트리 같은 사람들이 보여준 영웅적 행위가 분명 경이로운 것은 맞지만 평범한 인간보다는 만화 속 전설적인 인물의 최종 목표로 남아야 한다고 강조하는 것도 중요하다. 만화 속 인물은 허구의 인물이므로 영웅적 행위로 인해 파괴되는 일 없이 '자애롭고 거대한 자아'의 화신이 될 수 있지만, 실제 인간은 자아의 무게를 짊어진 채 분투하면서 도덕적인 행동을 할 때 훨씬 힘겨운 시련을 겪게 되기 때문이다. 인간이 저지를 수 있는 가장 최악의 행동은 영웅이 되고자 하는 사람이—대체로 자기를 버리지 **않은** 사람이—인류의 의무라면서 자신의 장엄한 계획을 실현하고자 할 때 나타난다. 이럴 때에는 무슨 수를 써서라도 목적을 이루고자 밀어붙이는 상황이 빈번하게 발생한다. 마오쩌둥, 아돌프 히틀러, 이오시프 스탈린, 이디 아민 등 전형적인 인물들만 머릿속에 떠올려보아도 생생한 사례를 확인할 수 있다. 지금까지 수억 명의 사람들이 눈부신 대의명분으로 상징되는 영웅의 자아보다 가치 없는 존재로 간주되면서 목숨을 잃었다. 그러나 진정으로 영웅적인 인간이 자신의 자아를 떠받들기 위한 목적으로 영웅적 행위를 하는 경우는 없다. 진정한 영웅의 영웅적 행위는 모든 개인을, 특히 자신에게 반대하는 이들까지 포용하고 인정하려고 했다는 점에서, 그럼으로써 더욱 광범위하고 포용적이며 통일된 인류 세계로 향하는 길을 닦으려고 했다는 점에서 '보편적'이라고 할 수 있다.

예측한 상황에 의해서든 예기치 못한 상황에 의해서든 발현되는—훨씬 덜 알려져 있으나 많은 사람들의 삶에 똑같이 변화를 일으키는—다양한 형식의 영웅적 행위들도 인정해야 한다. 예를 들어 배우자의 도움 없이 내내 희생하며 자녀들을 사회에 잘 적응하고 공헌하는 구성원으로 키워낸 어머니나, 좋아하지 않는 일일지언정 가족이 머물 집과 음식을 마련하고 제때 공과금을 내며 어쩌면 아이들이 음악 교습을 받을 수 있게 하기 위해 수십 년 동안 매일 아침 일찍 일어나 출근을 한 아버지를 그 예로 떠올려볼 수 있다. 또한 고국에 계신 부모님이 필요한 약을 복용할 수 있고 자녀들은 조부모 밑에서 자기보다 더 나은 미래를 꿈꿀 수 있도록 이국땅의 무더운 밭에서 자신의 목숨을 걸고 등골이 휘어질 듯 고단한 일을 하는 불법 이민자들도 고려해볼 수 있다. 이러한 유형의 영웅적 행위는 훨씬 일반적이고 평범하지만 인간종에게서 일반적으로 발견되는 행위가 아니었다면 가장 그리워했을 법한 유형의 행위이기도 하다. 이 유형의 영웅적 행위에는 앞에서 언급한 마틴 루터 킹이나 테레사 수녀, 간디, 만델라 같은 인물들이 대표하는 베커주의적이고 보편적인 행위의 그림자도 자리하고 있다. 이러한 영웅적 행위는 **피조물성(creatureliness), 즉 다가오는 죽음의 현실에도 불구하고 자기를 초월하는 의미를 위해 자기의 존재를 헌신**하는 행위로 나타난다. 앞에서 언급한 어머니나 아버지 같은 개개인들은—자녀와 친지를 통해—자신의 생물학적 필요성을 인지하고 그에 응답하는 차원에서 희생을 감수한다. 그런데 이 같은 희생은 인상적이고 중요하기는 하지만 깨달음의 과정을 이루는 일부분에 불과하다. '타자 안의 자아'를 인식하는 일이 주로 자신의 혈연을 향해서만 확장될 뿐 그 밖의 영역으로 나아가지 않기 때문이다.

자아의 경계를 확장해 직계가족이 아닌 외부인들까지 포괄하는 행위는 깨달음으로 나아가는 과정에서 내딛는 위대한 발걸음이다. 잠재되어 있던 대상화가 점점 현실에 모습을 드러내는 와중에 좁은 울타리 속의 존재로 살아가다가 전체를 포괄할 수 있을 정도로 자아의 경계가 확장된 삶으로 나아가는 일은 확실히 일생일대의 작업이다. 비록 이 우주적 차원의 영웅적 행위는 대부분의 인간이 도달할 수 없는 영역처럼 보일 수 있지만, 사실 '내면으로의 여정'은 거의 모든 사람이 실현할 수 있는 유형의 영웅적 행위이다. 고대 심리학에서도 이 사실을 알고 있었고, 모든 인간은 대가를 치를 마음만 있다면 가장 고차원적인 깨달음과 구원 및 해방의 경지에 이를 수 있는 '순례자', '나그네', '방랑자'라고 보았다. 반면 현대 심리학에서는 (최근의 이론적 수정에도 불구하고) 인간을 대체로 신경증 환자, 나르시시스트, 종속적 존재 등으로 보고 이에 따라 병든 사람이 정상이 될 수 있도록 돕는 작업에 집중하고 있다. 이 같은 도움도 중요하기는 하지만 이미 정상인 사람들이 비범한 존재가 되기 위해 거듭해서 변화를 거친다고 하여 자기초월의 길로 접어드는 것도 아니다. 비범한 존재가 되고자 한다면 평범하면서도 대체로 하찮은 일상에 집착하기를 거부하고, 조지프 캠벨이 자신의 고전적 저작 『천의 얼굴을 가진 영웅(The Hero with a Thousand Faces)』에서 언급한 더욱 깊이 있는 자기인식 과정을 시작할 수 있도록 앞에서 이야기한 내면으로의 여정에 착수해야 한다. 캠벨에 따르면 내면으로 향하는 길은 전 세계의 위대한 신화들이 상징하는 형태로 구체화되는데, 이들 신화는 "위대한 영웅을 단지 덕망 있는 인간, [즉 위대한 도덕가]로 다루지는 않는다. 미덕 역시 최고의 직관 앞에서는 케케묵은 훈장의 읊조림일 뿐이며, 그 직관은 서로 상반되는 것들로 구성된 쌍들을 초월한다."12

"너 자신을 알라"라는 문구는 델피의 신전에 새겨져 있었고, 지금도 자기초월의 과정으로 나아가는 출발점을 상징하고 있다. 그런데 역설적으로 우리가 궁극적으로 자아라는 제한적 경계를 초월하고 그로써 타인을 대상화하는 경향을 극복하려면 먼저 자기 자신을 깊이 이해해야 하는데 이는 쉽게 성취할 수 있는 일이 아니다. 이 목적을 달성하는 데 도움이 될 만한 전략은 실로 다양하다. 종교 활동 참여, 각종 정신 치료, 봉사 행위, 명상, 요가, 태극권, 여행, 예술, 성서나 '명저' 읽기, 자기계발서 읽기, 팟캐스트 듣기, 테드(TED) 강연 듣기, 일기 쓰기, 수행 등도 포함된다. 그러나 애석하게도 이렇게 칭찬받을 만한 행위를 혼자든 다른 사람과 함께든 애써 좇는다고 해서 자기초월이 보장되지는 않는다. 그 이유는 각 개인이 자기초월 과정을 지나치게 복잡하게 만들거나 그 과정에 저항해서인 측면도 있다. 그러나 깨달음을 경험하는 일에는 불가해한 요소들, 즉 사람들이 '은총'이라 일컫기도 하는 것이 수반되어야 한다는 것도 일면 사실이다. 짐작하건대 우리가 여전히 이 세상에 안락하게 자리하고 있는 동안 던질 수 있는 신체의 물리적인 죽음 혹은 '자기를 버리는' 과정에 관한 질문은 신의 존재와 자기(self) 생존 여부에 대한 질문을 하고 난 뒤에야 비로소—사실상—삶의 위대한 수수께끼의 상위권에 자리할 수 있을 것이다. 지금부터는 바로 이 수수께끼에 대해 살펴보려고 한다.

제5부

변화를 향해 나아가는 길
—플라톤의 동굴 출구로 이어지는 길

15장

깨달음의 문제

…… 얼마나 모욕적인 길을 밟게 되든지 간에 무정부 상태, 강도질, 혼돈, 절멸에 시달린 인간은 최후의 수단으로 그 공포의 방에, 즉 인간적 깨달음에 기대야만 한다. 그 외에는 기댈 곳이 없기에.

—로버트 아드리(Robert Ardrey)[1]

신은 철학자나 지혜의 탐구자가 아닙니다. 이미 지혜로운 존재이기 때문입니다. 무지한 자 또한 지혜를 구하지 않는데, 여기에 무지의 해악이 있습니다. 선량하지도 현명하지도 못한 자가 그럼에도 자기 자신에게 만족하니 말입니다

—소크라테스, 플라톤의 『향연』[2]

제대로 된 인간이 되려면 한낱 인간으로서의 존재를 뛰어넘어야 한다.

—스콜라철학의 격언[3]

스스로 얻은 깨달음을 해석하는 일의 어려움

인간 역사를 통틀어 모든 존재와의 상호연관성을 (혁신적인 방식으로) 깨달음으로써 대상화의 문제를 초월할 수 있었던 사람은 극소수에 불과하다. 깨달음의 과정에는 매슬로가 '절정' 경험 혹은 '초월적인' 경험이라 일컬은 것이 수반된다. 이러한 경험에는 특히 '황홀한', '아름다운', '완벽한', '찬란한', '온전한'4 등 다양한 수식어가 따라붙는다. 이 같은 경험을 한 사람 중에서도 "피아노로 올림다(C#)를 연주할 때마다 크리스털 전등갓이 울리듯 모든 인간[이] 그 [경험]과 공명하도록"5 한 사람은 매우 드물다. 그런 사람은 자신이 경험한 바를 통해 깨달음을 얻은 뒤 다른 사람들도 자아의 감옥에서 해방되는 열매를 맛보기를 바라면서 종종 자신의 깨달음을, 자신의 '대각성(great awakening)'을, 그 해방의 경험을 알리기 위해 애쓴다. 그런데 이들의 시도는 여러 가지 이유로 종종 문제가 되어왔다. 그중 한 가지 이유는 깨달음을 얻은 자의 경우 먼저 본인의 초월 경험을 받아들이고 자신이 이전에 속했던 패러다임에서 그 경험이 무엇을 의미했는지를 해석해야 하는데, 해석을 하다보면 불가피하게 의미의 왜곡이 초래되기 때문이다. 깨달음의 과정은 데이비드 스타인들-라스트(David Steindl-Rast)의 통찰력 있는 도식([그림 15.1])의 앞부분에 잘 표현되어 있는데, 이 책에서는 설명의 편의를 위해 그 과정을 세 부분으로 나누어 실었다.*6

스타인들-라스트는 우리가 하는 모든 경험이 신비로운 경험과 연관되어 있다고 이야기한다. 즉 모든 경험을 매개로 신비로운 경험을 이해하고자 한다는 것이다. 특히 우리는 자기초월이라는 혼란스러운 경험을 할 때, 스타인

---

* 스타인들-라스트의 도식 원본에 '엔트로피 방향'이라는 화살표를 하단에 추가했다. 엔트로피 방향이란 한층 해석적인 요소들과 시간의 흐름이 영향력을 행사함에 따라 본래의 깨달음이 점진적으로 희미해져가는 경향을 나타낸다.

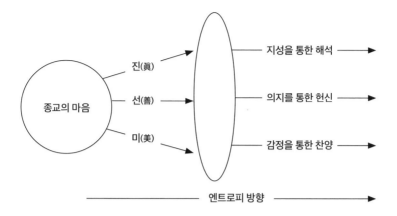

[그림 15.1] 조직화된 종교의 신비로운 핵심, 1

들-라스트가 일컬은 '종교의 마음(the heart of religion)'을 체험할 때 유독 그러한 시도를 하게 된다. 그러면 거의 곧바로 우리의 지성이 '맹렬히 덮쳐와' 시간과 장소와 과거 경험으로 구성된 틀 안에서 그 경험을 해석함으로써 진리를 찾으려고 한다. 특정한 종교적 세계관을 가지고 있다면 경험을 하기도 전에 그 경험을 가리킬 어휘를 이미 알고 있을 수도 있다. 그리하여 실제로 경험을 하게 되면 이미 적절하다고 받아들인 어휘를 통해 그 경험에 대해 이야기하고 이해하려는 경향을 보인다.[7] 영국의 소설가이자 저널리스트인 아서 케스틀러(Arthur Koestler)는 이를 다음과 같이 설명하고 있다.

경험은 분명하게 표현되지 않고 감각할 수 있는 형태나 색깔, 단어도 없으므로 십자가 환영이라든가 칼리 여신에 대한 환영 등 다양한 형태로 구현된다. 마치 눈이 먼 상태로 태어난 사람의 꿈과도 같다. …… 따라서 진정으로 신비로운 경험은 기독교든 불교든 배화교든 사실상 모든 교리로의 **진짜** 개종을 가능하게 할 수도 있다.[8]

어떤 사람들은 다른 이들에 비해 지적으로 사고하는 경향이 더 강할 수도 있지만, 다들 자신의 경험을 해석할 때 어느 정도는 그 경험에 대해 심사숙고한다. 그다음에는 해당 경험에 부합하는 혹은 반하는 의견을 갖게 되고 그런 의견을 받아들이거나 받아들이지 않기로 결정한다. 초월적인 경험을 하게 되는 경우에는 그 경험이 불러오는 우주적 소속감을 통해 더없는 행복감을 느끼게 되면서 '좋다'라고 수락할 수밖에 없게 된다. 우리는 초월적인 경험이 근본적으로 좋은 것이라고 인식하므로 더욱 그 경험을 갈망하며 기꺼이 자기 자신을 바치려고 한다. 스타인들-라스트에 따르면 이 일련의 과정은 윤리의 근본을 이룬다. 모든 윤리체계는 소속감을 바탕으로 '올바른 행동(right behavior)'을 좇는 행위라고 이해할 수 있기 때문이다.[9] 초월적인 경험에 보다 더 즉각적으로 반응할수록 그 경험을 신성시하고 찬양할 가능성이 더욱 높으며 그러면서 어떤 잊지 못할 날에 했던 특별한 준비, 깨달음을 얻은 정확한 순간, 깨달음을 얻은 특정한 날짜, 깨달음을 얻은 특정한 장소 등을 거듭 상기할 수도 있다. 그런 경험이 다시 일어날 일은 없지만 순례를 되풀이하거나 행동을 반복하면서 그 경험을 반복적으로 기념하고자 하는 것이다. 모든 의식(儀式)의 바탕에는 초월의 순간에 경험한 궁극적인 소속감을 지향하는 소속에 대한 탐구가 자리하고 있다는 점에서 이는 의식을 시작하는 행위와도 같다.[10] 요컨대 깨달음으로 인해 발생하는 문제 중 하나는 새로운 깨달음을 얻은 사람이 자신이 한 경험의 의미를 파헤치고자 하면 그 사람의 마음속에서 증류와 왜곡의 과정이 진행된다는 데 있다.

깨달음을 온전히 전수하는 일의 어려움

깨달음을 해석하는 것보다 깨달은 자가 아직 깨닫지 못한 자에게 자신의 경험을 효과적으로 전달하려고 할 때 맞닥뜨리게 되는 어려움이 더 문제일 수도 있다. 예를 들어 부처가 49일 동안의 치열한 명상을 통해 얻은 그토록 심오한 진실을 그 누가 이해할 수 있겠는가? 언어를 거부하는 초월의 경험을 언어로 번역하는 것이, 이전에 존재했던 범주를 산산이 깨부수는 깨달음을 언어 속에 담아두는 것이 과연 가능한가? 초월적인 경험은 본질적으로 형언이 불가능하므로 가급적 최적의 단어로 묘사하고 표현한다고 할지라도 그 경험의 총체를 포착하기에는 부족한 점이 많다.[11] 조지프 캠벨은 이를 다음과 같이 설명하고 있다.

시간의 장(場)에 존재하는 모든 것은 대립쌍(존재와 비존재, 다수와 단수, 진실과 허위)들로 구성되어 있습니다. 우리는 항상 대립쌍을 기준으로 생각하지요. [그러나] 삶의 신비는 인간이 만든 모든 개념 너머에 있습니다. …… 의식의 수준에서는 대립쌍을 초월하는 것과 자기 자신을 동일시할 수도 있어요. …… 우리는 신에 대해 생각하고 싶어합니다. 신은 생각입니다. 신은 이름입니다. 신은 관념입니다. 그러나 이는 신이라는 존재가 모든 생각을 초월하는 존재라는 뜻입니다. 존재의 궁극적인 신비는 모든 생각의 범주 너머에 있습니다. 칸트의 말처럼 물(物)자체는 사물이 아닙니다. 물자체는 사물성(thingness)을 초월하고 생각의 대상이 될 수 있는 모든 것을 넘어섭니다. **최상의 것은 생각을 초월하므로 언표(言表)될 수 없습니다. 차상은 생각할 수 없는 것에 대한 생각이기 때문에 오해를 받습니다. 세번째로 좋은 것이야말로 우리가 [실제로] 언표할 수 있는 대상입니다.**[12]

초월이라는 신비로운 경험은 형언할 수 없을지 몰라도 타인과 공유하지 않기에는 너무 좋은 경험이다. 사실 진정한 깨달음의 특징—'사랑을 하고 마음은 순수하며 영혼은 가난하게' 되는 것을 비롯해[13] — 중 하나는 다른 이들도 동일한 깨달음을 향해 나아갈 수 있도록 돕고자 하는 바람[14]에 있다. 비록 거짓된 깨달음을 얻었거나 성격 발달 측면에서 지나치게 미성숙한 사람들은 그러한 깨달음을 그저 마음속에만 간직하거나, 무슨 수를 써서라도 자신이 얻은 새로운 관점을 다른 사람에게 전파하려고 하겠지만 말이다. 문제의 본질은 깨달은 자들이 본인의 깨달음을 전해주고자 하는 대상이 '절정을 경험하지 않은 사람'[15]이라는 점에, 즉 절정 경험을 하기 쉽지 않은 사람이라는 점에 있다. 또한 이들은 관리자나 법률가에 가까운 기질을 가지고 있는 경향이 있어서 독창적이고 신비로운 경험마저도 누구나 쉽게 접근하고 활용할 수 있는 공식으로 정제하고 체계화하려는 자연스러운 태도를 취한다.[16] 조지프 캠벨이 암시했듯이 번역 과정에서는 많은 것이 상실되지만 번역을 시도하는 행위들이 합쳐져 전 세계적으로 위대한 신앙적 전통을 만들어내기도 했다. 그리고 이 모든 일은 한 외로운 신비주의자가 겪은 하나의 독창적이고 신비로운 경험에서 시작되었다. 각각의 신앙적 전통의 밑바탕에는 인간의 의식이 자아에 얽매이지 않고 더욱 포괄적인 존재를 아우를 수 있게 하겠다는 목적이 자리해 있다. 그러나 시간이 흐르면 문화적 영향력과 기타 역사적 영향력이 겹겹이 쌓이기 마련이며, 독창적이고 신비로운 경험에 어떤 독특한 '지역적' 특성이라든가, 절정을 경험한 자의 본래 깨달음에서 남은 잔해들이 덧대어지면서 더욱 복잡한 풍미가 생겨난다. 대중들은 모든 진정한 초월적 경험들이 공유하고 있는 요소들(16장 뒷부분에서 더 자세히 다룰 것이다)보다 이러한 —지역성, 특이성, 자기민족중심적인 구절들의— 중첩을 더 눈여겨보는 경향이 있다.

[그림 15.2]는 스타인들-라스트가 제시한 도식의 중간 부분을 나타낸다. 독창적이고 신비로운 경험에 관한 지성인들의 해석은 점점 더 확고한 의미를 갖게 되면서 '사실(즉 교리)'을 표현하는 주장이 된다. 시간이 흐르면 이

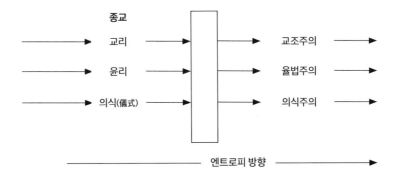

[그림 15.2] 조직화된 종교의 신비로운 핵심, 2

같은 사실들은 더 많은 개인들의 관점과 그들이 가진 역사적 영향력에 따라 재해석된다. 이로써 해설에 바탕을 둔 해설이 생겨나며, 새로운 해석이 생겨날 때마다 경험의 근원으로부터는 더 멀어지게 된다. 스타인들-라스트는 이를 "살아 있는 교리가 교조주의로 화석화된다"라고 표현한 바 있다.

윤리와 관련해서도 유사한 과정이 진행된다. 먼저 위대한 깨달음의 순간에 경험한 신비로운 소속감을 일상의 영역으로 옮기는 방법에 대해 이야기하는 도덕적 처방이 제시된다. 이 처방은 상대방을 대할 때 마치 나와 상대방이 하나인 것처럼 인식해야 함을 상기시킨다. 우리는 신비로운 순간에 언뜻 목격한 선(善)을 향해 확고한 헌신을 표현하고자 그 '도덕적 처방을 돌에 새김'으로써 헌신의 표현 자체를 불변의 것으로 만든다. 그러나 불가피하게 상황이 변하면서 같은 헌신을 한층 미묘하게 바꾸어 표현해야 할 필요성이 제기되면 '너는 할지어다(thou shalts)'와 '너는 하지 말지어다(thou shalt nots)'라는 문구가 돌에 새겨진다. 경직성은 유동성으로 대체되고 윤리는 율법주의로 바뀌는 것이다.[17]

마지막에는 신비로운 깨달음 속에서 경험한 소속감을 진심으로 축복하는 의식이 시작된다. 그러한 의식이 거행되는 순간마다 인간의 궁극적인 유대감이 부활하는 느낌과 감사한 기억이 되살아난다. 우리가 이 같은 의식을 치를 때 가까운 지인들이 그 자리에 함께 있기를 갈망하는 것은 바로 이러한 이유에서이다. 의식이 갖는 중요성으로 인해 우리는 그 의식에 완벽한 형태를 부여하고 싶어하며, 시간이 흐르면 의식이 본래 지향하고자 했던 것보다 형식이 먼저 모습을 드러내기 시작한다. 그러다 형식이 정형화되고 내용의 연관성이 떨어지면 '의식은 의식주의가 된다.'[18]

그러나 스타인들-라스트가 지적하는 것처럼 언뜻 불가피해 보이는 깨달음의 문제들에도 한줄기 희망의 빛은 존재한다. 본래의 신비로운 빛의 흐름이 점점 흐릿해진다고 해도 그 빛은 정화되고 새로워질 수 있다. 스타인들-라스트 도식의 마지막 부분([그림 15.3])에서는 다음과 같은 일이 벌어진다.

온갖 왜곡에도 불구하고 신념으로 가득찬 마음이 본래의 빛을 알아볼 때마다……. 그러므로 [개종자]의 신비주의는 창립자의 신비주의와 하나가 될 수 있다. 종교의 마음은 마음의 종교에서 찾을 수 있다. 종교의 마음과 마음의 종교는 하나가 될 수 있다.[19]

다시 한번 이야기하지만 신비로운 빛을 알아보는 이들은 절정 경험을 한 사람—각종 구조가 생겨나기에 앞서 처음부터 영혼과 가장 가까이에 있었던 사람들—이 될 가능성이 높으며, 이들은 그러한 구조를 기억하고 존중할 것이다. 그러나 단단하게 굳어진 구조를 새롭게 재구성하거나 개혁 또는 변형할 것을 요구하는 사람이 될 가능성도 높다. 시스템의 변화를 요구하는 '불편한 선동가'가 되는 것이다. 이들의 깨달음이 지닌 정통성은 현상을 유지하려고 하는 자들을 얼마나 연민어린 시선으로 이해하는가에 따라 증명될 것이다. 진짜 깨달음은 '우리와 그들이 하나가 되는' 경험에서 비롯되기

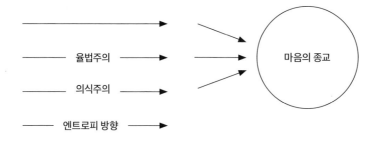

율법주의

의식주의

엔트로피 방향

마음의 종교

[그림 15.3] 조직화된 종교를 이루는 신비로운 핵심. 3

때문이다.[20]

　본인이 경험한 깨달음을 받아들인 다음 그 깨달음에 대한 지혜를 아직 깨닫지 못한 이들에게 성공적으로 전수하려는 시도의 고단함은 깨달음이 초래하는 제2, 제3의 문제도 보여준다. 물론 제1의 문제는 더 많은 개개인이 깨달음을 얻는 데 있다. 개인적 차원에서의 깨달음은 전 세계의 위대한 종교적 전통들과 지혜들이 중점적으로 다뤄온 부분이며, 다음 장에서는 이 부분에 대해 살펴볼 것이다.

16장

대상화 초월을 위한 유신론적·비신론적 접근법

가장 광범위한 관점에서 종교가 말하는 바는 어떤 보이지 않는 질서가 존재한다는 것, 우리의 지상선(至上善)은 그 보이지 않는 질서와 온당한 관계를 맺고 있다는 것이다.

— 윌리엄 제임스[1]

신의 영광은 바로 온전히 살아 있는 인간이다.

— 이레나이우스(Irenaeus)[2]

현인이나 성인이 아닌 자가 할 수 있는 최선의 일은…… 현인이나 성인이었던 이들의 업적을 연구하는 것이다. 그들은 자신이 가지고 있던 인간으로서의 존재양식을 바꾸었기에 인간적인 앎의 질과 양을 초월할 수 있었다.

— 올더스 헉슬리[3]

인간의 위대함과 비참함은 너무나 명백하게 드러나므로 진정한 종교라면…… 이토록 놀라운 모순을 설명할 수 있어야 한다.

— 블레즈 파스칼(Blaise Pascal)[4]

'호모렐리기오수스'로서의 인간

인간과 종교 간의 역사가 매우 오래되었다는 것은 널리 알려진 사실이다. 인간의 조건을 연구한 세계 최고의 학자들 중 일부는 종교를 향한 충동이 시대를 불문하고 모든 인간의 경험에 편재한 것처럼 보인다는 점에서 인간 종을 **호모렐리기오수스**(Homo Religiosus), 즉 **종교적 인간**이라고 지칭하기까지 했다. 비교적 단순화된 자연주의적 관점에서는 종교 자체가 생존을 위한 인간의 초기 능력을 향상해준 많은 다른 사회 적응의 부산물 중 하나라고 주장한다.*5 그 밖의 부산물로는 가상의 인물 혹은 눈에 보이지 않는 타인과 복잡한 사회적 상호작용을 할 수 있는 능력(**분리된 인지**), 알려지지 않은 힘―바람 혹은 그림자―이 실은 인간의 대리 물질이라는 인식(**과잉 활성된 대리 물질 감지**), 정신 상태―감정과 신념, 의도, 지식 등―를 '읽거나' 다른 사람에게 원인을 돌릴 수 있는 능력(**마음 이론**), 애매한 자극들 속에서 패턴을 감지하는 경향(**패턴성**) 등이 있다. 이 분야에 관한 연구는 아직 걸음마 단계에 있지만 인간의 기원을 다루는 통일성 있고 과학적으로 검증 가능한 종교적 모델은 점점 구체화되고 있다. 자연주의적 관점에 따르면 (합일 의식을 포함한) 종교적 경험을 하게 되면―대체로 정서적 위기나 기타 '극도

---

* 나는 이른바 **부산물**로서의 종교 이론을 지지하는 쪽에 속한다. 현재 이 이론을 뒷받침하는 실증적 증거들이 많기 때문이다. 그러나 부산물 이론은 종교의 기원에 관한 자연주의적 이론들과 상충한다. 자연주의적 이론 중 하나는 **집단선택** 이론으로, 종교적 믿음이 집단의 응집력을 향상시켜주므로 생존에 유리하다고 주장한다(Wilson, 2002; Wade, 2009; and Haidt, 2013). 또다른 이론은 **행동** 이론으로, 한 존재가 다른 존재의 초자연적 주장에 동의하면 협력적이면서도 세대를 아우르는 사회적 관계가 증진된다고 주장한다. 다른 사람이 가진 믿음의 영향을 열린 마음으로 기꺼이 받아들이는 것은 아이가 부모의 영향을 받아들이는 것과 유사하다. 이렇게 종교는 가족(남자형제, 여자형제, 아버지, 어머니 등[Steadman & Palmer, 2008])의 외피를 씀으로써 생존한다. 마지막으로 **두뇌 크기**에 관한 이론은 조상들의 두뇌 크기가 점진적으로 커지면서 결국 자의식을 가질 수 있게 되었다고 주장한다. 자기의식과 더불어 필멸에 대해 숙고할 수 있는 능력이 생겼고, 이로써 종교와 기타 문화적 징후들의 탄생이 심리적 차원에서 필요해졌다는 것이다(Becker, 1974; Gould, McGarr, & Rose, 2007). 두뇌 크기에 관한 이 마지막 이론은 사실상 다른 이론들보다 더 사변적이기는 하지만 인간 본성의 중요한 측면들을 조명할 수 있다는 점에서 가장 실속 있는 이론이라고 생각한다.

의' 경험을 하게 될 때처럼—뇌의 전두엽과 오른쪽 측두엽 활동이 극적으로 활성화되는 반면, 뇌의 왼쪽 두정엽 활동은 저하되는 것처럼 보인다.[6] 심리적인 측면에서 우리는 이러한 경험을 '신의 목소리를 듣는' 것으로 혹은 우리의 인식이 전형적인 한계에서 벗어나 자유로워지는 것으로 체험할 수도 있으며, 이를 통해 일상적 의식을 초월한 인간 정신 속에서나 가능한 고차원적인 의식의 흐름을 만나게 될 수도 있다. 그런 면에서 자연주의적 관점은 합일의식에서 비롯한 경험과 통찰이 진짜라고 주장하지만 이러한 경험과 통찰이 신과의 접촉 혹은 신으로부터의 간섭을 나타내지는 않는다. 불교 등 다양한 비신론적·종교적 관점에서도 그 같은 주장을 하기 때문이다.

한편 **유신론적** 관점에서는 인간종의 내면에 창조자와의 결합을 갈망하는 마음이 주입되어 있으므로 어디에나 편재하는 종교적 충동은 신성한 근원에서 비롯한다고 주장한다. 이 신성한 근원은 모든 존재의 기원이며 그 근원의 본질 혹은 정신은 방대한 우주를 채우고(즉 초월해 '저기 바깥'에 있고), 모든 살아 있는 것들에게 생명을 주입(즉 편재하며 '바로 여기에' 있다)한다는 것이다. 초월적이고 신비로운 경험은 인간이 자신의 내면 속에서 혹은 깨달음을 제공해주는 신성한 영혼과의 관계 속에서 신성한 도움을 통해 더욱 고차원적인 의식과 접촉하는 경우에 해당한다.* 이 경험이 불러오는 결과 중 하나는 인간의 의식이 자기중심적인 상태에서 보다 폭넓고 포괄적인 상태로 바뀌는 것이다. 이 세계에 존재하는 다양한 유신론적 종교 전통은 특정 개인들이 신성한 대상과 한 경험들의 유산이며, 이는 서로 다른 문화적 맥락을 통해 표현되어 있다.

이 책의 의도는 자연주의적 관점이나 유신론적 관점의 진실성을 논하는 것에 있지 않다. 그보다는 대부분의 경우 깨달음이라는 경험과 이에 수반되

---

* 많은 종교사상 체계들은 자아가 가지고 있는 고차원적 의식이 신성한 정신과 동일하다고 간주한다.

는 합일의식은 그 자체로 종교로 발전하거나 현존하는―기독교, 이슬람, 유대교, 힌두교 등―유신론적 종교 또는―불교, 도교, 자이나교 등―비신론적 종교로 흡수된다고 이야기하려는 것이다. 이러한 현상이 나타나는 이유는 초월적인 경험이 자기라는 인식의 경계를 뛰어넘게 하고, 경외감을 불러일으키며 어떤 설명으로도 충분히 표현되지 않는 특성을 지니고, 초월 경험을 한 주체를 심원하고도 비현실적인 정신의 영역으로 이동시키기 때문일 수 있다. 케스틀러[7]와 래스키[8]가 이야기하듯이 초월 경험을 한 주체는 자기 자신을 위해서는 물론이고 소통하고자 하는 타인을 위해서 가능한 모든 말을 동원해 본인이 얻은 깨달음을 이해하려고 한다. 역사적으로 주목할 만한 극소수의 예외(고대 그리스의 루크레티우스와 멜로스 출신의 디아고라스 같은 무신론자들과 불교, 자이나교, 특정 힌두교 종파의 비신론주의 사상가들)를 제외한다면 초월 경험의 문화적 배경에는 유신론이 자리하고 있었다. 그때부터 유신론은 대부분의 초월 경험을 이해하기 위한 틀이 되었다.

유신론적이든 그렇지 않든 각각의 '계시' 종교의 중심에는 신비로운 핵심이 자리하고 있으며, 모든 종교는 이 세상에 전형적인 방식으로 모습을 드러내는 인간 본성을 개선하기 위해 애쓴다. 제각기 전성기를 구가하고 있는 전 세계 종교들은 헉슬리가 깨달음의 필요조건이라고 언급한 얼핏 단순해 보이는 속성들을 창조하려는 욕망에 집중한다. 즉 "사랑을 하고 마음은 순수하며 영혼은 가난하게" 되는 상태를 중점에 둔다.[9] 그런데 인류 역사에 존재하는 엄청난 역설 중 하나는 전 세계 종교들이 정복, 지배, 폭력, 파괴의 주요 원인이 되었다는 데 있다. 이 같은 사건이 발생할 때마다 최초의 신비주의자들이 얻었던 깨달음은 아직 깨달음을 얻지 못한 추종자들의 손에 의해―대체로 수 세기 이후에―잊히거나 왜곡되었다. 예를 들어 예수가 전한 소박한 가르침은 십자군, 종교재판, 30년전쟁, 세일럼 마녀재판은 물론 신성로마제국 설립의 근거가 된 후기 교리들과 조금도 닮은 구석이 없다. 불교의 가르침은 제2차세계대전 당시 일본의 제국주의를 지지한 다양한 선종의 분파나 수많은 수도승을 비롯해 수천 명의 자국민에게 잔혹 행위를 저지른 미얀마 군사정부의 행위와 정면으로 배치된다. 예언자 무함마드가 이슬람교로 개종하지 않는 자에 대한 폭력을 고무했는지의 여부에 대해서는 논란이 있지만, 1940년대 후반 인도와 파키스탄 분할 시기에 발생했던 광범위한 유혈사태, 이스라엘과 팔레스타인 사이에서 고조되고 있는 폭력적인 충돌, 알카에다와 알카에다 분파들의 테러 전략에 무슬림이 일조하는 행위 등을 지지하지는 않았을 것이다.

깨달은 자의 태도로 전 세계 위대한 종교들을 실천하면 (1) **문제**(인간 존재의 현재 상태에 무언가 잘못된 것이 존재한다), (2) **해결책**(문제를 해결할 방법이 존재한다), (3) **방법**(바람직한 결과를 얻을 수 있도록 돕는 구체적인 실행 방법들이 존재한다), (4) **결과**(방법을 적절히 이행할 경우에 얻을 수 있는 구체적이고 도달 가능한 목표가 존재한다)라는 네 가지 핵심 사안을 다루게 된다. 지금까지 전 세계의 주요 종교들을 다룬 책은 수천여 권에 이른다. 그렇다보니 앞에서 언급한 네 가지 핵심 사안과 관련해 전 세계에서 가장 영향력 있는 다섯 가지 종교적 전통―힌두교, 유대교, 불교, 기독교, 이슬람교―을 가장 피상적인 차원에서 분석한다(가장 오래된 종교부터 차례대로 다루기 위해 이와 같은 순서로 소개했다)고 해도 공간이 부족할 것이다. 간략한 요약만으로는 각 종교의 세부적인 특징들을 생략하거나 지나치게 협소하게 다루거나 지나치게 강조하게 될 수밖에 없을 것이다. 그러나 이러한 한계에도 불구하고 이들 종교적 전통에 대한 분석은 인간이 경계 초월을 통해 대상화 문제를 해결하고자 하는 과정에서―유신론적이든 비신론적이든―종교를 어떻게 활용해왔는지를 좀더 잘 이해하는 데 도움이 될 것이다.

다섯 가지 종교에 관한 간략한 검토

힌두교

지구상에서 가장 오랫동안 현존한 종교적 전통인 힌두교는 인도 아대륙에 뿌리를 두고 있다. 힌두교에는 단일한 창시자가 없으며, 수백 년에 걸쳐 무수히 많은 이들이 얻은 각양각색의 깨달음으로 일구어져왔다.[10] 현대적인 형태의 힌두교는 철기시대 '베다(Vedic)' 전통의 잔재로서, 기원전 1700년에서 기원전 1100년 사이에 작성된 방대한 베다(Veda)를 경전으로 삼는다. 휴스턴 스미스는 힌두교를—힌두교의 방대한 문헌과 다양한 의식들의 집합체, 그리고 수많은 사회적 관행 및 눈부시게 빛나는 예술을—하나의 전체로 간주하고 하나의 단일한 메시지로 요약한다면 그 문장은 "당신은 당신이 원하는 것을 가질 수 있다"가 될 것이라고 이야기한다.[11] 얼핏 쾌락주의자의 꿈처럼 들리기도 하지만 사실상 우리에게 다음과 같은 질문에 대답해야 하는 부담감을 다시 안겨주는 문장이다. 그렇다면 우리는 무엇을 원하는가?

힌두교는 인간의 욕구가 두 가지 분리된 층위에서 발생한다는 선언과 함께 시작한다. 낮은 층위의 욕구는 관습적인 차원의 인식을 통해 더없이 순조롭고 자연스럽게 찾아오며, 높은 층위의 욕구는 어느 정도 시간이 지난 뒤에야 생겨날 수 있다. 낮은 층위의 욕구에는 즐거움, 세속적 성공, 임무 완수 등이 포함된다. 각각의 욕구는 인간의 삶에서 저마다 타당한 위치를 차지하고 있지만 문제점 또한 가지고 있다. 즐거움은 참으로 순식간에 사라지고, 부와 권력은 본질적으로 경쟁적이고 만족을 모르며 자기중심적이고 덧없으며, 임무는 동료들로부터 존경과 감사를 불러일으키지만 인간이 어떤 일을 수행하고 차이를 만들어낼 수 있는 능력이 범위나 지속 시간 면에서 제한적이므로 궁극적으로는 정신적인 성취감을 느낄 수 없게 한다. 높은 층위의 욕구는 이 세상이 인간에게 제공해야 할 것에 몰두할 때만 생겨나며,

어떤 식으로든 인간이 내면에서 허무함과 공허함을 느끼게 만든다. 전도서를 저술한 고대 전도사의 심정에 공감한 시몬 베유(Simone Weil)는 다음과 같은 현상을 관찰하고는 많은 이들을 위해 목소리를 높이기도 했다.

> 참된 선이란 이승에 존재하지 않는다는 사실을 우리 모두가 알고 있으며, 이승에서 선해 보이는 모든 것은 유한하고 한정되어 있으며 닳아 해진다. …… 모든 인간은 이승에 궁극적인 선이란 존재하지 않는다는 사실을 결정적으로 인정하게 되는 명료한 순간을 저마다의 삶에서 경험했을 터이다. 그러나 우리는 이 진실을 발견하는 즉시 거짓으로 은폐해버린다.[12]

휴스턴 스미스[13]에 따르면 힌두교는 우리가 마침내 "이것이 전부인가?"라고 묻는 순간을 고대한다. 우리가 **진정**으로 원하는 것은 우리 존재의 가장 깊숙한 곳에 자리하고 있기 때문이다. 인간의 심연에 자리한 갈망으로는 (1) **존재**(지속적이고 충만한 존재), (2) **지식**(날카롭고 진실하고 수정처럼 맑은 진실), (3) **환희**(삶을 향한 끝없는 열정)가 있다. 힌두교에서는 이 세 가지 갈망이 **사트**(sat, 존재), **치트**(chit, 의식), **아난다**(ananda, 지복)라는 존재의 삼위일체를 나타낸다.

문제

힌두교 현자들의 말씀에 따르면 인간이 직면한 핵심적인 문제도 사실상 세 가지로 이루어져 있다. 인간은 제한적이고 무지하며 속박된 존재라는 것이다.[14] 첫번째로 인간은 존재, 지식, 환희를 경험하는 능력이 제한된 존재이다. 인간이 겪는 물리적인 고통과 노화, 일반적인 염세, 지루함 등은 모두 환희를 경험할 수 있는 능력에 영향을 미친다. 두번째로 인간은 자신과 세상 전반에 대해 무지한데, 이는 우리가 누구이고, 우리가 왜 여기에 있으며, 우리의 운명은 무엇인지 등 가장 보편적인 질문들에 대한 해답을 늘 어둠 속에서 더듬거리며 찾게 되리라는 사실을 암시적으로 보여준다. 그런데 수천 년 동안의 노력에도 불구하고 인간은 그 해답에 조금도 가까워진 것 같지가 않다. 마지막으로 인간은 속박된 존재인 탓에 인간이 동일시하는 현실의 범위는 자기 자신이나 자신과 같은 혈연 혹은 씨족의 경계를 넘어서지 못하는 경우가 매우 많다. 이 모든 것은 명백한 사실이지만 힌두교는 인간이 사실상 무한한 잠재력을 가지고 있다면서 다음과 같이 역설한다.

인간이란 존재는 무엇인가? 신체? 물론이다. 그런데 그게 다인가? 유일무이한 경험들의 궤적을 이루는 정신, 기억, 성향으로 구성된 인격은? 그것도 물론이다. 그렇다면 그것 이외에는 없는 것인가? 누군가는 없다고 답하지만 힌두교는 반론을 제기한다. 힌두교는 인간 자아의 밑바탕을 이루고 인간 자아에 생명을 불어넣는 존재의 보고(寶庫)는 절대 죽지 않고 절대 고갈되지 않으며, 의식과 지복의 구속을 당하지도 않는다고 말한다. 모든 삶의 무한한 중심, **아트만**(Atman)이라는 **숨겨진 자아**는 **브라만**(Brahman), 즉 **신성**(神性)과 다름없다. 신체, 인격, **아트만-브라만**으로 구성된 인간 자아는 이 세 가지 요소에 주목하지 않고서는 완전히 설명할 수 없다. …… 그러나 이러한 영원은 인간의 표면적 자아를 구성하는 산만함, 잘못된 추정, 자기본위적인 본능이라는 난공불락의 덩어리 속에 파묻혀 있다.[15]

다시 말해서 힌두교는 모든 인간이 내면에 진정한 자아(아트만)를 가지고 있고, 보편적인 영(靈, 브라만)과 동일한 물질로 구성되어 있으며, 우주에서 생겨나 우주를 지탱하고 있다고 주장한다. 그러나 이 심오한 현실은 일시적인 존재가 남긴 찌꺼기로 둘러싸여 있다. 먼지와 검댕으로 뒤덮인 전구처럼 인간은 자신이 지닌 진정한 광채를 발할 수 없다. 이것이 온갖 삶의 문제의 근원이다.

해결책

힌두교에서는 인간을 가로막는 모든 장벽을 전부 제거할 수 있다고 본다. 힌두교가 제시하는 주장 가운데 가장 놀랄 만한 부분은 **해탈**(moksha)이 가능하다는 점뿐만 아니라 인간 내면에 이미 **사트, 치트, 아난다**가 존재하며 해방될 때를 기다리고 있다는 점에도 있을 것이다. 인간이 앓고 있는 질병을 치료하는 방법은 **요가**(yoga)이다. 산스크리트어로 '합일'을 이루고 '제어'한다는 의미를 가진 요가는 인간 영혼과 인간 내면에 숨어 있는 신의 영혼이 통합될 수 있도록 다양한 수련 방법을 제시한다. 힌두교에서는 인간의 네 가지 성격적 취향과 강점에 부합하도록 요가 유형도 네 가지로 명확히 분류하고 있다.

1. **즈냐나 요가**(Jnana yoga) 자기성찰과 반성적 사고를 하는 성향이 있는 이들을 위한 수련법이다. 즈냐나 요가는 앎을 통해 신에게 닿는 길을 제시하는데, 이때의 앎은 사실과 수치로 구성된 앎이 아니라 표면적 자아와 심오한 자아를 구별함으로써 자아의 표면적 요소들(자아중심적인 생각과 감정)과 거리를 둘 수 있는 능력으로서의 앎을 가리킨다.[16] 즈냐나 요가는 다양한 형식의 명상을 통해 성취할 수 있다. 그중에서도 널리 알려진 명상법은 **네티-네티**(neti-neti)라고 불리는데, '이것도 아니고 저것도 아니다'라는 의미를 가지고 있다. 정신을 산만하게 하는 생각이나 감정이 생기면 명상가는 그저 "이것도 아니고 저것도 아니다"라고 말하고 그 생각이나 감정을 떨쳐내면 된다. 정신이 맑아지고 심오한

자아가 모습을 드러낼 때까지 모든 감정과 생각을 필요하다면 반복해서 떨쳐버리는 것이다.[17]

2. **박티 요가**(Bhakti yoga) 사랑이라는 길을 통해 신을 발견하고자 하는 이들을 위한 수련법이다.[18] **즈냐나** 요가와 마찬가지로 **박티** 요가도 신이 자기 앞에 앉아 있거나 서 있는 모습을 마음속에 그려보는 명상법이다. 명상가는 자기 자신과 신 사이에 사랑과 생명력이 흐르는 경험을 할 때까지 신을 향한 사랑과 경배를 아낌없이 바친다. 박티 요가를 성취할 수 있는 사람들은 보통 둘(twoness)에 관한 높은 수준의 인식을 가지고 있다. 그러나 헌신적인 수련자는 자의식을 잃고 오로지 신만을 인식하게 될 수도 있다. 박티 요가의 목적은 신의 영혼이 명상가의 내면으로 들어와 그 내면이 평화와 온기와 빛으로 가득 채워지도록 하는 것에 있다. 변화는 둘인 상태에서도, 하나인 상태에서도 일어나며 이를 통해 인간의 성격은 깊어지고 개선된다. 수련을 지속하면 높은 수준의 의식을 경험하는 시기가 더 자주 찾아오며 신과의 영속적인 관계를 느끼며 살아갈 수 있다.[19]

3. **카르마 요가**(Karma yoga) 삶에 대한 보다 적극적인 태도를 지향하는 이들을 위한 수련법이다. 카르마 요가는 일에 몰두함으로써 신의 존재를 파헤친다.[20] 일을 할 수 있는 기회는 매우 많으므로 신은 일상적인 업무에서뿐만 아니라 그 어디에서든 찾을 수 있다. 정신을 집중해서 일에 몰두하면 그 일을 통해 얻게 되는 개인적 이득과 무관하게 커다란 보상이 따를 수도 있다. 현장에서의 일시적인 혜택(질서, 청결함, 그 밖에 원했던 결과)과 관련된 보상이 아니라 마음 깊이 몰두하면 매 순간 바로 여기, 바로 이 순간에 존재하는 신과 연결될 수 있다는 배움으로써의 보상 말이다. 「바가바드기타」에는 다음과 같이 적혀 있다.

행위의 결과에

관심을 두지 않고

해야 할 행동을

하는 사람이

진정한 요가 수행자이니라(6장 1절).

카르마 전통 요가에서의 명상은 보상에 대한 사심을 버리고 신에게 헌신하는 일에 집중하는 경향이 있다.[21]

4. **라자 요가**(Raja yoga) 모든 요가 수련 유형 중에서 가장 가혹하고 벅찬 수련법일지도 모른다. 라자 요가는 심리적·신체적 실험을 통해 신에게로 향하며, 분열된 자아의 재통합을 목적으로 수련자들에게 일련의 심리적·지적·신체적 노력(명상이 결합된 신체 자세)을 제시한다.[22]

힌두교는 어느 누구도 한 가지 요가 유형에만 맞는 것은 아니라고 인정한다. 그러므로 네 가지 수련법을 모두 시도해본 뒤 각자의 필요에 부합하도록 적절히 결합해야 한다.

결과

힌두교의 최종 목표는 **니르바나**(nirvana), 즉 말 그대로 '입으로 불어서 끄다'라는 의미를 가진 단어로 표현되며, 이때 입으로 불어서 꺼야 하는 대상은 존재 그 자체가 아니라 탐욕, 증오, 자기기만,[23] 유한한 자아의 경계로 구성된 불길이다.[24] 니르바나라는 최종 목표에서 보면 힌두교는 영적 뿌리를 공유하는 불교와 상당한 공통점이 있지만, 힌두교에서의 니르바나는 더없이 행복한 무아(無我)의 상태에서 경험하는 최고 존재(Supreme Being)와의 합일을 가리킨다. 이 상태는 말로 표현할 수 없으며 "…… 결코 그 어떤 세계도 아니다. 여기에서는 일반적으로 인식되는 세계의 모든 특성이—다양성과 물질성이—사라진다."[25] 힌두교 신자로 저명한 사티아 팔 샤르마(Satya Pal Sharma)는 힌두교의 궁극적 목표가 '완벽(perfection)'이라면서 그 의미를 다음과 같이 설명한다.

> 신의 영원한 아이가 되는 것, **아리아**(arya)*가 되는 것…… 영혼이 진정한 주인이 되게 하는 것. 이는 영적으로 완벽해지는 것을, 감각을 넘어서고 정열을 넘어서고 모든 염려를 넘어서는 것을 의미한다. 이는 자기 자신이, 참자기가 되는 것을 의미하는 [……] 완벽이다. 완벽에 [……] 도달하는 순간 당신은 신[의] 일부가 [된다] …… 그것이 힌두교이다.[26]

유대교

이 장에서 소개하는 다른 종교들과 달리 유대교는 이른바 개개인의 각성을 지향하지 않는다. 이는 개인적 구원이나 세상을 극복하기 위한 구체적인 방안을 제시하지 않는다는 의미이다. 그 대신 유대교는 이 세상에 신의 영광을 명확히 드러내는 방식으로 유대교만의 유일무이한 역할을 수행함으로써 세상을 변화시키고자 한다. 이와 같은 창조적 충동은 유대교를 설명하는 정통적인 표현에서 확인할 수 있다. 말하자면 유대교는 선지자 모세가 계시했듯이 신법에 절대복종하는 것뿐만 아니라 신법에 담긴 미묘한 의미의 차이들을 구별하는 행위를 강조한다. 놀랍게도 이 창조적 충동은 특히 신법에 덜 복종하는 (혹은 신법을 준수하지 않는) 수많은 유대교인을 통해서, 전체 수에

---

* 인도유럽어 계통의 언어를 사용하고 주로 유럽, 중동, 이란, 인도에 사는 사람들은 스스로를 아리아인(Aryan)이라고 칭했다. 아리아라는 산스크리트어는 고귀함을 뜻하며, 정신과 육체를 통해 아리아 정신을 완성하기 위한 수련이 요가이다(역자 주).

비해 세상에 막대한 영향력을 미치고 있는 이들을 통해서 구현되고 있다.[27]

유대교는 신자 수를 기준으로 보면 이 세상의 주요 종교 중 단연코 규모가 가장 작지만, 이 세상에서 규모가 가장 큰 종교—기독교—의 모태이자 두번째로 신자가 많은 종교인 이슬람에도 영향을 미쳤다는 점을 고려하면 영향력만큼은 그 어떤 종교보다 크다고 할 수 있다. 또한 일부 전문가들은 서구 문명의 최소 3분의 1이 유대교로부터 받은 영향의 흔적을 간직하고 있다고 이야기한다. 기본적인 도덕률, 자유와 해방이라는 이상, 위대한 문학, 위대한 예술적 업적을 비롯해 심지어는 상당수의 사람들 이름에도 지워지지 않는 유대교의 흔적이 남아 있다.[28] 이 모든 것보다도 유대교로부터 더 막대한 영향을 받은 대상은 일신교이다. 최고 존재로서 자연을 초월하는 신은—여호와는—오로지 하나라고 이야기하는 일신교에 유대교가 상당한 기여를 한 것이다. 더욱이 중동 지역 사람들은 확실한 다신론자였으므로 유대인들은 분명 독특한 존재였다. 유대인들에게는 최고 존재가 존재함을 확고히 하는 것이 삶에 핵심적인 영향을 미쳤다. 신이 우리 자신을 전적으로 바쳐야 하는 존재인 경우 하나 이상의 신을 섬기게 되면 충성심끼리 맞붙는 분열된 삶을 살게 된다. 그리하여 유대인들은 자신의 관심과 헌신, 애정을 오로지 하나의 신에게만 집중함으로써 **충실**(fidelity)을 자기 삶의 특징으로 삼았다. "이스라엘아, 들으라. 우리 하나님 여호와는 오직 하나인 여호와시니"(킹제임스성경, 신명기 6장 4절).

그러나 유대교가 지닌 무엇보다도 혁명적인 측면은 유대인이 생각하는 최고신의 특징에 있다고 볼 수 있을 것이다. 신은 인간을 위한 집의 의미로 이 세상을 창조했으며, 그 세상이 **심히 좋았다**(창세기 1장 31절)고 말했다. 신은 인간에게 주체적인 선택권과 세상에 대한 지배권을 부여했으며, 그리하여 세상은 인간 활동의 무대가 되었다(창세기 1장 26절). **여호와**는 인간을 보살피는 신이자 정의로운 존재이며, 인간에게 도덕적인 행동을 요구한다. 이 같은 개념은 특히 유대교가 파생한 청동기시대 중기의 야만적 맥락, 즉 '힘이 곧 정의이다'라는 맥락에서 보면 범상치 않다. 휴스턴 스미스는 다음과 같이 이야기한다.[29]

> …… 유대교 사상이 이룬 최고의 성취[는] 일명 일신교를 만들어낸 것이 아니라 신의 특성을 하나(One)로 직감했다는 점에 있다. 그리스인, 로마인, 아시리아인들은 […] 저마다 믿는 신의 특성을 두 가지로 이야기했을 것이다. 하나는 신이 초도덕적인 경향을 가지고 있다는 것이고, 다른 하나는 신이 인류에게 전적으로 무심하다는 것이다. 유대인들은 이 두 가지 특성에 대해 동시대인들과는 다르게 생각했다. 올림푸스산의 신들은 지칠 줄도 모르고 아름다운 여자들을 좇았던 반면, 시나이(Sinai)산의 신은 남편을 잃은 부인들과 고아들을 보살폈다고 […]. 신은 정의의 신이며, 신의 친절한 사랑은 영원에서 영원으로 이어지고 신의 한없는 자비는 모두 신의 일이다.[30]

가장 비범하고 자애로운 신은 약속—신과 인간 사이의 계약상 의무—을 통해 인간 역사에 대한 관심을 공식화했고, 아브라함을 통해 처음 그 관심을 내보였다.

> 여호와께서 아브람에게 이르시되 너는 너의 고향과 친척과 아버지의 집을 떠나 내가 네게 보여줄 땅으로 가거라 / 내가 너로 큰 민족을 이루고 네게 복을 주어 네 이름을 창대하게 하리니 너는 복이 될지라 / 너를 축복하는 자에게는 내가 복을 내리고 너를 저주하는 자에게는 내가 저주하리니 / 땅의 모든 족속이 너로 말미암아 복을 얻을 것이라 하신지라 (킹제임스성경, 창세기 12장 1~3절).

그렇다면 유대인들이 그토록 흔히 겪어야 했던 삶이 참담하게 어그러지는 상황이 닥치면 어떤 결론을 내려야 할까? 고대 사상에 따르면 본질적으로 두 가지 대안이 있다. 하나는 유대인의 이웃이었던 옛 지중해인들 사이에서 꽤나 만연했던 불행을 운명의 탓으로 돌리는 것이다. 가뭄, 때이른 죽음, 온갖 형태의 고통들이 인간 삶에 대체로 무관심했던 신들의 불가해한 의지에 따른 결과라고 생각하는 것이다. 이는 결과를 바꾼다는 행위에 대해 주로 수동적이고 체념적이며 무기력한 태도를 취하게 만든다. 그러나 유대인이 택한 대안적 결론은 그러한 사건들의 원인을 자기 자신에게 돌리는 것, 더 구체적으로 이야기하면 신과의 계약관계에서 저지른 잘못으로 인해 신의 노여움을 샀다고 보는 것이었다. 욥의 친구 엘리바스는 큰 고통에 시달리던 중에도 유대인들의 이 같은 관점을 강조한다.

생각하여보라 죄 없이 망한 자가 누구인가 정직한 자의 끊어짐이 어디 있는가 / 내가 보건대 악을 밭 갈고 독을 뿌리는 자는 그대로 거두나니 / 다 하나님의 입 기운에 멸망하고 그의 콧김에 사라지느니라(욥기 4장 7~9절).

불행의 원인을 신과의 소원한 관계로 돌리면 독창적인 방법을 통해 고통을 다루게 된다. 이른바 상황이 어떠하든 **의미**[31]를 강조하고, 독창적인 수단을 통해 관계상의 균열을 치유하고자 욕망하며, 수시로 '굵은 베옷을'(요나 3장 8절) 입고 진정으로 참회하는 방법이다. 유대교에 존재하는 의미를 갈구하는 강렬한 허기에는 인간됨의 의미를 온전히 이해하고자 하는 욕망, 인간의 본성을 단순한 생물학적 사실 측면에서가 아니라 인간사의 심오한 진실 측면에서 이해하고자 하는 욕망도 일부 포함되어 있다. 유대인들은 세상을 바꾸기 위해, 적을 물리치고 의로움을 칭송할 메시아의 도래를 알리기 위해 인간 본성의 가장 깊은 곳까지 이해하고 싶어했다.

문제

유대인들이 인간 본성을 바라보는 관점은 확실히 복잡했다. 한편으로 그들은 인간이 한낱 동물에 지나지 않는 존재라고 보았다.

> 내가 내 마음속으로 이르기를 인생들의 일에 대하여 [······] 그들이 자기가 짐승과 다름이 없는 줄을 [······] / 인생이 당하는 일을 짐승도 당하나니 [······] 짐승이 죽음같이 사람도 죽으니 사람이 짐승보다 뛰어남이 없음은 모든 것이 헛됨이로다(킹제임스성경, 전도서 3장 18~19절).

또 한편으로는 인간이 신적인 특성을 부여받은 존재라고 주장하기도 했다. "그를 [하나님]보다 조금 못하게 하시고 영화와 존귀로 관을 씌우셨나이다"(시편 8장 5절).* 이에 따르면 인간은 동물과 신이 복잡하게 결합된 존재이며, 얼핏 불가능해 보이는 이 상반된 것들의 결합은 인간이 지닌 근본적인 문제를 차단해버린다. 자유로운 존재로 탄생했으며 고귀해야 할 인간이 분열되고 해체되어 있으며, 두 마음을 품고(호세아 10장 2절, 시편 12장 2절) 있다는 문제 말이다. 인간은 죄를 저지른 '표적에서 벗어난' 존재이다.[32] 에덴동산 이야기는 인간의 고귀함에 대해 그리고 있지만 인간의 과오에 대해 이야기하기도 한다. "····· 고귀해야 할 우리는 너무나도 자주 그에 미치지 못하며, 너그러워야 할 우리는 남에게 베풀지 못하며, 동물보다 더한 존재로 창조되었음에도 흔히 동물보다 못한 존재로 전락한다."[33] 신부와 신랑처럼

---

* 히브리어 원어로 쓰인 버전에서 이 절의 엘로힘(elohim)이라는 단어는 킹제임스성경에서와 달리 '수호신들'이 아닌 '신(들)'을 가리킨다. 일부 학자들은 킹제임스성경 번역가들이 히브리인 원저자가 지나치게 대담하다고 생각해 '신들' 대신 '수호신들'이라는 단어를 사용했을 가능성이 있다고 주장한다 (Smith, 1991, p.250).

여호와와 약혼한 우리는 숨고(창세기 3장 10절), 음행하고(호세아 4장 15절), 배반한다(시편 78장 57절). 이는 여호와와 여호와의 법을 망각하는 것뿐만 아니라 더 나아가 우리의 이웃을 학대하고, 즉 가난한 자, 남편을 잃은 아내, 고아의 역경을 무시함으로써 행해진다(예레미아 5장 28절).

해결책

유대인들이 생각하는 인간의 문제가 이심(二心), 갈등, 신의의 결여로 인해 신과의 계약관계에서 어긋나는 데 있음을 고려하면, 이 같은 문제에 대한 해결책은 당연히 그동안 소원해진 대상을 향해 그저 다시 '돌아서는' 것이다. 본질적으로 인간은 평화, 온전함(wholeness), 진정성(authenticity)을 향해 나아갈 수 있도록 마음의 심연을 탐구하고 경로를 올바르게 수정해야 한다. 마르틴 부버는 다음과 같이 이야기한 바 있다.[34]

돌아선다는 것은 인간이 나아갈 길을 바라보는 유대인 관점의 핵심이다. 돌아서는 행위는 인간을 내면에서부터 새롭게 하고, 인간이 신의 세상에서 차지하고 있는 위치를 바꿀 수 있다. …… 돌아섬은 회개와 속죄보다 더 위대한 무언가를 의미한다. 이는 이기심의 미로에서 길을 잃고 항상 자기 자신을 목표로 삼았던 인간이 신에게 다가가는 길을 찾을 수 있도록 존재의 전체[를] 뒤바꾸는 행위를 의미한다. 즉 신으로부터 부여받은 운명을 위해 특정 과업을 완수하겠다는 태도를 의미한다.

방법

유대교에서는 내세를 강조하지 않는다. 그 대신 인간이 현세에서 하고 있는 행동에 주목한다. 유대교는 몇몇 동양의 신앙(불교)처럼 통합, 평화, 깨달음을 얻은 삶으로 나아가는 길을 구체적이고도 명확한 단계를 통해 설명하지도 않는다. 유대교에서 깨달음은 자신의 마음을 성찰하고, 자기를 초월하는 목적에 헌신하며, 성스러운 예언자들의 계명들(율법), 유대교 현자들이 율법으로부터 영감을 받고 남긴 해석(탈무드), 유대교의 위대한 신비주의 경전들(카발라의 조하르) 등 신이 계시한 말씀을 성심성의껏 학습한 행위의 부차적인 결과물로서 찾아온다. 오랜 시간에 걸친 근면한 자아 탐색과 신의 말씀을 통해 얻은 영감은 인간이 부여받은 특정 과업을 이 세상에서 어떻게 수행해야 하는가를 이해할 수 있게 해준다. 유대교는 각 개인의 영혼이 신의 전반적인 창조 작업에 기여하며, 이 같은 인간의 노력에서 영감을 받아 신의 왕국이 탄생할 것이라고 주장한다. 그러므로 그 어떤 인간도 자기 자신의 구원을 주된 관심사로 삼을 수 없다. 분명 인간은 자기 자신에 대해 알고, 자기 자신을 정화하고, 자기 자신을 완벽하게 만들 것(인간의 능력으로 가능한 한에서)이지만 이 모든 것은 자기만을 위해서, 자신의 일시적 행복을 위해서, 자신의 영원한 지복을 위해서가 아니라 이 세상에서 자신이 수행해야 할 운명을 부여받은 과업을 위해서이다.[35]

결과

'돌아서기'를 수행하고 인간의 영혼과 신이 계시한 말씀을 부지런히 탐색하는 행위를 통해 도달할 수 있는 최종 결과는 존재가 비이원적(non-dualistic)이라는 진실을—신성한 깨달음을 통해—직접적으로 알게 되는 것이다. 현대의 한 유대교 학자[36]는 대대로 전해 내려온 유대교 현자들의 다양하고도 확실한 발언들을 통해 스스로 '유대 계몽주의(Jewish enlightenment)'라고 일컫는 것의 목록을 제시한다. 이 목록을 구성하는 발언들은 '신이 모든 세상을 채우고 둘러싼다는' 현실을 재확인한다. "신은 모든 것을 채우고, 신은 모든 것이다." 신이 없는 공간은 존재하지 않는다. 신은 "⋯⋯ 모든 것을 둘러싸고, 모든 것을 채우고, 모든 것의 생명이다. 너는 모든 것 안에 있다." 16세기에 쓰인 다음의 발췌문에는 자기보다 거대한 것을 위해 헌신한 삶에서 생겨나는 최상의 직관이 특히 적절하게 요약되어 있다.

신은 존재이고 삶이며 존재하는 모든 것의 현실이다. 핵심은 결코 신의 품안에서 분열해서는 안 된다는 것이다. …… "[끝없고 무한한 하나(One) 가] 특정 시점에 이를 때까지 확장되고, 그 시점부터가 끝없이 무한한 하나의 바깥이다"라고 이야기한다면, 그런 일은 절대 있어서는 안 되겠지만 당신은 분열하고 있는 것이다. 그게 아니라 신은 존재하는 모든 것에서 발견된다고 이야기해야 한다. 누구도 "이건 바위지 신이 아니다"라고 이야기할 수 없다. 그런 일은 결코 있어서는 안 된다. 모든 존재는 신이며, 바위는 신으로 채워진 어떤 것이다. …… 신은 모든 것에서 발견되며, 신 이외에는 아무것도 존재하지 않는다.[37]

다시 말하면 합일의식 자체가 결과이다. 유대교에는 아브라함과 모세처럼 고전적 '대리인'이 존재한다. 이들은 인간 존재의 궁극적 가능성을 전형적으로 보여주는데, 인간의 일상에 보다 적절히 적용할 수 있는 사례로는 심오한 배움을 얻었을 뿐만 아니라 위대한 통찰과 삶의 지혜까지 겸비한 남자(항상 남자이다)였던 남다른 인물이었지만 수 세기 동안 상대적으로 덜 알려진 랍비와 신비주의자들의 존재일 것이다. 제이 마이클슨(Jay Michaelson)은 유대교의 신비주의적 분파(즉 하시디즘)에서는 깨달음을 얻은 의식을 '안정적 상태(steady state)'가 아니라 랏소 브쇼브(ratso v'shov), 즉 말 그대로 '내달리고 귀환하는(running and returning)' 상태로 이해했다는 데 주목한다. 이는 신비주의자라면 명상을 통해 명료해지는 동안 지고의 합일을 자각하면서 인식의 변화를 경험해야 하지만, 그와 동시에 가족과 공동체의 욕구 또한 다루어야 하므로 훨씬 일상적이고 현실적인 차원에서도 수행이 필요하다고 이해했다는 말이다. 이에 따라 **짜딕**(tzaddik, 하시딕 공동체의 지도자)에게 기대하는 바는 의식의 최고 상태에 이름과 동시에 공동체의 물질적·영적 욕구에 필요한 것들을 제공할 수 있도록 적절한 능력과 유연성을 갖추는 것이자 이 두 가지 작업을 통해 신의 영광을 드러내는 것이었다. 유대교에서 깨달음이라는 경험은 어느 하시딕 공동체 지도자가 '신의 관점(God's point of view)'이라고 일컬은 것과 '우리의 관점(our point of view)' 사이를 오가는 움직임이다.[38]

불교

전 세계의 종교적 인물 중에서 고타마 싯다르타(Siddhārtha Gautama)라는 청년보다도, 후에 '깨어나' 부처가 된 인물보다도 더 널리 알려진 인물은 예수가 유일할 것이다. 기원전 6세기 부유한 왕국의 왕자로 태어난 싯다르타는 호화로운 모든 사치를 누렸다. 각종 출처에 따르면 싯다르타는 "매우 잘생기고 신뢰감을 주며 위엄 있고, 무척이나 아름다운 외모와 풍채를 지닌" 사람이었다.[39] 싯다르타는 16세에 사촌 야쇼다라(Yasodhara)와 혼인해 준수한 아들을 낳았다. 겉보기에 대단한 부를 누리며 살고 있던 청년 싯다르타는 20세 중반에 자신의 세속적 지위와 안락함을 모두 버리고 여정에 올라 35세에 인도의 보리수나무 아래에서 깨달음을 얻었다. 싯다르타는 힌두교의 라자 요가에 담긴 명상 기법을 49일 내내 쉼없이 연마한 끝에 깨달음을 얻고 **깨달은 자**인 부처가 되었다. 부처는 남은 생애 동안 다른 이들에게 깨달음을 전하고자 아시아 지역에 불교를 전파했다.

과연 무엇이 이 건장한 청년을 세속적인 쾌락과 사치와 여가가 주어진 삶으로부터 탐구와 방랑으로 점철된 불확실한 삶으로 이끌었단 말인가? 싯다르타는 아버지의 보호 아래 금지옥엽으로 귀하게 자랐지만 선천적으로 탐구심이 많고 지적으로 뛰어난 사람이었다. 청년 싯다르타는 불교에서 '사문

유관(四門遊觀)'이라 부르는 인생의 4고(四苦)를 각기 다른 순간에 자신이 타고 있던 마차에서 목격했다. 그는 노쇠한 노인을 통해 늙음을, 길 한복판에 고통스럽게 누워 있는 병인을 통해 질병을, 퉁퉁 부은 채로 햇볕 아래에서 썩어가고 있는 시체를 통해 죽음을, 머리를 삭발한 주황색 승려복 차림으로 목제 그릇을 내밀며 보시를 하는 힌두교 수도승을 통해 금욕을 목격했다. 이렇게 싯다르타는 인생의 실존적 현실에 서서히 노출되면서 깨달음을 얻기 위한 여정에 오르게 되었다. 사실 역사적이기보다는 신비주의적으로 보일 수 있는 이 이야기는 부처의 가르침의 핵심에 자리하고 있는 기본적인 진리를 가르쳐준다. 신체가 노화, 질병, 노쇠 등으로 구현되는 죽음을 향해 점진적으로 거침없이 나아가는 현상은 물리적 차원에서의 지속적인 성취가 불가능하다는 점을 보여준다. 세속적인 쾌락과 번잡한 일들은 일시적일 뿐이고 모든 육체적 존재는 서서히 사라지기 마련이다. 청년 싯다르타는 왕자로서의 세속적인 삶을 저버리는 시점에 이러한 말을 남겼다. "[그러니] 삶은 늙음과 죽음에 종속됩니다[……]. 늙음도 죽음도 없는 삶의 영역은 어디에 있습니까?"[40]

문제

불교에서 깨달음을 얻는 데 필요한 강점은 자선, 특이성, 포괄성과 같은 특성에 있다. 그러므로 불교의 기본적인 사항들을 피상적으로만 살펴보려고 해도 상당한 분량을 할애해야만 한다. 이 같은 불교의 강점들은 지금까지 어느 누구보다도 위대한 성품을 가진 사람, 즉 더없이 이성적이고 냉철한 두뇌에 따뜻하고 인정 많은 마음까지 모두 갖추었던 보기 드문 인물인 석가모니 부처의 모습에 담겨 있다. 보리수나무 아래에서 깨달음의 황홀을 느낀 뒤 마침내 다시 태어난 석가모니는 160킬로미터 떨어진 인도의 신성한 도시 바라나시까지 걸어갔다. 석가모니는 바라나시 변두리 지역에서 힌두교

고행자들 무리와 마주치고는 그들에게 말을 걸었다. 석가모니가 처음 나눈 대화의 주제는 본인이 얻게 된 깨달음의 근본 원칙을 나타내는 사제(four noble truths, 四諦)였다.

사제 중에서 처음 두 가지 진리는 문제를 진단한다. 첫번째는 **고(苦, dukkha)의 삶**이다. 그동안 **고**는 관습적으로 '고통(suffering)'으로 번역되었지만, 사실 일대일로 대응되는 적절한 단어가 영어에는 존재하지 않는다. 팔리어*에서 '고'라는 단어는 중심축이 틀어진 바퀴나 관절에 제대로 붙어 있지 않은 뼈를 떠올리게 한다.[41] 따라서 단순히 "삶은 고통이다"라고 이야기하기보다는 인간이 경험하는 삶은 혼란스럽고 어긋나 있으며, 어딘가 잘못되었다고 이야기하는 편이 보다 정확할 것이다. 축이 중심에서 이탈해 있는 바퀴처럼 인간은 삶의 고통스러운 순간에 직면할 때마다 휘청거리고 마찰을 느끼며 살갗이 쓸리고 점점 약해진다. 분석적 성향을 가지고 있던 석가모니는 첫번째 진리인 고를 이처럼 일반화된 방식으로 받아들이는 것에 만족하지 못했다. 이에 석가모니는 더 나아가 삶의 마찰이 특히나 두드러지는 여섯 가지 경우를 (1) 출생의 트라우마, (2) 질병으로 인한 고통, (3) 어른이 되는 것의 압박과 늙음에 대한 고통스러운 정서적 깨달음과 신체적 한계, (4) 죽음에 대한 공포, (5) 달갑지 않은 신체적 특성이나 불치병, 성격상의 결함 등 본인이 혐오하는 대상에 구속되는 상태, (6) 사랑하는 사람과의 이별로 인한 고통 등으로 제시했다.[42]

두번째 진리는 **고(苦)에서 기인한 갈애(渴愛, tanha)**이다. 삶에 마찰이 발생할 때마다 언제나 존재하는 것은 무엇이고, 그러한 고통이 존재하지 않을 때 존재하지 않게 되는 것은 무엇인가? 바로 **갈애**이다. 갈애의 전통적 의미는 '갈증(thirst)', '갈망(craving)' 혹은 '욕망(desire)'이지만, 이 표현들도 갈애

---

* 고대 인도어로, 부처가 가르침을 전할 때 사용한 언어 중 하나이다(역자 주).

의 의미를 전달하기에는 충분하지 않다. 석가모니는 모든 욕망을 문제적이라고 보지 않았기 때문이다. 갈애는 분리된 존재를 향한 자아의 충동이나 개인적 성취를 향한 욕망, 소유하고 있지 않은 것을 소유하거나 얻고자 하는 소망, 또는 소유하고 있는 것을 소유하고 싶지 않아 하는 소망을 가리킨다. 인간은 이기심을 초월해야만 진정으로 자유롭게 행동할 수 있다. 그런데 중요한 문제는 어떻게 해야 그런 초월 상태를 유지할 것인가 하는 점이다. 그러한 무아(無我)의 순간에 균열을 일으키는 것이 바로 **갈애**이다.

해결책

사제의 마지막 두 가지 진리는 처음 두 가지 진리와 자연스럽게 이어지는 해결책과 흐름을 제시한다. 삶의 결락 상태가 이기적인 욕망과 갈망에서 비롯되는 것이라면 해결책은 그러한 상태를 초월하는 것과 연관되기 마련이다. 불교는 대체로 사제의 첫번째 진리인 고(苦)에 대한 오해 혹은 과도한 일반화로 인해 비관적인 철학으로 잘못 인식되는 경우가 많다. 불교에 내재한 낙관주의는 삶의 고통에 대한 해결책이 존재한다고 확언하는 지점에서 명확해진다. 사제의 세번째 진리는 고통을 이겨낼 수 있는 길을 제시한다. **갈애를 극복하고자 한다면 먼저 분리된 존재가 되려는 충동을 극복해야 한다**는 것이다.[43] 세번째 진리에 담긴 의미는 매우 간단하지만 불교에서는 마치 이 과업에 어마어마한 무게를 부여하려는 듯이 윤회(輪廻)의 교리(즉 환생)를 제시하면서 **갈애**라는 문제를 온전히 넘어서려면 수많은 생애를 거쳐야 할지도 모른다고, 그러나 그 길은 분명하게 열려 있다고 이야기한다. 사제의 네번째 진리가 바로 그 길을 인도해주는 터이다. **분리된 존재가 되고자 하는 충동을 극복하려면 팔정도(八正道)를 따라가야 한다.** 인간을 주저하게 만드는 것은 고집스러운 인간 본성뿐이다. 이에 불교는 구체적인 방법을 설명하면서 꽤나 지시적인 태도를 취한다. 팔정도는 인간의 조건을 치유하는 과정으로 보일 수 있지만 전형적인 의미에서의 치유와는 다르다. 팔정도를 따르는 사람은 그저 수동적으로 의료적 처치를 받는 사람이 아니다. 팔정도를 따라가려면 오랫동안 의식적이고 의도적인 노력을 기울이며 열중해야 한다. 석가모니는 개개인을 "무지, 무의식적 충동, 갈애……"로부터 해방시키고자 여덟 가지 방법 혹은 노력을 제시하며, 이 "팔정도는 오랫동안 인내심 있는 수련을 통해 그야말로 어떤 개인을 그 자리에서 들어올린 다음 다른 존재로서 내려주고자……" 한다.44

방법

팔정도를 간단히 살펴보기 전에 중요하게 짚고 넘어가야 할 사실은 갈애를 처리하는 작업이 얼마나 고단한지를 석가모니가 더없이 잘 알고 있었다는 점이다. 그리하여 석가모니는 일종의 준비 단계로서 **올바른 유대**(right association)라는 처방을 제시했다. 부정성, 비관주의, 불안, 우울 등이 전염성을 가지고 있듯이45 건강, 미덕, 명랑함도 전염46된다. 석가모니는 인간이 사회적 동물이며 허용되는 것과 가능한 것을 결정하는 기본 바탕이나 상한선을 타인과의 유대를 통해 설정한다는 점을 알고 있었다. 또한 석가모니는 인간이 "진실을 구한 자들과 유대하고 대화를 나누며, 그들을 섬기고 그들의 방식을 관찰하며, 그들이 지닌 사랑과 연민의 정신을 천천히 흡수"해야 한다는 사실도 알고 있었다.47 적절한 지지가 주어지면 인간은 실제적인 발전을 이룰 수 있는 최상의 위치를 차지하게 되는 셈이다. 깨달음을 향한 여정을 이루는 불교의 여덟 가지 목적은 다음과 같다.

처음 두 가지는 삶에 대한 올바른 본보기를 갖는 것과 연관되어 있다.

1. **정견**(正見, right views) 올바른 방향으로 나아가려면 문제와 해결책의 본질을 정확히 이해해야 한다. 정확한 이해를 얻고자 한다면 사제(즉

우리가 느끼는 고통의 현실, 고통의 원인, 고통을 다른 것으로 바꿀 수 있다는 사실, 변화를 향한 길)를 깊이 있게 이해하면 된다.

2. **정사유**(正思惟, right thinking) 서양철학이 데카르트의 명언 "나는 생각한다, 고로 나는 존재한다"로부터 상당한 영향을 받은 것에 반해, 불교는 생각이 상당 부분 비생산적이라고 본다. 따라서 생각을 잠재우고 현재 순간을 온전히 아는 방법을 배우는 것이 역설적으로 정신을 올바르게 활용하는 길이다. 정신과 육체는 **정사유** 속에서 하나로 합쳐진다. 틱낫한[48]은 정사유를 북돋우고자 다음과 같은 네 가지 실천 방법을 제시한다.

   a. **'확실한가?'** 인간은 쉽게 속임수에 넘어가는 존재이므로 거듭해서 이 질문을 자문해보아야 한다. 잘못된 인식은 부정확한 생각과 불필요한 고통을 낳는다.

   b. **'지금 무엇을 하고 있는가?'** 인간은 과거나 미래에 열중해 있는 정신을 현재 순간으로 되돌리기 위해 이 질문을 자문해보아야 한다.

   c. **'습관 에너지로구나'** 문제적인 사고 패턴이 반복되고 있음을 인식하면 그러한 패턴을 지니고 있다는 사실에 자책하지 않으면서도 깊이 뿌리 내려 있는 사고방식을 파악할 수 있도록 "습관 에너지로구나"라고 자기 자신에게 이야기할 수 있다.

   d. **'보리심**(Bodhichitta)**'** 의식적인 삶에 동기를 부여하는 힘은 자아의 배를 불리기보다는 타인에게 더 큰 행복을 가져다주기 위한 목적으로 자아를 개선하고자 몰두할 때 가장 큰 효과를 발휘한다. 보리심은 깨달음의 정신이다.

다음 중 앞의 세 가지는 일상생활에서 실천할 수 있는 요소들과 연관되어 있다.

3. **정어**(正語, right speech) 인간이 발화하는 말들은 다른 무엇보다도 인간의 성격에 대해 알 수 있게 해준다. 예를 들어 우리가 항상 진실을 이야기한다고 가정하기보다는 우리가 얼마나 많은 진실을 과장하거나 축소하는지를 인식하고 스스로에게 그 이유를 묻는다면 더 유익한 결과를 얻을 수 있을 것이다. 또한 불친절하게 이야기할 때마다 그 동기는 무엇인지 관찰해볼 수도 있다. 그러한 행동이 초래하는 자기고양 효과에 대해 이해하고 나면 **기만적으로 이야기하지 않고 정직하게 이야기하기**(이야기하는 대상이 누구냐에 따라 진실을 왜곡하지 않기), **매정하게 이야기하지 않기, 과장하거나 윤색하지 않기**라는 정어의 목적들을 향해 나아갈 수 있다.

4. **정업**(正業, right conduct) 정업의 기본은 무엇을 하든 의식적으로 행하는 것에 있다. 특히 다음 네 가지가 정업과 연관되어 있다.

   a. **생명 존중** 인간의 삶만 신성한 것이 아니라 동물의 삶도 신성하다 (불교도들은 채식주의자이다).

   b. **관용** 다른 피조물을 착취해서는 안 되는 것은 물론 인간의 태도와 행동은 사회에 정의와 안녕을 가져올 수 있어야 한다.

   c. **성적 책임** 진정한 사랑에게 오랫동안 헌신하지 않고 다른 사람과 성적 관계를 맺어서는 안 된다. 인간은 자기 자신의 헌신과 타인의 헌신을 존중한다.

   d. **의식적인 섭취와 소비** 인간은 무엇이든(예를 들면 음식과 오락 매체 등을) 자신의 몸, 의식(意識), 가족, 사회의 평화, 안녕, 즐거움 등을 북돋을 수 있는 정도로만 '소비'해야 한다.

5. **정명**(正命, right livelihood) 필생의 업적을 이루는 데에는 깨어 있는 시간과 관심이 상당 부분 필요하다. 인간이 내적 성장과 정반대되는 방식으로만 생활한다면 영적 발전을 이루기란 매우 곤란한 일이 될 것이

다. 해탈에 이르기 위해 수도원에 들어가는 식으로 자신의 삶을 바칠 수 있는 사람은 소수에 불과하므로 대부분의 인간은 일상적인 활동 속에서 깨달음을 얻기 위해 노력해야 한다. **정명**의 핵심은 삶과 선(善)을 손상하거나 파괴하는 대신 고취하고 향상시키는 일에 열중하는 것이다.

6. **정정진**(正精進, right effort) 석가모니는 의지의 중요성을 대단히 강조했다. 해탈에 대한 굳건하고 끈질긴 열망이 있어야만 그 성과에 가까워질 수 있으리라는 것이다. 석가모니는 **정정진**을 무거운 짐을 짊어진 채 앞만 바라보면서 진창 속으로 걸어들어가 그 진창에서 빠져나올 때까지 완전한 평정을 유지하는 소에 비유했다.⁴⁹ 그러나 석가모니는 금욕적인 삶과 관능에 탐닉하는 삶이라는 양극단(석가모니는 두 가지 삶의 방식을 모두 경험해보았고, 두 삶 모두에서 중대한 결함을 발견했다) 사이의 삶을 장려하는 중도(中道)도 지지했다. 영적 수행이 인간에게 즐거움을 가져다주지 못한다면 올바른 방식으로 수행을 하고 있는 것이 아니다. 근면성이 부족한 이유는 진정한 수행 방법을 아직 찾지 못했거나 수행의 필요성을 내면 깊은 곳에서 절감하지 못했기 때문이다. 역설적이게도 (고통에서 달아나기보다) 고통을 수용하는 실천을 행하면 그 고통을 초월하게 될 것이다. 이러한 의지가 곧 정정진을 나타내며, 인간을 해탈의 길로 인도한다. 신체적 운동은 이 원칙을 표명하는 한 가지 방식에 지나지 않는다.

7. **정념**(正念, right mindfulness) 불교 사상에서는 마음챙김(mindfulness)이 전부이다. 마음챙김은 '내면에 부처를 모시는' 행위로서, 성령 안에 머물고자 하는 기독교의 목표와 유사하다. 산스크리트어로 마음챙김인 스므리티(smriti)는 '기억하다'라는 의미를 가지고 있다. 즉 현재 순간으로 돌아온다는 의미이다. 인간의 삶이 펼쳐지는 유일한 공간은 현재 순

간이므로 마음챙김은 삶에 진정으로 다가갈 수 있도록 해준다. 마음챙김은 삶의 질에 극적인 영향을 미치는 '일곱 가지 기적'을 불러일으킨다.[50]

a. **첫번째 기적** 생동하는 삶을 온전히 경험한다.

b. **두번째 기적** 다른 대상—하늘, 꽃, 아이—이 온전히 존재하고 살아 있으며 '깊이' 있도록, 즉 어떤 목적을 위한 수단이 아니라 목적 그 자체가 되도록 만든다.

c. **세번째 기적** 사랑하는 대상이 진정으로 성숙한다.

d. **네번째 기적** 사랑하는 대상의 고통을 완화한다.

e. **다섯번째 기적** 깊이 들여다봄으로써 진리를 인식한다.

f. **여섯번째 기적** 현존과 깊은 탐구를 통해 이해한다. 이해는 사랑과 동의어이다.

g. **일곱번째 기적** 나 자신과 타인의 고통이 다른 형태로 바뀐다.

8. **정정**(正定, right consciousness) 마음을 올곧게 안정시키는 **정정**은 흩어져 있거나 파편화되어(대부분의 인간이 대부분의 시간에 경험하는 마음의 상태는 정확히 이러하다) 있지 않은 하나로 응집된 마음을 갈고 닦는 행위를 의미한다. 2000년이 넘는 시간 동안 수백 가지의 명상 기법을 고안하고 개선한 불교도들은 모두 같은 목적을 추구했다. 바로 현재 순간과 **하나**가 되는 방법을 수련하는 것이었다. 인간은 고차원적인 명상을 실천할 때 현실을 깊이 들여다보고 **일시성**(모든 것은 사라진다), **상호존재**(그 무엇도 홀로 존재할 수 없다), 비(非)**자아**(그 무엇도—내가 '나'라고 부르는 것조차—분리된 자기를 가지고 있지 않다)를 깨닫게 된다.

결과

영적으로 유사한 뿌리를 가진 힌두교와 마찬가지로 불교도 깨달음의 궁극적인 성과는 **니르바나(열반)**라고 주장한다. 석가모니는 **니르바나**를 긍정적으로 묘사하기를 거부하면서 니르바나는 우리가 지닌 사고 능력으로는 설명할 수도 상상할 수도 없는 대상이며, "[니르바나는] 최고의 행복"이라고만 이야기했다.[51] "지복일세. 그래, 지복. 내 벗들이여, 지복이 니르바나일세."[52] 니르바나는 현실의 본질에 완전히 깨어 있는 상태를 가리키는 깨달음과도 동의어이다. 니르바나는 어떤 장소(예를 들어 천국)가 아닌 진정한 인간 성격이, 비자아로서의 자아가 현실이 되는 공(空)의 상태이다.[53] 그러므로 인간은 죽지 않고도 니르바나에 들 수 있다. 마침내 니르바나를 깨달은 뒤에 죽게 되면 죽음과 탄생의 고리에서 벗어나기 때문에 인간은 부활하지 않는다. 이때 죽음을 맞이하는 자에게 어떤 일이 벌어지는지는 설명할 수 없다. 상상할 수 있는 모든 경험 밖에 존재하는 사건이기 때문이다. 그러나 **보살**(菩薩, bodhisattva)의 원칙에 따르면 깨달음의 정점에 있는 개개인들은 다른 사람들이 더욱 고차원적인 깨달음을 얻을 수 있도록 돕기 위해—타인에 대한 연민의 마음으로—저승에 갔다가 다시 세상으로 돌아오겠다는, 온전한 깨달음을 연기하겠다는 선택을 할 수 있다. 달라이라마 성하는 이렇게 이야기한 바 있다. "보살은…… 연민의 마음으로 지각이 있는 존재들을 돕기 위해 부활한다. 보살은 오로지 자기만을 위한 열망을 단념함으로써 타인의 안녕을 위해 나아간다."[54]

기독교

기독교는 전 세계에 존재하는 그 어떤 신앙보다도 실제 역사적 사건들에 뿌리를 두고 있다. 그중에서도 가장 중요한 사건은 기독교의 핵심 인물인 예수와 연관되어 있다. 유대인 목수였던 예수는 기원전 7년에서 기원전 2년 사이 로마제국의 별 볼 일 없는 외딴곳의 열악한 환경에서 태어났다.[55] 이집트에 잠시 머물렀던 때(단 하나의 복음에서만 예수의 가족이 헤롯대왕의 유아 대학살을 피하기 위해 이집트로 가는 전략을 사용했다고 언급하고 있다)를 제외하면 예수는 자신의 출생지에서 약 80킬로미터 이상 떨어진 곳에는 한 번도 가본 적이 없었다. 예수는 소유한 재산도 없었고 정식 교육을 받지도 않았으며, 혼인한 적도 없었고 자식도 없었으며, 저술한 글도 없었고 33세에는 국가의 범죄자로 불명예스러운 처형을 당했다. 그럼에도 예수가 이 땅에서 보낸 짧은 생의 유산은 그 어떤 신앙보다도 많은 인간의 삶에 스며들어 있다. 약 20억 명의 신자들이 수천만 개의 교파를 이루고 있기도 하다.[56] 예수는 '그리스도'(그리스어로 '기름 부음을 받은 자'라는 의미)라 불리며, 기독교에서는 그리스도를 사람의 몸으로 이 땅에 오신 신이라고 본다. 예수는 짧은 생을 사는 동안 말과 행동을 통해 자신에게 주의 성령이 임했고("주의 성령이 내게 임하셨으니", 누가복음 4장 18절), 자신이 지옥의 세력을 억누를 수 있었으며("내가 하나님의 성령을 힘입어 귀신을 쫓아내는", 마태복음 12장 28절), 자신이 오랫동안 기다려온 주의 나라가 임하게 했다고("나라가 임하시오며······ 땅에서도", 마태복음 6장 10절), 즉 인류를 비도덕적인 피조물에서 연민어린 성인으로 변모시킬 힘을 가졌다고 천명했다.

기독교는 역사에 방점을 찍는다는 점에서 전 세계 종교 중 가장 '문학적인' 종교일 수도 있다. 기독교 신학은 역사상 유례가 없을지도 모르는 아이러니와 비극 그리고 승리의 일대기에서 비롯하기 때문이다. 이 일대기에 따르면 우주의 신은 자신의 타락한 피조물들을 구원하기 위한 욕망으로 인해 평범한 인간의 모습으로 자기 자신을 낮춘다. 신은 혁명적인 사랑의 정신, 영적 변화, 용서, 구원에 대해 이야기하면서 대체로 눈에 띄지 않는 상태로 인간들 사이를 걸어다닌다. 신은 힘이나 권력을 과시하는 방식이 아니라 사회에서 소외된 자들에 대한 연민을 바탕으로 기적을 행하는데, 예를 들면 나병 환자들을 치유하고 눈이 보이지 않는 자들에게는 시력을, 귀가 들리지 않는 자들에게는 청력을, 다리를 저는 자들에게는 걸을 수 있는 힘을, 죽은 자들에게는 생명을 되찾아준다. 이 모든 것은 인류가 존재의 가장 근본 바탕과 화해하고 삶의 부활을 경험하기를 바라는 신의 강렬한 욕망을 매우 상징적으로 보여준다. 이에 대해 종교적·정치적 권력자들은—신의 진짜 정체성을 알아보지 못하고 사랑과 용서와 화해를 이야기하는 듯한 신의 메시지에 위협을 받고는—그 당시 상상할 수 있었던 가장 두려운 방식으로 그를 처형한다. 인간의 모습을 한 신은 기꺼이 처형당하는 와중에도 고통스러운 마지막 숨을 내쉬면서 자신을 고문한 자를 용서해줄 것을 하늘에 간청한다. 여기에 존재하는 엄청난 역설은 예수의 고문과 죽음을 공모하고 그 일에 적극적으로 관여한 이들이 예수를 처형함으로써 자신도 모르는 사이에 자기 자신뿐만 아니라 모든 인류에게 구원을 가져다주고, 인간과 신 사이의 깊은 간극을 영원히 메워주었다는 데 있다. 이 역설이 가능한 것은 완전한 삶 이후의 예수의 무고한 죽음이 속죄를, 인간과 신의 재결합을 불러오기 때문이다.

문제

기독교의 관점에서 보면 인간 본성은 '타락'해 있으며, 그로 인해 인간은 신의에 거스르는 방향으로 행동하게 된다. 인간은 그러한 행동으로 인해 신으로부터의 뿌리깊은 단절과 소외 상태에 처하게 되고, 표면적으로는 매력적일지 모르나 궁극적으로는 만족하지 못하는 자아를 향해 나아간다. 이와 같은 상태는 일종의 '영적인 속박'(사도행전 8장 23절, 갈라디아서 5장 1절)이라 불리며, 인간을 자기 자신에게 종속된 상태로 가두어버린다. 자아에 종속될수록 죄를 저지를(고의로 신익에 반하게 행동할) 수 있는 가능성은 더욱 커지고, 타인을 사랑할 수 있는 능력은 줄어든다. 그러나 인간은 자기 자신을 그다지 좋아하지도 않는다. 결과적으로 인간은 죄책감, 두려움, 불만, 절망이 기저를 이루는 삶을 경험하게 된다.

해결책

신적 전지전능(divine omniscience)은 인간이 처하게 될 곤경을 예견했고, 인류를 자아라는 감옥으로부터 해방시켜주고자 했다. "하나님이 세상을 이처럼 사랑하사 독생자를 주셨으니 이는 그를 믿는 자마다 멸망하지 않고 영생을 얻게 하려 하심이라"(킹제임스성경, 요한복음 3장 16절). 다시 말해서 신은 화해를 이루기 위해 겟세마네 동산에서 고통받고 골고다에서 죽음에 이르면서까지 인류에게 구원의 길을—현세에서는 자아의 감옥으로부터 해방되고, 내세에서는 신의 존재 아래 영생을 물려받는 길을—제시하고, 인간을 위해 값을 지불하고, '죄의 대가를 치르기' 위해 인간의 모습으로 이 땅에 찾아온 것이다.*57 예수는 가르침과 처세를 통해 신이 의도했을 지구상에서의 삶의 방식을 보여주었다.

> 또 눈은 눈으로, 이는 이로 갚으라 하였다는 것을 너희가 들었으나 / 나는 너희에게 이르노니 악한 자를 대적하지 말라 누구든지 네 오른편 뺨을 치거든 왼편도 돌려대며 / 또 너를 고발하여 속옷을 가지고자 하는 자에게 겉옷까지도 가지게 하며 / 또 누구든지 너로 억지로 오 리를 가게 하거든 그 사람과 십 리를 동행하고 / 네게 구하는 자에게 주며 네게 꾸고자 하는 자에게 거절하지 말라 / 또 네 이웃을 사랑하고 네 원수를 미워하라 하였다는 것을 너희가 들었으나 / 나는 너희에게 이르노니 너희 원수를 사랑하며 너희를 박해하는 자를 위하여 기도하라 / 이같이 한즉 하늘에 계신 너희 아버지의 아들이 되리니 이는 하나님이 그 해를 악인과 선인에게 비추시며 비를 의로운 자와 불의한 자에게 내려주심이라(킹제임스성경, 마태복음 5장 38~45절).

---

* 물론 기독교에는 수많은 속죄방식(희생, 만족, 감화, 화해 등)이 존재한다. 값을 지불하는 대속(代贖, ransom)은 보다 일반적으로 활용되는 방식이다.

이처럼 혁명적인 행동 수칙들은 기독교의 핵심을 이루고 있지만 기독교인들 사이에서는 (실제 행동 면에서든 정치적 사상 측면에서든) 등한시되는 경우가 많으며, 이 사실은 바로 자아의 감옥이 얼마나 완강하고 강력한지를 보여준다. 신은 깨달음에 대한 가르침과 인간의 노력만으로는 영적 분열이 저절로 봉합되지 않을 것임을 예견했다. 그리하여 예수는 아무런 죄도 저지르지 않았음에도(고린도후서 5장 21절, 요한1서 3장 5절) 인류를 대신해 속죄하고 인류의 영혼을 정화하고 인류가 신과 영생할 수 있는 존재가 될 수 있도록 스스로 고통받고 죽기를 택한 것이다.

방법

속죄의 구원적인 힘을 이용하고 신을 받아들이려면 인간은 그리스도가 인간의 구세주라는 사실을 마음 깊은 곳에서 인정하고, "상하고 통회하는 마음"(시편 51장 17절)으로 그리스도에게 다가가야 한다. 이렇게 겸손한 태도를 가지면 인간은 모든 피조물에 대한 사랑과 죄에 대한 무욕을 통해 존재를 드러내는 하나님의 영(즉 성령)의 기구(vehicles)가 될 수 있다. 인간이 (노력이 필요하다면) 얼마만큼의 노력을 기울여야 그리스도의 속죄를 구할 수 있는가에 대해서는 기독교인들마다 의견이 다르지만, 그리스도가 신과 인간을 잇는 가교 역할을 하고 인간은 성령의 영향 아래 있을 수 있도록 어느 정도 그리스도와 지속적인 '관계'를 맺어야 한다는 데에는 모두 동의할 것이다. 그리스도와의 관계가 순전히 개인적인 차원의 문제인지 아니면 제도적 차원의 중재가 필요한 문제인지에 대해서도 기독교인들은 서로 다른 의견을 가지고 있다. 이와 관련해 만들어진 교회의 성례와 계약은 개인이 그리스도와 맺은 사적인 관계를 물리적으로 보여주는 징표이다. 이러한 의식에 정기적으로 참여하고 관련 계약을 갱신하는 것을 비롯해 부지런한 기도와 성경 공부, 타인을 위한 자선행위 등은 인간이 관계 속에서 '선의'를 표현하고 계속해서 성령의 영향 아래 있을 수 있도록 해준다.

결과

'복음'을 전하는 그리스도의 말씀에 가장 먼저 응답한 이들은 자신의 삶이 바뀌었다는 사실을 깨달았다. 복음이 아니었다면 그저 평범했을 인간들이 그리스도와 그의 말씀을 통해 삶의 비밀을 발견한 것이다. 그들은 "거듭"(요한복음 3장 3절) 태어나 "그리스도 안에 있으면 새로운 피조물"(고린도후서 5장 17절)이 되었다. 초기 기독교 교부인 테르툴리아누스(Tertullian, 200년경)는 기독교인들에 대해 이야기하는 외부인들을 관찰하며 다음과 같이 적었다. "'저 사람들 좀 봐'라고 그들이 말한다. '어쩜 저렇게 서로를 사랑하는지(그들은 서로를 싫어하고 있었던 것이다), 어쩜 저렇게 서로를 위해 죽을 준비가 되어 있는지(그들은 서로를 죽일 준비가 되어 있었던 것이다).'"[58] 초기 기독교의 사도 바울은 '성령의 열매'에 대해, 그리스도의 말씀을 듣고 회심하게 된 사람들의 특성에 대해 "오직 성령의 열매는 사랑과 희락과 화평과 오래 참음과 자비와 양선과 충성과 / 온유와 절제니 이 같은 것을 금지할 법이 없느니라"(갈라디아서 5장 22~23절)라고 기술하기도 했다. 그렇다면 이렇듯 보편적인 욕망의 대상이면서도 좀처럼 얻기 어려운 특성들은 도대체 어떻게 생겨난 것인가? 휴스턴 스미스는 기독교인들이 사랑과 기쁨으로 대표되는 삶을 살 수 있도록 어깨에서 내려놓을 수 있게 된 세 가지 참을 수 없는 짐을 ⑴ 죽음에 대한 공포, ⑵ 죄에 대한 책임, ⑶ 갑갑한 자아의 속박이라고 지적한다. 누구나 쉽게 짐작할 수 있겠지만 세상 어디에나 존재하는 이 숨막힐 듯한 짐들로부터 해방된다면 부활한 것 같은 기분이 들 터이고, 이러한 해방을 가능하게 한 자는 지상에서 신의 완벽한 전형, 구세주로 불리게 될 것이다.[59]

그리스도는 인간을 향한 신의 사랑이 언제나 존재하는 압도적인 현실임을 겉으로 드러내 보여주었다. 사실 앞에서 언급한 것과 같은 변화에 영향을 미칠 수 있는 힘은 사랑이 유일하다. 인간의 마음속에는 사랑이라는 귀중한 보물이 고이 잠들어 있으며, 신의 사랑과 같은 형태를 띤 이 사랑은 오로지 '사랑의 충격(love's bombardment)'에 의해서만 깨어날 수 있다.

> 사랑을 하는 인간은 훈계, 규칙, 위협으로 만들어지지 않는다. 사랑이 아이들의 내면에 뿌리를 내리는 순간은 아이들이 자신을 양육해주는 부모로부터 최초의 그리고 가장 중요한 사랑을 받을 때이다. 개체발생적인 차원에서 이야기하면 사랑은 일종의 응답 현상이다. 사랑은 그야말로 하나의 응답이다.[60]

신의 사랑에 대한 경험은 기독교인의 삶을 변화시키는 동력이 된다. 신의 사랑은 그리스도가 잔혹하고 짧고 하찮은 삶을 살았던 시절에 했던 말과 행동을 통해 드러났다. 역사학자 조셉 클라우스너(Joseph Klausner)는 우리가 그리스도의 가르침을 하나씩 습득하면 그와 유사한 내용을 구약성서나 탈무드에서도 발견할 수 있다고 이야기한다. 그러나 그리스도의 가르침을 하나의 총체로, 로마가 전 세계를 압도적으로 지배하던 시기에 한 개인이 전해준 것으로 보면 거기에는 역사상 그 누구의 가르침도 필적할 수 없는 혁명적인 특성과 절박함, 아름다움, 명확함, 특이성이 담겨 있다. 사도 바울은 그리스도가 전해준 유형의 사랑, 즉 신의 사랑을 오늘날까지도 우리를 계속 놀라게 하는 말로 묘사하고 있다. 인간은 자기 내면의 신, 즉 하나님의 형상(imago dei)을 일깨울 때 그리스도가 전해준 것과 같은 사랑을 표현할 수 있는 능력을 갖추게 된다.

사랑은 오래 참고 친절하며 사랑은 시기하지 아니하며 사랑은 자기를 자랑하지 아니하며 우쭐대지 아니하며 / 무례히 행동하지 아니하며 자기 것을 추구하지 아니하며 쉽게 성내지 아니하며 악을 생각하지 아니하며 / 불법을 기뻐하지 아니하고 진리를 기뻐하며 / 모든 것을 참으며 모든 것을 믿으며 모든 것을 바라며 모든 것을 견디느니라 / 사랑은 결코 없어지지 아니하되…… / 우리가 지금은 거울을 통하여 희미하게 보나 그때에는 얼굴을 마주 대하여 보며 내가 지금은 부분적으로 아나 그때에는 주께서 나를 아시는 것 같이 나도 알리라 / 그런즉 이제 믿음, 소망, 사랑, 이 셋은 항상 있으나 이것들 중의 가장 큰 것은 사랑이라(고린도전서 13장 4~8절, 12~13절).

기독교의 대표 인물로서 그리스도에 대적할 만한 인물은 물론 존재하지 않는다. 기독교인들의 믿음에 따르면 어떤 개인이 성령의 영향으로 성격의 변화를 겪고, 결과적으로 그리스도처럼 도덕적으로 완전한 존재가 될 수 있다는 생각은 신성모독에 가깝다. 그리스도는 기독교인들의 목적을 상징하면서도 인간의 형상을 한 가닿을 수 없는 온전함(perfection)의 원형으로 남아 있다. 한편 주목해야 할 또다른 중요한 사실은 지난 몇 세기 동안 수많은 사람들이 다양한 기독교 종파에서 제시한 방법을 통해 실제로 놀랍도록 변모했다는 것이다. 그들의 삶은 일종의 잔물결처럼 수 세대에 걸쳐 일렁이면서 개별 가족 단위에서의 관계뿐만 아니라 확실히 전 세계를 아울러 선한 영향력을 발휘할 수 있다.

이슬람교

이슬람교의 핵심 인물인 무함마드(Muhammad)는 570년경 메카를 주도하는 한 부족 집안에서 태어났다. 무함마드의 어린 시절은 때이른 양육자들의 죽음으로 얼룩졌지만, 무함마드는 특히 이러한 유년기의 상실에도 불구하고 심성이 착하고 호감을 주며, 온화하고 고통에 민감한 놀라운 특성을 지닌 청년으로 묘사되어 있다.[61] 청년 시절의 무함마드는 당대 사람들 사이에서 만연했던 부족 간 갈등으로 인해 고통받은 사람으로 그려져 있다. 그러한 배경에서 무함마드는 더욱 내향적이고 자기반성적인 인물이 되었다. 무함마드는 신앙심이 깊고 지적이며 영감을 주었던 카디자(Khadija, 무함마드보다 열다섯 살 많았다)와 혼인한 뒤 고독과 성찰을 위해 종종 히라 동굴을 찾았다. 무함마드가 깊은 사색 속에서 신의 계시를 받은 장소가 바로 히라 동굴이었다. 천사 가브리엘―유일신―은 알라의 명을 받아 무함마드에게 다음을 "읽어라"*라고 명령했다.

> 만물을 창조하신 주님의 이름으로 읽어라 / 그분은 (겨우) 한 방울의 응혈로 인간을 창조하셨노라 / 읽어라. 주님은 가장 은혜로운 분으로 / 연필로 (쓰는) 것을 가르쳐주셨으며 / 인간이 알지도 못하는 것도 가르쳐주셨노라(코란 96수라 1~5절).

무함마드는 그로부터 23년 동안 주기적으로 천사 가브리엘의 음성을 듣고 마음속에 간직했다. 다른 사람들은―어느 누구보다도 무함마드의 아내인 카디자는―이 새로운 예언자가 들은 계시를 기억하거나 기록했다. 그리고 이 계시는 후에 코란으로 알려지게 되었다. 무함마드가 오랜 시간에 걸쳐 받은 계시는 명백히 형이상학적이지도 않고, 인도 서사시처럼 극적인 이야기를 통해 전달되지도 않는다. 코란은 구약이나 신약 같은 역사적 서술도 아니고, 「바가바드기타」에서처럼 신을 의인화된 존재로 나타내지도 않는다. 코란은 대체로 교리로 이루어져 있으며 역사적인 부분은 매우 미미하다. 휴

---

* 이슬람 경전 '코란'은 아랍어로 '읽어라'라는 뜻이다(역자 주).

스턴 스미스가 이야기하듯이 "주종(主從, Lordservant)관계를 이해하는 것이 핵심일 때 다른 모든 것은 해설과 암시에 지나지 않는다. …… 코란에서 알라는 일인칭으로 이야기하며, 자기 자신과 규율에 대해 설명한다."[62] 무슬림들에게 코란은 "진실에 **관한** 것이 아니라 진실 **그 자체**이다."[63] 코란은 현세에서 알라의 뜻에 복종하는 방법―사실 이슬람이라는 말은 아랍어로 '복종(submission)'을 의미한다―을 알려주며, 복종의 목적은 현세에서의 삶을 변화시키고 내세에서 알라와의 영생을 얻는 데 있다. 무함마드가 세상을 떠난 632년경 그가 읽은 알라의 계시와 믿음은 당시로서는 전례 없는 방식으로 아라비아 전역으로 퍼져나갔다.

문제

이슬람교에 따르면 인간은 신성한 존재로서("하나님은 인간을 제일 아름다운 형상으로 빚으신 후", 코란 95수라 4절) 알라와 하나가 되기 위해 이슬람교를 믿는다. 그러나 인간은 현세의 예측 불가능한 상황 속에서 주변 환경에 굴복하고 욕정과 동물적 충동에 사로잡혀 있어 이기적인 욕망이 모든 것을 장악하는 **가플라**(ghaflah)―아랍어로 건망, 태만, 경솔을 의미―상태에 빠지는 경향도 있다. 이 같은 상태에 처하면 인간은 알라와 멀어지게 된다. 아이들이 이슬람이 아닌 다른 신앙을 통해 성장하는 경우가 많다는 사실은 인간의 이 같은 경향을 더욱 복잡하게 만든다. 이 아이들은 성인이 되면 삶의 방식이나 신에 대한 태도 측면에서 각기 다른 방향으로 나아갈 수 있으며, 완전히 불신하는 쪽을 택하게 될 수도 있다.

해결책

당연하게도 경솔과 건망에 대한 해결책은 기억하는 것이다. 이슬람교를 이해하는 방법 중 하나는 이슬람교가 기억하는 행위, 즉 우리가 누구인지,

우리가 어디에서 왔는지, 우리가 왜 창조되었는지를 기억할 수 있도록 돕기 위한 총체적인 실천과 의례를 제시하고 있음을 아는 것이다. 요컨대 인간은 알라의 존재와 신의 뜻에 대한 복종을 우선시하여 인간의 뜻을 약화하고자 하는 알라의 계획을 기억해야 한다. 이슬람교의 기본 구조는 신자들에게 새로운 삶의 방식을 제시할 만큼, 다른 일신교 신앙에서 요구하는 바를 뛰어넘는 수준의 반복과 준수를 요구할 만큼 기억하는 행위를 중요하게 여긴다. 알라가 인간에게 신의 현실과 뜻을 알리기 위해 아담, 아브라함, 모세, 그리스도 같은 예언자들을 보낸 이유도 기억의 필요성 때문이다. 그러나 신의 경륜(經綸)은 매 순간 오해되거나 왜곡되거나 망각되었다. 그리하여 위대한 마지막 예언자 무함마드가 인간을 찾아와 코란에 담긴 순수한 계시를 확실히 다지고 선언하게 된 것이다.

방법

알라가 인간에게 충고한 삶의 방식을 하나의 문장으로 표현하라는 요청을 받으면 무슬림은 "알라께서는 올바른 길을 따라 걸으라 하셨나이다"라고 대답할 것이다.[64] '올바른 길(straight path)'이라는 비유적 표현은 코란의 개경장에 바탕을 둔 것으로, 이 내용은 무슬림들이 하루에 다섯 번씩 올리는 기도에도 포함되어 있다.

> 자비로우시고 자애로우신 알라의 이름으로
> 온 우주의 주님이신 알라께 찬미를 드리나이다.
> 그분은 자애로우시고 자비로우시며
> 심판의 날을 주관하시도다.
> 우리는 당신만을 경배하오며 당신에게만 구원을 비노니
> 저희들을 올바른 길로 인도하여 주시옵소서.

그 길은 당신께서 축복을 내리신 길이며 노여움을 받은 자나 방황하는 자들이 걷지 않는 가장 올바른 길이옵니다(코란 1수라 1~6절).

그렇다면 올바른 길은 무엇으로 구성되어 있는가? 알라는 무함마드를 통해 현재 **이슬람의 다섯 기둥**(Five Pillars of Islam)이라고 알려져 있는 의무를 전했다. 첫번째 기둥은 **샤하다**(shahadah), 즉 "알라 이외의 다른 신은 없으며, 무함마드는 알라의 예언자이다"라는 단순한 선언으로 다른 모든 것의 근간이 된다. 이 선언은 무슬림이 삶을 살아가는 동안 자주 반복해 이야기하는 근본 신조일뿐만 아니라 구성은 간단하고 단순할지 몰라도 온전한 확신을 가지고 이야기하면 개인의 삶을 바꿀 만한 힘을 갖는 구절이기도 하다.

두번째 기둥은 **살라트**(salat)로, 무슬림이 매일 특정한 시간에(해뜨기 전, 정오, 오후, 해가 질 때, 잠들기 전) 이 세상의 어디에 있든지 메카를 향해 무릎을 꿇고 올리는 다섯 번의 기도를 가리킨다. 이 다섯 번의 기도는 무슬림들이 마음속으로 '끊임없이' 올려야 하는 기도를 다만 겉으로 드러내는 행위이다(코란 29수라 45절).

세번째 기둥은 **자카트**(zakāt), 즉 자선으로 현대 복지국가가 등장하기 전부터 수 세기에 걸쳐 지속된 원칙이다. 재정 상태가 좋은 무슬림들은 알라의 뜻에 따라 연간 소유 재산의 2.5퍼센트를 가난한 사람과 도움이 필요한 사람들에게 기부해야 한다.

네번째 기둥은 **사움**(saum), 즉 금식으로 무함마드가 처음 계시를 받은 뒤 메카에서 메디나로 이주한 달인 라마단(Ramadan) 기간에 가장 가시적으로 행해진다. 라마단 기간 동안 신체 건강한 무슬림들은 일출 때부터 일몰 때까지 음식이나 음료를 삼가야 하며, 그 이외의 시간에는 적당한 음식과 음료를 섭취할 수 있다. 이러한 실천은 알라에 의존해 있는 현실을 강조하면서 사려 깊은 생각과 자기수양을 고취하고 고통받는 이들에 대한 연민을 자극한다.

마지막 다섯번째 기둥은 **하즈**(hajj), 즉 메카 순례로 모든 무슬림이 자신이 살고 있는 지역과 무관하게 일생에 최소 한 번은 완수해야 할 의무이다. 순례는 신에 대한 헌신을 고취시키기도 하지만 모든 순례자가 출신 민족, 출신 국가, 사회적 계급, 젠더 등과 무관하게 **하즈**를 위해 똑같이 민무늬의 흰 옷을 입는다는 점에서 인간의 보편성과 평등성이라는 위대한 진실을 상기시키기도 한다.

결과

부처가 사제의 진리를 내면화하고 팔정도에 따라 살아감으로써 깨달음을 얻는 존재의 전형을 보여주고, 그리스도가 성령과 하나됨으로써 신의 사랑과 연민이라는 깨달음을 얻는 존재의 전형이 되듯 무함마드는 인간이 이슬람의 다섯 가지 기둥에 따라 살아갈 때 가능한 것들을 보여주는 '대표적 인물'이라고 할 수 있다.**65** 먼저 무함마드는 **경건함**(piety)의 자질을 대표한다. 경건함이란 알라와의 관계에서 완전히 헌신하고 전념하며 충실한 태도를 가리킨다. 이는 코란에 담겨 있듯이 개인의 뜻이 알라의 뜻에 영속적으로 복종함을 의미한다. 두번째로 무함마드는 진실을 부정하고 진실의 조화를 방해하는 모든 것에 끊임없이 관여하는 **개입**(engagement)의 자질을 대표한다. 이것의 본보기가 되는 가장 중요한 사례는 '대성전(al-jihād al-akbar)'으로, 신과 신의 뜻을 거스르는 쪽으로 향하는 인간의 육욕적 본성과의 지속적인 싸움을 의미한다.* 마지막으로 무함마드는 **관대함**(magnanimity)의

---

* 아랍어인 지하드(jihad)는 이슬람교에서 여러 가지 의미를 가진다. 이 책에서는 '대지하드(greater jihad)'라는 맥락에서 사용했는데, 이슬람교 전통에 따르면 대지하드는 알라에게 개인의 의지를 복종하는 내적 투쟁을 가리킨다. '소지하드(lesser jihad)'는 이슬람교에 반대하는 자들과의 물리적인(즉 폭력적인) 투쟁으로, 보통 극단주의자들을 통해 두드러지게 나타난다.

자질을 대표한다. 관대함이란 영혼이 관대하고, 모욕이나 상처를 용서함에 있어서 너그러우며, 과한 분노나 앙심으로부터 자유로운 상태이다. 관대함은 모든 인간을 대할 때 가져야 할 자선의 태도로, 받기보다는 베풀고 역경 앞에서도 고요하고 평화로운 상태를 유지하는 것을 의미한다.[66] 예언자 무함마드를 통해 대표되는 이 세 가지 자질은 신의 뜻에 복종하는 것이 인간 본성의 필수적인 부분이 됨에 따라 인간의 삶 속에서 알라의 영혼이 만개함을 보여준다.

전 세계적 종교들의 공통점

간단히 살펴본 각 세계의 종교가 자아의 문제 및 타인을 대상화하는 경향에 대해 제시하는 해결책은 매우 유사해 보인다. 인간은 단순히 자기 이외의 대상이 아니라 자기보다 더 크거나 자신을 초월하는 대상의 뜻에 복종한다는 점에서 그러하다. 그러나 그런 행위를 장기간에 걸쳐 지속한다고 해서 두 주먹을 불끈 쥐고 계속 의지력으로 분투하는 것이라고 볼 수는 없다. 이는 오히려 통제할 수 없는 힘에 저항하기를 포기하거나 자아를 고양하는 방식으로 의지력을 행사하려는 노력을 중단하는 굴복에 가깝다. 현재 순간에 복종하든, 항상 존재하는 신의 은총과 자비라는 현실에 복종하든, 신성한 대상에게 자연스러운 친밀감을 느꼈던 기억에 복종하든 복종의 과정은 모두 동일하다. 역설적이게도 인간이 오랜 시간에 걸쳐 복종한 행위의 결과는 변화이다. 자아가 정화되고 정제되며, 심지어 새로운 피조물로 다시 태어나는 것이다. 이 새로운 자아는 (사회적 명령과 역할, 사회경제적 지위, 성취, 특정 물건의 소유 등을 통해 정의되는) 전통적 의미에서의 자아가 아니라 세상과 '하나된' 자아이다. 자아의 제한적인 경계도 더이상 스스로를 단지 신체나 가족, 국가, 인간종에만 동일시하지 않고 모든 존재와 동일시하는 지점까지 초월된다. 이렇게 조금이라도 깨달음을 얻은 상태로 나아가다보면 더는 자기 자신의 이익만을 악착같이 좇지 않게 되므로 타인을 대상화하는 경향도 자연스럽게 줄어든다. 더불어 자신의 선택과 행동이 타인에게 미치는 영향을 보다 잘 인지하여 세상과 더욱 평화적으로 공존하며 살아가게 된다.

이렇게 보편을 향해 나아간 놀라운 사례들은 특정 문화권의 종교적 전통에서 권장한 '탁월한' 방법들을 실천해 실제로 변화를 체험한 개인들에게서 찾아볼 수 있다. 힌두교의 영향을 받은 인물로는 모한다스 K. 간디와 스와미 비베카난다(Swami Vivekananda)를 들 수 있다. 유대교에서는 랍비 요세프 기카탈리아(Joseph Gikatilla)와 모세 벤 마이몬(Moses ben-Maimon), 마르틴 부버가 유사한 체험을 한 바 있다. 불교에서는 쳉엔(Cheng Yen), 틱낫한, 달라이라마 성하가 대표적이다. 기독교에서는 아시시의 성 프란체스코, 토마스 머튼(Thomas Merton), 테레사 수녀 같은 인물을 찾아볼 수 있다. 이슬람교에서는 알 할라즈, 흐와자 압둘라 안사리(Khwaja Abdullah Ansari)가 좋은 사례이다. 이들 종교는 신조, 의식, 숭배하는 신 등이 각기 다르지만 지고의 영성으로 달성할 수 있는 최종 목표는 서로 매우 유사한 형태를 띤다. 앞에서 언급한 개인들은 각기 다른 시대, 지역, 문화적 세계관을 대표하지만 이들이 엉겹결에 같은 방에 모이는 상황이 벌어진다면 서로가 성격, 삶의 경험, 인생의 의미 및 바람직한 인간 삶에 대해 내린 결론 측면에서 모두 비슷한 사람임을 알게 될 것이다.

이는 그리 놀랄 만한 사실이 아니다. 전 세계적 종교들 간에 엄청난 차이가 존재한다는 사실에는 어느 누구도 반박하지 않겠지만, 이렇게 세계적이고 위대한 종교들이 동의하는 매우 중요한 유사점들이 존재한다는 사실에는 더욱 깊은 주의를 기울여야 한다. 이 종교들이 공유하는 유사점들은 (1) 우주에는 인간이 접근할 수 있는 객관적인 현실이 존재함을 암시하고, (2)

시대나 문화와 무관하게 인간의 정신 속에는 다양한 수단을 통해 접근할 수 있는 보다 깨달은 수준의 의식이 존재함을 암시한다는 두 가지 측면에서 중요하다. 경험적 근거에 따르면 이러한—본질적으로 객관적이든 주관적이든—현실에 접근하는 행위를 통해 내적 변화가 촉진되며, 경험을 하는 주체들이 가졌던 세상에 대한 관점 및 세상과 상호작용하는 방식도 근본적인 차원에서 변화한다. 윌버의 말과 같이 인간에게는 '영적 현실이 내재화'되어 있고, "개개인이 우주의 영적 현실에 대응할 수 있도록 돕는 실천적 행위라면 그러한 현실에 대한 인간의 이해와 적응성도 증진할 것"이라는 점은 자명해 보인다.[67] 그렇다면 앞에서 언급한 각 종교들 간의 유사점은 구체적으로 무엇인가? 윌버는 확신할 수는 없으나 다음의 일곱 가지가 포함될 수 있다고 이야기한다.

1. 영(靈)은 각기 다른 명칭으로 불릴 수는 있으나 분명 존재한다(즉 우주에는 경험과학을 통해 직접 분석할 수는 없으나 다른 앎의 방식으로는 알 수 있는 어떤 힘(Force)이나 존재(Presence)가 현존한다).

2. 영(靈)은 '저기 바깥'에 존재하지만 '바로 여기에'서 찾을 수 있으며, 열린 마음과 정신을 가진 자의 내면에서도 모습을 드러낸다.

3. 그러나 대부분의 인간은 내면에 있는 이 영(靈)의 존재를 깨닫지 못하는데, 그 이유는 죄, 분리, 이중성의 세계에서 살아가기 때문에, 즉 타락하거나 환영에 빠져 있거나 분열된 상태로 살아가기 때문이다.

4. 죄, 환상, 부조화로 점철된 이 타락의 상태에서 벗어날 수 있는 방법은 존재한다. 인간을 해방시켜줄 길(Path)이 존재한다.

5. 인간이 그 길을 끝까지 따라간다면 그 결과로 부활 혹은 깨달음, 내부 및 외부에서의 직접적인 영적 체험, 지고의 해방(Liberation)이 찾아올 것이다.

6. 이 해방은 죄와 고통을 종결한다.

7. 이 해방은 모든 지각 있는 존재를 대변하는 자비롭고 연민어린 사회적 활동을 통해 모습을 드러낸다.[68]

월버[69]는 여기에 두 가지 유사점을 덧붙였다. 하나는 진정한 영성(靈性)은 현대 과학의 연구 결과를 **초월하고 포괄**해야 한다는 것이다. 다시 말해서 진정한 영성은 과학을 부인하거나 거스르거나 무시하지 않고, 과학적 결과물을 통합해 단순한 감각세계를 초월한다는 의미이다. 과학은 진정한 영성에 상한선을 설정하지 않으며, 오히려 진정한 영성의 밑바탕으로 작용(달라이라마가 과학에 대해 보여준 깊은 관심과 사랑, 존중은 이 관점을 보여주는 훌륭한 사례이다)한다. 예를 들어 진정한 영성은 진화와 관련된 사실들을 수용하는 관점을 취한다. 진정한 영성은 자연선택을 자연계에 질서를 부여하는 기본적인 과정으로 받아들인다. 또한 종(種)이 발생하고 지질학적인 변화가 일어나기 위해서는 오랜 지질학적 시간이 필요하다는 사실을 인지하고 이해한다. 그런 다음에야 인류가 어떻게 하면 계속해서 의식을 발전시킬 수 있을지, 어떻게 해야 의식을 확장하고 개선해 관심의 영역을 점점 더 넓힐 수 있을지를 탐구하고 구체화한다. 그러나 진정한 영성은 '과학주의'(오로지 과학적 방법만이 진실에 도달할 수 있는 타당한 방법이며, 감각 정보가 현실의 가장 근본적인 측면을 보여준다는 관념)에 바탕을 둔 가정에 국한되지 않는다. 진정한 영성이 가정하는 바에 따르면 내적이고 비감각적인 앎의 방식도 타당하기 때문이다. 월버가 덧붙이는 또다른 유사점은 인간이 정신적 삶을 정돈하면—즉 정서적 문제와 성격적 결함을 극복하면—영적 능력 향상에 도움이 될 수 있다는 것이다. 예를 들어 어떤 여자가 주기적인 명상을 통해 자기만의 생각의 감옥으로부터 빠져나오는 능력을 기르는 것은 가능하지만, 가족과의 괴로운 과거를 극복하지 못한다면 지속적인 발전은 좌절될 가능성이 높다. 세계적으로 저명한 불교 철학자이자 마음챙김 명상의 전문가인 잭 콘필드(Jack Kornfield)는 다음과 같이 이야기했다.

나의 명상은 [……] 관계의 측면에서는 거의 도움이 되지 않았다. 나는 여전히 정서적으로 미성숙하며, 불교 수행을 하기 전부터 가지고 있던 비난과 두려움, 수용과 거절이 반복되는 고통스러운 패턴을 똑같이 따르고 있다. 다만 이제야 공포라는 새로운 패턴을 보다 분명하게 직시하기 시작했을 뿐이다. [……] 나는 정신력을 동원해 명상을 실천하면서 고통스러운 감정을 잠재웠지만 내가 화가 났었다거나 슬펐다거나 비통했다거나 좌절스러웠다는 사실을 오랜 시간이 흐른 뒤에야 인지하게 된 적도 너무나 많았다. 나는 감정을 다루거나 정서적인 관계를 맺거나 친구를 비롯해 사랑하는 사람들과 원만하게 지내는 데는 거의 소질이 없다. [내] 삶을 이루는 대부분의 영역은 [……] 꽤 날것의 미완성 상태였다.[70]

각각의 영적 전통에서는 인간의 영적 성장이란 일생에 걸쳐 진행되는 과정이며, 인간의 완성은 사실상 불가능하지만 점진적인 개선 과정을 거친다면 낮은 수준의 완성에는 이를 수 있다고 인정한다. 또한 이 개선 과정은 각 개인이 구조화된 지지 공동체에 참여하고, 각자의 신앙에서 추구하는 심오한 이상을 지속적으로 내면화하며 신의 은총을 받을 때 일어날 수 있다고 주장한다.

비종교적인 자기초월 방법에 관한 첨언

오늘날에는 점점 많은 개인들이 (유신론적이든 비신론적이든) 어떤 종교적 신념이나 교리에 형이상학적 믿음을 갖지 않으면서도, 규칙적인 영적 수행의 일환으로 자아의 제한적인 경계를 초월하고자 분투하고 있다. 이들이 활용하는 구체적인 전략들(마음챙김 명상, 비파사나 명상 등)은 대체로 고대 힌두교의 요가 전통이나 불교의 명상 전통에서 직접 유래했다. 이러한 실천 전략들은 맹신에 가까운 믿음을 가져야 한다거나 은혜를 입으려면 우주의 본질에 대한 특정 가정들을 지지해야 한다고 강요하지 않는다. 본질적으로 이 수련들은 현재 경험에 대한 인식을 고양하고, 불청객처럼 찾아오는 생각과 감정에 대해 판단을 유보하고 거리를 두면서 관찰하는 태도를 취하며, 자신의 생각과 감정 '이면에' 있는 의식적 인식과 점점 더 공감하는 것을 목표로 삼는다는 공통점을 가지고 있다. 언뜻 쉽다고 느껴질 수도 있는 수련이지만 어느 한 가지라도 실제로 시도해본다면 전혀 그렇지 않다는 사실을 알게 될 것이다. 마음챙김 명상을 통해 얻게 되는 성과들, 예를 들면 반추하는 생각이 줄어들고, 스트레스가 경감되며, 집중력과 기억력이 활성화되고, 감정적 반응이 줄어들며, 인지적 융통성이 증대되고, 자기에 대한 통찰이 향상되며, 두려움이 줄어들고, 도덕심이 고양되며, 연민에 대한 능력이 향상되는 결과를 깨우치기 위해서는 일반적으로 상당한 시간과 규칙적이고도 부지런한 실천이 필요하다.[71] 그동안 수많은 연구 결과를 통해 입증된 바에 따르면 규칙적인 명상을 하는 사람들은 정신건강과 육체건강 모두를 아우르는 실질적인 이점을 얻을 수 있다고 한다.[72]

17장

대상화에 대한 해독제
깨달음의 스펙트럼

현실의 비이원성(nondualistic)을 받아들이면 폭력의 길을 밟게 된다. …… 진심으로 평화가 이루어지기를 원한다면 현실의 분리일랑 전혀 존재하지 않는 것처럼 바라보려고 노력해야 한다. …… 타인이 행복하지 않다면 내가 [진심으로] 행복해지는 것도 매우 어렵다는 사실을 우리는 경험을 통해 알고 있다.

—틱낫한[1]

이해한다는 것은 무언가를 아는 것뿐만 아니라 그 무언가를 알 수 있다는 사실까지 아는 것이다.

—존 던(John Donne)[2]

깨달음의 스펙트럼

3장에서 제시한 대상화 모델은 일종의 오해의 스펙트럼으로, 심리적 경계의 경직성이 강화되고 타인에게 폭력을 가할 가능성이 증대되는 현상이 특징적이었다. 대상화 스펙트럼의 가장 최저점에 위치한 **일상적 무관심**은 대부분의 인간이 대부분의 시간에 경험하는 현상이며, 이때 우리는 극히 소수의 타인만을 소중한 주체로 간주한다. 대상화 스펙트럼에서 가장 넓은 중간지대를 차지하고 있는 **유도체화**는 타인을 우리의 필요, 욕구, 두려움, 소망에서 파생한 한낱 대상으로 간주하는 현상이다. 유도체화 과정이 진행되면 다양한 방식을 활용해 타인을 희생시키면서 자신의 목적을 달성하려고 한다. 대상화 스펙트럼의 이 중간지대에는 언뜻 사소해 보이는 현상(노출이 심한 옷을 입은 여자들이 맥주를 두고 '캣파이트'*를 벌이는 장면으로 구성된 텔레비전 광고)에서부터 노골적으로 적대적인 현상(폭력적인 충돌이 지속되는 가운데 의심스러운 전투원들에게 체계적으로 모욕과 고문을 가하는 행위)에 이르기까지 각양각색의 행동과 태도가 포함된다. 대상화 스펙트럼의 최고점에 위치한 **비인간화**는 극단적인 대상화를 가리키며, 비인간화 상태에서는 특정 사람들의 인간성을 부인하고 그들을 인간 이하의 존재로뿐만 아니라 인간이 아닌 존재로까지 간주한다.

대상화 스펙트럼이 악에 관한 인간 본성의 성향을 정확하게 기술하고 있다면 사랑, 연민, 전 세계와의 상호연관성에 대한 인식 같은 인간의 능력은 대상화 스펙트럼과 반대되는, 다양한 수준의 깨달음으로 구성된 하나의 연속선을 이룬다고 볼 수 있다. 그동안 깨달음은 여러 가지 방식으로 정의되어 왔는데, 그 이유는 깨달음이라는 것이 인간 경험의 한 가지 측면만을 대표하지 않기 때문일 가능성이 높다. 깨달음의 의미는 우리의 분석 수준뿐만 아니라 우리가 가진 기대와 독특한 문화적 관점에 따라서도 달라진다. 예를 들어 달라이라마 성하는 깨달음을 "비생산적인 감정과······ 그러한 감정으로 인해 갖게 된 성향으로부터 자유로운 상태"[3]라고 정의한다. 또한 틱낫한

---

* 남자들이 길거리에서 불특정 여성에게 범하는 성희롱적인 언행인 캣콜링(catcalling)처럼 캣파이트(catfight)도 여자를 고양이(cat)에 비유해 여자들끼리 벌이는 싸움을 지칭하는 표현이다(역자 주).

은 깨달음을 "기표들의 세계(즉 사물의 외관만을 인식)에서 본질의 세계로 나아갈 수 있는 능력"[4]으로 정의한다. 선종의 수행자 샬럿 조코 벡(Charlotte Joko Beck)은 깨달음을 "…… 나 자신과 내 삶의 환경이 어떠하든 둘 사이에…… 아무런…… 분리(즉 저항)도 존재하지 않는 바로 그런 상태"[5]라고, 저명한 작가이자 강사 앤드루 코언(Andrew Cohen)은 깨달음을 "개인이 삶과 맺어온 본질적으로 자기중심적인 관계를 종결하게 되는 상태"[6]라고 정의한 바 있다. 켄 윌버가 제시하는 깨달음은 "지금까지 발전해왔고 앞으로도 언제든 존재할 모든 상태 및 수준과의 하나됨을 자각하는 것"이다.[7] 에크하르트 톨레(Eckhart Tolle)는 깨달음을 '삶과 하나됨'이라고 정의했는데, 이는 현재 순간을 있는 그대로 온전히 받아들이는 것을 의미한다.[8] 명망 있는 인도의 신비주의자 오쇼 라즈니쉬(Osho Rajneesh)는 깨달음에 대해 "움직이는 자기 자신을 지켜보는 것에 대한 보상"이라는 간결하고도 수수께끼 같은 정의를 제시한다.[9]

깨달음에 관한 다른 정의들도 근본적으로는 동일한 주장으로 이루어져 있을 것이다. 깨달음을 경험하는 사람은 의식적 인식 수준에서 극적인 변화를 겪음으로써 본질적인 긍정성을 갖게 되고 삶을 깊이 있게 낙관하며, 더없는 자기초월 상태에 도달한다고 말이다. 이를 고려해 이 책에서는 깨달음을 대상화와 대립되는 과정(거울의 반대상 같은 과정)으로 이해해야 한다는 입장을 취하고자 한다. 대상화의 특징이 타인의 주체성을 오해하고 우리가 다른 존재와 상호연관되어 있다는 사실을 충분히 인식하지 못하는 점에 있는 한편, 깨달음은 이와 반대로 '타자 안의 자아' 및 다른 존재와의 근본적인 상호연관성에 대한 인식이 고양되는 상태를 특징으로 한다. 대상화 스펙트럼과 깨달음의 스펙트럼을 겹쳐보면 인간이 이룰 수 있는 최상의 수준(우측)에서 최악의 수준(좌측)까지 아우르는 인간 정신 및 행동의 광대한 스펙트럼이 형성된다([그림 17.1] 참고).*

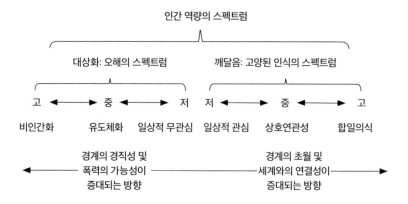

[그림 17.1] 인간 역량의 스펙트럼

　　수치상으로 보면 대부분의 인간은 [그림 17.1]의 중간지대에 위치해 있으며, 양극단으로 갈수록 각각에 해당하는 인구수는 감소할 가능성이 높다. 그러나 나는 현재 인구 곡선을 다시 그려본다면 우측보다는 좌측으로 살짝 치우쳐 있을 것이라고 생각한다. 그 이유는 아주 오래된 과거와 비교한다면 차이가 있을지는 몰라도 사리사욕의 추구, 배타성, 협소한 관심사는 인간이 늘 지니고 있는 자연스러운 특성인 것처럼 보이는 반면, 스펙트럼의 우측으로 나아가려면 희생, 절제된 활동, 교육이 필요하기 때문이다. 이미 언급했듯이 스펙트럼 우측의 높은 수준에 도달하려면—진심으로 사랑을 하고 마음은 순수하며 영혼은 가난해지려면—자기포기(selfsurrender)라는 역설에, 단순해 보이지만 가장 힘겨운 단계에 발을 내디뎌야 한다. 한편 텔레그래프, 라디오, 전화기, 텔레비전 같은 통신기술과 지금의 인터넷 및 무선전화 기술 등 비교적 최근에 이루어진 발전의 여러 문제점에도 불구하고 이러

---

* 　명확한 이해를 돕기 위해 대상화 스펙트럼을 좌측에 두고 3장에서와 달리 좌우 방향을 바꾸었다.

한 발전 덕분에 전례없이 많은 사람들이 이 세상의 정보에 사실상 무제한으로 접근할 수 있게 된 것도 사실인 듯하다. 이와 같은 혁신은 그 어느 때보다도 더 많은 사람들이 멀리 떨어져 있는 곳에 사는 타인의 삶을 생생하게 알 수 있게 해준다. 이러한 발전이—이 장의 뒷부분에서 논의하겠지만 스티븐 핑거가 강조한 바와 함께—우리의 인식 영역에 어떤 영향을 미칠지는 두고 보아야 할 문제이지만 합일에 대한 집단적 감각이 극적으로 증대될 가능성은 상당하다.

지금부터는 스펙트럼의 우측을 이루고 있는 세 가지 구분점을 개괄적으로나마 설명하고자 한다. 특히 한 가상의 인간이 각기 다른 깨달음의 수준에서 어떤 행동적·심리적 양상을 보이게 될 수 있는지를 살펴볼 것이다.

일상적 관심

깨달음의 스펙트럼 최저점에 위치한 **일상적 관심**(Casual Concern)은 타인과의 기본적인 동질감을 인식하고 인정하는 온건한 상태가 특징이다. 이 낮은 수준의 깨달음은 주로 자기중심적인 인식 상태와 공존하며, 이 수준에서는 주기적인 마음챙김 수행도 가능하다. 그러므로 일상적 관심 수준에서는 무(無)자아 상태를 짧게나마 경험할 수 있으며, 이를 통해 타인 및 그들 주변 세계를 평상시처럼 무심코 바라보는 것이 아니라 온전히 인식할 수도 있다. 일상적 관심 수준에 있는 개개인들은 타인의 국적, 출신 민족, 피부색, 성적 지향, 정치적 성향, 종교적 신념 등과 무관하게 세계 전반에 대해 일반적으로 선의의 태도를 취한다. 그러나 '불가피한 군사적 개입'의 필요성을 지지한다거나 특정 문화에 대해 상당한 자부심과 동일시를 느낄 수도 있고, 민족주의 및 일반적인 전쟁에 내포된 문제적인 속성을 미약하게나마 품고 있을 가능성이 있다. 이들은 환경에 대한 기본적인 관심과 의식을 지닌 다른 피조물과의 교류 경험도 가지고 있다. 또한 자신이 매 순간 겪는 삶의 경험이 끊임없이 이어지는 수십억 가지의 경험 중 하나에 불과하며, 현실에 대한 개인적 관점이 스스로 느끼기에는 현실적이고 타당할지라도 수많은 관점 중 하나에 불과할 수도 있고, 반드시 '사실'에 해당하지 않을 수도 있다는 점을 막연하게나마 인식한다. 뿐만 아니라 우주에서 벌어지는 막대한 집단적 고통을 제한적으로 인식하며, 자신이 따르는 삶의 방식이 한 가지 형태에 불과하고 대부분의 사람보다 훨씬 특혜받은 삶을 누리고 있을지도 모른다는 사실을 인지하고 있다. 그러나 이들이 다른 모든 인간종에 대해 (그리고 우주 전체에 대해) 갖는 일상적인 호기심과 관심은 보통 타인이나 환경을 위한 유의미하고 꾸준한 행동으로 이어지지 않는다.

상호연관성

깨달음의 스펙트럼 중간에 위치한 **상호연관성**(Interconnectedness) 수준에서는 일상적 관심을 통해 어렴풋하게 인식했던 현실이 더욱 선명하게 드러난다. 예를 들어 이 수준에 도달한 사람들은 명상이나 요가, 특정한 종교 의식, 기도, 태극권, 예술활동, 하루에 수차례 조촐하게나마 마음챙김을 수행하고자 하는 시도 등을 주기적으로 실천함으로써 현재 순간을 체험하는 일에 더 집중한다. 그러므로 여전히 자아의 영향 아래 살아가고 있을지라도 상호연관성 수준에 이른 사람들은 자신이 언제 자아의 통제에 갇혀 있는지 인식할 수 있으며, 이에 따라 자아중심적 반응의 강도 혹은 지속 기간을 줄이거나 단축하는 데 있어서 유리할 수 있다. 또한 진실에는 국가적·종교적·문화적 경계가 존재하지 않고 진실은 다양한 출처와 탐구 방법에 바탕을 두고 있으며, 어떤 문화 구조도 현실에 대한 정확한 이해를 독점할 수 없다는 사실을 인지하고 있다. 그렇다고 해서 모든 문화적 추정과 가치들이 우주를 정확하게 기술하고 인간의 번영을 촉진하는 능력 면에서 동등한 것은 아니라는 사실도 깨닫고 있다. 모든 인간이 공유하는 공통점(사랑하고 사랑받으며 의미 있는 목적을 위해 자신을 헌신하고, 기본적 욕구를 품위 있는 방식으로 충족시킬 수 있는 능력에 대한 욕망)에 대해 고양된 인식을 갖는 이들은 모든 인간과 지속적이고 강력한 동질감을 느낀다. 이에 모든 인간이 선의와 대의성을 갖춘 정부 및 법률 속에서 살아가고, 인간 존엄성의 기반을 이루는 기본적 서비스(교육, 보건의료, 적절한 주거, 위생, 깨끗한 공기와 물)를 제공받을 수 있는 기회를 갖기를 바라는 강렬한 바람도 지닌다. 뿐만 아니라 이들은 색다른 삶의 방식과 물리적 환경에 대해서도 상당한 관심을 갖는다. 그러다보니 자신이 남기는 '생태 발자국(ecological footprint)'[10] ─ 인간의 개인적인 생활방식이 지구 및 지구의 한정된 자원에 미치는 영향. 생태 발자국을 인지하는 사람들은 좀더 세계적인 차원의 황금률(모든 문화권마다 다르다)에 따라 살기 위해 노력한다 ─ 에 대해서도 알고 있으며, 지구상의 모든 인간이 동일한 생활방식에 따라 살아간다고 할 때 따랐으면 하는 방식에 더욱 부합하는 삶을 살아가고자 한다. 이들은 지각이 있는 다른 피조물들의 고통을 일상적 관심 수준에 있는 사람들보다 더욱 높은 수준으로 인식하기 때문에 지구 전체의 고통을 최소화하고, 지구의 생태계를 보호하기 위해 육식 소비를 삼가거나 식단을 채식으로 바꿀 가능성도 높다. 마지막으로 이들은 영적 빈곤함과 위에서 아래로 흐르는 방향성이 특징인 폭력을 타파해 인간 문제를 해결하기 위해 비폭력이라는 이상에 많은 노력을 기울이며, 아직까지 분출되지 못한 비폭력의 잠재력이 강력한 힘을 발휘해 생명을 파괴하지 않으면서도 억압을 줄이고 사회적 진보를 이룰 수 있다고 믿는다.

그러나 상호연관성 수준에 있는 사람들이 따르는 기본적인 기준은 ─ 자아는 ─ 삶에서 더욱 충만한 일체감을 깨닫지 못하게 하는 주요 방해물로 작용한다. 자아가 계속해서 존재의 핵심으로 인식되기 때문에 어떤 대상에 대한 앎은 그 자체에 대한 앎이 아니라 자아를 기준으로 한 앎이 된다. 바로 이것이 대상화 초월을 향해 상당한 진전을 이룬 사람과 실제로 대상화 초월이라는 목적을 달성한 사람을 구분짓는 마지막 장벽이다.

합일의식

합일의식에 관한 내용은 5장을 비롯해 다른 장에서도 이미 여러 번 소개한 바 있다. 간단히 다시 정리하면 합일의식은 전 세계의 위대한 지혜와 전통에서 극찬하는 인간 인식의 정점을 가리키며, 대체로 깨달음과 동일한 의미를 갖는다. 합일의식이라는 인식 상태에서는 정체성이 피부라는 경계에서 중단되지 않고 우리가 다른 인간, 사실상 모든 존재와 '하나'라고 인식하게 된다. 다시 한번 이야기하지만 합일의식은 정신적으로 '현실과 단절'되는 상태를 가리키지 않는다. 위대한 사상가들도 현실적인 차원에서는 본인이 분명한 위치, 필요, 생각, 감정 등을 가진 상태로 존재한다는 사실을 잘 알고 있었다. 그러나 그들은 다른 존재와 하나가 되는 영적 현실을 내면에서 체험했고, 이 체험은 그들이 주변 세계를 이해하고 세계와 상호작용하며 세계를 가치 있게 여기는 방식을 근본적으로 뒤바꾸어놓았다.

합일의식은 상호연관성을 인식하는 수준에서 얻은 깨달음이 완전히 만개하는 상태를 가리킨다. 이처럼 가장 높은 수준의 인식에 도달한 소수의 사람들은 현재 순간을 있는 그대로 받아들이며 살아간다. 결과적으로 그들은 거의 모든 활동에―걷기를 하든, 운전을 하든, 설거지를 하든, 차를 우리든, 다른 사람들과 이야기를 나누든―마음챙김 상태로 임할 수 있게 된다. 다시 말해서 생각에 잠기거나 감정에 반응하는 것이 아니라 현재의 경험에 계속해서 집중한다. 더욱이 제임스 파울러가 제시한 신앙의 6단계 중 마지막 '6단계: **보편화하는 신앙**'이 인간이 성취할 수 있는 가장 높은 수준의 신앙을 보여주듯이 합일의식은 깨달음의 스펙트럼에서 우측으로 향할수록 갖게 되는 두 가지 경향을 현실로 구현해준다. 파울러는 유신론의 관점에서 그중 첫번째 경향이 **자아중심성으로부터의 이탈**, 즉 존재의 중심에 위치했던 자아를 '탈중심화'하는 것이라고 주장한다. 이러한 탈중심화는 (a) "이웃으로 간주하는 존재들로 구성된 인식의 틀이…… 자아로부터 직계가족으로, 직계가족으로부터 우리와 정치적·종교적 관점을 공유하는 대가족과 친구들로, 그리고 마지막에는 포괄적인 의미에서의 인류 혹은 존재를 넘어서는 영역으로 확대"[11]되고, (b) "창조주의 가치화 과정에 관여하게 될 만큼 탈중심화가 진행되어…… 취약하고 불안한 피조물의 관점보다는 피조물들을 향한 창조주의 사랑에 더욱 가까운 관점을 [얻게 되는]"[12] 두 단계로 진행된다.

합일의식에 도달한 사람들이 갖게 되는 두번째 경향은 '자기를 비우다'라는 뜻의 그리스어 **케노시스**(kenosis)로 설명할 수 있다. 종종 '초탈'이나 '사심 없음'으로 묘사되는 케노시스는 "개인이 가치와 영향력으로 구성된 삶의 유한한 중심을, 의미와 안전을 약속하는 개인적 삶을 거침없이 뛰어넘어 애정을 품은……" 결과이며, "[케노시스는] 사랑과 믿음 속에서 신의 급진적 사랑에 보내는 개인의 총체적이고도 충만한 응답에 해당"[13]한다. 경험적 증거에 따르면 이와 같은 자아의 급진적 탈중심화에 반드시 유신론적 체계가 필요한 것은 아니다(수많은 사례 중에서 한 가지를 언급한다면 비신론적 불교 전통을 따르는 위대한 신비주의자들을 들 수 있다). 자아의 탈중심화를 유신론의 맥락에서 경험하든, 무신론의 맥락에서 경험하든 최종 결과는 동일하다. 더더욱 광범위한 세계와 동일시하게 되면서 자아가 역설적으로 비존재의 상태로 축소되는 것이다. 이러한 과정은 어째서 합일의식에 도달한 사람들 중 일부가 자기 주변에 문자 그대로 '해방 구역'을 형성해 주변인들로 하여금 시공간의 사회적·정치적·경제적·이념적 한계를 초월하도록 고무하는 듯해 보이는지를 설명하는 데 도움이 된다. 이들은 생면부지 이방인들의 삶을 개선하고 생기를 불어넣기 위해 목숨까지 바치는 경우도 흔하며, 그러다보니 억압적인 제도의 이해관계와 충돌할 때도 많다. 결과적으로 변화에 필요한 도움

을 주려고 했던 상대방의 손에 죽게되는 경우도 있다.[14]

이렇게 위대한 사상가들은 소수에 불과하며 궁극적으로 죽음을 맞이하는 경우가 많지만, 이들의 삶은 삶이라는 방대한 바다에서 돛을 달고 항해하는 장엄한 쾌속 범선과도 같다. 이들은 삶이라는 바다에서 항해하면서—처음에는 좁지만 점점 넓어지는—대단한 항적을 남기곤 한다. 그 이외의 사람들은 그들이 지나가면서 남긴 항적의 영향을 받는다. 작고 조악한 선박에 타고 있는 많은 사람들은 그들이 남긴 영향으로서 바닷물이 이따금씩 출렁이는 장면만 (무엇이든 알아차린다면) 목격하게 될 테지만, 우리 중에서도 보다 민감한 이들은 실제 항적을 인식할 것이다. 시간이 흐르면서 더욱 많은 이들이 바다에 남은 항적을 경험하고 그에 따라 움직이면 인간에 대한 전반적인 인식도 비록 점진적으로라도 진보하고 깊어진다. 그러나 명심해야 할 중요한 사실은 합일의식에 도달한 이들이 이처럼 놀라운 발전을 이루어낸다고 해도 도덕적·지적·심리적·사회적 측면에서 완벽한 인간은 아니라는 것이다. 깨달음을 얻었다고 하더라도 인간인 이상 삶이 끝날 때까지 계속해서 자기만의 약점과 '맹점'에 맞서야 한다.

인간의 영적 성장: 가능한 것과 일반적인 것

16장에서 언급한 잭 콘필드의 사례에서처럼 인간은 대부분 '날것' 혹은 '미완성' 상태로 남아 있다. 그렇기에 우리는 간디나 테레사 수녀가 도달한 경계 초월의 경지에 이르지 못할 가능성이 높다. 그런데 한 가지 더 인식해야 할 중요한 사실은 세상을 인지하는 기본적인 방식이나 영적 실재를 분별하는 능력 측면에서 모든 사람이 동일하지 않다는 점이다. 7장에서 소개한 윌버의 의식의 스펙트럼에서 유추할 수 있듯이 우리 중 일부는 아폴로적인 유형에 가까운 사람으로서 지적인 기질을 가지고 있고, 통제되고 분석적이며 '거리를 두는' 접근법을 통해 진리에 다가가려고 할 수 있다. 또다른 이들은 보다 디오니소스적인 세계관을 통해 진리를 분별할 때 감정적이고 직관적인 방법을 선호할 수 있다. 한편 경험에 기반한 실용적인 방법으로 무형의 현실을 발견하고자 하는 보다 실용적인 유형의 사람도 있을 수 있다. 그리고 이들이 취하는 각각의 방법은 나름의 강점과 약점을 가지고 있다. 예를 들어 아폴로적인 유형의 사람들은 자신의 체계 속에서는 논리적 일관성을 확보할 수 있지만, 위대한 영적 진리가 모순적이고 역설적인 속성을 갖는 경향이 있다는 사실을 대부분의 경우 간과할 수도 있다.[15] 디오니소스적 유형의 사람들은 "사랑은 인간을 구분짓고 분리하는 모든 장벽을 초월하고 치유할 수 있다"라는 말처럼 영적 진리의 미묘하고 감정적이며 본능적인 측면을 더욱 열린 마음으로 받아들일 수 있지만, 본질적으로 양립이 불가능한 주장(신은 지극히 자비로운 존재이지만 복종하지 않는 자에게 고통을 가하기도 한다)을 지지하는 관점을 취하게 될 수도 있다. 한편 실용주의자에 속하는 사람들은 원하는 결과를 이룰 수 있는 방법을 찾아내는 데 능할 수는 있지만, 무언가가 '효과가 있다'고 해서 그것이 반드시 객관적인 진리는 아닐 수도 있다는 사실을 인지하지 못할 수도 있다. 예를 들어 냉장고 크기만한 다이아몬드가 뒷마당에 묻혀 있어 매일같이 그 다이아몬드를 찾아 땅을 판다면 가족들이 한데 모여 서로 많은 의미를 공유할 수 있을 것이라는 생각을 할 수는 있지만, 냉장고 크기만한 다이아몬드는 당연히 허상일 수밖에 없다.[16]

16장에서 살펴본 전 세계의 신앙적 전통들은 인간이 현재 위치해 있는 곳에서 영적 성장을 위한 과정을 지속해나갈 수 있도록 기본적인 주춧돌이 마련되어야 성공적인 결과를 이룰 수 있다는 깨달음을 전해준다. 그러나 깨달음을 압도적이고 위엄 있는 산의 정상으로 향하는 수많은 길에 비유하는 고리타분한 은유로 설명한다면, 우리가 반드시 인식해야 할 점은 실제로 정상에 도달하는 사람보다 훨씬 많은 이들이 정처 없이 온갖 주차장이나 오솔길, 길의 변두리에서 맴돌게 된다는 사실이다. 여러 지혜로운 전통들이 권하는 도덕적 훈계나 가르침, 계율, 직관적 지시 등은 필요성이 있을지는 몰라도 인간에게 깨달음을 주기에는 충분하지 않다. 그 이유는―여러 지혜로운 전통에서 명확히 밝히고 있듯이―인간은 선천적으로 결함을 가진, 불완전하고 과오를 범할 수 있는 존재이기 때문이다. 인간은 깨달음을 가로막는 수많은 내적 저항뿐만 아니라 인간의 역사 속에 수없이 나타났듯이 타인을 대상화하는 경향을 줄이는 데 도움이 되지 못하는 사회구조와도 싸워야 한다. 사실 대부분의 경우 인간이 살아가는 동안 경험하는 사회구조는 타인을 대상화하는 경향을 증폭시키는 역할을 해왔다(로마의 콜로세움과 거의 모든 곳에 편재했던 노예제도가 이 사례에 속한다).

그렇지만 인간이 만들어낸 이루 말할 수 없는 고통과 잔혹한 사건들이 전 세계 곳곳에서 매일같이 벌어지고 있음에도 불구하고 우리가 더욱 높은 수준의 깨달음을 향해 느리지만 거침없이 점진적으로 나아가고 있음을 보여주는 증거도 찾아볼 수 있다. 인간 역사의 상당 부분을 통틀어 자신이 대우받고 싶은 방식으로 타인을 대우하도록 인간을 북돋우는 메시지는 현인들이 남긴 없어서는 안 될 유일한 가르침이었다. 최근에서야 우리 인간은 역사 속에서―17세기에서 18세기의 지적 각성과 그에 따른 결과물 및 과학적 방법 덕분에―또다른 방법들을 찾아낼 수 있게 되었다.

"우리 본성의 선한 천사": 영성 증진이 깨달음의 유일한 요인이 아닌 이유

7장에서 언급했듯이 예리한 통찰을 지닌 많은 석학들이 인류가 더욱 높은 수준의 계몽을 향해 느리지만 거침없이 나아가고 있다는 의견을 제시하고 있다. 하버드대학의 저명한 신경언어학자 스티븐 핑커(Steven Pinker)는 최근에 출간한 기념비적인 저서를 통해 대중들은 20세기를 인간 역사상 가장 피비린내나는 시기로 인식하고 있으나(20년 이내에 세계대전이 두 차례나 벌어졌기 때문일 수 있다) 실제로 지난 몇 세기 동안 폭력은 급감했으며, 이러한 추세가 단지 우연적이고 순간적인 현상에 불과하며 대학살과 대규모 참사는 꾸준히 증가하고 있다고 가정할 만한 이유는 존재하지 않는다는 주장을 설득력 있게 펼치고 있다.[17] 핑커가 제시한 통계 중 선사시대에 수렵과 채집을 하다가 전쟁으로 사망한 남자들의 수치와 관련해서는 논란이 있기는 하지만,[18] 핑커의 주장은 대부분 보다 최근의 인간 역사(지난 2000년 동안의 시기)에 초점을 맞추고 있다. 핑커는 시간의 흐름에 따라 인간의 폭력성이 점점 다양한 방식으로 감소했음을 보여주는 방대한 통계자료를 인용하면서 폭력이 경감되는 데 상당한 역할을 수행한 여러 '평화의 요인들(pacifying factors)'[19]을 상정한다. 여기에는 (1) 국가라는 시스템의 개발 등을 포함한 '리바이어던' 국가, (2) '온화한 상업'의 발달 혹은 타인은 죽었을 때보다 살아 있을 때 그 가치가 더 크다는 인식, (3) '확장하는 공감의 범위', 즉 직계 가족에 속하지 않는 외부인들에 대한 공감의 증대, (4) 문제를 해결하고자 할 때 이성적인 사고가 불러일으키는 진정효과인 '이성의 에스컬레이터'가 포함된다.* 기원전 1100년에서 기원전 450년 시기의 그리스처럼 몇몇 인상적이지만 제한적인 예외가 존재하기는 하나,[20] 근대는 이와 같은 사회적 요인들이 종합적인 효과를 발휘하면서 수혜를 입은 유일한 시기였다. 또한 여러 수치들도―핑커에 따르면―인간이 서로를 대하는 방식과 관련된 정책 및 행동이 합리적이고 수용적으로 인식되는 방향으로 바뀌도록 이러한 요인들이 영향력을 행사했음을 증명해주고 있다.

---

* 이성적인 사고가 계몽 과정에서 수행하는 역할과 관련해 한 가지 주의해야 할 점이 있다. 지난 20세기 동안 행해진 수많은 연구에 따르면 이성적인 사고는 인류에 막대한 이득을 가져다주기는 했지만, 대부분의 사람들이 자신의 관점 및 그러한 관점을 가지고 있는 이유에 대해 생각하는 바와 달리 이성적인 사고가 진리 발견을 목적으로 자아나 우주를 탐구하는 비편파적인 잣대로 활용되지는 않는다. 오히려 인간의 도덕심은 대체로 사회적 안건에 따라 결정되는 찰나의 직관적인 감정의 흐름에서 생겨난다. 이에 따라 이성(rationality)은 그러한 감정에 대한 정당성을 찾아야 할 의무를 부여받는다(우리 모두는 언뜻 직관적인 정치인인 것처럼 보이지만 이 사실을 깨닫는 사람은 소수에 불과하다 [Lerner & Tetlock, 2003]). 다시 말해서 도덕적 추론을 할 때에는 "직관이 먼저이고 전략적 추론이 그다음이다"(Haidt, 2012, p.92).

평화의 요인들 중 마지막 두 가지는 이 책의 논의와 특히 연관성이 깊으므로 더욱 관심을 기울일 필요가 있다. 확장하는 범위라는 개념은 이 책에서 계몽의 한 지표로서 수없이 언급된 바 있다. 핑커[21]는 이 개념과 관련해 찰스 디킨스와 동시대의 윤리학자 피터 싱어[22]의 견해에 동의를 표한다. 싱어에 따르면 이타주의는 동족과 공동체 구성원들을 보호하기 위한 유전적 충동에 바탕을 두고 있으나 도덕적 관심의 범위가 확장됨에 따라 의식적으로 선택한 윤리로 발전되었다. 싱어는 인간의 윤리를 생물학만으로 설명할 수는 없다고 주장한다. 도덕적 진보를 가능케 하는 것은 이성적 사고 능력에 있다는 의미이다. 한편 다윈[23]에 따르면 인간은 진화를 통해 직계가족 및 가까운 지인들에게 공감하는 능력을 갖추게 되었다. 생존에 가치가 있기 때문이다. 그러나 시간이 흐르면서 인간의 공감 대상은 촌락에서 씨족, 부족, 국가, 다른 인종, 성별, 아이들 그리고 종국에는 다른 종에 이르기까지 확대되었다. 핑커[24]는 이러한 변화가 발생한 이유를 다양한 측면에서 찾는다. 먼저 세계시민주의(cosmopolitanism)의 확대가―대중매체와 언론 및 해외여행의 부상뿐만 아니라 역사 및 문학에 대한 공감이―다른 사람과 융합되고, 다른 사람의 관점에서 세상을 바라보는 행위를 북돋웠다고 이야기한다. 두번째로는 '이성의 에스컬레이터'―문학을 읽고, 교육 과정에 참여하고, 공적 담론에 관여하기―가 지엽적이고 부족 중심적인 사고보다는 한층 보편적이고 추상적인 사고를 하도록 도와주었다고 주장한다. 이러한 요인들은 인간으로 하여금 편협한 관점을 극복하게 함으로써 사적인 이익을 타인의 이익보다 우선시하는 것을 보다 어렵게 만든다. 또한 부족중심주의, 권위주의, 청교도주의 등에 기반을 둔 도덕성을 공정성 및 모두에게 적용 가능한 보편적 규칙을 바탕으로 한 도덕성으로 대체할 수 있도록 도움을 주고 있기도 하다.

핑커는 어째서 이렇게 많은 요인들이 같은 방향을 향해 나아가고 있는가에 대해 의문을 던지면서 결론에 이른다. 다시 말해서 핑커는 "역사는 대체 어떤 이유로 인신공양, 능지처참, 거열형, 화형뿐만 아니라 채무자 감옥, 전족, 거세, 투우, 사냥, 심지어 아동 학대로부터도 멀어지게 된 것인가?"[25]라고 묻는다. 그러면서 시간이 흐를수록 폭력이 줄어들게 된 이유는 인간이 그러한 문제를 조금씩 제거해왔기 때문이라고 주장한다. 그동안 보다 안전하고 넉넉한 식량 및 물의 공급, 전염병의 통제 및 박멸 등을 통해 각종 중대한 문제들을 서서히 제거해온 것처럼 말이다. 요컨대―문제의 핵심은―인간에게 장기적으로 최상의 이익이 되는 행위는 타인을 대상화하는 경향을 가능한 한 초월하는 데 있다는 말이다.

대상화 경향을 줄이기 위한 실용적인 제안들

> 인간에게는 인간 존재보다 현명한 시스템이 필요하다. 인간에게는 인간이 평소보다 더욱 정직하고 윤리적인 존재가 될 수 있도록 만드는 제도와 문화적 규범이 필요하다. [이] 프로젝트…… 는…… 개개인이 자신의 사적인 윤리강령을 정비하는 것보다 더 중요하다.
>
> ―샘 해리스[26]

앞에서 언급한 계몽을 불러오는 평화의 요인들과 더불어 최근 사회과학 연구에서는 몇 가지 원칙을 밝혀냄으로써 친사회적 선택을 하는 현대인들의 경향을 강화해줄 사소하지만 실용적인 전략들을 소개하고 있다. 사실 이러한 원칙들이 계몽에 더 빠르게 도달할 수 있게 해주는 것은 아니지만, 사람들이 좀더 계몽적인 행동은 조금이라도 쉽게 따르되 이기적인 행동은 보다 어렵게 느낄 수 있도록 놀라울 정도로 간편한 방법들을 제시해준다. 이는 결과적으로 타인을 대상화하는 경향을 조금이라도 제어하는 역할을 수행한다.

칩 히스(Chip Heath)와 댄 히스(Dan Heath)[27]는 최근에 저술한 의미 있는 책에서 그러한 원칙의 핵심을 세 가지 경험적 방법으로 나누어 설명하고 있는데, 이 방법들은 행동의 변화가 필요한 상황에서라면 언제든지 활용할 수 있다. 두 저자는 조너선 하이트(Jonathan Haidt)[28]가 인간을 커다란 코끼리(인간이 지닌 보다 강한 감정적/직관적 측면)와 작은 기수(인간이 지닌 보다 약한 이성적 측면)로 비유한 것을 활용해 다음과 같은 제안을 한다.

(1) **기수에게 방향을 제시하라.** 사람들이 행동을 바꿔야 하는 바람직하고 분명하며 합리적인 이유를 제시한다. 사람들이 저항하는 것처럼 보이는 경우는 정확히 어떻게 해야 할지가 분명하지 않아서 일 때가 많다.

(2) **코끼리에게 동기를 부여하라.** 행동의 변화를 요구할 때에는 감정을 사로잡는 것이 중요하다. 이성적 측면은 오랫동안 강력한 반대 감정에 맞서는 상황에서만 효과를 발휘할 수 있기 때문이다. 우리가 게을러 보이는 경우는 이성적인 측면이 감정적인 측면을 압도하기 위해 노력하다가 지쳐버려서일 때가 많다.

(3) **길을 정비하라.** '사람들의 저항'처럼 보이는 문제는 상황에 따른 문제인 경우가 많다. 제대로 고려하지 않은 환경적 변수들로 인해 새로운 행동을 실천하기에 까다로운 상황이 발생한 것이다. 길을 재정비하거나 방해물들을 제거하면 행동의 변화가 훨씬 용이하게 일어날 수 있을 것이다.[29]

이와 같은 발상은 바람직한 행동 변화를 불러오고자 하는 다양한 환경에 적용할 수 있다. 구체적인 방법이 반드시 그럴듯해 보이거나 흥미롭게 느껴지진 않더라도 효과만큼은 뛰어날 수도 있다. 길을 정비하는 전략 중에는

'도덕적 선택'이—적어도 대부분의 사람들의 마음속에서—고려할 필요도 없는 기본 조건(혹은 '추정적 동의')이 되도록 관련 제도를 수립하는 방법도 포함된다. 예를 들어 장기기증의 횟수를 늘리고자 한다면 장기기증의 필요성에 대한 대중의 인식을 제고함으로써 기수에게는 방향을 제시하고, 코끼리에게는 동기를 부여하는 편이 좋다. 프로그램의 참여 의지를 북돋우는 데 도움이 될 수 있는 구체적이고 참담한 사례를 집중적으로 다루는 인상적인 공익광고도 도움이 될 수 있다. 그러나 장기기증 확대와 관련해서는 직접적으로 길을 제시하는 방법이 훨씬 더 강렬한 효과를 발휘한다. 각 주에서 발급하는 운전면허에 장기기증을 기본 선택 사항으로 설정하고 운전자로 하여금 명확하게 거절 의사를 밝히도록 하면 장기기증자의 수는 급격히 증가한다.[30]

한편 코끼리에게 동기를 부여함으로써 도덕적인 선택을 강력히 장려하는 전략은 인간이 각자의 사회적 평판을 지키고 드높이기 위해 지대한 관심을 기울이고 있는 대상을 활용하는 방법이다. 많은 기관들은—대학과 대기업에서부터 대학원 강의실에 이르기까지—해당 기관에서 활동을 시작할 때 구성원들이 서명해야 하는 저마다의 규율(길을 정비하는 전략)을 마련해두고 있다. 각 기관의 규율이 기관에 대한 정체성의 핵심을 이루고 있다면 공적으로든 사적으로든 부정행위나 절도, 기타 불공정한 이익 획득을 줄이는 방향으로 행동에 영향을 미칠 것이다.[31] 왜냐하면 다른 사람들이 생각하는 우리의 모습을 고려해보아도, 우리가 생각하는 우리의 모습을 고려해보아도 평판은 중요하기 때문이다. 이와 관련해 코끼리에게 동기를 부여하고 길을 정비하는 또다른 전략은 정직성을 요하는 문구를 맨 위에 적은 경비 보고서에 직원들이 서명하도록 하는 것이다. 이러한 문구를—직원들이 이미 청구할 비용을 입력하고 그 과정에서 해당 비용에 대한 자기합리화를 거친 뒤에 보게 될—문서의 마지막이 아닌 처음에 기재하면 비용의 과도 청구 사

례가 상당수 감소한다.[32]

다시 말하지만 이러한 전략들은 개개인의 행동에 영향을 미쳐 사회에 실질적인 이익을 가져다줄 수 있는 소규모 개입(예를 들면 장기기증 프로그램) 행위이다. 이 전략들을 정교하게 활용할수록 우리는 친사회적인 행동을 증진할 뿐만 아니라 사람들의 근원적인 정신에도 영향을 미쳐 깨달음의 과정이 실질적으로 가속화되도록 할 수 있다. 단 이는 인간의 삶이 일종의 영예로운 목적을 향하도록 만든다는 명목 아래 도를 넘어도 된다는 말은 아니다. 그보다는 공동체 구성원들의 행동이 가치 있는 목적을 향해 나아가도록 인간 사회가 오래전부터 동기를 부여하고 안내해왔다는 사실을 인정하기 위함이다. 우리는 인간 사회가 기울인 노력들이 선한 영향력을 발휘하는 모습을 종종 목격했다. 법률, 권리장전, 정부의 견제와 균형, 교육, 종교, 심지어 보이스카우트와 걸스카우트에 이르기까지 이 모든 것은 인간의 잠재력을 극대화함으로써 자기 자신과 타인의 삶에 긍정적인 영향을 미칠 수 있도록 해주었다. **자유주의적 개입주의**(libertarian paternalism)[33]라는 관점은 이와 같은 노력의 길잡이 역할을 수행할 수 있는데, 이는 우리가 스스로 결정을 내리고 우리의 결정에 따라 자유롭게 행동하는 것이 장려될 때 사회가 이익을 얻는다는 입장을 취한다. 또한 이 관점에 따르면 '선택 설계자(choice architect)'*들이 **스스로의 판단에 따라**[34] 사람들의 삶을 연장하고 건강하게 만들며 개선할 수 있는 방식으로 행동에 영향력을 행사하려고 하는 태도도 타당하다. 그러나 명심해야 할 중요한 사실은 민주주의 체제 아래에서는 대다수 시민의 선호에 맞지 않는 정책이나 절차, 프로그램을 도입하는 선택 설계자들이 해당 시민들에 의해 얼마든지 교체될 수 있다는 점이다. 미국에서

---

* 어떤 결정을 내리는 상황 또는 맥락을 설정하는 사람을 가리킨다. 환자들에게 선택 가능한 치료법을 설명해주는 의사나 아이들에게 선택 가능한 학습법을 설명해주는 부모도 선택 설계자에 해당한다(역자 주).

는 이렇게 선택 설계자를 교체하는 과정이 2년 혹은 4년마다 신속하게 이루어진다.

앞에서 언급한 소규모의 실용적인 전략들 이외에 인간이 타인을 대상화하는 경향을 줄이기 위한 더욱 친숙하고 역사가 오래된 방법들도 존재한다. '역작'들과 (대중서나 '한번 읽고 마는' 문학작품과 상반되는) 훌륭한 문학작품을 읽는 행위는 인간됨의 의미를 깊이 이해하게 할 수 있는 힘을 가지고 있다. 문학작품의 독서는 독자가 이야기에 몰두하기만 한다면 타인에 대한 연민과 공감을 한층 북돋아준다.[35] 위대한 문학은 시대와 문화를 초월하는 주제를 다루고 깊이와 모순을 지닌 인물들을 그려낸다는 점에서 오래도록 유지된다. 더불어 독자들이 주인공은 물론 악인과도 동일시해보고 본인의 내적 복잡성과 천사 같은 경향 혹은 그림자도 조명해보게 함으로써 자기 자신과 타인을 더욱 섬세하고 깊이 있게 이해할 수 있도록 도와준다.[36] 이와 마찬가지로 시각예술과 행위예술에 대한 이해를 함양하는 것도 나와 타인의 내적 깊이를 더욱 민감하게 인식할 수 있게 해준다.[37]

시간과 비용이 많이 들기는 하지만 여행을 권장하고 여행에 임하는 것도 관대함과 이해력을 한층 향상시킬 수 있다. 다른 문화권에 속해 있는 사람들의 삶을 관찰하고 그 안에 들어가보는 행위는 우리가 가진 편견에 의문을 제기하고 공통점을 발견하며 '다른 사람의 삶을 체험해'보는 데 도움이 되는데, 이는 모두 공감의 핵심 구성요소가 되기 때문이다.[38]

교육도 인간이 자기 자신과 타인, 주변 세계를 더욱 온전히 이해하고 인식하게 되는 길로서 오래전부터 인정받아왔다. 인터넷에 '교육의 목적은?'이나 '인문학 교육의 이점은?' 등의 간단한 질문만 검색해보아도 아마추어 블로거와 대학교수, 대학생, 노벨상 수상자의 의견을 비롯해 심지어는 인간이 스스로를 변화시킬 수 있는 교육에 노출되어야—스스로 온전히 몰두해야—진리를 인식하고 자유롭게 행동할 수 있는 잠재력이 극대화된다며 교육의 절대적인 필요성을 상세히 설명한 고대 그리스 철학자들의 말을 인용한 구절까지 그야말로 수천만 가지의 긴 글들을 마주하게 될 것이다.

공감 훈련의 효과는 어떠한가?

공감이라는 주제는 꽤나 복잡해서 공감만 다루어도 매우 많은 책을 저술할 수 있을 정도이지만, 인간이 타인을 대상화하는 경향을 줄이는 데 있어서 공감이 수행하는 역할을 고려한다면 이 책에서 언급하지 않을 수가 없다. 본질적으로 공감—타인의 감정을 이해하고 나눌 수 있는 능력—은 (1) **인지적 공감**, 즉 타인의 고통을 정확하게 인식하고 그에 적절히 반응할 수 있는 능력과 (2) **정서적 공감**, 즉 타인의 감정을 실제로 느끼는 상태 등 두 가지 요소로 구성된다.[39] 수십 년 전 존경받는 심리학자 칼 로저스(Carl Rodgers)는 공감이 인간 고유의 속성이며 소외감을 없애고 타인과 관계를 맺을 수 있게 한다고 주장했다.[40] 선견지명에 가까웠던 로저스의 통찰은 실제로 인간이 선천적으로 공감 능력을 타고나는 것 같다는 점을 보여주는 수많은 연구를 통해 확인되었다.[41] 이 같은 주장에는 몇 가지 타당한 이유가 존재한다. 먼저 인간이 매우 사회적인 동물임을 감안하면 공감은 적응을 위한 효과적인 특성이다. 공감은 특히 생물학적으로 가까운 이들을 포함한 타인과 정서적으로 연결될 수 있게 해주며, 지리적으로 가까운 타인과도 그 강도는 조금 약할지라도 정서적 소통을 할 수 있게 해줌으로써 생존 가능성을 높여준다. 이러한 소통은 타인과의 신뢰관계와 결속을 강화하는 데에도 도움이 된다. 가족 및 이웃과 친밀한 관계를 맺으면 생존 가능성이 증가할 뿐만 아니라 번영과 행복을 누리게 될 가능성도 한층 높아진다.

그러나 공감은 모든 인간종에게 고르게 분포되어 있는 것도 아니고 순전히 생물학적인 현상도 아니므로 분명 사회적 현상의 영향을 받을 수 있다. 앞에서 언급했듯이 인간의 공감 성향은 학대나 방임, 폭력 등에 반복적으로 노출된 탓에 습득되지 못하거나 사라져버릴 수 있으며, 공감과 반대되는 감정적 둔화를 낳을 수도 있다.[42] 한편 공감 능력이 흔히 '공감 훈련'이라는 명칭으로 불리는 다양한 방법을 통해 증대될 수 있다는 것도 사실인 듯하다. 공감 능력 향상을 위해 활용되는 전략들―일부는 이색적이고, 일부는 덜 이색적이다―은 다양하지만 보다 일반적으로 활용되는 방법들은 다음과 같다.

1. **체험 훈련** 참가자들이 각 개인 간에 실시간으로 벌어지고 있는 갈등 시나리오나 '드라마'에 직접적으로 노출되고 그에 대응한다. 그다음 참가자들의 대응에 대해 논의하고 분석한다.

2. **교육 및 체험 훈련** 진행자가 공감에 관한 정보를 제공한 뒤 참가자들이 게임이나 실제 사례, 시나리오 등 **현장** 체험에 대응하게 한다.

3. **기술 훈련** 진행자가 반영적 경청(reflective listening) 등 참가자들이 습득해야 할 구체적인 기술을 설명한 뒤 모델링을 통해 그 기술을 효과적으로 활용하는 방법을 시연한다. 그런 다음 참가자들이 직접 실습할 수 있는 기회를 여러 차례 제공한다.

4. **마음챙김 훈련** 현재 순간에 대한 비판단적인 의식을 고양하는 훈련으로, 기본적인 명상 기술을 활용하는 경우가 많다. 이 훈련은 참가자들이 마음의 안정은 높이고 비판적인 태도는 줄일 수 있도록 도와준다.

5. **영상 자극 훈련** 참가자들이 자기 자신 혹은 타인이 공감을 시도하는 장면을 지켜보거나 타인의 생각과 감정을 추론해보는 훈련으로, 영상을 보고 난 뒤에는 토론과 피드백으로 이어진다.

6. **글쓰기 훈련** 참가자들의 공감 능력 향상을 위한 하나의 전략으로, 다른 사람의 입장에서 글을 써보는 훈련이다.[43]

일반적으로 공감 훈련을 다룬 메타 분석적 연구 결과들은—특정 주제에 관한 다양한 연구들의 전반적인 결과를 검토한 단일 연구들은—공감이 실제로 훈련 가능한 능력이라고 말한다.[44] 그러나 많은 연구들이 정서적 공감의 측정을 시도하지 않았기 때문에 대부분의 연구 결과는 공감 훈련을 거친 사람들의 인지적 공감 능력만 향상되었음을 보여준다.[45] 유감스럽게도 공감 훈련을 통해 얻은 능력이 얼마나 지속되는지에 대해서는 아무도 확신하지 못한다.[46] 일부 연구자들은—남성이 여성을 상대로, 남성이 남성을 상대로 저지르는 수많은 성폭력 사례로 골머리를 앓고 있는—미국 군대의 다양한 병과에서 광범위하고 정기적인 공감 훈련을 반복적으로 시행할 경우 폭력 보고 사례가 어느 정도 감소하는지를 관찰해보는 것이 의미 있으리라는 견해를 제시하기도 한다.[47]

결론은 무엇인가? 대상화 경향을 줄이는 것은 대체 왜 중요한가?

2008년 4월 4일 당시 상원의원이었던 버락 오바마[48]는 마틴 루터 킹 주니어의 사망 40주기 기념식에서 다음과 같은 의견을 표명했다.

언젠가 킹 목사는 도덕적 경험세계는 긴 포물선을 그리지만 결국 정의를 향해 구부러진다고 말했습니다. 그런데 포물선이 정의를 향해 구부러지는 것은 맞지만 한 가지 문제가 있습니다. 바로 그 포물선이 저절로 구부러질 수는 없다는 것입니다. 우리 각자가 자기만의 방식대로 그 포물선에 손을 얹고 정의의 방향으로 구부릴 때만 구부러질 수 있습니다…….

버락 오바마와 킹 목사가 남긴 말은 모두 진실처럼 들린다. 정의가 실현될 수 있다고 해도 저절로 실현될 수는 없다. 정의란 추상적인 인간의 이상—소망—으로서 충만하고 풍족한 삶을 바라는 개인적인 욕망뿐만 아니라 타인의 정당한 욕망에 대해서도 고양된 인식을 가질 때만 실현될 수 있는 터이다. 세상에서 보다 큰 정의를 실현하고자 한다면 나 자신을 대하듯 타인을 대하는 행동이 우선시되어야 한다. 즉 타인을 대상화하는 경향을 줄이는 것이 선행되어야 하는데, 이는 다음과 같은 몇 가지 이유에서 인간에게 최선의 이익이 되는 길이기도 하다.

첫째, 타인을 대상화하는 경향이 줄어들면 인간이 보다 도덕적이고 행복한 피조물이 되는 데 도움이 될 것이다. 모든 사람은 자신이 이 행성을 겉핥기식으로만 경험하는 고립된 존재 그 이상이라는 사실을 찰나의 흔치 않은 순간을 통해 경험한다. 자연의 찬란한 아름다움, 사랑하는 사람과의 황홀한 포옹, 사랑하는 사람의 죽음 앞에서 느끼는 모든 것을 압도하는 비통함은 나 자신이 다른 존재와 연결되어 있다는 위대한 진실을 보여준다. 우리는 이러한 순간을 경험할 때 진정으로 우리 자신이 되며, 가장 충만하게 살아 있다는 느낌을 받는다. 타인 그리고 이 세계와 하나가 된 것처럼 느끼는 것이다. 이때 우리는 어떤 특정한 위치에서 벗어나 더할 나위 없이 자유로이 행동할 수 있는 상태가 된다. 이 놀라운 인식 상태는 오래 지속되지는 않지만 무엇이 가능한지를 조금이나마 엿볼 수 있게 해준다. 마음을 진정하고 현재 순간에 집중할 수 있을 때 우리는 내면의 가장 훌륭한 부분들―전 인류와의 연관성에 대한 섬세한 인식, 자기 삶에 대한 긍정, 타인을 자애롭고 세심한 태도로 대하고자 하는 욕망―을 보다 잘 돌볼 수 있게 된다. 우리는 우리가 가진 제한적인 경계를―아주 짧은 순간 동안만이라도―초월하고, 타인을 비롯해 지각을 가진 다른 존재들의 삶의 형태, 심지어는 행성 자체를 마치 우리 자신을 대하듯이 할 때 「쉰들러 리스트」의 이츠하크 스턴(Itzhak Stern)이 '절대선(absolute good)'이라 칭한 것을 이 세상에 끌어올 수 있는 크나큰 능력을 갖추게 된다. 우리 자신과 타인 사이에 존재하는 제한적인 경계를 초월하면 보다 도덕적인 존재가 될 수 있을 뿐만 아니라 행복에 대한 역량도 확장할 수 있다. 행복은 사랑하고 사랑받음으로써 얻게 되는 의도치 않은 부산물이기 때문이다. 빅터 프랭클은 이를 다음과 같이 설명했다.

> 성공을 좇아서는 안 된다. 성공을 좇고 성공을 목표로 삼을수록 성공으로부터 더욱더 멀어지게 될 뿐이다. 성공은 행복과 마찬가지로 붙잡을 수 있는 대상이 아니라 어떤 결과에 뒤따라 찾아오는 것이며, 그것도 누군가가 자기 자신보다 커다란 대의에 헌신할 때 나타나는 의도치 않은 부작용이라든가, 자기 자신이 아닌 타인에게 굴복할 때 발생하는 부산물로서만 따라온다. 행복은 반드시 찾아오게 되어 있으며, 성공도 마찬가지이다. 성공에 무관심함으로써 그것이 저절로 찾아오도록 해야 한다. 나는 여러분이 양심이 명령하는 바에 귀를 기울이고, 가능한 한 확실하게 그 명령을 이행하기를 바란다. 그러면 언젠가는―정말이지 언젠가는―성공에 대한 생각을 잊고 있었기에 성공이 찾아오는 장면을 보게 될 것이다.[49]

둘째, 대상화 경향이 줄어들면―타인을 '그것'이 아닌 '당신'으로 보려고 노력하면―지구라는 행성에 더한 평화와 번영이 찾아올 것이고, 이는 그 자체로 분명한 이점을 가져다줄 것이다. 브라질, 중국, 인도 등과 같은 국가의 국민들은 불과 몇십 년 만에 생활수준이 급격히 향상되었다. 이와 같은 경제적 변혁의 이유는 다면적이고 복잡하지만 그중 한 가지는 완만한 상업의 부상에 있다.[50] 그동안 인간은 (개인적인 차원이 아니라 집단적인 차원에서 말하자면) 한 당사자의 이득이나 손실이 다른 당사자의 손실이나 이득과 균형을 이루게 된다는 점에서 약탈과 착취는 '제로섬 게임'임을 깨달았다. 그러면서 양 당사자가 서로 거래를 할 때 모든 사람이 이익을 얻게 된다는 사실도 알게 되었다. "다른 사람들이 죽기보다는 살아 있는 편이 더욱 가치 있다"라고 말이다.[51] 타인과의 거래 행위 자체가 상대방을 '당신'으로 간주하는 태도와 반드시 동일할 수는 없지만(미국과 중국의 관계를 한 가지 사례로 고려해 볼 수 있다) 시작점은 된다. 토머스 프리드먼(Thomas Friedman)[52]*이 제시한 '갈등 예방의 황금 아치 이론'—국경 안에 맥도널드 프랜차이즈가 있는 두 나라는 결코 상대방과 전쟁을 벌이지 않을 것이라는 이론—은 최근 그릇된 이론임이 입증되었지만, 프리드먼은 이제 '델 이론', 즉 "…… 세계시장에서 델컴퓨터 등의 지분을 공유하고 있는 두 나라는 같은 글로벌 공급망 안에 소속되어 있는 한 결코 서로를 상대로 전쟁을 벌이지 않을 것"이라는 이론을 지지하고 있다.[53] 이 이론도 종국에는 그릇된 것으로 판명될 가능성이 있기는 하지만 프리드먼의 전반적인 주장에는 타당성이 있다. 이유가 무엇이든지 간에—심지어는 자기본위적인 이유 때문이라고 해도—타인이 우리에게 중요한 존재가 되면 그 사람과 온건한 관계를 맺게 될 가능성은 더욱 커진다. 지난 수십 년 동안 진행된 편견의 본질에 관한 연구들은 타인과의 직접적이고 긍정적인 상호작용이 편견에 기반한 태도를 줄일 수 있는 최선의 방법 중 하나임을 보여준다.[54] 몇몇 최근 연구에서는 다른 문화권 사람들과의 직접적이고 긍정적인 관계를 상상하기만 해도 편견에 기반한 태도를 줄이는 데 도움이 된다고 이야기한다.[55] 적이라고 인식한 사람들에게 취하는 편견 중심적인 태도를 버리는 것도 영원히 지속될 것처럼 보이는 갈등 속에 여러 문화권(이스라엘과 팔레스타인, 인도와 파키스탄, 이란과 이라크, 수니파와 시아파)을 가두어버린 보복적 폭력의 악순환을 막는 데 도움이 될 것이다.

셋째, 자아라는 제한적 경계가 약해지면 우리는 지구라는 행성을 좀더 잘 관리하려는 쪽으로 고취되면서 물리적 세계와 더욱 하나가 됨을 느낄 수

---

* 〈뉴욕 타임스〉에 주로 국제관계에 관한 칼럼을 기고하는 칼럼니스트(역자 주).

있을 것이다. 수십 년 전에 존재한 막대한 공포는 인간이 근시안적 생각과 두려움에 갇혀 핵폭탄으로 세상을 파괴해버릴지도 모른다는 것이었다. 핵무기에 의한 대학살은 여전히 실현 가능한 위협으로 남아 있지만 점점 더 많은 이들이 '제1세계' 생활방식을 택하게 되면서 그 공포의 자리를 전 세계적 환경 파괴에 대한 우려에 내어준 듯하다. 지구는 '닫힌계(closed system)'이다. (먼 우주공간에 폐기물을 버리는 경우를 제외하면) 지구에는 '바깥'이 없다. 인간이 생산하는 모든 재생 불가능한 쓰레기는 어떤 형태로든 지금 여기에 우리와 함께 남아 있다. 우리가 확보할 수 있는 천연자원은 경작 가능한 토지와 산소를 만들어내는 열대우림 등으로 제한적이다. 인류가 (특히 에너지 고갈이 급속화하는 개발도상국에서의) 인구 증가, 식량 및 깨끗한 물의 공급, 가용할 수 있는 화석연료, 기후변화 등의 측면에서 일종의 '티핑 포인트(Tipping Point)'*에 가까워지고 있다고 우려하는 전문가들도 점점 늘어나고 있다. 인간이 후대를 위해 세상을 지키고자 하는 노력을 하게 된다면 그것은 이 행성을 자기 자신을 대하듯이 바라보는 태도에서, 무척이나 희소하고 귀중하고 제한적이며 시간이 흐를수록 소중하게 대하고 예방 치료를 해야 할 가치가 있는 존재로 여기는 태도에서 비롯할 가능성이 크다.

마지막으로, 대상화 경향을 줄이는 것은 인간이 하나의 종으로서 계속해서 진화, 개선, 성장하는 데 필수적이다. 20세기를 대표하는 지성인 중 한 사람인 에이브러햄 매슬로[56]의 말을 환언하자면 우리 모두는 더 나아지고자 하는 욕구를, 인간으로서의 잠재력을 더욱 실현하고자 하는 충동을, 충분히 진화되고 통합된 진정한 자아를 실현하려는 성향을 가지고 있다. 이를 성취하려면 한층 고차원적이고 포괄적인 통합을 향해 나아가면서 이분법을 해소하고 제한적인 경계를 초월해야 한다. 이는 인간이 도달할 수 있는

---

* 작은 변화들이 차곡차곡 쌓여 한 번의 작은 변화로도 급격한 변화가 초래될 수 있는 순간을 가리킨다(역자 주).

최상의 존재가 되고 싶다는 충동의 발로이기도 하다. 인간이 궁극적으로 도달할 수 있는 수준에 미치지 못하고 있으면서 그런 상태에 만족한다면 행복과 멀어질 가능성도 있다. 플라톤의 동굴 깊숙한 곳에서 살아가는 삶, 바닥에 고정된 족쇄에 묶인 채 인간을 옥죄는 제한적인 경계들에 둘러싸여 사는 현재 상태에 안주한다면 인간종은 살아남지 못할 것이다.

어느 시대든 현인들은 대상화라는 문제를 초월했다. 이들은 제한된 의식이라는 동굴에서 빠져나가는 다양한 길목을 우리에게 보여주었다. 그들이 살아온 삶은 과거에 저지른 중대한 과오들을 반복하며 살아가지 않아도 된다는, 그 모든 과오는 동굴 벽에 비친 그림자를 실제 대상으로 착각한 것에서 비롯되었다는 교훈을 넌지시 전해준다. 인간은 상상할 수조차 없을 정도의 규모로 온갖 만행과 탈선, 잔학 행위를 되풀이해 저지르고 있지만, 그와 동시에 느리지만 쉼없이 플라톤의 동굴에서 빠져나가고 있음을 보여주는 결과들도 마주하고 있다. 인간이 관심을 갖는 영역도 점차 확대되어 어떻게 하면 서로 더 평화롭고 평등하게 살아갈 수 있을지 뿐만 아니라 각기 다른 삶의 형태 및 심지어는 이 지구라는 대상 자체를 어떻게 대해야 할지에 대해서도 그 어느 때보다 많은 고민을 기울이는 시점에 이르렀다. 상당수 사람들은 그러한 질문 자체를 거부하거나 질문에 대한 해답은 과거로 회귀하는 길목에 놓여 있다고 주장할 수 있지만, 어떤 이들은 이러한 주장이 진화의 일반적인 원동력에, 즉 후퇴하거나 무언가를 버리고 떠나기보다는 초월하고 포용하는 원동력에 반한다는 사실을 알고 있다.[57] 인류가 처한 문제들에 대해 모두가 합의하게 되는 날은 아직 요원하지만, 이 같은 질문을 제기하는 사람들의 수가 점차 늘고 있다는 사실은 분명 좋은 징조이다.

(D. 핀스키 박사와 S. 마크 영이 활용한) **자기애성 성격 검사**(NPI)
(http://www.usatoday.com/news/health/2009-03-16-pinsky-quiz_ N.htm
참고)

지침: 각각 A와 B로 구성된 아래 40개 문항을 읽고 각 문항에서 **자신을
가장 잘 드러낸다고 생각하는** 문장 하나를 고르십시오. 문장의 내용이 자
신을 완벽하게 설명할 필요는 없습니다. 각 문항에 대한 응답은 다른 사람
의 도움 없이 혼자서 한 번에 끝마치기 바랍니다. 응답에는 평균 5~10분가
량이 소요됩니다.

1. A. 나는 다른 사람들에게 영향을 미치는 천부적인 재능을 가지고 있다.
   B. 나는 다른 사람들에게 영향을 잘 미치지 못한다.
2. A. 나는 겸손함과 거리가 먼 사람이다.
   B. 나는 기본적으로 겸손한 사람이다.

3. A. 나는 거의 모든 것에 대담하게 도전한다.

   B. 나는 꽤 조심성 있게 행동하는 경향이 있다.

4. A. 나는 다른 사람들로부터 칭찬을 들으면 부끄러워질 때가 있다.

   B. 나는 다른 사람들이 나에게 계속 그렇게 말하기 때문에 내가 잘한
   다는 사실을 안다.

5. A. 내가 세상을 지배한다고 생각하기만 해도 몹시 두려워진다.

   B. 내가 세상을 지배한다면 세상은 보다 나은 곳이 될 것이다.

6. A. 나는 보통 무엇에 대해서든 변명을 할 수 있다.

   B. 나는 내 행동의 결과를 받아들이려고 한다.

7. A. 나는 무리에 섞이는 것을 선호한다.

   B. 나는 주목받는 것을 좋아한다.

8. A. 나는 성공할 것이다.

   B. 나는 성공에 대해 크게 신경쓰지 않는다.

9. A. 나는 대부분의 사람보다 더 낫지도, 더 나쁘지도 않다.

   B. 나는 내가 특별한 사람이라고 생각한다.

10. A. 나는 내가 좋은 지도자가 될 수 있을 것이라고 확신하지 않는다.

    B. 나는 내가 좋은 지도자라고 생각한다.

11. A. 나는 적극적이다.

    B. 나는 내가 더 적극적이기를 바란다.

12. A. 나는 다른 사람들에게 권위를 행사하고 싶다.

    B. 나는 질서를 따르는 것에 개의치 않는다.

13. A. 나는 사람들을 조종하는 것이 쉽다고 생각한다.

    B. 나는 다른 사람들을 조종하는 것을 좋아하지 않는다.

14. A. 나는 내가 마땅히 받아야 할 존중을 요구한다.

    B. 나는 보통 내가 받아야 할 존중을 받는다.

15. A. 나는 내 몸을 과시하는 것을 특별히 좋아하지 않는다.

   B. 나는 내 몸을 과시하는 것을 좋아한다.

16. A. 나는 다른 사람들을 책을 읽듯 이해할 수 있다.

   B. 나는 때때로 다른 사람들을 이해하기 어렵다고 느낀다.

17. A. 내가 자격이 있다고 느껴진다면 기꺼이 의사결정을 책임질 의향이 있다.

   B. 나는 의사결정을 책임지는 것을 좋아한다.

18. A. 나는 그저 적당히 행복해지고 싶다.

   B. 나는 세상의 이목을 끌 만한 사람이 되고 싶다.

19. A. 내 몸은 전혀 특별하지 않다.

   B. 나는 내 몸을 쳐다보는 것을 좋아한다.

20. A. 나는 과시하지 않으려고 한다.

   B. 나는 기회만 된다면 대체로 과시할 것이다.

21. A. 나는 내가 무엇을 하고 있는지 언제나 알고 있다.

   B. 나는 가끔씩 내가 무엇을 하고 있는지 확신하지 못한다.

22. A. 나는 가끔 다른 사람에게 의존해서 일처리를 한다.

   B. 나는 다른 사람에게 의존해서 일처리를 하는 경우가 거의 없다.

23. A. 나는 가끔 다른 사람들에게 재미있는 이야기를 들려준다.

   B. 모든 사람이 내 이야기를 듣는 것을 좋아한다.

24. A. 나는 다른 사람들에게 많은 것을 기대한다.

   B. 나는 다른 사람들을 위해 무언가를 해주는 것을 좋아한다.

25. A. 나는 내가 받아야 마땅한 몫을 전부 얻기 전까지는 결코 만족하지 못할 것이다.

   B. 나는 내가 갖게 된 것들에 만족한다.

26. A. 나는 칭찬을 받으면 부끄러움을 느낀다.

B. 나는 칭찬받는 것을 좋아한다.

27. A. 나는 권력에 대해 강한 의지를 품고 있다.

B. 나는 권력 그 자체에는 관심이 없다.

28. A. 나는 새로운 유행과 패션에 신경쓰지 않는다.

B. 나는 새로운 유행과 패션을 선도하는 것을 좋아한다.

29. A. 나는 거울 속의 내 모습 보는 것을 좋아한다.

B. 나는 거울 속의 내 모습 보는 것에 특별히 관심이 없다.

30. A. 나는 주목받는 것을 정말 좋아한다.

B. 나는 주목을 받을 때 불편하다.

31. A. 나는 내가 원하는 방식대로 살아갈 수 있다.

B. 사람들이 항상 자신이 원하는 대로 살아갈 수 있는 것은 아니다.

32. A. 권위자가 되는 것은 나에게 큰 의미가 없다.

B. 사람들은 항상 나의 권위를 인정해주는 것 같다.

33. A. 나는 지도자가 되는 쪽을 선호한다.

B. 내가 지도자가 되든 아니든 나에게는 별 영향을 주지 않는다.

34. A. 나는 훌륭한 사람이 될 것이다.

B. 나는 내가 성공하기를 바란다.

35. A. 내가 하는 말을 사람들이 믿어줄 때가 가끔 있다.

B. 나는 내가 어떤 말을 하든 모두가 믿게 할 수 있다.

36. A. 나는 타고난 지도자이다.

B. 지도력은 오랜 시간을 들여 키워야 할 자질이다.

37. A. 나는 언젠가는 누군가가 나에 대한 전기를 써주기를 바란다.

B. 나는 어떤 이유로든 사람들이 내 삶에 침범하는 것을 좋아하지 않는다.

38. A. 나는 내가 공공장소에 있을 때 사람들이 나를 알아채지 못하면

화가 난다.

    B. 나는 공공장소에 있을 때 대중들 사이에 섞이는 것에 개의치 않는다.

39. A. 나는 다른 사람들보다 더 유능하다.

    B. 내가 다른 사람들에게 배울 수 있는 것은 많다.

40. A. 나는 다른 사람들과 매우 비슷하다.

    B. 나는 비범한 사람이다.

점수 계산법

각 문항에 대한 응답이 아래에 제시된 알파벳과 일치하는 경우를 1점으로 환산해 합산하십시오.

1, 2, 3: A

4, 5: B

6: A

7: B

8: A

9, 10: B

11, 12, 13, 14: A

15: B

16: A

17, 18, 19, 20: B

21: A

22, 23: B

24, 25: A

26: B

27: A

28: B

29, 30, 31: A

32: B

33, 34: A

35: B

36, 37, 38, 39: A

40: B

일반인의 평균 점수는 15.3이다. 유명인의 평균 점수는 17.8이며, 핀스키 박사의 점수는 16점이었다.

마크 영은 어떤 특성이 지배적인지를 고려하는 것이 중요하다고 이야기 한다. 예를 들어 권위, 자급자족, 우월성 항목에서 높은 점수를 얻은 사람보다 허영, 자격, 과시, 착취 등과 관련된 항목에서 더 높은 점수를 얻은 사람이 더 주의를 기울여야 한다는 것이다.

항목별로 분류한 일곱 가지 특성

• 권위: 1, 8, 10, 11, 12, 32, 33, 36
• 자급자족: 17, 21, 22, 31, 34, 39
• 우월성: 4, 9, 26, 37, 40

- 과시: 2, 3, 7, 20, 28, 30, 38
- 착취: 6, 13, 16, 23, 35
- 허영: 15, 19, 29
- 자격: 5, 14, 18, 24, 25, 27

감사의 말

많은 분들의 노고가 없었다면 이 책은 결코 탄생할 수 없었을 것입니다. 먼저 묻혀 있던 원고를 어둠 속에서 건져내 출판의 기회를 안겨준 옥스퍼드 대학 출판부의 선임 편집자 다나 블리스에게 감사의 말씀을 드리고 싶습니다. 그리고 바쁜 일상 속에서도 기꺼이 시간을 내어 책이 출간되기 전까지 원고를 읽고 귀중한 의견과 격려를 아낌없이 주신 분들께도 감사드립니다. 브리검영대학 아이다호 캠퍼스 인문대학의 학장 존 아이버스와 정신건강을 위한 마음챙김에 전념하고 있는 동료 심리학자이자 임상가 그웨나 쿨리어 드, 막대한 영향력을 발휘하고 있는 사회적 통념들에 맞서 보다 심오한 진실을 찾아내기 위해 노력하는 용감한 선구자이자 골프 친구 마이크 판워스, 지난 몇 년 동안 개인적으로 깊은 상실을 감당해야 했음에도 지속적으로 내담자들의 삶에 성장을 위한 힘을 불어넣어준 처제 리사 맬러리 렉터 등 이 모든 분께도 감사를 표합니다.

수정 원고를 검토하는 수고스러운 작업을 아무런 대가도 없이 맡아준 대학생 아들 에단에게도 특별히 고맙다는 말을 전하고 싶습니다. 악의 문제와 깨달음의 가능성에 대해 명확하고도 이상적인 관점을 제시하면서, 이 책에서 다루는 근본 주제들을 깊이 있게 살펴봐주었습니다. 마지막으로 누구보다도 가장 먼저, 가장 헌신적인 지원을 해주었으며 무수히 많은 시간을 할애해 교정 작업이 꼼꼼하게 이루어지고 제 생각이 더욱 분명하고 효과적으로 전달될 수 있도록 도와준 아내 커스틴에게 감사의 마음을 전하고 싶습니다. 이 책의 집필을 구상하고 마무리지을 수 있었던 것은 모두 당신 덕분이었습니다.

주

서문　플라톤의 동굴에서 빠져나오기

1) Purpel (1989).
2) Jung (1975), p.131(카를 구스타프 융, 이은봉 옮김, 『심리학과 종교』, 창, 2010).
3) James (1906), p.1.
4) Cahn (1995), p.226, 515-C.
5) Buber (1970) (마르틴 부버, 표재명 옮김, 『나와 너』, 문예출판사, 2001).
6) Huxley (1970), p. x.(올더스 헉슬리, 조옥경 옮김, 『영원의 철학』, 김영사, 2014).
7) Fowler (1981) (제임스 W. 파울러, 사미자 옮김, 『신앙의 발달단계』, 한국장로교출판사, 1987).
8) Smith (1991).

1장　들어가며

1) Glover (2001), p.56에서 인용(조너선 글러버, 김선욱·이양수 옮김, 『휴머니티』, 문예출판사, 2008).
2) Cahill (2011), p.32.
3) Glover (2001), p.22-25(조너선 글러버, 『휴머니티』).
4) Smith (2011).
5) Bandura (2003); Chirot & McCauley (2006); Goldhagen (2009); Kelman (1973); Kressel (2002); Stanton (2002).
6) Lifton (2011), p.244.
7) Ibid.
8) Wilson (2007); Hasegawa (2006); Dupuy & Dupuy (1994).

2장　대상화: "손에 잡힐 듯 잡히지 않는 복합적 개념"

1) Schumacher (1977), p.62(E. F. 슈마허, 송대원 옮김, 『당혹한 이들을 위한 안내서』, 따님, 2007).
2) Kant (1998 [1785]).
3) Ibid.
4) Buber (1970), pp.16-17.
5) Dworkin (2000 [1985]), pp.30-31.
6) LeMoncheck (1985).
7) Bartky (1990), p.130.
8) Ibid., pp.70, 131-132.
9) Ibid., p.67.
10) Ibid., p.74.
11) Bartky, Fredrickson, and Roberts (1997).
12) Csikszentmihalyi (2008)(미하이 칙센트미하이, 최인수 옮김, 『몰입』, 한울림, 2004).
13) Fredrickson & Roberts (1997).
14) Fredrickson, Roberts, Noll, Quinn & Twenge (1998); Tiggemann & Kruing (2004); Tiggemann Williams (2012); Calogero (2004); Moradi & Huang (2008); Roberts & Gettman (2004).
15) Nussbaum (2000).
16) Calogero, R.M., Tantleff-Dunnm, S., & Thompson, J. K.(2011).
17) Zubringen, E. L., & Roberts, T. A.(2012).
18) Jeffreys (2005)(실라 제프리스, 유혜담 옮김, 『코르셋: 아름다움과 여성혐오』, 열다북스, 2018).
19) Nussbaum (1995).
20) Ibid., p.251,
21) Ibid., p.257.
22) Langton (2009), pp.228-229.
23) Nussbaum (1995), p.257.
24) Ibid., p.262.
25) Ibid., p.265.
26) Ibid., p.258.

3장　대상화에 대한 재조명: 오해의 스펙트럼

1) Scarry (1998), p.44.
2) McEwan, Sept. 15, 2011.
3) Nussbaum (1995).
4) Dalai Lama (2009), pp.154, 234, 157, 강조는 저자(존 M. 렉터).
5) Scarry (1998).
6) Westra et al.(2004)에서 인용.
7) Singer (1994), p.221(피터 싱어, 황경식·김성동 옮김, 『실천윤리학』, 연암서가, 2013).
8) Ibid., p.218-219.
9) United Nations General Assembly, October 17, 2011.
10) Cahill (2011).
11) Ibid.

12) Ibid.

13) Ibid., pp.22-23.

14) Ibid., p.32.

15) Ibid., pp.33-34.

16) Ibid.

17) Ibid., pp.42-43.

18) Ibid., pp.44-45.

19) Hedges (2009)(크리스 헤지스, 김한영 옮김, 『미국의 굴욕』, 아름드리미디어, 2011).

20) Cahill (2011), p.32.

21) Bartky (1990), p.26.

22) Zernike (2005).

23) Higham & Stevens (2004), p.3.

24) Ibid., p.3.

25) Zimbardo (2008)(필립 짐바르도, 이충호·임지원 옮김, 『루시퍼 이펙트』, 웅진지식하우스, 2015).

26) Paulsky (1996), p.162. Lang (2010), p.231에서 인용.

27) Todorv (1999), p.139에서 인용.

28) Zimbardo (2008), p.307(필립 짐바르도, 『루시퍼 이펙트』).

29) Ibid., p. xii.

30) Smith (2011), p.223.

31) Ibid., p.264.

32) Ibid., pp.264-265.

33) Ibid., p.28.

34) Benesch (2004).

35) Lifton & Humpfrey (1984), p.10.

36) Keen (1986).

37) Smith (2011), p.22.

38) Ibid., p.23.

39) Ibid., p.23.

40) Ibid., p.22.

41) Bandura (1986), (1990).

42) Smith (2011), p.252.

43) Quammen (2003), p.3.

44) Smith (2011), p.56.

45) Ibid., p.24.

46) Ibid., p.258.

47) Chacon & Dye (2007). Smith (2011), pp.259-260에서 인용.

48) Smith (2011), p.252.

49) The Complete Text of the Poznan Speech, 2004.

50) Kelman (1973), p.49.

51) Goldhagen (2009), p.319. Smith (2011), p.142에서 인용.

52) Bandura (2003), p.36.

53) Stanton (1998).

54) Chirot & McCauley (2006), p.80.

55) Kressel (2002), p.172.

56) Lang (2010).

57) Sofsky (1997), pp.17-18.

58) Lang (2010), p.239, 강조는 저자(존 M. 렉터).

59) Sofsky (1997), p.200.

60) Lang (2010), p.241.

61) Kressel (2002), p.37.

62) Chang, 1997, p.50. Lang (2010), p.236에서 인용.

63) Lang (2010), p.236.

64) Ibid.

65) Muller (1999), pp.150-151.

66) Lang (2010), p.231.

67) Pasculy (1996), p.161.

68) Goldberg (2005).

69) Sereny (1974), p.202. Lang (2010), p.232에서 인용.

70) Lang (2010), p.241.

4장   고대에서 전해 내려오는 세 가지 관점: 영원의 철학

1) Buber (1970), p.9에서 인용.

2) Taylor (2005).

3) Whitehead (1979), p.39.

4) Huxley (1970), p.21(올더스 헉슬리, 『영원의 철학』); Tillich (1964), p.15; (1951), p.236.

5) Needleman (2007a), pp.46-48.

6) Ibid., p.48.

7) Tillich (1964), p.15.

8) Needleman (2007a), pp.49-50, 강조는 저자(존 M. 렉터).

9) Huxley (1970), p.21(올더스 헉슬리, 『영원의 철학』).

10) Bassiouni (1997); Brzezinski (1995).

11) Dalai Lama (2009), pp.4-5.

12) Thich Nhat Hanh (1998), p.134.

13) Rogers (2011).

14) Ibid.

5장   합일의식: 가장 심오한 수준의 실재

1) Bucke (1901).

2) Maslow (1970).

3) Wilber (2001), p.3(켄 윌버, 『무경계: 나는 누구인가에 관한 동서고금의 통합적 접근』, 김철수 옮김, 정신세계사, 2012).

4) Dennett (2009).

5) Krulwich (2010).

6) Ibid.

7) Wilber (2001a).

8) Eves (1977), p.60.

9) Bucke (1901), p.34.

10) Wilber (2001), p.2(켄 윌버, 『무경계: 나는 누구인가에 관한 동서고금의 통합적 접근』).

11) Traherne (1992), p.226.

12) Bucke (1901), p.2.

13) Otto (1958).

14) Otto (1958), pp.12-13.

15) Maslow (1970), p.91.

16) James (1958 [1902]), p.303.

17) Bucke (1901), p.326.

6장　　언어를 비롯한 경계의 역설적 속성

1) Huxley (1970), p.129(올더스 헉슬리, 『영원의 철학』).

2) Campbell (1991), pp.57-58(조지프 캠벨, 이윤기 옮김, 『신화의 힘』, 21세기북스, 2017).

3) Smith (2007), p.109.

4) Jones (2007).

5) Thich Nhat Hanh (2007), p.57.

6) Goddard (1994), pp.80-81.

7) Huxley (1970), p.135(올더스 헉슬리, 『영원의 철학』).

8) Hayes & Smith (2005).

9) Ibid., p.18.

10) Ibid., p.19.

11) Ibid., p.19.

12) Ibid.

13) Luoma, Hayes, & Walser (2007).

14) Hayes, Wilson, Gifford & Follette (1996).

15) Gerrig & Zimbardo (1989).

16) Huxley (1970), p.128.

17) Ibid. (올더스 헉슬리, 『영원의 철학』).

18) Maslow (1970), pp.24-25.

19) Louma et al.(2007), p.11.

20) Hedges (2009)(크리스 헤지스, 『미국의 굴욕』).

21) Wilber (2001), p.26(켄 윌버, 『무경계: 나는 누구인가에 관한 동서고금의 통합적 접근』); 창세기 제2장 19~20절.

22) Ibid., p.17(켄 윌버, 『무경계: 나는 누구인가에 관한 동서고금의 통합적 접근』).

23) Ibid., pp.16-17(켄 윌버, 『무경계: 나는 누구인가에 관한 동서고금의 통합적 접근』).

24) Frost (2012 [1915]), p.9.

25) Wilber (2001), p.19(켄 윌버, 『무경계: 나는 누구인가에 관한 동서고금의 통합적 접근』).

26) Newcomb (2011).

27) Trouble in Trappes (2013년 7월 27일).

28) Erlanger (2010).

29) Wilber (2001)(켄 윌버, 『무경계: 나는 누구인가에 관한 동서고금의 통합적 접근』).

30) Wilber (1996), p.36.

31) Wilber (2001), p.4(켄 윌버, 『무경계: 나는 누구인가에 관한 동서고금의 통합적 접근』).

32) Ibid., p.5.

33) Wilber (1996), (1998), (2001).

34) Wilber (2001), pp.11-12(켄 윌버, 『무경계: 나는 누구인가에 관한 동서고금의 통합적 접근』).

35) Ibid., p.13.

7장　　　자아의 경계

1) Wilber (2001), p.76.

2) Ibid.

3) Ibid., p.80.

4) Ibid., p.12.

5) Ibid., p.94.

6) Butler, Chapman, Forman, & Beck (2006).

7) Wilber (2001), p.95(켄 윌버, 『무경계: 나는 누구인가에 관한 동서고금의 통합적 접근』).

8) Ibid., p.72.

9) Ibid.; Tolle (2004)(에크하르트 톨레, 노혜숙·유영일 옮김, 『지금 이 순간을 살아라』, 양문, 2008), Tolle (2008)(에크하르트 톨레, 류시화 옮김, 『삶으로 다시 떠오르기』, 연금술사, 2013).

10) Tolle (2008)(에크하르트 톨레, 『삶으로 다시 떠오르기』); Brach (2003).

11) Schuler (1985); Rogers (1961).

12) Wilber (2001), p.63(켄 윌버, 『무경계: 나는 누구인가에 관한 동서고금의 통합적 접근』).

13) Jung (1960), pp.23-24, 109.

14) Ibid., p.23.

15) Wilber (2001), p.115(켄 윌버, 『무경계: 나는 누구인가에 관한 동서고금의 통합적 접근』).

16) Ibid., p.113.

17) Huxley (1970), p. x(올더스 헉슬리, 『영원의 철학』).

18) Buber, 1913, pp.140-141.

19) Huxley (1970), pp. x, 1-2, 35(올더스 헉슬리, 『영원의 철학』).

20) Katz (1978), p.92.

21) Taylor (2005); Keck (2000).

22) Pinker (2011). (스티븐 핑커, 김명남 옮김, 『우리 본성의 선한 천사』, 사이언스북스, 2014).

23) Fowler (1981), p.200(제임스 W. 파울러, 『신앙의 발달단계』).

24) Sting, 1991, 〈All This Time〉

25) Thich Nhat Hanh (1991), p. vii.

8장　　　나르시시즘

1) Becker (1974), pp.2-3(어니스트 베커, 노승영 옮김, 『죽음의 부정』, 한빛비즈, 2019).

2) Ibid., pp.2-3.

3) Carroll (1987).

4) Raskin and Howard (1988).

5) Livesly, Jang, Jackson, & Vernon (1993).

6) American Psychiatric Association, 2013, p.327.

7) Mays (2010).

8) Ibid.

9장 자아(1): 자아의 본질과 양상

1) Brown (1970).
2) Dalai Lama (2009), p.291.
3) Smith (1991), p.103.
4) Tolle (2008).
5) Needleman (2007a), p.122.
6) Ibid.
7) Needleman (2007), p.129.
8) Ibid., p.129.
9) Echkart Tolle (2003), (2004), (2008), (2009).
10) Tolle (2008), p.54(에크하르트 톨레, 『삶으로 다시 떠오르기』).
11) Ibid., p.35.
12) Dalai Lama (1986).
13) America's Homes, 2005; Adler (2006).
14) Vital Statistics Self-Storage, 2011.
15) Are We Happy, 2006.
16) Tolle (2008), p.38(에크하르트 톨레, 『삶으로 다시 떠오르기』).
17) Frankl (1984) (빅터 프랭클, 이시형 옮김, 『죽음의 수용소에서』, 청아출판사, 2005); Brickman, Coates, & Janoff-Bulman, (1978).
18) Are Lottery Winners Happy, 2004.
19) Tolle (2008), p.60(에크하르트 톨레, 『삶으로 다시 떠오르기』).
20) Ibid.
21) Ibid.
22) Ibid., p.68.
23) Albert (2009), p.77.
24) Huxley (1970), p.184(올더스 헉슬리, 『영원의 철학』).
25) Wilber (2001), p.56(켄 윌버, 『무경계: 나는 누구인가에 관한 동서고금의 통합적 접근』).
26) Huxley (1970), p.188(올더스 헉슬리, 『영원의 철학』).
27) Wittgenstein (2001 [1921]), p. 6.4311(루트비히 비트겐슈타인, 곽강제 옮김, 『비트겐슈타인의 논리철학론』, 서광사, 2012).
28) Tolle (2008), p.201(에크하르트 톨레, 『삶으로 다시 떠오르기』).
29) Huxley (1970), p.10.
30) Tolle (2008), p.53.
31) Bhagavad-Gita (2002), p.94.
32) Tolle (2011).
33) Wilber (2001), p.66(켄 윌버, 『무경계: 나는 누구인가에 관한 동서고금의 통합적 접근』).
34) Ibid.

10장　　자아(2): 소유냐 존재냐

1) Fromm (1976), p.17(에리히 프롬, 차경아 옮김, 『소유냐 존재냐』. 까치, 1996).
2) Tolle (2008), p.45(에크하르트 톨레, 『삶으로 다시 떠오르기』).
3) Bernstein (2010).
4) Ferguson (2010).
5) Tolle (2008)(에크하르트 톨레, 『삶으로 다시 떠오르기』).
6) Ibid.
7) Fromm (1976)(에리히 프롬, 『소유냐 존재냐』).
8) Ibid., pp.4-5.
9) Frankl (1984), p.48(빅터 프랭클, 『죽음의 수용소에서』).
10) Ibid., pp.48-50.
11) Easwaran (1978), pp.101, 105, 108, 115, 121-122, Fowler (1984), pp.70-71에서 인용.
12) Gandhi (1962), p.234, pp.297-298; Nanda (1997), p.512; Brown (1989), p.382.
13) Fromm (1976), p.18(에리히 프롬, 『소유냐 존재냐』).
14) Ibid., p.30.
15) Ibid., p.30.
16) Borg (2004), p.28.
17) Ibid., p.30.
18) Fromm (1976), p.31(에리히 프롬, 『소유냐 존재냐』).
19) Borg (2004).
20) Darley & Batson (1973).
21) Fromm (1976), p.31(에리히 프롬, 『소유냐 존재냐』).
22) Ibid., p.32.
23) Peck (1978), p.81.
24) Fromm (1976), p.32(에리히 프롬, 『소유냐 존재냐』).
25) Ibid., p.28.
26) Ibid., p.28.
27) Ibid., p.28.
28) May (2005).
29) Fromm (1976), p.29(에리히 프롬, 『소유냐 존재냐』).
30) Lifton (2003), p.191에서 인용.
31) Carse (2008), p.12.
32) Ibid., p.13.
33) Cusa (1990), p.52ff, Carse (2008), p.15에서 인용.
34) Carse (2008), p.15.
35) Ibid., pp.16-17.

11장　　죽음의 부정에서 파생하는 문제들

1) Nabokov (1989), p.19(블라디미르 나보코프, 오정미 옮김, 『말하라, 기억이여』, 플래닛, 2007).
2) The Mahabharata, Vana-parva 313.116.
3) Dalai Lama (2009), p.78에서 인용.
4) Montaigne (2006).

5) Becker (1974), p.87(어니스트 베커, 『죽음의 부정』).

6) Berger (1969).

7) Kierkegaard (1957 [1884]) (쇠렌 오뷔에 키르케고르, 임규정 옮김, 『불안의 개념』, 한길사, 1999).

8) Solomon (n.d.).

9) Kierkegaard (1957 [1844]), pp.139-140, Becker (1973), p.69에서 인용.

10) Becker (1962), p.130에서 인용.

11) Berger (1969), pp.3-4.

12) Solomon, 2002년 10월 18일.

13) Rank (1958), (1968); Brown (1959); Roheim (1971).

14) Berger (1969), p.80.

15) Solomon, 2002년 10월 18일.

16) Landau, Solomon, Pyszczynski, & Greenberg (2007).

17) Solomon, Greenberg, Pyszczynski (1991); Burke, Martens, Faucher (2010).

18) Burke et al.(2010).

19) Shen & Bennick (2005).

20) Douglas (2002).

21) Bassiouni (1997); Brzezinski (1995); White (2010).

22) Becker (1974), p.7(어니스트 베커, 『죽음의 부정』).

23) James (1958 [1902]), p.281.

24) Campbell (1949) (조지프 캠벨, 이윤기 옮김, 『천의 얼굴을 가진 영웅』, 민음사, 2018).

25) Becker (1974), pp.150-154(어니스트 베커, 『죽음의 부정』).

26) Coppola & Schaffner (1970).

27) Ibid.

28) Becker (1968).

29) Lewis (1944).

30) Glover (2001).

31) Van Valin (2009).

12장 　 상황의 영향력에 대한 인식 제고

1) Bellah, Madsen, Sullivan, Swindler, & Tipton (1985), p.142.

2) Zimbardo (2008)(필립 짐바르도, 『루시퍼 이펙트』).

3) Sherif Obituary (1988).

4) Asch (1955), p.5.

5) Ibid., p.5.

6) Holocaust Studies, 2011.

7) Baumeister & Bushman (2010), p.4.

8) Arendt (1963), p.247(한나 아렌트, 김선욱 옮김, 『예루살렘의 아이히만』, 한길사, 2006).

9) Ibid., pp. xiv, xv.

10) Haslam & Reicher (2008), p.17.

11) Goldhagen (2009), p.158.

12) Smith (2011), p.104.

13) Haslam & Reicher (2008), p.18.

13장   상황이 유발한 대상화: 세 가지 고전적 사례

1) Milgram (1974), p.1(스탠리 밀그램, 정태연 옮김, 『권위에 대한 복종』, 에코리브르, 2009).
2) Ibid., p.27.
3) Milgram (1963), p.375.
4) Ibid., p.377.
5) Zimbardo (2008), p.107(필립 짐바르도, 『루시퍼 이펙트』).
6) Zimbardo (n.d.a.).
7) Zimbardo (2008), p.61(필립 짐바르도, 『루시퍼 이펙트』).
8) Ibid., p.77.
9) Ibid., p.107.
10) Ibid., p.107.
11) Clemens (2010).
12) Zimbardo (2008), p.55(필립 짐바르도, 『루시퍼 이펙트』).
13) Ibid., p.55.
14) Ibid.; Zimbardo (n.d.a.).
15) Seligman & Maier (1967).
16) Zimbardo (2008) (필립 짐바르도, 『루시퍼 이펙트』); Zimbardo (n.d.a.).
17) Ibid.; Ibid.
18) Zimbardo (2008), p.216(필립 짐바르도, 『루시퍼 이펙트』).
19) Ibid., p.217.
20) Ibid., p.213, 강조는 저자(존 M. 렉터).
21) Ibid.; Zimbardo (n.d.a.).
22) Zimbardo (2008), pp.192~194(필립 짐바르도, 『루시퍼 이펙트』).
23) Haslam & Reicher (2008), p.18.
24) Schumacher (1977), p.22(E. F. 슈마허, 『당혹한 이들을 위한 안내서』).
25) Nietzsche (1879), p.5.
26) Bandura (1975).
27) Ibid., p.258.
28) Ibid., p.266.
29) Milgram (1963).
30) Zimbardo (2008), p.299(필립 짐바르도, 『루시퍼 이펙트』).
31) Ibid., p.300.
32) Ibid., p.212.
33) Murray (1953).
34) Zimbardo (2008), p.211(필립 짐바르도, 『루시퍼 이펙트』).

14장   상황이 유발한 영웅주의: 일시적인 대상화 초월

1) Seidler (2009), p.12에서 인용.
2) Fowler (1981), p.200(제임스 W. 파울러, 『신앙의 발달단계』).
3) Ibid., p.202.

4) Zimbardo (2007), 4월 2일.

5) Rivera (2009).

6) Zimbardo (2007), 4월 2일.

7) If You Move, 2007.

8) Buckley (2007).

9) Darley & Batson (1973).

10) Darley & Latane (1970).

11) Moriarty (1975).

12) Campbell (1949), p.35(조지프 캠벨, 『천의 얼굴을 가진 영웅』).

15장   깨달음의 문제

1) Ardrey (1970), pp.352-353.

2) Ross (1994), p.58에서 인용.

3) Schall (1998), p.221에서 인용.

4) Maslow (1970), pp.91-96.

5) Steindl-Rast (1989), p.12.

6) Ibid.

7) Laski (1961).

8) Koestler (1960), p.353.

9) Steindl-Rast (1989), p.12.

10) Ibid., p.12.

11) Maslow (1970), p.72.

12) Campbell (1991), pp.56-58, 강조는 저자의 것(조지프 캠벨, 『신화의 힘』).

13) Huxley (1970), p. x(올더스 헉슬리, 『영원의 철학』).

14) Dalai Lama (2009), p.215.

15) Maslow (1970), p.22.

16) Ibid., pp.19-22.

17) Steindl-Rast (1989), p.13.

18) Ibid., p.13.

19) Ibid., p.13.

20) Ibid., p.14.

16장   대상화 초월을 위한 유신론적·비신론적 접근법

1) James (1903), p.58.

2) Against Heresies, Book 4, 20:7

3) Huxley (1970), p.14(올더스 헉슬리, 『영원의 철학』).

4) Pascal (1995), p.46.

5) Atran (2002); Boyer (2002); Guthrie (1995); Kapogiannis, Barbey, Su, Zamboni, Krueger, & Grafman (2009); Kirkpatrick (2004); Shermer (2012); Thomson (2011).

6) Newberg, Alavi, Baime, Pourdehnad, Santanna, & d'Aquili (2001); Newberg, Pourdehnad, Alavi & d'Aquili (2003).

7) Koestler (1960).

8) Laski (1961).

9) Huxley (1970), p. x(올더스 헉슬리, 『영원의 철학』).

10) Osborne (2005).

11) Smith (1991), p.13.

12) Diogenes (2010), p.194.

13) Smith (1991).

14) Ibid.

15) Ibid., pp.21-22.

16) Ibid.

17) Ledgerwood (2010).

18) Smith (1991).

19) Ledgerwood (2010).

20) Smith (1991).

21) Ledgerwood (2010).

22) Smith (1991).

23) Gombrich & Keegan, (1988), p.63.

24) Smith (1991), p.113.

25) Ibid., pp.69-70.

26) Ledgerwood (n.d.).

27) Beit-Hallahmi (1988); Rector & Rector (2003).

28) Smith (1991).

29) Ibid.

30) Ibid., p.275.

31) Frankl (1984) (빅터 프랭클, 『죽음의 수용소에서』).

32) Vine (1996), p.576.

33) Smith (1991), p.281.

34) Buber (1966).

35) Ibid.

36) Michaelson (2010).

37) Ibid.

38) Ibid.

39) Sri Dhammananda (1993), p.1.

40) Ibid., p.1.

41) Smith (1991), p.101.

42) Ibid., pp.101-102.

43) Ibid., p.104.

44) Ibid., p.104.

45) Joiner & Katz (1999).

46) Bono & Remus (2006).

47) Smith (1991), p.105.

48) Thich Nhat Hanh (1998), pp.60-62.

49) Matanga & Gobharana (n.d.).

50) Thich Nhat Hanh (1998), pp.64-67.

51) Dhammapada, vs. 204.

52) Smith & Novak (2003), p.53.

53) Guenther (1949), pp.156-157.

54) Dalai Lama (2009), p.176.

55) Carson, Moo, & Morris (1992), pp.54, 56.

56) Religions ranked by number, n.d.; Christianity today, general statistics, n.d.

57) Alexander (1847).

58) Tertullian (1932), 39:7.

59) Smith (1991), p.333.

60) Ibid., p.334.

61) Ibid., p.224.

62) Ibid., pp.234-235.

63) Cragg (1988), p.18.

64) Smith (1991), p.242.

65) Nasr (1989).

66) Nasr (1985), pp.72-74.

67) Wilber (n.d.).

68) Schwartz (1995), p.354.

69) Wilber (n.d.).

70) Schwartz (1995), pp.314-315.

71) Davis & Hayes (2012).

72) 메타 분석은 Sedelmeir, Schwartz, Zimmerman, Haarig, & Jaeger (2012) 참고.

17장   대상화에 대한 해독제: 깨달음의 스펙트럼

1) Thich Nhat Hanh (2007), p.63.

2) Donne (1990), p.150.

3) Dalai Lama (2009), p.256.

4) Thich Nhat Hanh (1998), p.125, 설명은 저자가 추가.

5) Magid (2009), p. 68, 설명은 저자가 추가.

6) Cohen (2002), p.1.

7) Wilber (2007), p.94(켄 윌버, 김명권·오세준 옮김, 『켄 윌버의 통합영성』, 학지사, 2018).

8) Tolle (2008), p.115(에크하르트 톨레, 『삶으로 다시 떠오르기』).

9) Mehta (2011).

10) Rees (1992).

11) Fowler (1984), p.68(제임스 W. 파울러, 장윤석 옮김, 『인간의 성숙과 그리스도인의 성숙』, 야킨, 2018).

12) Ibid., p.69.

13) Ibid., p.70.

14) Fowler (1981), pp.200-201(제임스 W. 파울러, 『신앙의 발달단계』).

15) Peck (1978).

16) Harris (2006).

17) Pinker (2011) (스티븐 핑커, 『우리 본성의 선한 천사』).

18) Ryan and Jetha (2010).

19) Pinker (2011a).

20) Bernstein (2010).

21) Pinker (2001a).

22) Singer (1981) (피터 싱어, 김성한 옮김, 『사회생물학과 윤리』, 연암서가, 2012).

23) Darwin (1871).

24) Pinker (2011a).

25) Ibid.

26) Harris (2013).

27) Heath & Heath (2010) (칩 히스·댄 히스, 안진환 옮김, 『스위치』, 웅진지식하우스, 2010).

28) Haidt (2006) (조너선 하이트, 권오열 옮김, 문용린 감수, 『행복의 가설』, 물푸레, 2010).

29) Heath & Heath (2010), pp. 17-18 (칩 히스·댄 히스, 『스위치』).

30) Thaler (2009); Thaler & Sunstein (2009).

31) Leveille (2012); Konheim-Kalkstein (2006).

32) Ariely (2008), Haidt (2012), p.336에서 인용.

33) Thaler & Sunstein (2009).

34) Ibid., p.5.

35) Bal & Veltcamp (2013); Oatley (2012); Gabriel & Young (2011).

36) Kidd & Castano (2013); Mar, Oatley, & Petersen (2009).

37) Green (2008); Kivy (2002).

38) Krznaric (2012).

39) Carkhuff & Truax (1965); Hodges & Meyers (2007).

40) Rogers (1959).

41) Zahn-Waxler, Yarrow, & King (1979); Zahn-Waxler & Yarrow (1990); Zahn-Waxler, Yar-row, Wagner, & Chapman (1992); Iacoboni (2008).

42) Glover (1999).

43) Lam, Kolomitro, & Alamparambil (2011), pp.172-175.

44) Ibid.; Butters (2010).

45) Butters (2010), p.123.

46) Ibid., p.124.

47) Ellison (2011); Ruiz (2013).

48) Obama (2008).

49) Frankl (1984), pp.12-13(빅터 프랭클, 『죽음의 수용소에서』).

50) Pinker (2011a).

51) Ibid.

52) Friedman (1999).

53) Friedman (2005), p.421.

54) Allport (1954); Rothbart & John (1985); Forsyth (2009).

55) Crisp & Turner (2009).

56) Maslow (1971), p.35.

57) Wilber (1996).

2019년 6월, 한 수입 업체가 인천세관을 상대로 제기했던 '리얼돌' 수입 통관보류처분 취소 소송에 대해 대법원이 원고 승소 판결을 내렸다. 리얼돌에 대해 1심은 "전체적 모습이 실제 사람 모습과 흡사하고 … 사람의 존엄성과 가치를 심각하게 훼손·왜곡했다고 평가할 수 있다"며 인천세관의 손을 들어주었지만 2심은 "사용자의 성적 욕구 충족에 은밀하게 사용되는 도구에 불과"하다며 리얼돌을 하나의 성기구로 판단했고 대법원은 이 2심 판결을 확정했다. 그후 2020년 1월 또다른 리얼돌 수입 업체가 김포세관으로부터 수입통관보류처분을 받자 2019년 대법원판결을 근거로 취소 소송을 제기했고 2021년 1월 서울행정법원도 원고 승소 판결을 내렸다. 그러나 2019년 대법원판결 이후에도, 올해 법원 판결 이후에도, 리얼돌이 여자의 인간적 존엄성을 훼손하기 때문에 수입을 규제해야 한다는 비판은 수그러들지 않고 있다.

리얼돌을 둘러싼 논쟁은 대체로 리얼돌이 '남자의 성욕 해소를 위한 성기구'에 불과하다고 보는 시각과 '여자에 대한 성적 대상화를 강화하고 여자의 인격권을 침해하는 물건'이라고 보는 시각의 대립으로 나타난다. 특히 리얼돌의 적법성과 윤리성에 대한 논의는 통관보류의 사유이기도 했던 '풍속을 해치는 음란물인가 아닌가'를 판단 기준으로 삼을 때가 많다. 그런데 왜 리얼돌은 애초에 평범한 성인용품으로 받아들여지지 못하고 이토록 극명한 의견 대립을 낳게 된 것일까? 왜 어떤 사람은 리얼돌을 보며 섬뜩한 기시감을 느끼고, 어떤 사람은 성적 흥분과 성욕 해소에 대한 기대감을 느끼는 것일까? 신체의 일부만 구현한 형태와 크기를 가진 보통의 성인용품과 달리, 왜 리얼돌은 성적 매력이 있다고 말하는 신체적 특징과 전신이라는 크기에 더해 '얼굴'까지 가지고 있는 것일까? 리얼돌이 그것을 사용하는 사람과 사용하지 않는 사람에게 나아가 우리 모두에게 끼치는 영향은 무엇일까?

리얼돌이 제기하는 논란과 의문은 단순히 음란물에 대한 개인과 사회의 태도나 의견 대립을 보여주는 선에서 그치지 않는다. 리얼돌이 촉발한 논쟁의 밑바탕에는 성욕 충족을 위한 물건들의 잠재적 부작용을 훨씬 능가하는 문제, 즉 '(성적) 대상화' 및 이것이 극단적으로 발현된 '비인간화'라는 보다 복잡하고 광범한 문제가 자리하고 있기 때문이다. 리얼돌은 이 책에 소개된 마사 누스바움과 레이 랭턴의 견해처럼 타인을 자신의 목적을 위한 한낱 도구나 소유할 수 있는 존재로 대하고 타인을 '신체'와 동일한 존재로 축소하는 방식의 대상화와 긴밀하게 연관되어 있을 뿐만 아니라, 여자라는 인간을 자신의 욕망을 실현해주는 존재 혹은 인간 이하의 존재로 취급하는 비인간화를 용인하고 부추길 위험까지 내포하고 있다.

리얼돌에 관한 논쟁에서는 물론이고 우리 일상에서도 심심찮게 듣게 되는 '성적 대상화'에 비해 '대상화'는 언뜻 현실과 동떨어진 추상적인 개념처럼 느껴질 수도 있다. 그러나 성적 대상화를 비롯해 제노사이드 같은 잔혹 행위와 밀접히 연관된 '비인간화'도 '대상화 스펙트럼'에 놓이며, 이 스펙트럼의 구조와 진행 방향을 뒷받침하는 근거로서 책에 제시된 사례들 역시 우리에게 그리 생소하지 않다. 또한 인간 존재의 본질과 사회적 행동을 연구하는 여러 학문도 각기 중점을 두는 부분이 조금씩 다를지는 몰라도 대상화 스펙트럼 위에 놓이는 현상들을 공통으로 다루고 있다. 이에 저자는 심리학, 철학, 사회학, 종교학 등 다양한 학문을 아우르는 관점을 취하되 자신의 개인적인 경험이나 일반 대중에게 친숙한 사건들도 언급함으로써 대상화가 우리의 일상 및 의식적·무의식적 활동과 얼마나 유기적으로 연결되어 있는지를 보여준다.

누구나 흔히 사용하기는 하지만 구체적인 정의에 대한 합의는 존재한다고 보기 어려운 '대상화'를 하나의 스펙트럼으로 설명한다는 점과 이를 매개로 인간의 본질적 한계와 가능성을 탐색함에 있어서 통합적인 관점을 견지한다는 점은 이 책의 고유한 특징이다. 더불어 대상화의 원인과 해결책에 대해 전에 없던 새로운 발견이나 획기적인 대안을 제시하기보다는 기존의 연구와 실례를 중심으로 큰 틀을 제시하고 서로 다른 학문적 배경에서 도출된 통찰들이 만나는 접점과 방향성을 일깨운다는 점도 주목할 부분이다. 이 책을 통해 지금껏 누구도 떠올린 적 없는 참신한 해답을 얻고자 하면 아쉬움을 느낄 수도 있지만, 저자의 말마따나 '인간됨'의 의미나 인류 공통의 문제에 대한 우리의 이해가 과거에 비해 상당 수준 발전했다고는 보기 어려운 듯하다.

인류 역사에 무수히 많은 본보기와 반면교사가 있음에도 불구하고 우리는 지금도 기후 위기를 포함, 특별히 새롭지도 않은 인적 재난에 직면해 있다. 많은 사람이 제시하는 해결책도 우리에게 익숙하다못해 진부하게 느껴질 정도이다. 그러나 진부하다고 해서 무의미한 것은 아니다. 특히 기후 위기에 대응하려면 과학기술을 통해 전환과 회복을 모색하기에 앞서 인간이 지구상 모든 생명체와 불가분의 관계를 맺고 있음을 염두에 두어야 한다는 지적은 그런 고려 없이 대안을 마련해봐야 의미 있는 결과를 이끌어내기는 어렵다는 경고에 가깝다. 문제의 원인이 오로지 인간의 무절제한 욕망이나 환경 파괴를 가속화하는 산업 구조에만 있는 것도 아니고, 문제의 해결책이 오로지 인간의 내적 성숙이나 과학기술 발전에만 있는 것도 아닌 전 지구적 위기는 '대상화' 현상과 마찬가지로 인간의 한계와 가능성을 자문하게 만들며, 나와 타인의 경계, 인간과 다른 생명체의 경계에 갇히지 않는 성찰의 필요성을 거듭 제기한다.

어쩌면 인간은 예로부터 똑같은 질문을 던지고 똑같은 해답을 내놓기를 반복해온 것일지도 모르겠다. 우리는 전쟁, 환경 문제, 경제 위기 등의 상황을 맞닥뜨릴 때마다 인간이 하나의 종으로서 연결되어 있음을 깨닫고 편협한 자아의 경계와 무제한적 욕망의 추구를 극복해야 한다는 호소를 듣지만, 그런 가르침이 언젠가부터 고리타분한 옛사람의 설교처럼 들리기도 한다. 그런데 나와 타인, 더 나아가 지구상 모든 생명체가 서로 연결되어 있다는 호소가 마치 영적 깨달음을 숭상하는 비현실적이고 낭만적인 교훈으로만 들린다면, 그건 우리가 유사한 메시지를 자주 접해서일 수도 있지만 그런 깨달음과 점점 더 유리된 현실을 살고 있기 때문은 아닐까. 인간의 잔혹함을 입증하는 역사적 사건들은 조금의 과장도 없는 객관적 현실처럼 느껴지는 데 반해 많은 이들이 수없이 강조해온 깨달음은 특정 조건하에 극소수에게만 부여되는 특권처럼 느껴진다면, 그건 현재 우리의 삶이 균형에 대한 감각마저 잃고 한쪽으로 과하게 기울어져 있다는 증거일지도 모른다.

참고문헌

서문   플라톤의 동굴에서 빠져나오기

Buber, M. (1970). *I and Thou*. New York: Charles Scribner's Sons.

Cahn, S. M. (1995). The Republic. In S. M. Cahn (Ed.), *Classics of Western Philosophy*, 4th ed., 112-232. Indianapolis, Cambridge: Hackett Publishing.

Fowler, J. (1981). *Stages of Faith: The Psychology of Human Development and the Quest for Meaning*. San Francisco: Harper Collins.

Huxley, A. (1970) [1945]. *The Perennial Philosophy*, Perennial Library. New York: & Row.

James, W. (1906). The Moral Equivalent of War. Retrieved from http://www.constitution.org/wj/meow.htm.

Jung, C. G. (1975). Psychology and religion. In S. R. Read & G. Adler (Eds.), R. F. C. (Trans.), *Psychology and Religion: West and East (The Collected Works of C. G. Jung, Vol. 11)*. Princeton, NJ: Princeton University Press, 131.

Smith, H. (1991). *The World Religions*. San Francisco: Harper Collins.

1장   들어가며

Bandura, A. (2003). The role of selective moral disengagement in terrorism and counterterrorism. In F. M. Moghaddam and A. J. Marsella (Eds.), *Understanding Terrorism: Psychological Roots, Consequences, and Interventions*. Washington, DC: American Psychological Association, 121-150.

A. J. (2011). *Overcoming Objectification: A Carnal Ethics*. New York: Routledge.

Chirot, D., & McCauley, C. (2006). *Why Not Kill Them All? The Logic and Prevention of Mass*

Political Murder. Princeton, NJ: Princeton University Press.

Dupuy, R. E., & Dupuy, T. N. (1994). *The Collins Encyclopedia of Military History*, Collins, 1308.

Glover, J. (2001). *Humanity: A Moral History of the Twentieth Century*. New Haven, Yale; Nota Bene.

Goldhagen, D. (2009). *Worse Than War: Genocide, Eliminationism, and the On-Going Assault on Humanity*. New York: Public Affairs.

Hasegawa, T. (2006). *Racing the Enemy: Stalin, Truman, and the Surrender of Japan*. Cambridge, MA: The Belknap Press of Harvard University Press.

Kelman, H. C. (1973). Violence without moral restraint: Reflections on the dehumanization of victims and victimizers. *Journal of Social Issues*, 29 (4), 25-61.

Kressel, N. J. (2002). *Mass Hate: The Global Rise of Genocide and Terror*. Cambridge, MA: Worldview Press.

R. J. (2011). *Witness to an Extreme Century: A Memoir*. New York: Free Press.

Neiman, S. (2004). *Evil in Modern Thought*. Princeton, NJ: Princeton University 10.

Smith, D. L. (2011). *Less Than Human: Why We Demean, Enslave, and Exterminate Others*. New York: St. Martin's Press.

Stanton, G. H. (1998). The eight stages of genocide and preventing genocide. Paper to U.S. State Department, 1996. Retrieved from http://www.genocide- stagesofgenocide.html.

Wilson, W. (2007). The winning weapon? Rethinking nuclear weapons in light of Hiroshima. *International Security, 31* (4), Spring, 162-179.

Zimbardo, P. G. (2008). *The Lucifer Effect: How Good People Turn Evil*. New York: Random House.

2장   대상화: "손에 잡힐 듯 잡히지 않는 복합적 개념"

Bartky, S. L. (1990). *Femininity and Domination: Studies in the Phenomenology of Oppression*. New York: Routledge.

Buber M. (1970). *I and Thou*. New York: Charles Scribner's Sons.

Calogero, R. M. (2004). A test of objectification theory: Effect of the male gaze on appearance concerns in college women. *Psychology of Women Quarterly*, 28, 16-21.

Calogero, R. M., Tantleff-Dunn, S., & Thompson, J. K. (2011). *Self-Objectification in Women: Causes, Consequences, and Counteractions*. Washington, DC: American Psychological Association.

Csikszentmihalyi, M. (2008). *Flow: The Psychology of Optimal Experience*. New York: Harper Perennial Modern Classics.

Dworkin, A. (2000) [1985]. Against the male flood: Censorship, pornography, and equality. In Drucilla Cornell (Ed.), *Oxford Readings in Feminism: Feminism and Pornography*. Oxford: Oxford University Press, 19-44.

Fredrickson, B. L., & Roberts, T. A. (1997). Objectification theory: Toward understanding women's lived experiences and mental health risks. *Psychology of Women Quarterly, 21* (2), 173-206.

Fredrickson, B. L., Roberts, T. A., Noll, S. M., Quinn, D. M., & Twenge, J. M. (1998). That swimsuit becomes you: Sex differences in self-objectification, restrained eating, and math performance. *Journal of Personality and Social Psychology, 75*, 269-284.

Jeffreys, S. (2005). *Beauty and Misogyny: Harmful Cultural Practices in the West*. New York: Routledge.

Kant, I. (1993) [1785]. *Grounding for the Metaphysics of Morals*, 3rd ed. (J. W. Ellington, Trans.). Indianapolis: Hackett, 30.

Kant, I. (1998) [1785]. *Groundwork of the Metaphysics of Morals*. Cambridge Texts in the History of Philosophy, Mary Gregor (Ed.), Cambridge: Cambridge University Press, 42.

Langton, R. (2009). *Sexual Solipsism: Philosophical Essays on Pornography and Objectification*. Oxford: Oxford University Press.

Lemoncheck, L. (1985). *Dehumanizing Women: Treating Persons as Sex Objects*. Lanham, MD: Rowman and Littlefield.

Moradi, B., & Huang, Y. P. (2008). Objectification theory and the psychology of women: A decade of advances and future directions. *Psychology or Women Quarterly, 32*, 377-398.

Nussbaum, M. C. (1995). Objectification. *Philosophy and Public Affairs, 24* (4) (Autumn), 249-291.

Nussbaun, M. C. (2000). *Sex and Social Justice*. Oxford: Oxford University Press.

Roberts, T., & Gettman, J. Y. (2004). Mere exposure: Gender differences in the negative effects of priming a state of self-objectification. *Sex Roles, 51*, 17-27.

Schumacher, E. F. (1977). *A Guide for the Perplexed*. New York: Harper & Row.

Tiggemann, M., & Lynch, J. E. (2001). Body image across the life span in adult women: The role of self-objectification. *Developmental Psychology, 37*, 243-253.

Tiggemann, M., & Kuring, J. K. (2004). The role of body objectification in disordered eating and depressed mood. *British Journal of Clinical Psychology, 43*, 299-311.

Tiggemann, M., & Williams, E. (2012). The role of self-objectification in disordered eating, depressed mood, and sexual functioning among women: A comprehensive test of objectification theory. *Psychology of Women Quarterly, 36*, 66-75.

Zubringen, E. L., & Roberts, T. A. (2012). *The Sexualization of Girls and Girlhood*. Oxford University Press.

3장   대상화에 대한 재조명: 오해의 스펙트럼

Bandura, A. (1986). *Social Foundations of Thought and Action: A Social Cognitive Theory*. Englewood Cliffs, NJ: Prentice-Hall.

Bandura, A. (1990). Mechanisms of Moral Disengagement. In Reich, W. (Ed.). *Origins of Terrorism: Psychologies, Ideologies, Theologies, & States of Mind*. Cambridge: Cambridge University Press, 161-191.

Bandura, A. (2003). The role of selective moral disengagement in terrorism and counterterrorism. In Moghaddam, F. M., & Marsella, A. J. (Eds.). *Understanding Terrorism: Psychological Roots, Consequences, and Interventions*. Washington, DC: American Psychological Association, 121-150.

Bartky, S. (1990). *Femininity and Domination: Studies in the Phenomenology of Oppression*. New York: Routledge.

Benesch, S. (2004). Inciting genocide, pleading free speech. *World Policy Journal, 21* (2), Summer. Retrieved from http://ics.leeds.ac.uk/papers/vp01.cfm?outfit=pmt &folder=193paper=2022.

Borg, M. J. (2004) *The Heart of Christianity: Rediscovering a Life of Faith*. San Francisco: Harper.

Cahill, A. J. (2011). *Overcoming Objectification: A Carnal Ethics*. New York: Routledge.

Chang, I. (1997). *The Rape of Nanking: The Forgotten Holocuast of World War II*. London: Penguin Books.

Chirot, D., & McCauley, C. (2006). *Why Not Kill Them All? The Logic and Prevention of Mass Political Murder*. Princeton, NJ: Princeton University Press.

Goldberg, S. (2005, Jan. 26). Barber to the SS, Witness to the Holocaust. (Accessed May 24, 2011). Retrieved from http://articles.cnn.com/2005-01-26/world/auschwitz.barber_1_prisoners-ss-officers-auschwitz?_s=PM:WORLD.

Goldhagen, D. (2009). *Worse Than War: Genocide, Eliminationism, and the On-Going Assault on Humanity*. New York: Public Affairs.

Glover, J. (2001). *Humanity: A Moral History of the Twentieth Century*. New Haven, CT: Yale; Nota Bene.

Hedges, C. (2009). *Empire of Illusion: The End of Literacy and the Triumph of Spectacle*. New York: Nation Books.

Higsham, S., & Stephens, J. (2004, May 21). New Details of Prison Abuse Emerge, *Washington Post*. Retrieved from http://www.washingtonpost.com/wp-dyn/articles/A43783-2004May20.html.

Holiness the Dalai Lama (2009). *Becoming Enlightened*. New York: Atria Paperbacks.

Keen, S. (1986). *Faces of the Enemy: Reflections on the Hostile Imagination*. New York: HarperCollins.

Kelman, H. C. (1973). Violence without moral restraint: Reflections on the dehumanization of victims and victimizers. *Journal of Social Issues, 29* (4), 25-61.

Kressel, N. J. (2002). *Mass Hate: The Global Rise of Genocide and Terror*. Cambridge, MA: Worldview Press.

Lang, J. (2010). Questioning dehumanization: Intersubjective dimensions of violence in the Nazi concentration and death camps. *Holocaust and Genocide Studies. 24* (2), 225-246.

Lifton, R. J., & Humpfrey, N. (1984). *In a Dark Time*. Cambridge, MA: Harvard University Press.

McEwan, I. (2011). Only love, and then oblivion. Love was all they had to set against their murderers. *The Guardian*, Sept. 15.

Morris, E. (Director). (2003). *The Fog of War: Eleven Lessons from the Life of Robert S. McNamara* [Film]. Available from Sony Picture Classics.

Muller, F. (1999). *Eyewitness Auschwitz: Three Years in the Gas Chambers*. New York: Ivan R. Dee.

Nussbaun, M. C. (1995). Objectification. *Philosophy and Public Affairs, 24* (4) (Autumn), 249-291.

Paulsky, S. (1996). *Rudolf Höss, Death dealer: Memoirs of the SS Kommandant at Auschwitz*. New York: Da Capo Press.

Quammen, D. (2003). *Monster of God: The Man-Eating Predator in the Jungles of History and in the Mind.* New York: W. W. Norton.

Scarry, E. (1998). The difficulty of imagining other persons. In E. Weiner (Ed.), *The Handbook of Interethnic Coexistence.* New York: Continuum Publishing, 40-62.

Sereny, G. (1974). *Into That Darkness: An Examination of Conscience.* New York: Vintage.

Singer, P. (1994). *Practical Ethics,* 2nd Ed. Princeton, NJ: Princeton University Press.

Smith, D. L. (2011). *Less Than Human: Why We Demean, Enslave, and Exterminate Others.* New York: St. Martin's Press.

Sofsky, W. (1997). *The Order of Terror: The Concentration Camp.* Princeton, NJ: Princeton University Press.

Stanton, G. H. (1998). The Eight Stages of Genocide and Preventing Genocide. Paper presented to US State Department, 1996. Retrieved from http://www.genocide-watch.org/aboutgenocide/stagesofgenocide.html.

The Complete Text of the Poznan Speech (2004). Retrieved August 21, 2011, from http://www.holocaust-history.org/himmler-poznan/speech-text.shtml.

Todorov, T. (1999). *The Conquest of America: The Question of the Other.* Norman, OK: University of Oklahoma Press.

United Nations General Assembly (October 17, 2011). 1.5 Billion People Living in Absolute Poverty Makes Its Eradication Humankind's Most Significant Challenge, Second Committee Told. Retrieved August 2, 2013, from: http:// www.un.org/News/Press/docs/2011/gaef3313.doc.htm.

Westra, H., Metsallar, M., van der Wal, R., & Stam, D. (2004). *Inside Anne Frank's House: An Illustrated Journey Through Anne's World.* New York: Overlook Duckworth.

Kernike, K. (2005, January 12). Detainees depict abuses by guard in prison in Iraq. *New York Times.* Retrieved from http://www.nytimes.com/2005/01/12/ international/12abuse.html?_r=1.

Zimbardo, P. G. (2008). *The Lucifer Effect: How Good People Turn Evil.* New York: Random House.

4장   고대에서 전해 내려오는 세 가지 관점: 영원의 철학

Bassiouni, M. C. (1997). Searching for peace and achieving justice: The need for accountability. *Law and Contemporary Problems. 9* (4), 9-28.

Brezezinski, Z. (1995). *Out of Control: Global Turmoil on the Eve of the 21st Century.* New York: Touchstone Books.

Buber, M. (1970). *I and Thou.* New York: Charles Scribner's Sons.

Dawkins, R. (2008). *The God Delusion.* Boston, MA: Mariner Books.

Dawkins, R. (2010). *The Greatest Show on Earth: The Evidence for Evolution.* New York: Free Press.

Dawkins, R. (2011). *The Magic of Reality: How We Know What's Really True.* New York: Free Press.

Dennett, D. (2004). *Freedom Evolves.* London: Penguin Books.

Dennett, D. (2007). *Breaking the Spell: Religion as a Natural Phenomenon.* London: Penguin Books.

Harris, S. (2005). *The End of Faith: Religion, Terror, and the Future of Reason*. New York: W. W. Norton.

Harris, S. (2011). *The Moral Landscape: How Science Can Determine Human Values*. New York: Free Press.

His Holiness the Dalai Lama (2009). *Becoming Enlightened*. New York: Atria Paperbacks.

Hitchens, C. (2008). *The Portable Atheist: Essential Readings for the Non-Believer*. Philadelphia: De Capo Press.

Huxley, A. (1970) [1945]. *The Perennial Philosophy*, Perennial Library. New York: Harper & Row.

Needleman, J. (2007a). *Why Can't We Be Good?* New York: Penguin Group.

Rogers, M. (2011). Death row inmate who stabbed prisoner 67 times says he had inadequate counsel. Salt Lake Tribune, June 6. Retrieved from http://www.sltrib.com/sltrib/news/51940093-78/kell-blackmon-prison-utah.html.csp.

Taylor, S. (2005). *The Fall: The Insanity of the Ego in Human History and the Dawning of a New Era*. Winchester, UK; New York: O Books.

Thich Nhat Hanh (1998). *The Heart of the Buddha's Teaching: Transforming Suffering into Peace, Joy, and Liberation*. New York: Broadway Books.

Tillich, P. (1964). *Theology of Culture*. Oxford: Oxford University Press.

Whitehead, A. N. (1979). *Process and Reality*. New York: Free Press.

5장   합일의식: 가장 심오한 수준의 실재

Blake, W. (1988). *The Complete Poetry and Prose of William Blake*. D. V. Erdman (Ed.). Anchor Books, New York, NY. 53.

Bucke, E. M. (1901). *Cosmic Consciousness: A Study in the Evolution of the Human Mind*. London: Penguin Books.

Dennett, D. (2009, June 27). What's a Deepity? Retrieved July 3, 2013 from http:// www.youtube.com/watch?v=DKPhy03zNsU.

Eliot, G. (1994) [1871]. *Middlemarch*. Penguin Books, London, England.

Eves, H. W. (1977). *Mathematical Circles Adieu and Return to Mathematical Circles (Mathematical Circles, Vol. 3)*. Washington, DC: Mathematical Association of America.

James, W. (1958) [1902]. *The Varieties of Religious Experience*. New York: Mentor Books; New American Library.

Krulwich, R. (2010, November 11). My grandson, the rock. National Public Radio. Retrieved from http://www.npr.org/blogs/krulwich/2010/09/14/129858314/my-grandson-the-rock.

Maslow, A. (1970). *Religions, Values and Peak Experiences*. London: Penguin Books. Otto, R. (1958). *The Idea of the Holy*. London: Oxford University Press.

Schwartz, T. (1995) *What Really Matters: Searching for Wisdom in America*. New York: Bantam Press.

Traherne, T. (1992) *Selected Poetry and Prose*. London: Penguin Books.

Wilber, K. (2001). *No Boundary: Eastern and Western Approaches to Personal Growth*. Boulder, CO: Shambhala.

Wilber, K. (2001a). *A Brief History of Everything*. Boulder, CO: Shambhala.

6장   언어를 비롯한 경계의 역설적 속성

CNN (2011, April 12). CNN: Hebah Ahmed, MuslimMatters Blogger, Debates Mona Eltahawy over French Niqab (Burka) Ban. Retrieved August 7, 2013 from http://muslimmatters. org/2011/04/12/cnn-hebah-ahmed-muslima tters-blogger-debates- mona-eltahawy-over-french-niqab-burka-ban/.

Campbell, J. (1991). *Power of Myth*. New York: Anchor Books.

Erlanger, S. (2010, July 13). Parliament moves France closer to a ban on facial veils. *New York Times*. Retrieved August 7, 2013 from http://www.nytimes. com/2010/07/14/world/ europe/14burqa.html.

Frost, R. (2012) [1915]. *Mountain Interval*. London: Forgotten Books.

Gerrig, R. J., & Zimbardo, P. G. (1989) Ways we can go wrong. [Table]. Psychology and Life, 12th ed. Glenview IL: Allyn & Bacon, 689.

Goddard, D. (1994). *A Buddhist Bible*. Boston: Beacon Press.

Hayes, S., Wilson, K. G., Gifford, E. V., & Follette, V. M. (1996) Experiential avoidance and behavioral disorders: A functional dimensional approach to diagnosis and treatment. *Journal of Consulting and Clinical Psychology, 64,* 1152–1168.

Hayes, S. C., & Smith, S. (2005) *Get Out of Your Mind and Into Your Life: The New Acceptance and Commitment Therapy*. Oakland, CA: New Harbinger Publications.

Hedges, C. (2009). *Empire of Illusion: The End of Literacy and the Triumph of Spectacle*. New York: Nation Books.

Huxley, A. (1970) [1945]. *The Perennial Philosophy*, Perennial Library. New York: Harper & Row.

Jones, J. M. (2007). Among religious groups, Jewish Americans most strongly oppose war. *Gallup News Service*, Feb. 23. Retrieved from http://www. gallup.com/poll/26677/among-religious-groups-jewish-americans-m ost-strongly-oppose-war.aspx.

Luoma, J. B., Hayes, S., & Walser R. D. (2007). *Learning ACT: An Acceptance and Commitment Therapy Skills Manual for Therapists. Oakland,* CA: New Harbinger Publications.

Maslow, A. (1970). *Religions, Values and Peak Experiences*. London: Penguin Books.

Namasivayam, D. (2011, April 11). For life, liberty, and the burqa: Muslim women defy France's ban on full-face veils. *Herald Sun*. Retrieved August 7, 2013 from http://www.sott.net/ article/227091-For-life-liberty-and-the-burqa-Muslim-women-defy- Frances-ban-on-full-face-veils.

Newcomb, A. N. (2011, April 10). France to become first European country to ban burqa. *ABC News*. Retrieved August 7, 2013 from http://abcnews.go.com/International/burqa-ban-effect- france/story?id=13344555.

Smith, D. L. (2007). *The Most Dangerous Animal: Human Nature and the Origins of War*. New York: St. Martin's Griffin.

Thich Nhat Hanh, (2007). *Buddha Mind, Buddha Body: Walking Toward Enlightenment*. Berkeley, CA: Paralax Press.

Trouble in Trappes (2013, July 27). Violence erupts over the controversial burqa ban. *The*

Economist. Retrieved August 7, 2013 from http://www.econo- mist.com/news/ europe/21582314-violence- erupts-over-controversial-bu rqa-ban-trouble-trappes.

Wilber, K. (1996). *A Brief History of Everything*. Boulder, CO: Shambhala Press.

Wilber, K. (1998). *The Marriage of Sense and Soul*. New York: Broadway Books.

Wilber, K. (2001). *No Boundary: Eastern and Western Approaches to Personal Growth*. Boulder, CO: Shambhala Press.

7장   자아의 경계

Brach, T. (2003). *Radical Acceptance: Embracing Your Life with the Heart of a Buddha*. New York: Bantam Books.

Buber, M. (1913). *Daniel: Dialogues on Realization*. New York: Holt, Rinehart, and Winston.

Butler, A. C., Chapman, J. E., Forman, E. M., & Beck, A. T. (2006). The empirical status of cognitive-behavioral therapy: A review of meta-analyses. *Clinical Psychology Review, 26*, 17-31.

Fowler, J. (1981). *Stages of Faith: The Psychology of Human Development and the Quest for Meaning*. San Francisco: Harper Collins.

Huxley, A. (1970) [1945]. *The Perennial Philosophy*, Perennial Library.
New York: Harper & Row.

Jung, C. G. (1960) *Synchronicity: An A causal Connecting Principle*. Bollingen Press.

Katz, S. T. (1978). *Mysticism and Philosophical Analysis*. Oxford: Oxford University Press.

Keck, L. R. (2000) *Sacred Quest: The Evolution and Future of the Human Soul*. West Chester, PA: Chrysalis Books.

Pinker, S. (2011). *The Better Angels of Our Nature: Why Violence Has Declined*.
New York: Viking Adult.

Rogers, C. (1961). *On Becoming a Person: A Therapist's View of Psychotherapy*.
Boston: Houghton Mifflin.

Schuler, N. (1985). Trying to change as denial. *California Association for Counseling and Development Journal, 6*, 49-51.

Sting (1991). All this time. *The Soul Cages* [CD]. New York: A&M Records.

Taylor, S. (2005). *The Fall: The Insanity of the Ego in Human History and the Dawning of a New Era*. Winchester, UK; New York: O Books.

Thich Nhat Hanh, (1991) *Peace Is Every Step*. New York: Bantam.

Tolle, E. (2004). *Power of Now*. Novato, CA: New World Library.

Tolle, E. (2008). *A New Earth: Awakening to Your Life's Purpose*. New York: Plume Books.

Wilber, K. (2001). *No Boundary: Eastern and Western Approaches to Personal Growth*. Boulder, CO: Shambhala.

8장   나르시시즘

American Psychiatric Association (2013). *Desk Reference to the Diagnostic Criteria from DSM-5*. Washington, DC: Author.

American Psychological Association (2009). *Publication Manual of the American Psychological Association*, 5th ed. Washington, DC: Author.

Becker, E. (1974). *The Denial of Death*. New York: The Free Press.

Carroll, L. (1987). A study of narcissism, affiliation, intimacy, and power motives among students in business administration. *Psychological Reports, 61*, 355–358.

Livesly, W. J., Jang, K. L., Jackson, D. N., & Vernon, P.A (1993). Genetic and environ- mental contributions to dimensions of personality disorder. *American Journal of Psychiatry, 150*, 1826–1831.

Mays, D. (Presenter) (2010). Personality disorders: Powerful techniques to overcome the frustrations and improve client outcomes [Tele-conference]. Eau Claire,

WI: Pesi Productions.

Raskin, R., & Howard, T. (1988). A principle-components analysis of the Narcissistic Personality Inventory and further evidence of its construct validity. *Journal of Personality and Social Psychology. 54* (5), 890–902.

Stinson F. S., Dawson, D. A., Goldstein. R. B., Chou, S. P., Huang, B., Smith, S. M., Ruan, W. J., Pulay, A.J., Saha, T. D., Pickering, R. P., & Grant, B. F. (2008).

Prevalence, correlates, disability, and comorbidity of DSM-IV narcissistic personality disorder: Results from the wave 2 national epidemiologic survey on alcohol and related conditions. *Journal of Clinical Psychiatry, 69* (7). 1033–1045.

9장   자아(1): 자아의 본질과 양상

Adler, M. (2006). Behind the ever-expanding American dream house. National Public Radio. Retrieved from http://www.npr.org/templates/story/story. php?storyId=5525283.

Albert, P. J. (2009). The Integral Leadership of Saints Francis and Clare of Assisi: A Historical/Interpretive Biography Study. Unpublished doctoral dissertation, Fielding Graduate University, Santa Barbara, CA.

America's Homes Get Bigger and Better. (2005). Retrieved from http://abcnews. go.com/GMA/Moms/story?id=1445039.

Are Lottery Winners Really Less Happy? (2004). *Associated Press*. Retrieved from http://www.msnbc.msn.com/id/4971361/ns/health-health_care.

Are We Happy Yet? (2006). Pew Research Center. Retrieved from http://pewresearch. org/pubs/301/are-we-happy-yet.

Bhagavad-Gita (2002). *Signet Classics*. New York: New American Library.

Brickman, P., Coates, D., & Janoff-Bulman, R. (1978). Lottery winners and accident victims: Is happiness relative? *Journal of Personality and Social Psychology, 36*, 917–927.

Brown, J. (1970). Super bad. *On Super Bad* [LP]. King Records.

Frankl, V. (1984). *Man's Search for Meaning*. Boston: Beacon Press.

His Holiness the Dalai Lama (1986). *The Fullness of Emptiness. In Leaning on the Moment: Interviews from Parabola*. New York: Parabola Books, 231–249.

His Holiness the Dalai Lama (2009). *Becoming Enlightened*. New York: Atria Books.

Huxley, A. (1970) [1945]. *The Perennial Philosophy*, Perennial Library. New York: Harper & Row.

Needleman, J. (2007). *Why Can't We Be Good?* New York: Penguin Group.

Needleman, J. (2007a). *Why Can't We Be Good?* [Video file]. Retrieved from http://fora.tv/2007/04/24/Why_Can_t_We_Be_Good

Smith, H. (1991). *The World Religions*. San Francisco: Harper Collins.

Sting (1985). If you love someone, set them free. *Dream of the Blue Turtles* [CD]. New York: A&M Records.

Thich Nhat Hanh. (1998). *The Heart of the Buddha's Teaching: Transforming Suffering into Peace, Joy, and Liberation*. New York: Broadway Books.

Tolle, E. (2003). *Stillness Speaks*. Novato, CA: New World Library.

Tolle, E. (2004). *Power of Now*. Novato, CA: New World Library.

Tolle, E. (2008). *A New Earth: Awakening to Your Life's Purpose*. New York: Plume Books.

Tolle, E. (2009). *Guardians of Being*. Novato, CA: New World Library.

Vital Statistics of the Self-Storage Industry. (2011). Retrieved from http://www. selfstorage-blog.com/vital-statistics-of-the-self-storage-industry/

Wilber, K. (2001). *No Boundary: Eastern and Western Approaches to Personal Growth*. Boulder, CO: Shambhala.

Wittgenstein, L. (2001) [1921]. *Tractatus Logico-Philosophicus*. New York: Routledge.

10장   자아(2): 소유냐 존재냐

Bernstein, W. (2010). *The Birth of Plenty: How the Prosperity of the Modern World Was Created*. New York: McGraw Hill.

Borg, M. J. (2004). *The Heart of Christianity: Rediscovering a Life of Faith*. San Francisco: Harper.

Brown, J. (1989). *Gandhi: Prisoner of Hope*. New Haven, CT: Yale University Press.

Carse, J. P. (2008). *The Religious Case Against Belief*. London: Penguin Press.

Cusa, N. (1990). *De Docta Ignorantia*, (Jasper Hopkins, trans.). Minneapolis: A. J. Banning Press.

Darley, J. M., & Batson, C. D. (1973). From Jerusalem to Jericho: A study of situational and dispositional variables in helping behavior. *Journal of Personality and Social Psychology, 27* (1), 100–108.

Easwaran, E. (1978). *Gandhi the Man*. Petaluma, CA: Nilgiri Press.

Ferguson, N. (2010). Man charged with assault against census worker. *NewsChannel5*. com, Nashville, TN. Retrieved from http://www.newschannel5.com/story/12664886/man-charged-with-assault-against-census-worker?redirected=true.

Fowler, J. W. (1984) *Becoming Adult, Becoming Christian*. San Francisco: Harper & Row.

Frankl, V. (1984). *Man's Search for Meaning*. Boston: Beacon Press.

Fromm, E. (1976). *To Have or To Be?* New York: Harper & Row.

Gandhi, M. (1962). *Last Glimpses of Bapu*. Delhi: Shiva Lal Agarwala.

Huxley, A. (1970) [1945]. *The Perennial Philosophy*, Perennial Library. New York: Harper & Row.

Lifton, R. J. (1989). *Thought Reform and the Psychology of Totalism: A Study of Brainwashing in China*. Chapel Hill, NC: University of North Carolina Press.

Lifton, R. J. (2003). *Superpower Syndrome: America's Apocalyptic Confrontation with the World*. New York: Nation Books.

May, G. G. (2005). *The Dark Night of the Soul: A Psychiatrist Explores the Connection Between Darkness and Spiritual Growth*. San Francisco: HarperOne.

Nanda, B. R. (1997). *Mahatma Gandhi: A Biography*. Delhi: Oxford University Press.

Peck, M. S. (1978). *The Road Less Traveled: A New Psychology of Love, Traditional Values, and Spiritual Growth*. New York: Simon & Schuster.

Tolle, E. (2008). *A New Earth: Awakening to Your Life's Purpose*. New York: Plume Books.

11장   죽음의 부정에서 파생하는 문제들

Bassiouni, M. C. (1997). Searching for peace and achieving justice: The need for accountability. *Law and Contemporary Problems. 9* (4), 9–28.

Becker, E. (1962). *Birth and Death of Meaning: An Interdisciplinary Perspective on the Problem of Man*. New York: The Free Press.

Becker, E. (1974). *The Denial of Death*. New York: The Free Press.

Berger, P. (1969). *The Sacred Canopy: Elements of a Sociological theory of Religion*. Garden City, NY: Doubleday.

Brzezinski, Z. (1995). *Out of Control: Global Turmoil on the Eve of the 21st Century*. New York: Touchstone Books.

Brown, N. (1959). *Life Against Death: The Psychoanalytical Meaning of History*. New York: Vintage Books.

Buber, M. (1970). *I and Thou*. New York: Scribner and Sons.

Burke, B. L., Martens, A., & Faucher, E. H. (2010). Two decades of Terror Management Theory: A meta-analysis of mortality salience research. *Personality and Social Psychology Review, 14*, (2), 155–195.

Campbell, J. (1949). *The Hero with a Thousand Faces*. Princeton, NJ: Princeton University Press.

Coppola, F. F. (Writer), and Schaffner, F. J. (Director). (1970). *Patton*. [Film]. Hollywood, CA: Twentieth Century Fox Film Corporation.

Douglas, M. (2002). *Purity and Danger: An Analysis of Concepts of Pollution and Taboo*. London: Routledge Classics, Taylor Press.

Florian, V., & Milkulincer, M. (1998). Symbolic immortality and the management of the terror of death. *Journal of Personality and Social Psychology, 74*, 725–734.

Glover, J. (2001). *Humanity: A Moral History of the Twentieth Century*. New Haven, CT: Yale; Nota Bene.

Greenberg, J., Simon, L., Pyszczynski, T., Solomon, S., & Chatel, D. (1992). Terror management and tolerance: Does mortality salience always intensify negative reactions to others who threaten one's worldview? *Journal of Personality and Social Psychology, 63*, 212–220.

His Holiness the Dalai Lama (2009). *Becoming Enlightened*. New York: Atria Paperbacks.

Keen, S. (1986). *Faces of the Enemy: Reflections on the Hostile Imagination*. New York: HarperCollins.

James, W. (1958) [1902]. *The Varieties of Religious Experience*. New York: Mentor Books; New American Library.

Kierkegaard, S. (1957) [1844]. *The Concept of Dread. Princeton,* NJ: University Press Edition.

Landau, M., Solomon, S., Pyszczynski, T., & Greenberg, J. (2007). On the compatibility of terror management theory and perspectives on human evolution. *Evolutionary Psychology,* 5, (3) 476–519.

Lewis, C. S. (1944). The Inner Ring. Memorial Lecture at King's College, University of London. Retrieved from http://www.lewissociety.org/innerring.php.

Milkulincer, M., & Florian, V. (2002). Exploring individual differences in reaction to mortality salience: Does attachment style regulate terror management mechanisms? *Journal of Personality and Social Psychology, 79,* 260–273.

Miller, A. (1949). *Death of a Salesman.* New York: Penguin Books.

Montaigne, M. D. (2006). That to study philosophy is to learn to die. Quotidiana. Ed. Patrick Madden. Retrieved from ⟨http://essays.quotidiana.org/montaigne/that_to_study_philosophy/⟩.

Nabokov, V. (1989). *Speak, Memory: An Autobiography Revisited.* New York: Vintage.

Orwell, G. (1949). *1984.* Toronto: S. J. Reginald Saunders.

Rank, O. (1932). *Art and Artist: Creative Urge and Personality Development.* New York: W. W. Norton.

Rank, O. (1958). *Beyond Psychology.* New York: Dover Publications.

Rank, O. (1968). *Art and Artist: Creative Urge and Personality Development.* New York: Agathon Press.

Roheim, G. (1971). *The Origin and Function of Culture.* New York: Anchor Books.

Shen, P. (Producer, Director), & Bennick, G. (Co-producer). (2005). *Flight from Death: The Quest for Immortality* [Film]. Available from http://www.flightfromdeath.com/index.htm.

Solomon, S. (Oct. 18, 2002). The structure of evil: History is a nightmare from which I'm trying to awaken: An introduction to the thought of Ernest Becker. *Ernest Becker Foundation.* Retrieved from http://www.ernestbecker.org/index. php?option=com_content & view=article & id=289:flight-from-death-20-dvd & cati d=11:most-popular-items & Itemid=37.

Solomon, S., Greenberg, J., & Pyszczynski, T. (1991). A terror management theory of social behavior: The psychological functions of self-esteem and worldviews. *Advances in Experimental Social Psychology, 24,* 93–159.

The Mahabharata, Book 3 of 18: Vana Parva. Forgotten Books, London, England.

Van Valin, V. (2009). *Casting Out Fear: Shedding Your Fictional Self and Awakening Your Authentic Self.* Denver, DO: Outskirts Press.

White, M. (2010). Historical Atlas of the Twentieth Century: Death by Mass Unpleasantness: Estimated Totals for the Entire Twentieth Century. Retrieved from http://users.erols.com/mwhite28/warstat8.htm.

12장   상황의 영향력에 대한 인식 제고

Arendt, H. (1963) *Eichmann in Jerusalem: A Report on the Banality of Evil.* London: Penguin

Books.

Asch, S. E. (1955). Opinions and social pressure. *Scientific American, 193* (5), 1–6.

Baumeister, R. F., & Bushman, B. J. (2010). *Social Psychology and Human Nature*. Independence, KY: Wadsworth Publishing.

Bellah, R., Madsen, R., Sullivan, W. M., Swindler, A., & Tipton, S. M. (1985). *Habits of the Heart: Individualism and Commitment in American Life*. New York: Harper & Row.

De Toqueville, A. (2001) [1838]. *Democracy in America*. New York: Signet Classics.

Goldhagen, D. (2009). *Worse Than War: Genocide, Eliminationism, and the On-Going Assault on Humanity*. New York: Public Affairs.

Haslam, S. A., & Reicher, S,D. (2007a). Beyond the banality of evil. *Personality and Social Psychology Bulletin, 33,* 615–622.

Haslam, S. A., & Reicher, S. D. (2008). Questioning the banality of evil. *The Psychologist: Journal of the British Psychological Society, 21,* 16–19. Retrieved from http://www.thepsychologist.org.uk/archive/archive_home.cfm/volumeID_21-editionID_155-ArticleID_1291.

Holocaust Studies (2011). The Eichmann Trial: 50 Years Later: A prosecutor and key witness reflect back on the even that transformed Israel. Retrieved from http:// www.aish.com/ho/i/The_Eichmann_Trial_50_Years_Later.html.

Sherif, M. [Obituary] (1988). Musafer Sherif, Social Psychologist. *Los Angeles Times*, Oct. 30. Retrieved from http://articles.latimes.com/1988-10-30/news/mn-916_1_social-psychologist.

Smith, D. L. (2011). *Less Than Human: Why We Demean, Enslave, and Exterminate Others*. New York: St. Martin's Press.

Zimbardo, P. (2008). *The Lucifer Effect: How Good People Turn Evil*. New York: Random House.

13장　상황이 유발한 대상화: 세 가지 고전적 사례

Bandura, A., Underwood, B., & Fromsons, M. E. (1975). Disinhibition of aggression through diffusion of responsibility and dehumanization of victims. *Journal of Research in Personality. 9,* 253–259.

Carnaghan, T., & McFarland, S. (2007). Revisiting the Stanford prison experiment. *Personality and Social Psychology Bulletin, 33,* 603–614.

Clemens, M. (2010). *The Secrets of Abu Ghraib Revealed: American Soldiers on Trial*. Dulles, VA: Potomac Books.

Haslam, S. A., & Reicher, S. D. (2008). Questioning the banality of evil. *The Psychologist: Journal of the British Psychological Society, 21,* 16–19. Retrieved from http://www.thepsychologist.org.uk/archive/archive_home.cfm/volumeID_21-editionID_155-ArticleID_1291.

Milgram, S. (1963) Behavioral study of obedience. *Journal of Abnormal and Social Psychology, 67* (4), 371–378.

Milgram, S. (1974). *Obedience to Authority: An Experimental View*. New York: Harper & Row.

Murray, H. R. & Cluckhohn, C. (1956). *Personality in Nature, Society, and Culture.* New York: Knopf.

Nietzsche, F. (1879). *Human, All Too Human: A Book for Free Spirits.*

Seligman, M. E. P., & Maier, S. F. (1967) Failure to escape traumatic shock. *Journal of Experimental Psychology, 74,* 1–9.

Solzhenitsyn, S. (1976). *The Gulag Archipelago (1981–1956).* New York: Harper Collins.

Zimbardo, P. (n.d.a). Stanford Prison Experiment. Retrieved September 16, 2011, from http://www.prisonexp.org.

Zimbardo, P. (n.d.b). The Lucifer Effect: Understanding How Good People Turn Evil. Retrieved September, 19, 2011, from http://www.lucifereffect.com/.

Zimbardo, P. (1969). The human choice: Individuation, reason, and order versus deindividuation, impulse, and chaos. In W. D. Arnold & D. Levine (Eds.), *Nebraska Symposium on Motivation.* Lincoln: University of Nebraska, 237–307.

Zimbardo, P. (2008). *The Lucifer Effect: How Good People Turn Evil.* New York: Random House.

14장   상황이 유발한 영웅주의: 일시적인 대상화 초월

Buckley, C. (2007). Man is rescued by stranger on subway tracks. *The New York Times,* January 3. Retrieved from http://www.nytimes.com/2007/01/03/nyregion/03life.html.

Campbell, J. (1949). *The Hero with a Thousand Faces.* Princeton, NJ: Princeton University Press.

Darley, J. M., & Latane, B. (1970). *The Unresponsive Bystander: Why Doesn't He Help?* New York: Appleton-Century-Crofts.

Darley, J. M., & Batson, C. D. (1973). From Jerusalem to Jericho: A study of situational and dispositional variables in helping behavior. *Journal of Personality and Social Psychology, 27* (1), 100–108.

Fowler, J. (1981). *Stages of Faith: The Psychology of Human Development and the Quest for Meaning.* San Francisco: Harper Collins.

If you move, sir, one of us is going to die (2007, March 1). *London Evening Standard.* Retrieved from http://www.thisislondon.co.uk/news/article-23380367-if-you-move-sir-one-of-us-is-going-to-die.do.

Moriarty, T. (1975) Crime, commitment, and the responsive bystander: Two field experiments. *Journal of Personality and Social Psychology,* 31, 370–376.

Rivera, R. (2009). In a split second, a pilot becomes a hero years in the making. *New York Times.* 01/16/09. Retrieved from http://www.nytimes. com/2009/01/17/nyregion/17pilot.html.

Seidler, V. J. (2009). *Kant, Respect and Injustice: The Limits of Liberal Moral Theory.* Routledge Revivals, New York, NY.

Zimbardo, P. G. (2007, April 2). The Lucifer Effect: Understanding How Good People Turn Evil." M.I.T. Retrieved from http://mitworld.mit.edu/video/459.

15장　깨달음의 문제

Ardrey, R. (1970). *African Genesis*, 6th ed. New York: Dell Publishing Company.

Campbell, J. (1991). *Power of Myth*. New York: Anchor Books.

His Holiness the Dalai Lama (2009). *Becoming Enlightened*. New York: Atria Paperbacks.

Huxley, A. (1970) [1945]. *The Perennial Philosophy*, Perennial Library. New York: Harper & Row.

Maslow, A. (1970). *Religions, Values and Peak Experiences*. London: Penguin Books.

Koestler, A. (1960). *The Lotus and the Robot*. London: Hutchinson.

Laski, M. (1961). *Ecstasy*. London: Cresent Press.

Ross, S. (1994). *Art and Its Significance: An Anthology of Aesthetic Theory*. State University of New York Press, Albany, NY.

Schall, J. V. (1998). *At the Limits of Political Philosophy*. Catholic University of America Press, Washington, D.C.

Steindl-Rast, D. (1989). The mystical core of organized religion. *Revision, 12* (1), 11–14.

16장　대상화 초월을 위한 유신론적·비신론적 접근법

Alexander, C. F, (1847). There Is a Green Hill Far Away. [Hymn]. *Hymns for Little Children*. Philadelphia: Herman Hooker.

Atran, S. (2002). *In Gods We Trust: The Evolutionary Landscape of Religion*. New York: Oxford University Press.

Becker, E. (1974). *The Denial of Death*. New York: Free Press.

Beit-Hallahmi, B. (1988). The religiosity and religious affiliation of Nobel Prize winners. Unpublished data.

Bono, J., & Remus, I. (2006). Charisma, positive emotions and mood contagion. *Mendeley, 17,* (4), 317–334. Retrieved from http://www.mendeley.com/research/charisma-positive-emotions-mood-contagion/.

Boyer, P. (2002). *Religion Explained: The Evolutionary Origins of Religious Thought*. New York: Basic Books.

Buber, M. (1966). *The Way of Man According to the Teaching of Hassidism*. Secaucus, NJ: Citadel Press.

Carson, D. A., Moo, D. J., & Morris, L. (1992). *An Introduction to the New Testament*. Grand Rapids, MI: Zondervan Publishing House.

Cragg, K. (1988). *Readings in the Koran*. London: Collins.

Diogenes, A. (2010). *Theology for a Troubled Believer: An Introduction to the Christian Faith*. Westminster: John Knoxx Press.

Frankl, V. (1984). *Man's Search for Meaning*. Boston: Beacon Press.

Gombrich, R. & Keegan, P. (1988). *Theravada Buddhism: A Social History from Ancient Benāres to Modern Colombo*. New York: Routledge.

Gould, S. J., McGarr, P., & Rose, S. P. R. (2007). Challenges to Neo-Darwinism and their meaning for a revised view of human consciousness. *The Richness of Life: The Essential Stephen Jay Gould*. New York: W. W. Norton.

Guenther, H. (1949). *The Problem of the Soul in Early Buddhism.* Curt Weller, Verlag, Constanz, Germany.

Guthrie, S. E. (1995). *Faces in the Clouds: A New Theory of Religion.* New York: Oxford University Press.

Haidt, J. (2009). *The Righteous Mind: How Good People Are Divided by Religion and Politics.* New York: Vintage.

His Holiness the Dalai Lama (2009). *Becoming Enlightened.* New York: Atria Paperbacks.

Huxley, A. (1970) [1945]. *The Perennial Philosophy,* Perennial Library. New York: Harper & Row.

Irenaeus of Lyons. *Against Heresies.* Create Space Independent Publishing Platform, March 28, 2012.

James, W. (1958) [1902]. *The Varieties of Religious Experience.* New York: Mentor Books; New American Library.

Joiner, T. E., & Katz, J. (1999). Contagion of depressive symptoms and mood: Meta-analytic review and explanations from cognitive, behavioral, and interpersonal viewpoints. *Clinical Psychology: Science and Practice, 6* (2), 149–164.

Kapogiannis D., Barbey, A. K., Su, M., Zamboni, G., Krueger, F., & Grafman, J. (2009). Cognitive and neural foundations of religious belief. *Proceedings of the National Academy of Sciences of the USA, 106,* 4876–4881.

Kirkpatrick, L. A. (2004). *Attachment, Evolution, and the Psychology of Religion.* New York: The Guilford Press.

Klausner, J. (1997). *Jesus of Nazareth: His Life, Times, and Teaching.* St. John's, FL: Bloch Publishing Company.

Koestler, A. (1960). *The Lotus and the Robot.* London: Hutchinson.

Laski, M. (1961). *Ecstasy.* London: Cresent Press.

Ledgerwood, G. (n.d.). Welcome to the Different Spiritual Paths of the World. Retrieved from http://www.spiritualworld.org/hinduism/spirit_perfect.htm.

Ledgerwood, G. (2010). A World of Yoga: Find More from Life Than You Ever Dreamed. *Mystic World Fellowship.* Retrieved from http://www.yogaworld.org/index.htm.

Matanga, K., & Gobharana (n.d.). Saying no. 41. The Sayings of the Buddha in Forty-Two Sections. Retrieved from http://www.fodian.net/english/42section.htm.

Michaelson, J. (2010). Jewish Enlightenment: Neo-Hasidism and Vedanta Hinduism. Retrieved from http://zeek.forward.com/articles/116715/.

Nasr, S. H. (1989). *Ideals and Realities of Islam.* Cairo: American University in Cairo Press.

Newberg, A. B., Alavi, A., Baime, M., Pourdehnad, M., Santanna, J., & d'Aquili, E. G. (2001). The measurement of regional cerebral blood flow during the complex cognitive task of meditation: A preliminary SPECT study. *Psychiatry Research: Neuroimaging 106*: 113–122.

Newberg, A., Pourdehnad, M., Alavi, A., & d'Aquili, E. (2003). Cerebral blood flow during meditative prayer: Preliminary findings and methodological issues. *Perceptual and Motor Skills, 97*: 625–630.

Osborne, E. (2005). *Founders and Leaders: Buddhism, Hinduism and Sikhism.* Dunstable, Great Britain: Folens, R. E. Limited.

Pascal, B. (1995). *Pense'es,* 149 (A. J. Krailsheimer, Trans.). Penguin Books, New York, NY.

Rector, J. M., & Rector, K. N. (2003). What is the challenge for LDS scholars and artists? *Dia-logue: A Journal of Mormon Thought, 36*, (2), 33–46.

Religions ranked by number of adherents (n.d.). Retrieved October 20, 2011 from http://www.adherents.com/Religions_By_Adherents.html.

Schwartz, T. (1995) *What Really Matters: Searching for Wisdom in America.* New York: Bantam Press.

Sedlmeier, P., Eberth, J., Schwarz, M., Zimmermann, D., Haarig, F., Jaeger, S. (2012). The psychological effects of meditation: A meta-analysis. *Psychological Bulletin.* Retrieved from http://www.ashanamind.com/wp-content/uploads/2013/03/physiological-effects_Sedlmeier_12.pdf.

Shermer, M. (2012). *The Believing Brain: From Gods, Gods, Politics and Conspiracies—How We Construct beliefs and Reinforce Them as Truths.* New York: St. Martin's Griffin.

Smith, H. (1991). *The World Religions.* San Francisco: Harper Collins.

Sri Dhammananda, K. (1993). *What Buddhists Believe,* 5th ed. Kuala Lumpur, Malaysia: The Corporate Body of the Buddha Educational Foundation.

Steadman, L., & Palmer, C. (2008). *The Supernatural and Natural Selection: The Evolution of Religion.* Boulder, CO: Paradigm Publishers.

Tertullian (1931). *Apology and De Spectaculis.* (G. R. Glover & G. H. Rendall, Trans.). Loeb Classical Library, No. 250 (English and Latin Edition) (Chap. 39, Sect. 7). Cambridge: Harvard University Press.

Thich Nhat Hanh. (1998). *The Heart of the Buddha's Teaching: Transforming Suffering into Peace, Joy, and Liberation.* New York: Broadway Books.

Thompson, J. A. (2011). *Why We Believe in Gods: A Concise Guide to the Science of Faith.* Charlottesville, VA: Pitchstone Publishing.

Vine, W. E. (1996). *Vine's Complete Expository Dictionary of Old and New Testament Words: With Topical Index.* Thomas Nelson.

Wade, N. (2009). *Faith Instinct: How Religion Evolved and Why it Endures.* New York: Penguin Press.

Wilber, K. (n.d.). An Integral Spirituality: The Silken Thread Which Unites the World's Great Wisdom Traditions. Retrieved from http://www.beliefnet.com/Wellness/2004/03/An-Integral-Spirituality.aspx.

Wilson, D. S. (2002). *Darwin's Cathedral: Evolution, Religion, and the Nature of Society.* Chicago: University of Chicago Press.

17장   대상화에 대한 해독제: 깨달음의 스펙트럼

Allport, G. W. (1954). *The Nature of Prejudice.* Cambridge, MA: Perseus Books.

Ariely, D. (2008). *Predictably Irrational: The Hidden Forces That Shape Our Decisions.* New York: HarperCollins.

Bernstein, W. (2010). *The Birth of Plenty: How the Prosperity of the Modern World was Created.* New York: McGraw Hill.

Bal, P. M., & Veltkamp, M. (2013) How does fiction reading influence empathy? An experimental investigation on the role of emotional transportation. *PLOS ONE 8*(1): e55341.

Retrieved from http://www.plosone.org/article/info%3Adoi%2F10.1371%2Fjournal.
pone.0055341.

Butters, R. P. (2010). *A Meta-Analysis of Empathy Training Programs for Client Populations.*
Ann Arbor, MI: ProQuest, UMI Dissertation Publishing.

Carkhuff, R. R., & Truax, C. B. (1965). Training in counseling and psychotherapy: An evalua-
tion of integrated didactic and experiential approach. *Journal of Consulting Psychology,
29,* 333–336.

Cohen, A. (2002). *Living Enlightenment: A Call for Evolution Beyond Ego.* Lenox, MA: Mosk-
sha Press.

Crisp, R. J., & Turner, R. N. (2009). Can imagined interactions produce positive perceptions?
Reducing prejudice through simulated social contact. *American Psychologist, 64* (4),
231–240.

Darwin C. (2004) [1871]. *The Descent of Man.* London: Penguin Classics.

Donne, J. (1990). *Selections from Divine Poems, Sermons, Devotions, and Prayers.* J. Booty
(Ed.). Paulist Press, Mahwah, NJ.

Ellison, J. (2011, April 3). The military's secret shame. *Newsweek.* Retrieved from http://www.
thedailybeast.com/newsweek/2011/04/03/the-military-s-secret-shame.html.

Forsyth, D. R. (2009). *Group dynamics* (5th ed.). Pacific Grove, CA: Brooks/Cole.

Fowler, J. (1981). *Stages of Faith: The Psychology of Human Development and the Quest for
Meaning.* San Francisco: Harper Collins.

Fowler, J. W. (1984). *Becoming Adult, Becoming Christian.* San Francisco: Harper & Row.

Frankl, V. (1984). *Man's Search for Meaning.* Boston: Beacon Press.

Friedman, T. L. (1999). *The Lexus and the Olive Tree: Understanding Globalization.* New
York: Anchor Books.

Gabriel, S., & Young, A. (2011). Becoming a vampire without being bitten: The narrative col-
lective assimilation hypothesis. *Psychological Science.* Retrieved from http://www.psy-
chologicalscience.org/index.php/news/releases/becoming-a-vampire-without-being-
bitten-a-new-study-shows-that-reading-expands-our-self-concepts.html.

Glover, J. (2001). *Humanity: A Moral History of the Twentieth Century.* New Haven, CT: Yale;
Nota Bene.

Green, M. (2008). Empathy, expression, and what artworks have to teach. In G. L. Hagberg
(Ed.), *Art and Ethical Criticism.* Oxford: Blackwell Publishing, 95–122.

Haidt, J. (2006). *The Happiness Hypothesis: Finding Modern Truth in Ancient Wisdom.* New
York: Basic Books.

Haidt, J. (2012). *The Righteous Mind: Why Good People Are Divided by Politics and Religion.*
New York: Pantheon Books.

Hanh, T. N. (1998). *The Heart of the Buddha's Teaching: Transforming Suffering into Peace,
Joy, and Liberation.* New York: Broadway Books.

Harris, S. (2006). Why religion must end: Sam Harris interviewed by Laura Shehan.
Third World Traveler—Beliefnet. Retrieved from http://www.thirdworldtraveler.com/
Sam_Harris/WhyReligionMustEnd.html.

Harris, S. (2013). The power of bad incentives. *Edge*—The Edge Annual Question, 2013:
What Should We Be Worried About? Retrieved from http://www.samharris.org/media/
the-power-of-bad-incentives.

Heath, C., & Heath, D. (2010). *Switch: How to Change Things When Change is Hard.* New York: Crown Business.

His Holiness the Dalai Lama (2009). *Becoming Enlightened.* New York: Atria Paperbacks.

Hodges, S. D., & Meyers, M. W. (2007). *Empathy. Encyclopedia of Social Psychology, 1,* 296 – 298.

Iacoboni, M. (2008). *Mirroring People: The New Science of How We Connect with Others.* New York: Farrar, Strauss, & Giroux.

Kidd, D. C., & Castano, E. (Oct. 18, 2013). Reading literary fiction improves theory of mind. *Science, 342* (6156), 377 – 380. Available at: http://www.sciencemag.org/content/342/6156/377,abstract

Kivy, P. (2002). *Introduction to a Philosophy of Music.* Oxford: Oxford University Press. 40 – 41.

Konheim-Kalkstein, Y. L. (2006). Use of a classroom honor code in higher education. *The Journal of Credibility Assessment and Witness Psychology, 7* (3), 169 – 179.

Krznaric, R. (2012, Nov. 27). Six habits of highly empathic people. *Greater Good: The Science of a Meaningful Life.* Retrieved from http://greatergood.berkeley.edu/article/item/six_habits_of_highly_empathic_people1.

Lam, T. C. M., Kolomitro, K., & and Alamparambil, F. C. (2011). Empathy training: Methods, evaluation practices, and validity. *Journal of MultiDisciplinary Evaluation, 7* (16), 162 – 200.

Lerner, J. S., & Tetlock, P. E. (2003). Bridging individual, interpersonal, and institutional approaches to judgment and decision making: The impact of accountability on cognitive bias. In S. L. Schneider and J. Shanteau (Eds.), *Emerging Perspectives on Judgment and Decision Research.* New York: Cambridge University Press, 431 – 457.

Leveille, L. (2012, Aug. 10). Sullivan: Honor code, communication cultivates culture of honor, integrity. The Chautauquan Daily. Retrieved from http://chqdaily.com/2012/08/10/sullivan-honor-code-communicatio n-cultivates-culture-of-honor-integrity/.

Magid, B., & Beck, C. J. (2009). *Ordinary Mind: Exploring the Common Ground of Zen and Psychoanalysis.* Boston: Wisdom Publications.

Mar, R. A., Oatley, K, & Peterson, J. B. (2009). Exploring the link between reading fiction and empathy: ruling out individual differences and examining outcomes. *Communications 34:* 407 – 428.

Maslow, A. (1971). *The Farther Reaches of Human Nature.* New York: Viking Press. Mehta, A. (2011). Interesting Osho quote on enlightenment. Retrieved from http:// anmolmehta.com/blog/2008/01/08/osho-quote-on-enlightenment/

Oatley, K. (2012). Emotion and the story worlds of fiction. In M. C. Green, J. J. Strange, & T. C. Brock (Eds.), *Narrative Impact: Social and Cognitive Foundations.* Florence, KY: Psychology Press, 39 – 69.

Obama, B. (2008). Remembering Dr. Martin Luther King, Jr. Speech given April 4, 2008, Fort Wayne, IN. Retrieved from http://www.democraticunderground.com/discuss/duboard.php?az=view_all&address=132x5382479.

Peck, M. S. (1978). *The Road Less Traveled: A New Psychology of Love, Traditional Values, and Spiritual Growth.* New York: Simon & Schuster.

Pinker, S. (2011). *The Better Angels of Our Nature: Why Violence Has Declined.* New York:

Viking Adult.

Pinker, S. (2011a). Lecture: The Better Angels of Our Nature: Why Violence Has Declined. Oct. 2011, Linda Hall Library. Retrieved from http://vimeo. com/30504043.

Rees, W. E. (1992). Ecological footprints and appropriated carrying capacity: What urban economics leave out. *Environment and Urbanisation 4* (2): 121–130.

Rogers, C. (1959). A theory of therapy, personality, and personal relationships as developed in the client-centered framework. In S. Koch (Ed.), *Psychology: A Study of a Science: Vol. 3. Formulation of the Person and the Social Context.* New York: McGraw Hill, 184–256.

Rothbart, M., & John, O. P. (1985). Social categorization and behavioral episodes: A cognitive analysis of the effects of intergroup contact. *Journal of Social Issues, 41*, 81–104.

Ruiz, R. (2013, March 21). Training seeks to improve how military sexual assaults are investigated. *U.S. News on NBC News.com.* Retrieved from http://usnews. nbcnews.com/_news/2013/03/21/17375404-training-aims-to-improve-how-military-sexual-assaults-are-investigated?lite.

Ryan, C., & Jetha, C. (2010). *Sex at Dawn: The Prehistoric Origins of Modern Sexuality.* New York: HarperCollins.

Singer, P. (1981). *The Expanding Circle: Ethics and Sociobiology.* New York: Farrar Straus & Giroux.

Spielberg, S. (Director). (1993). *Schindler's List* [Film]. Universal City, CA: Universal Studios.

Thaler, R. H. (2009, Sept. 26). Opting in vs. opting out. *New York Times.* Retrieved from http://www.nytimes.com/2009/09/27/business/economy/27view. html?_r=0.

Thaler, R. H., & Sunstein, C. R. (2009). *Nudge: Improving Decisions about Health, Wealth, and Happiness.* New York: Penguin Books.

Wilber, K. (1996). *A Brief History of Everything.* Boulder, CO: Shambhala Press.

Wilber, K. (2007). *Integral Spirituality.* Boston: Integral Books.

Zahn-Waxler, C., Radke-Yarrow, M., & King, R. A. (1979). Child rearing and children's prosocial initiations toward victims of distress. *Child Development, 50*: 319–330.

Zahn-Waxler, C., & Radke-Yarrow, M. (1990). The origins of empathic concern. *Motivation and Emotion, 14*: 107–130.

Zahn-Waxler, C., Radke-Yarrow, M., Wagner, E., & Chapman, M. (1992). Development of concern for others. *Developmental Psychology, 28*: 126–136.

찾아보기

지은이 존 M. 렉터(John M. Rector)
미국의 심리학자로 공립학교 공인 상담사로 활동하며 대학에서 심리학을 가르쳤다. 『인간은 왜 잔인해지는
가: 타인을 대상화하는 인간』을 비롯해 심리학과 종교의 접점을 다룬 논문을 다수 발표했으며, 미국심리학
회(APA)의 종교심리학 부문 연례회의 의장직과 옥스퍼드대학교 출판부의 검토위원을 맡고 있다.

옮긴이 양미래
대학에서 정치외교학을 공부하고, 통번역대학원 한영과에서 번역을 전공했다. 카밀라 샴지의 『홈 파이어』,
파리누쉬 사니이의 『목소리를 삼킨 아이』, 마거릿 애트우드의 『나는 왜 SF를 쓰는가』, 앤 보이어의 『언다
잉』, 링 마의 『단절』, 리베카 솔닛의 『야만의 꿈들』, 세라 망구소의 『망각 일기』를 옮겼다.

인간은 왜 잔인해지는가
타인을 대상화하는 인간

초판 1쇄 발행 2021년 5월 17일
초판 4쇄 발행 2024년 3월 4일

지은이 존 M. 렉터 | 옮긴이 양미래

편집 박민애 이희연 이고호 | 디자인 윤종윤 이정민 | 마케팅 김선진 배희주
저작권 박지영 형소진 최은진 서연주 오서영
브랜딩 함유지 함근아 고보미 박민재 김희숙 박다솔 조다현 정승민 배진성
제작 강신은 김동욱 이순호 | 제작처 천광인쇄사(인쇄) 경일제책(제본)

펴낸곳 (주)교유당 | 펴낸이 신정민
출판등록 2019년 5월 24일 제406-2019-000052호

주소 10881 경기도 파주시 회동길 210
문의전화 031) 955-8891(마케팅)
       031) 955-2680(편집)
       031) 955-8855(팩스)
전자우편 gyoyudang@munhak.com

인스타그램 @gyoyu_books | 트위터 @gyoyu_books | 페이스북 @gyoyubooks

ISBN 979-11-91278-41-5 03180